Capitalismo sem rivais

Branko Milanović

Capitalismo sem rivais

O futuro do sistema que
domina o mundo

tradução
Bernardo Ajzenberg

todavia

1. Os contornos do mundo pós-Guerra Fria 7
2. Capitalismo meritocrático liberal 21
3. Capitalismo político 93
4. Interação entre capitalismo e globalização 173
5. O futuro do capitalismo global 237

Apêndice A: O lugar do comunismo
na história mundial 291
Apêndice B: Hipercomercialização e
a "mão invisível" de Adam Smith 299
Apêndice C: Algumas questões
metodológicas e definições 303

Notas 310
Referências bibliográficas 337
Agradecimentos 353
Índice remissivo 355

1.
Os contornos do mundo pós-Guerra Fria

> [A burguesia] obriga todas as nações, sob pena de extinção, a adotarem o modo de produção burguês; obriga-as a incorporarem em seu seio aquilo que chama de civilização, ou seja, tornarem-se elas próprias burguesas. Em uma palavra, cria um mundo à sua própria imagem.
>
> Marx e Engels, *Manifesto comunista* (1848)

> Na época particular em que aquelas descobertas [das Américas e das Índias Orientais] foram feitas, a superioridade de forças pareceu ser imensa do lado dos europeus, que puderam cometer com impunidade toda espécie de injustiça naqueles países remotos. Mais tarde, talvez, os nativos desses países poderão ficar mais fortes, ou os da Europa mais fracos, e os habitantes de todos os quadrantes do mundo poderão chegar àquela igualdade de coragem e força que, inspirando temor mútuo, sozinha poderá sobrepujar a injustiça de nações independentes com alguma espécie de respeito pelos direitos umas das outras. Mas nada parece ser mais provável para estabelecer essa igualdade de força do que aquela mútua comunicação de conhecimentos e toda espécie de melhorias que um comércio extensivo de todos os países para todos os países naturalmente, ou melhor, necessariamente, acarreta consigo.
>
> Adam Smith, *A riqueza das nações* (1776)

1.1. O capitalismo como o único sistema socioeconômico

Abro este capítulo com duas citações. A primeira, de Karl Marx e Friedrich Engels, tem cerca de 170 anos; a segunda, de Adam Smith, quase 250 anos. Talvez essas duas passagens de duas obras clássicas da economia política captem, mais do que qualquer texto contemporâneo, a essência de duas mudanças de época pelas quais o mundo está passando. Uma é a afirmação do capitalismo, não só como dominante, mas como o único sistema socioeconômico existente no mundo. A segunda é um novo balanceamento na relação de poder econômico entre, de um lado, a Europa e a América do Norte, e do outro a Ásia, devido à sua ascensão. Pela primeira vez desde a Revolução Industrial, as rendas geradas nesses três continentes estão se aproximando umas das outras, retornando, grosso modo, aos mesmos níveis relativos que havia antes da Revolução Industrial (hoje, é claro, em níveis de renda absoluta muito mais elevados). Em termos históricos, mundialmente falando, o reinado solitário do capitalismo e o ressurgimento da Ásia são processos marcantes que podem ser relacionados um ao outro.

O fato de o planeta inteiro operar segundo os mesmos princípios econômicos — produção organizada com vistas ao lucro, ao uso de mão de obra assalariada livre, ao capital majoritariamente privado, à coordenação descentralizada — não tem precedentes na história. No passado, seja no Império Romano, na Mesopotâmia do século VI, nas cidades-estados da Itália medieval ou nos Países Baixos da era moderna, o capitalismo sempre teve de conviver — por vezes em uma mesma unidade política — com outras formas de organização da produção. Isso inclui a caça e as colheitas, os diferentes tipos de escravidão, a servidão (em que os trabalhadores eram legalmente ligados à terra e proibidos de oferecer seus serviços a outros) e a produção simples de mercadorias por parte de artesãos independentes ou pequenos camponeses. Até muito recentemente, cerca de cem anos atrás, quando surgiu a primeira encarnação do capitalismo globalizado, o mundo ainda abrigava todos esses modos de produção. A partir da Revolução Russa, o capitalismo passou a dividir o mundo com o comunismo, que reinava em países que reuniam aproximadamente um terço da população humana. Hoje, só o capitalismo ainda perdura, com exceção de regiões muito marginais e sem nenhuma influência nos acontecimentos mundiais.

A vitória global do capitalismo tem muitas implicações que foram antecipadas por Marx e Engels em 1848. O capitalismo facilita — e, quando os lucros no exterior são maiores do que nos próprios países, ele até mesmo busca isso — o comércio de mercadorias, o movimento do capital e, em certos casos, o movimento de mão de obra. Assim, não foi por acaso que a globalização conheceu o seu maior desenvolvimento no período entre as Guerras napoleônicas e a Primeira Guerra Mundial, quando o capitalismo preponderou amplamente. E não é por acaso que a atual globalização coincide com o triunfo mais absoluto ainda do capitalismo. Tivesse o comunismo vencido o capitalismo, não há dúvida de que ele, apesar do credo internacionalista professado por seus fundadores, não levaria à globalização. As sociedades comunistas eram altamente nacionalistas e autárquicas, com um intercâmbio mínimo de mercadorias, capital e mão de obra para além das fronteiras nacionais. Até mesmo dentro do bloco soviético só havia comércio quando se registrava um excedente de produção de mercadorias ou de acordo com princípios mercantilistas de barganhas bilaterais. É algo totalmente diferente do capitalismo, que, como Marx e Engels observaram, possui uma tendência inerente à expansão.

O predomínio inconteste do modo de produção capitalista tem sua contrapartida na visão ideológica, igualmente inconteste, de que ganhar dinheiro não só é algo respeitável, mas também o objetivo mais importante na vida das pessoas, um estímulo que é compreendido por gente de todas as partes do mundo e de todas as classes. Pode ser difícil convencer uma pessoa diferente de nós, em termos de experiência de vida, gênero, raça ou formação, a respeito de algumas de nossas convicções, preocupações e motivações. Mas essa mesma pessoa não terá nenhuma dificuldade para entender a linguagem do dinheiro e do lucro; se lhe explicamos que nosso objetivo é fazer o melhor negócio possível, ela terá condições de decidir facilmente se a melhor estratégia econômica a ser adotada é a cooperação ou a competição. O fato de (para usar a terminologia marxista) a infraestrutura (a base econômica) e a superestrutura (as instituições políticas e jurídicas) estarem tão alinhadas no mundo atual não só ajuda o capitalismo a manter seu domínio como também torna mais compatíveis os objetivos das pessoas e mais clara e fácil a sua comunicação, já que todos sabem o que o outro lado almeja. Vivemos em um mundo em que todos seguem as mesmas regras e entendem a mesma linguagem, a do lucro.

Uma afirmação tão enfática como essa precisa ser explicada. Existem, sim, espalhadas ao redor do mundo, comunidades que renegam a geração de lucro, e há também indivíduos que o desprezam. Mas eles não influenciam no estado de coisas nem no movimento da história. A ideia de que os sistemas de crenças e valores individuais estão alinhados com os objetivos do capitalismo não implica que nossas ações sempre sejam total e obrigatoriamente motivadas pela obtenção de lucro. As pessoas, às vezes, executam atividades genuinamente altruístas ou são motivadas por outros objetivos. Mas, para a maioria de nós, se avaliamos essas atividades pelo tempo gasto ou pela não remuneração, elas, ainda assim, ocupam um papel menor em nossa vida. Do mesmo modo como é errado chamar de "filantropos" alguns bilionários que adquirem uma fortuna gigantesca por meios escusos e depois destinam a outros uma pequena fração dela, também é errado se concentrar apenas em um pequeno conjunto de gestos altruístas de nossa parte e simplesmente ignorar o fato de que talvez 90% das horas que passamos acordados são gastas em atividades voltadas para melhorar o nosso padrão de vida, buscando sobretudo ganhar dinheiro.

Esse alinhamento entre os objetivos individuais e os objetivos do sistema é um feito grandioso do capitalismo — feito esse que aprofundarei no capítulo 5. Defensores incondicionais do capitalismo explicam esse feito como algo decorrente do caráter "natural" do capitalismo, ou seja, da suposição de que ele reflete à perfeição aquilo que já existe dentro de nós: o desejo de negociar, de obter ganhos, de batalhar por condições econômicas melhores e por uma vida mais agradável. Mas, a não ser no caso de algumas funções primárias, não acredito que seja correto falar em desejos inatos, como se eles existissem de forma independente da sociedade em que se vive. Muitos desses anseios são produtos da socialização que se dá dentro das sociedades em que vivemos — e, neste caso, dentro das sociedades capitalistas, que são as únicas existentes.

Há uma velha ideia, defendida por autores consagrados como Platão, Aristóteles e Montesquieu, segundo a qual um sistema político ou econômico se sustenta ao manter uma relação harmoniosa com os comportamentos e os valores prevalecentes em uma determinada sociedade. Trata-se de algo certamente verdadeiro no capitalismo atual. O capitalismo tem sido notavelmente bem-sucedido em incutir nas pessoas os seus objetivos como sistema, induzindo-as ou persuadindo-as a adotarem suas metas e construindo, assim, uma convergência extraordinária entre o que o capitalismo necessita para sua expansão, de um lado, e as ideias, os anseios e os valores das pessoas, do outro. O capitalismo foi muito mais bem-sucedido do que seus rivais ao criar a condição necessária, segundo o filósofo político John Rawls, para a estabilidade de qualquer sistema, a saber: que em suas ações cotidianas os indivíduos expressem — e assim reforcem — os principais valores nos quais se baseia o sistema social.

O domínio do capitalismo no mundo todo se dá, porém, com dois tipos diferentes de capitalismo: o capitalismo meritocrático liberal, que se desenvolveu progressivamente no Ocidente ao longo dos últimos duzentos anos (tema do capítulo 2), e o capitalismo político ou autoritário liderado pelo Estado, cujo exemplo maior é a China, mas que existe também em outras partes da Ásia (Singapura, Vietnã, Burma) e em regiões da Europa e da

África (Rússia e países do Cáucaso, Ásia Central, Etiópia, Argélia, Ruanda), tema do capítulo 3. Como ocorre com bastante frequência na história da humanidade, a ascensão e o triunfo aparente de um determinado sistema ou religião são rapidamente seguidos por algum tipo de cisma entre as diferentes variantes do mesmo credo. Depois de triunfar no Mediterrâneo e no Oriente Próximo, o cristianismo enfrentou disputas e divisões ideológicas atrozes (sendo a mais notável a ocorrida entre a ortodoxia e o arianismo), produzindo por fim o primeiro grande cisma entre as Igrejas ocidentais e orientais. O destino do islamismo não foi diferente. Quase imediatamente após sua vertiginosa expansão, dividiu-se entre os ramos sunita e xiita. E, por fim, o comunismo, o principal adversário do capitalismo no século XX, não perdurou por muito tempo de forma monolítica, dividindo-se entre a versão liderada pela União Soviética e a versão chinesa. Nesse quesito, a vitória mundial do capitalismo não é diferente: temos diante de nós dois modelos de capitalismo que se diferenciam um do outro tanto na esfera política quanto na econômica e, em menor grau, na social também. E, quaisquer que venham a ser os desdobramentos da competição entre os capitalismos liberal e político, acredito ser pouco provável que um deles venha a dominar todo o planeta.

1.2. A ascensão da Ásia e o novo equilíbrio mundial

O sucesso econômico do capitalismo político é a força que está por trás do segundo processo marcante que destaquei acima: a ascensão da Ásia. É bem verdade que a ascensão da Ásia não se deve apenas ao capitalismo político; países capitalistas liberais como Índia e Indonésia também estão crescendo muito rapidamente. Mas a transformação histórica da Ásia é liderada, sem dúvida, pela China. Essa mudança, diferente da ascensão do capitalismo rumo à supremacia global, tem um precedente histórico, na medida em que a distribuição da atividade econômica na Eurásia volta a uma posição semelhante àquela que existia antes da Revolução Industrial. Mas o faz com uma diferença. Se os níveis de desenvolvimento da Europa Ocidental e da Ásia (China) eram basicamente os mesmos, por exemplo, nos séculos I e II, ou nos séculos XIV e XV, essas duas partes do mundo, no entanto, quase não interagiam entre si e, em geral, conheciam muito pouco uma da outra. Com efeito, hoje em dia nós sabemos muito mais do que os contemporâneos da época sabiam a respeito dos níveis relativos de desenvolvimento de então. E a interação no presente é tão intensa quanto contínua. Os níveis de renda nas duas regiões, por sua vez, também são muito mais elevados. Essas duas partes do mundo — Europa Ocidental e suas ramificações norte-americanas, de um lado, e Ásia do outro —, que abrigam juntas 70% da população e 80% da produção mundial, mantêm um intercâmbio permanente em termos comerciais, de investimentos, movimentação de pessoas, transferência de tecnologia e troca de ideias. A competição entre essas duas regiões é mais aguda porque, embora seus sistemas sejam semelhantes, não são necessariamente idênticos. Isso ocorre por meio de uma competição intencional, planejada, com um sistema procurando se impor ao outro e ao restante do mundo, ou apenas pelo exemplo, quando um sistema é copiado mais facilmente do que o outro pelo restante do mundo.

Esse rebalanceamento geográfico está colocando um ponto-final na superioridade militar, política e econômica do Ocidente, tida como algo inquestionável nos últimos dois séculos. Nunca na história a superioridade de uma parte do mundo em relação à outra foi tão grande quanto a da Europa em relação à África e à Ásia no século XIX. Essa superioridade se tornava mais evidente nas conquistas coloniais, mas também se refletia na defasagem de renda entre as duas partes do mundo e, com isso, na desigualdade de renda global entre as pessoas no mundo todo, a qual podemos estimar com relativa precisão de 1820 em diante, como ilustra a Figura 1.1. Nesse gráfico, e ao longo deste livro, a desigualdade é mensurada com o uso do chamado coeficiente de Gini, que varia de 0 (nenhuma desigualdade) a 1 (desigualdade máxima). (Esse índice é expresso frequentemente de forma percentual, indo de 0 a 100, sendo cada ponto percentual chamado de ponto Gini.)

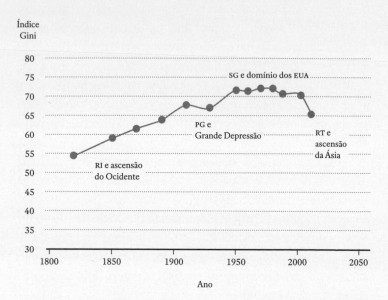

Figura 1.1. Desigualdade estimada de renda global, 1820-2013

PG = Primeira Guerra; SG = Segunda Guerra; RI = Revolução Industrial; RT = Revolução tecnológica de informática e comunicações. FONTES: Os dados de 1820-1980 se baseiam em Bourguignon e Morrisson (2002), com seus PIBs per capita substituídos por novos dados do Maddison Project (2018). Os dados de 1988-2001 se baseiam em Lakner e Milanović (2016), com atualização minha. Todas as rendas estão em dólares de PPC (Paridade do Poder de Compra) de 2011 — o último levantamento do International Comparison Project até o momento em que escrevo este livro é de 2018. Para mais detalhes técnicos, ver Apêndice C.

Antes da Revolução Industrial do Ocidente, a desigualdade global era moderada, e quase que a maior parte dela se devia a diferenças entre a renda das pessoas que viviam num mesmo país e a renda média das pessoas de diferentes países. Com a ascensão do Ocidente, isso mudou radicalmente. A desigualdade global aumentou de forma mais ou menos contínua de 1820 até a véspera da Primeira Guerra Mundial, subindo de 55 pontos Gini (praticamente o mesmo nível de desigualdade existente hoje em dia nos países latino-americanos) para quase 70 (nível de desigualdade superior ao da África do Sul atualmente). O aumento dos níveis de renda na Europa, na América do Norte e posteriormente no Japão (combinado com a estagnação da China e da Índia) impulsionou grande parte desse crescimento, embora a crescente desigualdade de renda entre as nações que se tornariam mais tarde o Primeiro Mundo também tenha contribuído para isso. Depois de 1918, houve uma breve queda da desigualdade global, causada por aquilo que — considerando o espectro amplo aqui estudado — se mostra como um desvio temporário entre a Primeira Guerra e a Grande Depressão, quando a renda no Ocidente deixou de crescer.

Depois do final da Segunda Guerra Mundial, a desigualdade global se manteve em seu nível mais alto, com cerca de 75 pontos Gini, permanecendo nesse patamar elevado até a última década do século XX. Nesse período, a defasagem entre o Ocidente e a Ásia — em especial China e Índia — não aumentou devido à independência da Índia e à Revolução Chinesa, que estabeleceram as bases para o crescimento desses dois gigantes. A partir daí, desde o fim dos anos 1940 até o começo dos anos 1980, esses dois países mantiveram suas posições relativas diante do Ocidente. Mas essas posições eram altamente distorcidas em favor dos países ricos: o PIB per capita tanto da Índia quanto da China representava menos do que um décimo daquele dos países ocidentais.

A defasagem na renda começou a mudar dramaticamente depois dos anos 1980. As reformas na China levaram a um crescimento de cerca de 8% per capita por ano ao longo de quarenta anos, reduzindo bastante a distância do país em relação ao Ocidente. O PIB per capita da China, hoje, representa entre 30% e 35% do nível do Ocidente, a mesma diferença que havia em torno de 1820, mostrando uma tendência nítida de que continuará a crescer (em relação ao Ocidente); e provavelmente seguirá assim até o momento em que a renda chegar a um nível similar.

À revolução econômica na China seguiram-se acelerações parecidas de crescimento na Índia, Tailândia, Indonésia e outros países da Ásia. Embora esse crescimento tenha sido acompanhado de um aumento da desigualdade dentro de cada um desses países (em especial na China), o fim da defasagem em relação ao Ocidente ajudou a diminuir a desigualdade de renda em termos globais. É o que está por trás da queda recente do índice Gini global.

A convergência entre a renda na Ásia e a renda do Ocidente ocorreu durante outra revolução tecnológica, a da tecnologia da informação e da comunicação (TIC) — uma revolução na produção que, dessa vez, favoreceu a Ásia (o assunto será abordado mais adiante, no capítulo 4). A revolução TIC contribuiu não apenas para uma maior rapidez do crescimento da Ásia, mas também para a desindustrialização no Ocidente, que, por sua vez, não difere muito da desindustrialização que aconteceu na Índia durante a Revolução Industrial. Temos, assim, dois períodos de rápidas mudanças tecnológicas que marcaram a evolução da desigualdade global (ver Figura 1.1). Os efeitos da revolução TIC ainda não se encerraram, mas já é possível afirmar que eles são, em vários aspectos, semelhantes aos da Revolução Industrial: uma ampla recomposição do ranking mundial da obtenção de renda, com alguns grupos avançando e outros recuando, somada a uma concentração geográfica bastante expressiva de ganhadores e perdedores.

É interessante pensar nessas duas revoluções tecnológicas como imagens espelhadas uma da outra. Uma levou a um crescimento da desigualdade global por meio do enriquecimento do Ocidente; a outra a uma convergência da renda entre amplas regiões do mundo por meio do enriquecimento da Ásia. Devemos esperar que os níveis de renda acabem por se tornar semelhantes entre o conjunto do continente Euroasiático e a

América do Norte, ajudando, assim, a diminuir ainda mais a desigualdade global. (Há uma grande incógnita, porém, que é o destino da África, que até o momento não vem acompanhando o mundo rico e cuja população é a que cresce mais rapidamente.)

O novo balanceamento econômico do mundo não é apenas geográfico. É também político. O sucesso econômico da China põe abaixo a crença ocidental de que existe uma ligação obrigatória entre capitalismo e democracia liberal. A rigor, essa crença vem sendo derrubada dentro do próprio Ocidente através dos desafios lançados à democracia liberal pelos populismos e pela plutocracia.

O novo balanceamento do mundo coloca a experiência asiática na vanguarda do pensamento sobre desenvolvimento econômico. O sucesso econômico da Ásia tornará o seu modelo mais atraente para outros países, podendo induzir ao surgimento de novas visões sobre desenvolvimento e crescimento econômicos, de maneira não muito diferente daquelas com que a experiência britânica e Adam Smith, que se inspirou nessa experiência, influenciaram o nosso pensamento ao longo dos últimos duzentos anos.

Nos últimos quarenta anos — com exceção de dois anos —, os cinco maiores países da Ásia, juntos (excluindo-se a China), registraram taxas de crescimento per capita mais elevadas do que as das economias ocidentais, e é improvável que essa tendência se altere. Em 1970, o Ocidente foi responsável por 56% da produção mundial e a Ásia (incluindo o Japão), por apenas 19%. Hoje, essas proporções são de 37% e 43%.[1] Podemos verificar essa tendência claramente comparando os Estados Unidos com a China e a Alemanha com a Índia (Figura 1.2). A nítida ascensão da Ásia durante a era da globalização se reflete no apoio popular à globalização, que é muito forte na Ásia, notadamente no Vietnã (onde 91% das pessoas entrevistadas acreditam que a globalização é positiva), e muito fraco na Europa, em especial na França (onde o apoio à globalização é de apenas 37%).[2]

Figura 1.2. Participação percentual dos Estados Unidos e da China no PIB global (*à esq.*) e da Alemanha e da Índia (*à dir.*), 1950-2016

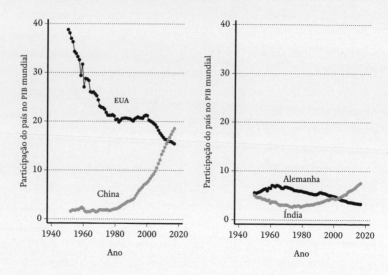

FONTES: Cálculos feitos com base no Banco Mundial, World Development Indicators, versão 2017, com os PIBs per capita expressos em dólares PPC.

O mal-estar causado no Ocidente pela globalização se deve, em parte, à distância existente entre as elites, que se deram muito bem, e um número significativo de pessoas que se beneficiaram muito pouco da globalização, ressentem-se dela e, com ou sem razão, veem o comércio e a migração global como a causa de seus males (ver capítulo 4). Essa situação lembra, estranhamente, a dos países do Terceiro Mundo nos anos 1970, que também tinham esse duplo caráter: a burguesia conectada com o sistema econômico global e a maioria dos cidadãos deixada para trás. A "doença" que deveria afetar apenas os países em desenvolvimento (o que era chamado de "desarticulação" na literatura neomarxista) parece ter se deslocado agora para o Norte, atingindo os países ricos. Ao mesmo tempo, e com certa ironia, aquele caráter duplo de muitas economias em desenvolvimento vem diminuindo com a sua plena inclusão no sistema globalizado das cadeias de abastecimento.

Os dois tipos de capitalismo, o meritocrático liberal e o político, parecem agora competir entre si. Eles são liderados, respectivamente, pelos Estados Unidos e pela China. Mas, independentemente da vontade da China de tornar disponível e "exportar" ou não uma versão política e, em certa medida, econômica alternativa de capitalismo, o capitalismo político contém algumas características que o tornam atraente para as elites políticas do restante do mundo, e não apenas na Ásia, pois esse sistema proporciona uma autonomia maior para elas. E se torna atraente também para muitas pessoas comuns, por causa das elevadas taxas de crescimento que parece prometer. Por outro lado, o capitalismo liberal possui muitas vantagens já conhecidas, sendo a mais importante delas a de que a democracia e a prevalência do estado de direito constituem valores em si mesmos, e ambos, em tese, podem ser vistos como responsáveis pelo impulso de um desenvolvimento econômico mais rápido, promovendo a inovação e a chance de mobilidade social, e proporcionando com isso quase as mesmas oportunidades de sucesso para todos. É a negação de alguns aspectos cruciais desse sistema implícito de valores, sobretudo o movimento de criação de uma classe alta que se autoperpetua e a polarização entre as elites e o restante da população, que representa a ameaça mais importante à viabilidade do capitalismo liberal a longo prazo. Essa ameaça é um perigo tanto para a sobrevivência do próprio sistema quanto para a atratividade geral desse modelo aos olhos do restante do mundo.

Nos próximos dois capítulos, abordarei os aspectos principais dessas duas variantes do capitalismo moderno, centrando-me mais nas suas características inerentes do que nas suas distorções temporárias. Ter em mente a diferença entre traços sistêmicos e traços pontuais é essencial quando se quer estudar a evolução a longo prazo do capitalismo meritocrático liberal e do capitalismo político, e não suas oscilações passageiras. Trato, em particular, das estruturas sociais e econômicas reproduzidas pelos dois sistemas, em especial seus efeitos nas questões de desigualdade de renda e estrutura de classes. A maneira como os dois sistemas lidam com essas questões será determinante, acredito, para sua relativa atratividade e estabilidade. E, consequentemente, para definir o nosso desejo de viver sob as regras de um ou de outro.

2.
Capitalismo meritocrático liberal

> [A democracia] é um meio espantosamente tranquilo para se seguir adiante a curto prazo, não é?
>
> Platão, *A República*

A definição de capitalismo meritocrático liberal é bastante clara. Defino o capitalismo, na linha de Karl Marx e Max Weber, como o sistema no qual a maior parte da produção é realizada por meios de produção de propriedade privada, em que o capital contrata mão de obra livre e cuja coordenação é descentralizada. Além disso, para acrescentar aqui uma condição prevista por Joseph Schumpeter, trata-se de um sistema no qual a maioria das decisões de investimento é tomada por empresas privadas ou por empreendedores individuais.[1]

Os termos "meritocrático" e "liberal" provêm das definições das diversas formas de igualdade que John Rawls desenvolve em *A Theory of Justice* (1971). A "igualdade meritocrática" é um sistema de "liberdade natural" em que as carreiras são "abertas para o talento" — ou seja, em que não há barreiras de ordem legal que impeçam os indivíduos de atingirem uma determinada posição na sociedade. Ele admite plenamente a herança de patrimônio. Já a "igualdade liberal" é mais igualitária, pois corrige, em parte, a herança de patrimônio ao impor uma elevada tributação à herança e ao incluir o ensino gratuito como um modo de reduzir a transmissão de vantagens adquiridas de geração em geração. A expressão "capitalismo meritocrático liberal" remete, assim, a como as mercadorias e os serviços são produzidos e trocados ("capitalismo"), como são distribuídos entre os indivíduos ("meritocrático") e quanto existe aí de mobilidade social ("liberal").

Neste capítulo, enfoco a maneira como as forças sistêmicas do capitalismo meritocrático liberal dão forma à distribuição da renda e levam à constituição de uma elite de classe alta. No capítulo 3, examinarei questões semelhantes, mas em relação ao capitalismo político. Nos dois capítulos, a ênfase está na distribuição de renda, na desigualdade entre renda e capital e na formação das classes, não na produção.

2.1. Principais características do capitalismo meritocrático liberal

2.1a. Capitalismos na história

Para entender melhor o capitalismo meritocrático liberal, é importante expor o contraste existente entre os seus traços distintivos, os do capitalismo clássico do século XIX e os do capitalismo social-democrático, tal como existiu entre aproximadamente o fim da Segunda Guerra Mundial e o começo dos anos 1980 na Europa Ocidental e na América do Norte. Estamos falando aqui dos traços "típicos ideais" desses sistemas, desconsiderando, portanto, detalhes que variaram entre países e ao longo do tempo. Nos trechos seguintes, porém, em que trato apenas do capitalismo meritocrático liberal, discutirei esses traços detalhadamente no caso de um país que pode ser tomado como protótipo, os Estados Unidos.

A Tabela 2.1 sintetiza as diferenças existentes entre os três tipos históricos de capitalismo pelos quais a economia ocidental passou. Para simplificar, adoto o Reino Unido antes de 1914 como representativo do capitalismo clássico, a Europa Ocidental e os Estados Unidos a partir do fim da Segunda Guerra Mundial até o começo dos anos 1980 como representativos do capitalismo social-democrático, e os Estados Unidos do século XXI como representativo do capitalismo meritocrático liberal.[2] Observe que, devido ao fato de as duas características que diferenciam o capitalismo liberal do capitalismo meritocrático — a tributação da herança e o ensino público mais amplamente disponível — terem se reduzido nos Estados Unidos nos últimos trinta anos, esse país parece ter se voltado para um modelo de capitalismo mais "meritocrático" e menos "liberal". No entanto, uma vez que adoto os Estados Unidos como um exemplo entre todos os países capitalistas ricos, creio ser admissível falar ainda do capitalismo meritocrático liberal como um modelo específico.

Tabela 2.1. Principais características
dos capitalismos clássico, social-democrático
e meritocrático liberal

Tipo de capitalismo	*Capitalismo clássico*	*Capitalismo social-democrático*	*Capitalismo meritocrático liberal*
País representativo	RU antes de 1914	EUA, Europa depois da SG	EUA no começo do século XXI
1. Participação crescente da renda do capital no produto líquido	Sim	Não	Sim
2. Alta concentração da propriedade do capital	Sim	Sim	Sim
3. Indivíduos com abundância de capital são ricos	Sim	Sim	Sim
4. Ricos por renda do capital são ricos também por renda do trabalho	Não	Não	Sim
5. Ricos (ou potencialmente ricos) casam-se entre si (homogamia)	Sim (em certa medida)	Não	Sim
6. Alta correlação de renda entre pais e filhos (transmissão de vantagens)	Sim	Sim (mas fraca em alguns casos)	Sim

Observação: "Ricos" sem nenhuma adjetivação indica que a pessoa é rica em renda.

Comecemos com a característica essencial de todo sistema capitalista — a divisão da renda líquida entre dois fatores de produção: os donos do capital (donos, em termos gerais, do patrimônio) e os trabalhadores. Essa divisão não precisa coincidir, necessariamente, com duas classes distintas de indivíduos. Isso só ocorre quando uma classe de indivíduos obtém renda apenas do capital, enquanto outra classe recebe renda apenas do trabalho.[3] Como veremos adiante, o que distingue os diferentes tipos de capitalismo é justamente se essas classes se imbricam, se sobrepõem, ou não.

Os dados referentes à divisão da renda líquida total entre capital e trabalho são suspeitos no que se refere ao período anterior a 1914, já que as primeiras estimativas no caso do Reino Unido só foram feitas, pelo economista Arthur Bowley, a partir de 1920. Com base nesse estudo, estabeleceu-se que as frações da renda relativas ao capital e ao trabalho são sempre mais ou menos constantes — tendência que acabou sendo chamada de Lei de Bowley. Dados obtidos por Thomas Piketty (2014, pp. 200-1) no caso do Reino Unido e da França acabaram por levantar sérias dúvidas sobre essa conclusão, até mesmo no que se refere ao passado. Segundo a pesquisa de Piketty, no período que vai de 1770 a 2010, no Reino Unido a fração do capital variou de 20% a 40% da renda nacional. Na França, entre 1820 e 2010, a oscilação foi ainda mais ampla: entre menos de 15% nos anos 1940 e 45% nos anos 1860. A distribuição percentual, no entanto, mostrou-se mais estável depois da Segunda Guerra Mundial, reforçando a crença na Lei de Bowley. Paul Samuelson, por exemplo, em seu influente livro *Economics*, incluiu a Lei de Bowley entre as seis tendências básicas do desenvolvimento econômico dos países avançados (embora tenha registrado também uma "estreita ascensão da parte relativa ao trabalho") (Samuelson, 1976, p. 740). No entanto, desde o fim do século XX, a fatia da renda do capital na renda total vem num crescendo. Embora tenha se mostrado mais forte nos Estados Unidos, essa tendência também foi registrada na maioria dos países desenvolvidos, bem como nos países em desenvolvimento, ainda que os dados, no caso destes últimos, devam ser vistos com muita cautela (Karabarbounis e Neiman, 2013).

Um crescimento da participação da renda do capital na renda total significa que o capital e os capitalistas se tornam mais relevantes do que o trabalho e os trabalhadores, adquirindo, com isso, mais poder econômico e político. Essa tendência se deu tanto no capitalismo clássico quanto no capitalismo meritocrático liberal, mas não na variante do capitalismo social-democrático (Tabela 2.1). O crescimento da parcela do capital na renda total também afeta a distribuição de rendimento entre as pessoas, pois, em tese, (1) as pessoas que retiram uma ampla porção de sua renda do capital são ricas e (2) a renda do capital está concentrada em relativamente poucas mãos. Esses dois fatores implicam quase automaticamente uma desigualdade de renda maior entre os indivíduos.

Para entender por que tanto 1 quanto 2 são indispensáveis para que uma parcela de capital mais elevada se traduza automaticamente em uma desigualdade maior entre as pessoas, faça o seguinte exercício mental: suponha que a parte do capital na renda líquida suba, mas que cada indivíduo receba a mesma proporção de renda do capital e do trabalho que todos os demais.[4] Um aumento no conjunto da parcela de renda do capital leva a um aumento de renda de cada indivíduo na mesma proporção, e a desigualdade não se altera (medições de desigualdade são sempre relativas). Em outras palavras, se não houver uma relação absolutamente direta entre ser "farto em capital" (isto é, quando uma alta porcentagem da renda de uma pessoa deriva do capital) e ser rico, um crescimento da parcela total do capital não levará a uma desigualdade mais elevada entre as pessoas. Observe que, nesse exemplo, ainda existem pessoas ricas e pessoas pobres, mas não há uma correlação entre o percentual de renda que uma pessoa retira do capital e a posição dessa pessoa na distribuição total de renda.

Imagine agora uma situação em que os pobres extraiam do capital uma proporção mais alta de sua renda do que os ricos. Como no caso anterior, considere um crescimento da fração do capital na renda líquida geral. Dessa vez, esse aumento da parte do capital levará a uma redução da desigualdade de renda, pois fará crescer mais proporcionalmente o rendimento das pessoas que estão na base da distribuição de renda.

O fato, porém, é que nenhum desses dois exercícios mentais reflete o que realmente acontece nas sociedades capitalistas: mais do que isso, o que se vê é uma associação direta entre ser farto em capital e ser rico. Quanto mais rica é uma pessoa, mais provavelmente terá uma parcela maior de sua renda vinda do capital.[5] É o que se registra em todos os tipos de capitalismo (ver as linhas 2 e 3 da Tabela 2.1). Essa característica específica — a de que as pessoas detentoras de farto capital são também as pessoas ricas — pode ser considerada uma característica imutável do capitalismo, ao menos nas formas que conhecemos até hoje.[6]

O próximo aspecto a ser considerado é a ligação entre ser rico em termos de capital (ou seja, ser rico com base na renda do capital no contexto da distribuição geral das rendas de capital) e ser rico com base na remuneração recebida (ou seja, ser rico a partir da renda do trabalho no contexto da distribuição geral das rendas do trabalho). Alguém pode pensar que é improvável que pessoas fartas em capital e ricas sejam ricas também por causa de sua renda do trabalho. Mas não é, de modo algum, o que ocorre. Um exemplo simples com dois grupos de pessoas, um "pobre" e o outro "rico", deixa isso bem claro. O grupo pobre tem no conjunto uma renda baixa, e a maior parte de sua renda provém do trabalho; no caso do grupo de ricos, é o oposto. Pense na situação 1: os pobres têm 4 unidades de renda vinda do trabalho e 1 unidade de renda vinda do capital; os ricos têm 4 unidades de renda do trabalho e 16 unidades de renda do capital. Neste caso, a pessoa farta em capital é, de fato, rica, mas a quantia de sua renda vinda do trabalho é a mesma da do pobre. Pense, agora, em uma situação 2: tudo continua igual à situação 1, com exceção da renda dos ricos proveniente do trabalho, que passaria a ser de 8 unidades. Eles continuam sendo fartos em capital, pois, diferentemente do que ocorre com os pobres, a maior parte de sua renda total vem do capital (16 de 24 unidades = 2/3); mas agora são também ricos pela renda do trabalho (8 unidades, ante apenas 4 no caso dos pobres).

A situação 2 ocorre quando as pessoas fartas em capital são não apenas ricas, mas também relativamente abastadas em termos de renda do trabalho. Se todas as outras condições permanecem as mesmas, a situação 2 é mais desigual do que a situação 1. Esta é, com efeito, uma das importantes diferenças existentes entre, de um lado, os capitalismos clássico e social-democrático, e do outro, o capitalismo meritocrático liberal (ver Tabela 2.1, linha 4). A percepção e a realidade do capitalismo clássico eram de que os capitalistas (que eu chamo aqui de indivíduos fartos em capital) eram todos muito ricos, mas, em tese, não obtinham muita renda do trabalho; em um exemplo extremo, não recebiam nenhuma renda a partir do trabalho. Não é por acaso que Thorstein Veblen os chamou de "classe ociosa". Os trabalhadores, por sua vez, não recebiam nenhuma renda proveniente do capital. Sua renda provinha totalmente do trabalho.[7] Nesse caso, havia uma divisão perfeita da sociedade entre capitalistas e trabalhadores, com os dois lados sem receber nenhuma renda proveniente do outro fator de produção. (Se acrescentarmos os proprietários de terras, cuja renda vinha 100% da terra, chegamos à classificação tripartite de classes elaborada por Adam Smith.) A desigualdade era elevada nessas sociedades fragmentadas porque os capitalistas tendiam a possuir grandes quantias de capital, e o retorno sobre o capital (frequentemente) era bastante alto, mas essa desigualdade não era agravada, como poderia ocorrer caso esses mesmos indivíduos tivessem também rendas elevadas vindas do trabalho.

A situação no capitalismo meritocrático liberal é diferente, como podemos ver nos Estados Unidos de hoje. Pessoas ricas em termos de capital tendem agora a ser também ricas em termos de trabalho (ou, para utilizar uma expressão mais contemporânea, elas tendem a ser pessoas com alto "capital humano"). Enquanto as pessoas que ocupavam o topo da distribuição de renda sob o capitalismo clássico eram financistas, rentistas e donos de grandes grupos industriais (não sendo, assim, contratadas por ninguém e, portanto, não tendo nenhuma renda advinda do trabalho), atualmente uma porcentagem significativa de pessoas do topo da distribuição de renda são gestores muito bem pagos, web designers, médicos, consultores financeiros e outros profissionais da elite. Esses indivíduos são assalariados que precisam trabalhar para receber os seus altos salários.[8] Mas essas mesmas pessoas, seja por questões de herança, seja porque pouparam dinheiro o suficiente ao longo de sua vida profissional, também possuem importantes ativos financeiros e extraem deles uma parcela significativa de sua renda.

O crescimento da porção da renda do trabalho entre o 1% mais abastado (ou em grupos mais seletos ainda, como o 0,1%) foi bem documentado por Thomas Piketty, em *O capital no século XXI* (2014), e por outros autores.[9] Voltaremos a esse ponto mais adiante, neste mesmo capítulo. O importante a registrar aqui é que a presença de uma alta renda vinda do trabalho no topo da distribuição geral de renda, se associada a uma alta renda proveniente do capital nas mãos dessas mesmas pessoas, aprofunda a desigualdade. E essa é uma peculiaridade do capitalismo meritocrático liberal, algo jamais visto nessa dimensão.

Passemos agora para a questão dos modelos de casamento vigentes sob as diferentes formas de capitalismo (Tabela 2.1, linha 5). Quando os economistas estudam a desigualdade de renda ou de riqueza, utilizam o domicílio como unidade de observação. Na composição dessa unidade, é muito importante saber se todos os seus membros, individualmente, vivem bem.

Considerando que muitos lares são formados a partir de um casamento, é relevante saber como as pessoas se unem umas às outras. Assim como no caso das rendas do capital e do trabalho, também aqui o capitalismo meritocrático liberal se diferencia dos outros dois capitalismos.

Para ilustrar essa diferença, compare os padrões de aproximação entre pessoas que iam se casar nos Estados Unidos dos anos 1950 com os do século XXI. No período posterior à Segunda Guerra Mundial, os homens tendiam a se casar com mulheres do mesmo status social que eles, mas, quanto mais rico fosse o marido, menos provável era que a esposa viesse a trabalhar e ter o próprio rendimento. Hoje em dia, os homens mais ricos e bem formados tendem a se casar com as mulheres mais ricas e bem formadas. É possível demonstrar com um exemplo simples o que ocorre em relação à desigualdade nessas duas situações. Imagine dois homens, um que ganhe 50 unidades e outro 100, e duas mulheres, uma ganhando 10 unidades e a outra 20. Agora, suponha que ocorra um acasalamento preferencial (também chamado de homogamia), ou seja, uma correlação direta entre os rendimentos de marido e esposa: nesse caso, o marido que tem um rendimento de 100 se casaria com a mulher que tem rendimento de 20, e o homem mais pobre se casaria com a mulher mais pobre. Considere também, no entanto, que a mulher mais rica abandone o mercado de trabalho (como ocorria nos anos 1950), enquanto no caso do outro casal ambos continuem trabalhando. A renda média das duas famílias será de 100 e 60. Mantendo-se o fenômeno de acasalamento preferencial, mas considerando-se, agora, que as duas esposas continuem no mercado de trabalho (como ocorre atualmente), essas médias serão de 120 e 60, isto é, há um aumento da desigualdade.

Esse exemplo mostra que, em situações de acasalamento preferencial, um aumento da participação das mulheres no mercado de trabalho incrementa a desigualdade. Esta crescerá ainda mais se o modelo de acasalamento anterior tiver sido aleatório ou não preferencial (homens mais ricos casando-se com mulheres mais pobres). Há quem sustente que o acasalamento preferencial se tornou muito mais comum no capitalismo meritocrático liberal porque as mudanças nas normas sociais levaram a que mais mulheres tenham uma formação melhor (na realidade, hoje o seu grau de formação supera o dos homens) e a que um número muito maior delas esteja no mercado de trabalho. É possível também (embora se trate apenas de uma especulação) que as preferências das pessoas tenham mudado e que tanto homens quanto mulheres prefiram atualmente se unir a pessoas que sejam parecidas com eles. Seja qual for o motivo, o fato é que o aumento da homogamia constitui um fator a mais a puxar a desigualdade de renda para cima. No entanto, isso só puxará a desigualdade para cima durante o período de transição entre o acasalamento não preferencial (ou do acasalamento preferencial em que as esposas deixam o mercado de trabalho) e o acasalamento preferencial. A partir do momento em que os índices de acasalamento preferencial e da participação na força de trabalho atingem os seus limites, os efeitos do aumento da desigualdade desaparecem. A desigualdade se estabiliza, ainda que em um patamar elevado.

O último aspecto do capitalismo que examinaremos aqui é a transmissão de vantagens adquiridas, em especial a riqueza e o "capital humano", de geração em geração, estudada com frequência a partir da relação entre as rendas de pais e filhos (Tabela 2.1, linha 6). Embora nos faltem dados referentes ao passado, é razoável supor que essa transmissão tenha ocorrido de modo muito pronunciado em todas as formas de capitalismo. Nos períodos mais recentes, sobre os quais dispomos de dados melhores, sabemos que ela tem sido significativamente menos pronunciada em sociedades contemporâneas mais igualitárias, onde o acesso à educação é facilitado, o custo do ensino é bancado pelos contribuintes e a tributação da herança é alta. Os países nórdicos conhecem uma transmissão intergeracional de renda particularmente baixa, e é provável que durante a idade de ouro do capitalismo social-democrático essa relação também tenha sido baixa, sobretudo na Europa Ocidental.[10] Em oposição a isso, os Estados Unidos de hoje registram tanto uma elevada transmissão de desigualdade intergeracional quanto uma elevada desigualdade de renda. Estudos comparativos entre diversos países mostram que existe uma relação relativamente forte entre as duas coisas (Corak, 2013, p. 11; Brunori, Ferreira e Peragine, 2013, p. 27), não havendo aí, portanto, nenhuma surpresa. É de esperar que os Estados Unidos, em sua desigualdade, também transmitam fortemente essa desigualdade de geração para geração.

A que conclusões chegamos, no conjunto, comparando as desigualdades existentes nas diferentes versões do capitalismo? Nos seis itens analisados aqui, o capitalismo meritocrático liberal apresenta características que levam a um aumento da desigualdade. Com relação ao capitalismo clássico, o meritocrático liberal se diferencia de maneira mais nítida no fato de que os indivíduos ricos em capital são também ricos em trabalho, e provavelmente também no de haver uma prevalência maior de acasalamentos preferenciais. Com relação ao capitalismo social--democrático, ele se diferencia significativamente em vários aspectos: registra uma parcela crescente do capital na renda líquida total; possui capitalistas ricos em trabalho; tem quase certamente uma prevalência cada vez maior de acasalamentos preferenciais; e é ainda mais provável que apresente uma transmissão maior da desigualdade entre as gerações.

Antes de avançarmos na análise mais detalhada dessas seis características, cabe fazer três observações. O fato de o capitalismo meritocrático liberal ter "pontuado" nos seis aspectos não implica de imediato que ele tenha de ser necessariamente mais desigual do que as outras formas de capitalismo. E, de fato, ele decerto não é mais desigual do que o capitalismo clássico

(Milanović, 2016, capítulo 2). Não incluí aqui, até agora, os instrumentos de distribuição de renda — por meio de impostos e de transferências sociais de recursos — que o capitalismo liberal "herdou" do capitalismo social-democrático e que não havia no capitalismo clássico. Esses elementos mantêm a desigualdade em um nível inferior àquele determinado pelos rendimentos provenientes apenas do mercado.

Em segundo lugar, uma "pontuação" positiva no que se refere a características individuais não nos diz muito a respeito do quão fortemente essas mesmas características promovem ou não desigualdade. Por exemplo, se tanto o capitalismo clássico quanto o liberal possuem uma elevada concentração de renda do capital, o nível de concentração no primeiro caso foi muito mais alto. Por volta de 1914, 70% da riqueza produzida pelos britânicos estava nas mãos de 1% dos donos dessa riqueza; esse dado, hoje, gravita em torno de 20% (Alvaredo, Atkinson e Morelli, 2018). A concentração da riqueza ainda é muito alta, mas bem menos do que era antes.

Em terceiro lugar, alguns dos fatores específicos de aumento da desigualdade no capitalismo meritocrático liberal podem ser moralmente aceitáveis, e até mesmo, em alguns casos, desejáveis. Sim, a desigualdade cresce quando aumenta a parcela de capitalistas que são ricos com base no trabalho, mas não será algo positivo que as pessoas possam enriquecer pela via do trabalho? Não será melhor que as pessoas obtenham altos rendimentos tanto do trabalho quanto de suas posses, em vez de apenas destas últimas? E, sim, a homogamia aumenta a desigualdade, mas ela não é de algum modo desejável, na medida em que reflete uma participação muito maior das mulheres no mercado de trabalho, normas sociais que valorizam o trabalho remunerado e uma preferência por parceiros semelhantes a nós mesmos? É essa profunda ambivalência — entre os efeitos estimuladores da desigualdade de alguns aspectos do capitalismo moderno e o fato de que muitas pessoas possam vê-los como socialmente desejáveis (deixando de lado seus efeitos sobre a desigualdade) — que devemos ter em mente ao examinarmos, mais adiante, as características do capitalismo meritocrático liberal e discutirmos os remédios para enfrentar a elevada desigualdade nessas sociedades.

2.1b. Causas sistêmicas e não sistêmicas da desigualdade no capitalismo meritocrático liberal

Ao discutir as forças que engendram a desigualdade no capitalismo meritocrático liberal, temos nos concentrado, até agora, nos fatores sistêmicos ou estruturais. Esses parecem ser, efetivamente, os fatores dominantes que determinam a distribuição da renda. Mas os fatores não sistêmicos, ou pontuais, também têm o seu papel. Por exemplo, parte do crescimento da desigualdade de renda nos Estados Unidos e em outros países é resultado do aumento da bonificação recebida pelo trabalho mais qualificado (adicional de qualificação), fator que não é sistêmico no capitalismo liberal. Essa bonificação crescente se deve a uma escassez de mão de obra altamente especializada e às mudanças tecnológicas que tornaram mais produtiva essa mão de obra e pela qual se registra, portanto, uma demanda maior (Goldin e Katz, 2010). Mas não há nada estrutural no capitalismo liberal que impeça um crescimento adequado da oferta de uma mão de obra altamente qualificada. Não existe obstáculo de ordem legal que impeça as pessoas de realizarem estudos mais avançados; mais do que isso, em vários países da Europa Ocidental, o ensino de alto nível é até mesmo gratuito ou relativamente barato. A ausência de uma adesão apropriada da mão de obra às mudanças tecnológicas não resulta de nenhum fator estrutural intrínseco ao capitalismo liberal.

Para entender melhor as diferenças entre fatores sistêmicos e não sistêmicos, pense na primeira característica do capitalismo abordada na seção anterior, a saber: o crescimento da fração da renda proveniente do capital. Esse fenômeno é um aspecto sistêmico do capitalismo meritocrático liberal porque resulta do enfraquecimento do poder de barganha da mão de obra. Essa perda de poder é, por sua vez, produto de (a) uma mudança na organização do trabalho no capitalismo pós-industrial, em que a reunião física de uma grande quantidade de trabalhadores em um mesmo local foi substituída por um conjunto de trabalhadores que atuam de forma descentralizada, e que muitas vezes nem sequer interagem fisicamente e não podem, portanto, se organizar com facilidade; e (b) da globalização em geral e, mais especificamente, do crescimento da oferta global de mão de obra, incluindo a terceirização da produção. Tais aspectos derivam de mudanças profundas na natureza do trabalho no capitalismo mais avançado e sob a globalização, e nada parece apontar para uma virada nessa situação em médio prazo.

O acasalamento preferencial também é um fator sistêmico, na medida em que deriva de uma equalização do acesso à educação entre homens e mulheres, que, por sua vez, provém de um traço sistêmico do capitalismo meritocrático (e mais ainda no caso liberal): o compromisso de tratar da mesma forma todos os indivíduos, independentemente de gênero, raça ou orientação sexual, entre outros. Há uma razão adicional, mais sutil, para que isso seja visto como algo sistêmico. Em uma sociedade em que a discriminação está, ao menos formalmente, excluída, a preferência pela parceria com uma pessoa que seja parecida comigo pode ser exposta mais livremente do que em um sistema onde os casamentos sejam arranjados. Em outras palavras, a preferência em si por esse ou aquele tipo de esposa ou esposo não é algo a-histórico, mas muda conforme o tipo de sociedade em que se vive.[11]

O erro comum entre os economistas de não distinguir entre fatores estruturais e não estruturais é ilustrado pela falta de compreensão de algumas das formulações centrais de Thomas

Piketty, especialmente a expressão r>g (significando que a taxa de retorno do capital é maior do que a taxa de crescimento da economia). Debraj Ray (2014), por exemplo, afirmou que essa relação depende da propensão dos capitalistas a poupar ou não: se os capitalistas apenas gastam todo o retorno obtido de seu capital, então r>g não terá efeito algum nas rendas posteriores do capital porque tanto o estoque de capital quanto a renda derivada dele continuarão os mesmos. A partir disso, Ray defende a ideia de que nem um crescimento na taxa da produção de capital nem um crescimento da parcela da renda recebida pelos capitalistas são fenômenos inevitáveis. Trata-se de um argumento acertado, mas irrelevante. Ele está correto no sentido de que, se os capitalistas realmente consumirem todo o seu lucro, não haverá crescimento do capital nem aumento da desigualdade. Mas, nesse caso, não haveria nem mesmo capitalismo! Na verdade, uma das principais características do capitalismo — talvez a mais importante delas — é que se trata de um modo de produção em que os capitalistas não se comportam como senhores feudais consumindo seus ganhos, mas sim os investem. A função do capitalista ou do capitalista enquanto empreendedor sempre foi vista, de Smith e Marx a Schumpeter e John Maynard Keynes, como a de acumular seus ganhos e reinvestir seus lucros. Se os capitalistas parassem de se comportar dessa maneira, a regularidade revelada por Piketty não se sustentaria; mas, nesse caso, o próprio sistema que estamos discutindo aqui não seria mais o capitalismo, e sim alguma outra coisa.

Ter em mente essas diferenças entre características sistêmicas e não sistêmicas é absolutamente essencial se quisermos estudar a evolução do capitalismo meritocrático liberal e do capitalismo político (no capítulo 3). Ao atentarmos para os fatores sistêmicos, abstraímos as variações acidentais ou idiossincrasias nacionais; focamos nos elementos que definem um sistema e como eles podem afetar a sua evolução.

2.2. Desigualdades estruturais

2.2a. O crescimento da parcela total do capital na renda nacional

Há cerca de dez anos, tornou-se visível que a fração do capital na renda líquida nacional estava crescendo. O entendimento comum, na economia, era de que as fatias de capital e de trabalho deveriam permanecer estáveis, com, digamos, aproximadamente 70% da renda nacional destinada ao trabalho e 30% ao capital (como demonstrava a Lei de Bowley, discutida na seção 2.1a). Havia, inclusive, argumentos teóricos que procuravam explicar por que as coisas deveriam ser assim, algo implícito na chamada elasticidade unitária de substituição entre capital e trabalho, segundo a qual, quando o preço relativo do trabalho cresce X pontos percentuais em relação ao capital (ou seja, quando o trabalho se torna relativamente mais caro), o uso relativo do trabalho em oposição ao capital cai também X%. A redução no uso de um fator mais caro da produção compensaria exatamente o seu crescimento em termos de preço, de tal forma que a fração total da renda desse fator de produção (e, por definição, do outro, já que existem apenas dois fatores) permaneceria a mesma.

A visão de que as fatias de trabalho e de capital são constantes era tão predominante que os economistas prestavam muito pouca atenção em como a renda era distribuída entre capital e trabalho, e até mesmo no que estava acontecendo com a concentração da renda do capital. Eles focavam totalmente a renda do trabalho e o aumento da remuneração da mão de obra mais qualificada em relação aos trabalhadores de formação inferior. E isso bastava para explicar todo o crescimento da desigualdade. Um influente livro de Claudia Goldin e Lawrence Katz, *The Race between Education and Technology* (2010), sustentava esse argumento. Ele retomava a ideia de Jan Tinbergen de que a mudança tecnológica incrementa a produtividade da mão de obra mais qualificada e de que, na falta de um crescimento adequado da oferta dessa mão de obra, a desigualdade na renda do trabalho tende a crescer.

O capital, porém, era ignorado. Trata-se de um erro, pois a parcela do capital na renda nacional vinha crescendo, como foi demonstrado por Elsby, Hobijn e Şahin (2013) no caso dos Estados Unidos, e por Karabarbounis e Neiman (2013) tanto nos países ricos quanto nos países em desenvolvimento.[12] Eles detectaram que a parcela do trabalho nos Estados Unidos, que era de cerca de 67% no fim dos anos 1970, caiu entre 4 e 5 pontos percentuais em torno de 2010. A parcela do capital deve, então, ter crescido 4 ou 5 pontos percentuais, o que é bastante, considerando que ela era de quase um terço da renda nacional.[13] Em um estudo que incluiu economias avançadas, emergentes e em desenvolvimento, Dao et al. (2017) detectaram que a maior parte do declínio da parcela do trabalho nas economias avançadas se deveu à queda da parcela de renda dos trabalhadores de formação média, principalmente por causa da redução em seus salários.

A razão por trás do crescimento da parcela do capital vem sendo bastante debatida, e é improvável que a polêmica se conclua em breve. Talvez seja até mesmo impossível responder a essa pergunta de forma definitiva, porque cada um dos fatores adotados para explicar o fenômeno é capaz de apresentar o efeito esperado apenas se só ele se alterar e todos os demais permanecerem constantes. E é possível que muitos desses fatores sejam interdependentes e que todos mudem ao mesmo tempo, de modo que pegá-los um a um, isoladamente, embora faça sentido em termos econométricos, não é uma maneira de chegar a uma explicação analítica satisfatória.

Karabarbounis e Neiman (2013) defendem a tese de que o crescimento da parcela do capital não resulta de uma mudança na composição da produção (digamos, de um crescimento de setores em que a parcela do capital é alta), pois seu estudo mostra um crescimento dessa parcela nos mais diversos setores, e até mesmo em regiões diferentes dos Estados Unidos. Para eles, o crescimento da fatia do capital foi produzido por um declínio nos custos de produtos que são capital (computadores mais baratos, por exemplo); isso incrementou o uso de capital (substituindo trabalhadores menos qualificados por máquinas) e elevou sua fatia na produção líquida. Mas isso não explica todo o crescimento, afirmam eles: uma parte se deve ao aumento do poder dos monopólios e das margens de lucro, conclusão à qual outros pesquisadores também chegaram.[14]

De acordo com Robert Solow, o crescimento da parcela do capital provém de uma mudança do poder relativo de barganha do trabalho e do capital. Quando era relativamente poderosa, como se viu no caso do Tratado de Detroit de 1949 entre os sindicatos operários e os patrões da indústria automobilística, a força de trabalho organizada conseguia deslocar a distribuição da renda a seu favor.[15] Mas, quando o poder da força de trabalho organizada diminuiu — com a virada em direção ao setor de serviços, bem como a um sistema capitalista global que mais do que duplicou o número de assalariados no mundo todo —, o poder da força de trabalho diminuiu e a distribuição funcional da renda se moveu em favor do capital.[16]

Numa interessante explanação, Barkai (2016) defende a ideia de que as parcelas tanto do capital quanto do trabalho encolheram, dando espaço para um terceiro fator de produção, o empreendedorismo (normalmente alocado junto com o capital), que ganhou importância. Segundo esse ponto de vista, a parcela do capital — definida como a renda recebida apenas pelos donos do capital — diminuiu, enquanto os lucros corporativos (os ganhos dos empreendedores) dispararam.[17] A causa disso, segundo Barkai, é a monopolização crescente da economia, sobretudo em setores que crescem de modo mais rápido, como o de informática e o de comunicação.[18]

Em *The Vanishing American Corporation* (2016), Gerald Davis destaca o processo de mudança nas estruturas e nas dimensões das empresas nos Estados Unidos. De acordo com Davis, empresas que obtinham maiores retornos eram também as que empregavam mais pessoas. Elas mantinham acordos tácitos com os funcionários, pagando-lhes salários um pouco acima da média do mercado. Podiam fazê-lo por interesse próprio, para estimular a lealdade à empresa, melhores relações de trabalho, ter menos greves ou menos operações tartaruga. Mas, afirma Davis, quando essas companhias terceirizaram muitos dos serviços que antes eram feitos internamente, sua relação com a mão de obra se alterou: os contratados não faziam parte da força de trabalho da empresa, e já não havia nenhuma necessidade de premiar a lealdade ou de assegurar que o clima no trabalho fosse agradável e prazeroso. As empresas podiam pagar aos contratados pelo piso em vigor no mercado. Daí o encolhimento da parcela do trabalho.

Podem existir outras explicações para o encolhimento da fração do trabalho (e portanto do crescimento da fração do capital), mas o que interessa para o nosso objetivo aqui é o fato de que, considerados o seu nível de concentração e o lugar ocupado na distribuição de renda total pelos maiores recebedores de renda proveniente do capital, o aumento da parcela do capital na renda total tem um efeito direto sobre a desigualdade de renda entre as pessoas.

2.2b. Alta concentração da propriedade do capital

A riqueza sempre foi mais concentrada (ou seja, mais desigualmente distribuída) do que a renda. É quase uma obviedade: a distribuição da riqueza é produto de uma acumulação ao longo do tempo e de sua transmissão familiar de geração em geração; ela tende também a crescer exponencialmente, não apenas se for investida de modo inteligente, mas também se investida em ativos sem riscos. Sabemos, empiricamente, que os únicos abalos sérios sofridos pela alta concentração de riqueza na história decorreram de guerras, revoluções e, em alguns casos, de uma hiperinflação não prevista.[19]

Em seu monumental livro *A Century of Wealth in America*, Edward Wolff, que estudou durante décadas a desigualdade da riqueza nos Estados Unidos, mostrou que, em 2013, o 1%

possuidor das maiores riquezas detinha metade de todas as ações e fundos mútuos, 55% dos títulos financeiros, 65% dos depósitos financeiros e 63% do valor das empresas no país. Mais reveladora ainda talvez seja a constatação de que os 10% maiores detentores de riqueza possuíam mais de 90% de todos os ativos financeiros (Wolff, 2017, pp. 103-5). Simplificando um pouco, podemos dizer que quase toda a riqueza financeira dos Estados Unidos está nas mãos dos 10% mais ricos. Além disso, esse percentual vem crescendo lentamente nos últimos trinta anos, e é muito mais alto do que a parcela de rendimento líquido auferida pelos 10% maiores detentores de renda dos Estados Unidos, que é cerca de 30%.[20]

Devido ao fato de que a riqueza é mais desigualmente distribuída do que a renda total, o que ocorre é que os rendimentos dessa riqueza também serão distribuídos de forma mais desigual do que os da renda total (em especial se comparados com outras fontes de renda, como os salários ou a renda de autônomo).[21] E a renda do capital será recebida por pessoas que estão também no topo do ranking da distribuição de renda. Essas são as razões pelas quais um crescimento da fração do capital na renda geral tende a aumentar a desigualdade.

Ao observar os níveis de desigualdade da renda do capital e do trabalho nos Estados Unidos, Reino Unido, Alemanha e Noruega nos últimos trinta anos (Figura 2.1), vemos duas coisas interessantes: a renda do capital é mais desigualmente distribuída do que a renda do trabalho, e ambas desigualdades de renda cresceram ao longo do tempo.[22] O crescimento da desigualdade da renda do capital é mais suave (tendo subido apenas alguns poucos pontos Gini) devido ao fato de que a desigualdade preexistente já era excessivamente elevada: ela gira em torno de 0,9 nos Estados Unidos e no Reino Unido, está entre 0,85 e 0,9 na Alemanha, e entre 0,8 e 0,9 na Noruega.[23] Em todos esses casos, estamos, portanto, muito próximos da desigualdade máxima teórica de 1 (quando toda a renda do capital é auferida por um único indivíduo ou família). Igualmente notável é que essas concentrações tão altas de renda de capital existem em todos os países ocidentais, e os Estados Unidos e o Reino Unido, com frequência considerados como muito distantes dos demais em termos de elevada desigualdade de renda pós-impostos e taxas, não o são tanto assim nesse caso. Em suma, é uma característica sistêmica do capitalismo meritocrático liberal que *a renda do capital seja extremamente concentrada e apropriada principalmente pelos ricos*.[24]

Observe também que a desigualdade na renda do trabalho (antes dos impostos e das taxas) nesses países cresceu durante esse mesmo período, de um coeficiente de Gini de menos de 0,5 para cerca de 0,6.

Pegando-se uma fotografia das desigualdades de renda do capital e do trabalho nos países ricos em torno de 2013, podemos ver que, com exceção de Taiwan, todos os países registram uma renda do capital extremamente concentrada, com coeficiente de Gini acima de 0,86 (Figura 2.2). Os Ginis da renda do trabalho são bem inferiores, em geral entre 0,5 e 0,6, e até menor em Taiwan. Voltarei ao caso de Taiwan mais adiante neste capítulo.

Para enxergar quanto a conjugação entre renda de capital crescente e grande concentração de propriedade do capital é importante para a desigualdade de renda total, deve-se observar o fenômeno em sua dinamicidade. Quando os países ficam mais ricos, passam a obter mais riqueza da poupança e de investimentos bem-sucedidos (do mesmo modo como os indivíduos fazem). Mais ainda, o crescimento do capital alcança o crescimento da renda, e eles se tornam gradualmente mais "intensivos em capital" ou "ricos em capital". Essa correlação — a razão entre capital e renda — é um dos aspectos centrais de *O capital no século XXI*, de Piketty. Países com alta renda (PIB per capita) não só possuem mais riqueza por indivíduo como também a razão entre riqueza e renda (expressa por β) é mais elevada (Tabela 2.2). Daí o fato de a Suíça registrar um número 53 vezes superior ao da Índia em termos de PIB per capita e, ao mesmo tempo, uma riqueza por indivíduo cem vezes maior em relação ao mesmo país.

Figura 2.1. Coeficiente de Gini das rendas do capital e do trabalho nos Estados Unidos, Reino Unido, Alemanha e Noruega, dos anos 1970 e 1980 até os anos 2010.

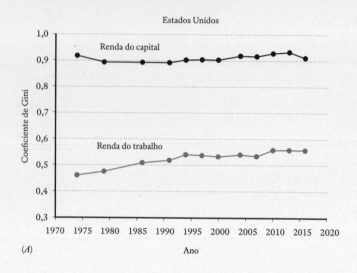

(A)

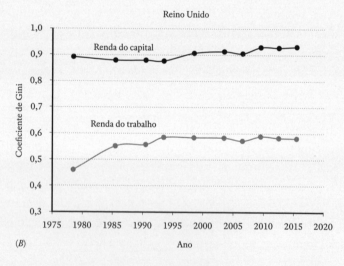

(B)

As rendas do capital e do trabalho são anteriores aos impostos. Como a renda do capital entre os que estão no topo da pirâmide de distribuição de renda tende a ser subestimada (ver Yonzan et al., 2018), o Gini verdadeiro do capital pode ser até maior. Para as definições de renda do capital e renda do trabalho, ver Apêndice C.

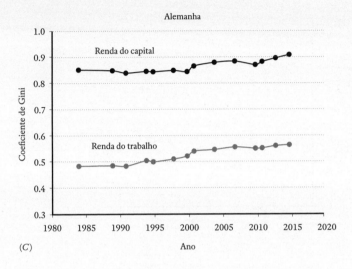

(C)

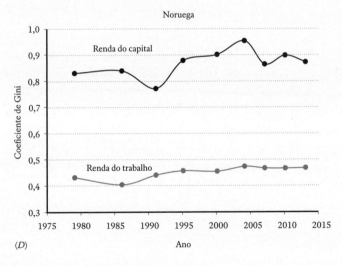

(D)

FONTES: Os cálculos se baseiam nos dados do Luxembourg Income Study, disponíveis em <www.lisdatacenter.org>, que traz informações no nível individual de pesquisas domiciliares e combina as definições das variáveis de modo que as rendas do capital e do trabalho sejam definidas de forma consistente ao longo do tempo e entre os vários países.

Figura 2.2. Desigualdades de renda do capital e do trabalho nos países ricos por volta de 2013

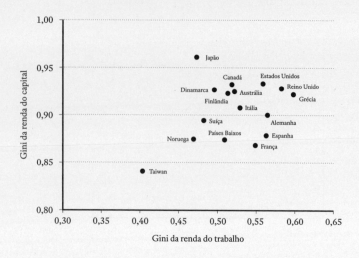

FONTE: Luxembourg Income Study. Disponível em: <www.lisdatacenter.org>.

Quando países capitalistas ficam mais ricos, a fração da renda do capital dentro da renda líquida total tende a crescer (a não ser que a taxa de retorno da riqueza caia proporcionalmente), e, enquanto a riqueza for altamente concentrada, a desigualdade também crescerá. Além disso, a transformação da riqueza mais elevada em desigualdade maior entre as pessoas é em geral mais forte nos países mais ricos em capital, porque a correlação entre ter muito capital e estar no topo do ranking da distribuição de renda fica mais forte (Milanović, 2017). Se a correlação entre ter mais capital e ser rico fosse próxima de zero (ou seja, se todo mundo tivesse uma riqueza proporcional à sua renda), o crescimento da parcela do capital não teria impacto sobre a desigualdade entre as pessoas. Haveria simplesmente um crescimento da renda de todos na mesma proporção. Mas, quando os ricos possuem a maior parte do capital, qualquer crescimento da fração do capital eleva a sua renda mais do que proporcionalmente e empurra a desigualdade para cima.

Tabela 2.2. Riqueza domiciliar líquida por adulto e PIB per capita em países selecionados, 2013 (em dólares americanos, com base nas taxas de câmbio do mercado)

	Riqueza por adulto	PIB per capita	Razão riqueza/ Renda (β)
Suíça	513 000	85 000	6,0
EUA	301 000	53 000	5,7
Japão	217 000	40 000	5,4
China	22 000	7 000	3,2
Indonésia	12 000	3 600	3,3
Índia	4 700	1 500	3,1

FONTES: Os dados sobre riqueza são do Credit Suisse Research Institute (2013) e de Jim Davis (comunicação pessoal). Os dados de PIB são do Banco Mundial, World Development Indicators.

O fato de o desenvolvimento levar países a enriqueceram em um nível superior ao do crescimento de sua renda pode ser visto, no que tange à distribuição, como uma maldição da riqueza. Por quê? Porque países mais ricos tenderão "naturalmente" a ser mais desiguais. Por essa razão, os esforços para frear a elevada desigualdade precisarão ser proporcionalmente maiores. Se nenhuma medida política adicional for adotada como contrapeso às forças que puxam a desigualdade para cima quando os países enriquecem, a desigualdade tenderá a crescer.

Mas o crescimento da desigualdade será maior ainda se o retorno sobre a riqueza não for homogêneo, e sim mais elevado para pessoas que possuem mais riqueza. Esse é o ponto que abordaremos a seguir.

2.2c. Taxa de retorno mais alta para os ativos dos ricos

Os ricos não só possuem mais riqueza como também mais riqueza em relação à sua renda, e, além disso, tipos de riqueza diferentes do restante da população. Em 2013, cerca de 20% dos lares nos Estados Unidos tinham uma riqueza líquida igual a zero ou negativa, enquanto, no meio da pirâmide, 60% das famílias tinham quase dois terços de sua riqueza baseados em imóveis e 16% a fundos de pensão (Wolff, 2017, cap. 1).[25] A riqueza da classe média não é diversificada (sua maior parte é em imóveis), e é altamente alavancada (ou seja, a dívida é um componente substancial do conjunto dessa riqueza). Assim foi em todo o período posterior à Segunda Guerra Mundial, como demonstraram Kuhn, Schularick e Steins (2017) usando dados históricos das pesquisas sobre a riqueza nos Estados Unidos. A quantia alavancada cresceu com a financeirização da economia: em 2010, a alavancagem da classe média chegou a "espantosos" 80% (de cada cinco dólares de riqueza total, quatro dólares eram dívidas e apenas um dólar representava ativos líquidos), comparados com 20% em 1950 (Kuhn, Schularick e Steins, 2017, p. 34). Sendo tão pouco diversificada e tão alavancada, a riqueza da classe média se torna dependente das flutuações do preço da moradia e muito volátil. Com uma alavancagem de 80%, bastaria uma queda de 20% no preço dos imóveis para que toda a riqueza líquida simplesmente desaparecesse. Foi o que aconteceu durante a crise financeira de 2008.

Quando olhamos para os 20% ou mais do topo da pirâmide, porém, a composição da riqueza muda: ações e aplicações financeiras se tornam os tipos predominantes de ativos, representando quase três quartos da riqueza para o 1% do topo da pirâmide. A riqueza em imóveis é proporcionalmente pequena, ficando em menos de um décimo da riqueza entre o 1% da pirâmide.

Essa diferença na composição da riqueza tem um efeito crucial na taxa média de retorno da riqueza obtida por diferentes grupos de renda. Se a taxa de retorno for razoavelmente constante dentro de cada tipo de ativo (quer dizer, a taxa de retorno sobre imóveis é aproximadamente a mesma se a pessoa possui uma enorme mansão ou um pequeno apartamento do tipo estúdio), então a taxa geral de retorno dependerá da diferença nas taxas de retorno entre os diferentes tipos de ativos — por exemplo, se o retorno no caso de imóveis for diferente do retorno sobre ativos financeiros. Embora poucos estudos tenham sido feitos sobre a relação entre os retornos sobre um determinado ativo e a quantia desse ativo que uma pessoa possua, Wolff (2017, p. 119) concluiu que as taxas de retorno variam pouco dentro de cada ativo. Em outras palavras (para retomar o nosso exemplo), se uma pessoa possuir uma mansão ou um pequeno apartamento, a taxa de retorno será aproximadamente a mesma; e isso também vale se a pessoa tiver mil ou 1 milhão de dólares em títulos.

A questão então se resume à diferença de retornos entre os tipos de ativos. No período de trinta anos entre 1983 e 2013, as famílias mais ricas se deram bem porque os ativos financeiros superaram os imobiliários (Wolff, 2017, pp. 116-21). O retorno real (descontada a inflação) anual médio em ativos financeiros foi de 6,3%, enquanto o retorno anual médio no setor imobiliário foi de mero 0,6% (Wolff, 2017, p. 138, tabela 3.1 do apêndice). O ganho bruto dos ativos pertencentes ao 1% do topo da pirâmide foi em média de 2,9% por ano ante apenas 1,3% no caso dos três quintis intermediários. Capitalizada ao longo de trinta anos, essa diferença rendeu aos ricos uma vantagem de cerca de 60%.

Se os ricos superam sistematicamente a classe média e os mais pobres nos retornos obtidos com seus ativos, estamos lidando com um fator de contribuição de longo prazo para uma maior desigualdade. Para remediar essa situação (se alguém quisesse fazê-lo) seria necessária uma tributação progressiva das grandes fortunas. É preciso considerar, no entanto, que os tipos de ativos pertencentes aos ricos nem sempre se mostram mais valiosos. Durante a bolha imobiliária ocorrida nos Estados Unidos entre 2001 e 2007, os imóveis costumavam superar, em retorno, os ativos financeiros. Embora não tenham feito isso durante os primeiros três anos da Grande Recessão (quando os imóveis registraram retornos mais negativos do que as aplicações financeiras), eles costumam fazê-lo: quando os mercados de ações despencam e os preços dos imóveis não mudam muito, os ricos realizam uma taxa geral de retorno mais baixa do que a da classe média. Como já vimos, foi o oposto disso que aconteceu nos últimos trinta anos.

Teoricamente, seria possível dizer que os tipos de aplicação feitos pelos ricos são mais arriscados e mais voláteis, de modo que seu retorno superior possa ser atribuído parcialmente a uma bonificação por conta desse risco. No entanto, trinta anos é um período bastante longo para compensar as consequências desse risco, e, a longo prazo, os grandes detentores de riqueza se deram melhor do que a classe média.

Os tipos de ativos que os ricos possuem são também mais valiosos porque tendem a ser menos tributados do que os tipos de ativos mantidos pela classe média. Assim, os ganhos de capital e, nos Estados Unidos, as taxas de desempenho (renda recebida pelos gestores de fundos de investimento) são, na maior parte dos casos, menos tributados do que os juros das contas de poupança.[26]

Os ricos também gozam de vantagens em termos de dimensão: a aplicação inicial (quantia mínima exigida para um investimento) em ativos de maior rendimento é alta e desencoraja os pequenos investidores; os investidores ricos podem ainda se servir de consultorias melhores para saber onde investir, pagando-lhes uma remuneração baixa por dólar investido. Feldstein e Yitzhaki (1982) constataram que os investidores ricos superam constantemente os pequenos investidores em termos de ganhos sobre os seus ativos.[27]

De maneira geral, os retornos mais altos que os ricos obtêm para seus ativos derivam de três fontes: (1) os ricos possuem proporcionalmente mais ativos com retorno de longo prazo mais alto (efeito da composição dos ativos); (2) os ricos pagam impostos menores por dólar ganho sobre sua riqueza (vantagem fiscal); e (3) os custos iniciais e de gestão por dólar dos ativos são inferiores (efeito das barreiras menores para entrar).

2.2d. Reunião de capital elevado e renda do trabalho elevada numa mesma pessoa

Um traço muito específico e marcante que diferencia o capitalismo meritocrático liberal da sua forma clássica é a presença de pessoas com alta renda proveniente do trabalho entre o decil ou o percentil com maior renda; e mais interessante ainda é o crescimento da parcela da população que recebe rendas elevadas do trabalho e do capital ao mesmo tempo. Criando um neologismo com base nas raízes gregas das palavras, chamo essa união de alta renda do capital com alta renda do trabalho em um mesmo domicílio (ou mesma pessoa) de *homoplutia* (*homo* para "o mesmo" e *plutia* para "riqueza").

A parcela de indivíduos que recebem uma renda elevada do trabalho (ou do capital) e também uma renda elevada do capital (ou do trabalho) vem crescendo nas últimas décadas (Figura 2.3). Em 1980, apenas 15% do decil com maior renda de capital também integrava o decil de maior renda do trabalho, e vice-versa. Nos últimos 37 anos, esse percentual dobrou. Na versão rígida do capitalismo clássico, era de esperar que quase nenhum capitalista do topo da pirâmide recebesse também uma renda alta do trabalho. Ele seria rico do mesmo jeito apenas com sua renda do capital e não teria desejo nem tempo para dobrar seus ganhos como trabalhador contratado. Da mesma forma, nenhum trabalhador assalariado, no capitalismo clássico, conseguiria ter uma renda do capital alta o bastante para integrar o decil dos maiores capitalistas. Mas as condições agora mudaram.

O ponto máximo dessa *homoplutia* (se pudermos imaginar esse ponto) ocorreria quando os capitalistas do topo da pirâmide e os assalariados do topo da pirâmide fossem as mesmas pessoas (o valor do eixo vertical da Figura 2.3 seria de 100%). A sobreposição entre os maiores detentores de renda do capital e os maiores detentores de renda do trabalho incrementa a desigualdade, e, mais importante, dificulta a implementação de políticas que visem a reduzi-la. A razão para isso é política. No capitalismo clássico, a maior parte dos ricos não precisava realizar muitos esforços no dia a dia para atingir (ou manter) o seu status, enquanto no capitalismo meritocrático liberal muitos deles são trabalhadores, mesmo que parte importante de sua renda provenha do fato de serem donos do capital. Podemos ver que eles são ricos, mas não sabemos qual percentual de sua renda total deriva do capital, em oposição à do trabalho. Por conseguinte, torna-se politicamente mais difícil aplicar sobre eles os mesmos impostos elevados que eram utilizados no passado, já que suas rendas, ainda que altas, são vistas como mais merecidas (quer dizer, como frutos de seu trabalho).

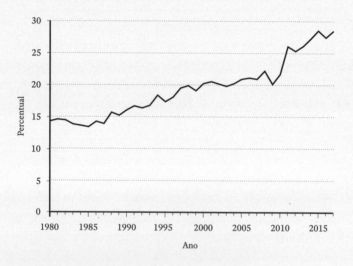

Figura 2.3. O decil mais alto de capitalistas no decil mais alto de trabalhadores (e vice-versa), Estados Unidos, 1980-2017

Os indivíduos são ranqueados conforme sua renda domiciliar de trabalho ou de capital; assim, o decil dos "capitalistas" mais ricos inclui pessoas que vivem nos 10% das casas de maior renda do capital (vale o mesmo para o trabalho). Por isso, a fração dos capitalistas mais ricos entre os trabalhadores mais ricos e a dos trabalhadores mais ricos entre os capitalistas mais ricos são as mesmas.
FONTES: Cálculos feitos com base nas US Current Population Surveys. Disponíveis em: <www.census.gov/programs-surveys/cps.html>.

O crescimento da *homoplutia* pode ser produto tanto do fato de pessoas ricas em capital estarem alcançando níveis elevados de formação e passando, com isso, a receber salários elevados, quanto do fato de pessoas com altos salários estarem poupando parte de sua remuneração e se tornando, assim, capitalistas ricos. É impossível aquilatar o peso de um fator ou outro sem termos dados adicionais. O que se sabe, porém, é que a concentração da riqueza permaneceu extremamente alta nos Estados Unidos e o investimento direto em ações não se alterou muito. Em 1983, 13,7% da população possuía ao menos algum valor em ações de forma direta; esse percentual permaneceu o mesmo ao longo de trinta anos (Wolff, 2017, p. 122). Se incluirmos fundos mútuos e fundos de pensão, a propriedade de ações aumentou de menos de um terço para quase metade da população dos Estados Unidos, mas a quantia possuída por essa parcela é, em sua maioria, mínima. Isso indica que a *homoplutia* é produto da "junção" (nas mesmas pessoas) de salários extremamente altos com uma concentração já muito elevada de propriedade do capital.

2.2e. Mais homogamia
(acasalamento preferencial)

Talvez seja útil abrir esta seção com uma pequena história. Há cerca de dez anos, eu participava de uma conversa regada a vinho, depois de um jantar, com um americano que tinha se formado numa das faculdades da Ivy League* e dava aulas, naquele momento, na Europa. Quando a conversa derivou para questões da vida cotidiana, casamento, filhos, fiquei surpreso, no começo, com uma afirmação que ele fez: qualquer que tivesse sido a mulher com quem ele tivesse se casado,

---

* Como é chamado o conjunto das mais importantes universidades dos Estados Unidos. [N.T.]

o resultado em termos de onde estariam morando, de que tipo de casa teriam, de quais tipos de férias ou de entretenimento desfrutariam, e até mesmo de quais faculdades seus filhos fariam, seria praticamente o mesmo. Seu raciocínio era o seguinte:

> Quando entrei [na instituição da Ivy League], eu sabia que iria me casar com alguma mulher que conheceria ali. As mulheres também sabiam disso. Todos nós sabíamos que o nosso rol de candidatos preferenciais ao casamento nunca mais seria tão amplo. Assim, qualquer pessoa com quem eu fosse me casar seria um espécime do mesmo gênero: eram todas mulheres bem formadas e inteligentes vindas da mesma classe social, que liam os mesmos romances e os mesmos jornais, vestiam-se igual, tinham as mesmas preferências em termos de restaurantes, de querer participar de caminhadas, de lugares para viver, carros para dirigir, pessoas para encontrar, assim como a forma de cuidar dos filhos e quais escolas eles deviam frequentar. Socialmente, de fato quase não faria diferença com quem eu fosse me casar ali.

E ele então acrescentou: "Naquela época eu não tinha essa consciência, mas hoje vejo tudo isso com muita clareza".

Essa história me impressionou naquela hora e permaneceu na minha cabeça por bastante tempo. Ela contradizia o mito tão acalentado de que somos todos profundamente diferentes uns dos outros, indivíduos únicos, e que decisões pessoais, como sobre o casamento, que tem a ver com amor e gostos, tinham grande importância e efeitos enormes para o resto de nossa vida. O que meu amigo dizia era exatamente o oposto: ele poderia ter se apaixonado por A, B, C ou D, mas acabaria virtualmente na mesma casa, no mesmo bairro rico — seja em Washington, Chicago ou Los Angeles —, com um grupo semelhante de amigos e interesses, e com os filhos frequentando escolas parecidas e se divertindo com as mesmas brincadeiras. E sua história fazia muito sentido. É claro, esse cenário pressupunha que as pessoas de uma mesma faculdade sempre se casariam entre elas. Se ele tivesse deixado a faculdade ou não tivesse encontrado ali ninguém adequado para se casar, o desfecho poderia ter sido outro (digamos, uma casa em um bairro menos abastado). Mas sua história ilustra dramaticamente o poder da socialização: nas escolas "top", quase todos provêm de famílias mais ou menos iguais em termos de poder aquisitivo, e quase todo mundo adota mais ou menos os mesmos valores e gostos. E essas pessoas indistinguíveis entre si se casam umas com as outras.

Uma pesquisa recente registrou um nítido crescimento da prevalência da homogamia, ou acasalamento preferencial (pessoas com níveis iguais ou semelhantes de formação e renda casando-se entre si). Um estudo que combinou uma revisão bibliográfica e dados do Censo americano mostrou que a união de parceiros do mesmo nível de formação era próxima de zero em 1970; em cada uma das décadas seguintes, até 2010, o coeficiente foi positivo, e continuou crescendo (Greenwood, Gunner e Vandenbroucke, 2017). Outro banco de dados (Yonzan, 2018) traz uma perspectiva diferente sobre essa tendência: ele trata das estatísticas de casamento de mulheres e homens americanos que se casaram quando eram "jovens", ou seja, entre 20 e 35 anos de idade. Em 1970, apenas 13% dos homens americanos pertencentes aos 10% (dos homens) mais bem remunerados se casaram com jovens mulheres que figuravam entre as 10% (das mulheres) mais bem remuneradas. Em 2017, essa taxa subiu para quase 29% (Figura 2.4A). Ao mesmo tempo, os homens jovens pertencentes aos 10% mais bem remunerados mostram agora uma probabilidade menor de se casar com mulheres jovens pertencentes aos 10% (de mulheres) com remuneração inferior. A taxa diminuiu levemente, de 13,4% para menos de 11%. Em outras palavras, os homens jovens americanos mais bem remunerados que, na década de 1970, tinham probabilidades semelhantes de se casar tanto com mulheres jovens que tinham alta remuneração quanto com as que tinham remuneração inferior agora exibem uma preferência de quase três contra um em favor das mulheres com remuneração mais alta. Uma mudança ainda mais dramática se deu entre as mulheres: o percentual de jovens bem remuneradas que se casam com homens jovens mais bem remunerados cresceu de quase 13% para 26,4%, enquanto o percentual de jovens ricas se casando com homens jovens pobres caiu pela metade (Figura 2.4B).[28] De uma situação em que não demonstravam preferência entre homens ricos ou pobres em 1970, as mulheres passaram agora a preferir homens ricos numa proporção de quase cinco para um.[29]

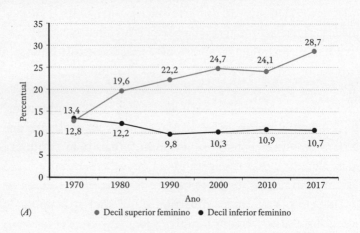

Figura 2.4A. Percentual de homens de 25 a 30 anos no decil superior de ganhos com o trabalho que se casaram com mulheres de 20 a 35 anos dos decis femininos superior e inferior por ganho de trabalho, 1970-2017

Figura 2.4B. Percentual de mulheres entre 20 e 35 anos do decil superior de ganhos do trabalho que se casaram com homens de 20 a 35 anos dos decis masculinos superior e inferior de ganhos do trabalho, 1970-2017

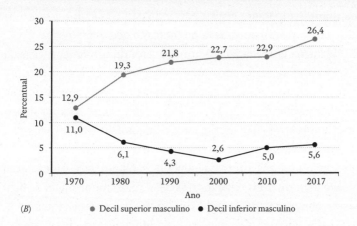

A amostra de cada pesquisa é composta por homens e mulheres que naquele período estavam (I) com 20 a 35 anos de idade, (II) casados e (III) empregados (com ganhos positivos). O número de casamentos (decil superior de homens com decil superior de mulheres, e o contrário) é o mesmo nas Figuras 2.4A e 2.4B, mas os percentuais são um pouco diferentes porque os tamanhos dos decis masculino e feminino são diferentes. FONTES: Yonzan (2018), calculado com base nos dados das US Current Population Surveys. Disponíveis em: <www.census.gov/programs-surveys/cps.html>.

Em um trabalho bastante ambicioso, Chiappori, Salanié e Weiss (2017) procuraram explicar tanto a ascensão do acasalamento preferencial quanto o crescimento do nível de formação entre as mulheres (que é contrastante com a ausência de crescimento do nível de formação atingido no caso dos homens). Eles defendem a tese de que mulheres mais bem formadas têm perspectivas melhores de casamento, ocorrendo, assim, uma "bonificação para o casamento decorrente do nível de formação", tão relevante, talvez, como a bonificação que a formação proporciona comumente no caso de trabalhadores mais qualificados. Enquanto a bonificação por causa da qualificação profissional é, em princípio, neutra no que se refere aos gêneros, a bonificação para o casamento decorrente do nível de formação é, segundo defendem os autores, bem maior no caso das mulheres. Subjacente a tudo isso deve haver uma "preferência pura" maior pela homogamia por parte dos homens, pois, não fosse assim, o crescimento do nível de formação entre as mulheres poderia acabar servindo como uma força tanto de dissuasão quanto de atração no mercado do casamento.

Há uma correlação adicional entre, de um lado, o acasalamento preferencial e, do outro, o crescimento do retorno sobre o investimento nos filhos, que somente os casais com formação melhor podem realizar. Eles podem, por exemplo, expor seus filhos a uma atmosfera propícia aos estudos em casa e levá-los a ter experiências culturais em relação às quais pais sem boa formação podem ter menos interesse (concertos, bibliotecas, dança), bem como introduzi-los em esportes de elite. A importância de ligar esses elementos do desenvolvimento aparentemente não relacionados entre si — formação das mulheres, participação maior das mulheres no mercado de trabalho, modelos de acasalamento preferencial e a crescente relevância do aprendizado precoce das crianças — é que isso ajuda a esclarecer um dos principais mecanismos de criação de desigualdade dentro de uma mesma geração, bem como a sua transmissão de uma geração a outra.

Se as pessoas bem formadas, mais qualificadas e abastadas tendem a se casar umas com as outras, isso, por si, já tende a aumentar a desigualdade. Cerca de um terço do crescimento da desigualdade nos Estados Unidos entre 1967 e 2007 pode ser explicado pelo fenômeno do acasalamento preferencial (Decancq, Peichl e Van Kerm, 2013).[30] No conjunto dos países pertencentes à Organização para a Cooperação e Desenvolvimento Econômico (OCDE), o acasalamento preferencial foi responsável em média por 11% do crescimento da desigualdade entre o começo dos anos 1980 e o começo dos anos 2000 (OCDE, 2011).[31]

Mas se, além disso, os ganhos com formação e estudos precoces dos filhos têm crescido fortemente, e essas vantagens precoces podem ser proporcionadas apenas por pais muito bem formados, que, como os dados mostram, passam mais tempo com as crianças do que os pais menos bem formados, então as portas para uma forte transmissão de vantagens e da desigualdade de uma geração a outra estão escancaradas. Isso é verdadeiro até mesmo — e cabe sublinhar o fato — numa situação em que haja uma tributação elevada sobre a herança, já que a herança de recursos financeiros é apenas uma das vantagens de que as crianças de pais ricos e bem formados desfrutam. E, em muitos casos, ela pode até não ser a parte mais importante. Embora, como demonstrarei na seção 2.4, a tributação sobre a herança seja uma política particularmente boa para nivelar as condições e aumentar a igualdade de oportunidades, é ilusão acreditar que essa tributação será, por si só, suficiente para tornar iguais as oportunidades na vida para as crianças nascidas de pais ricos e para as de pais pobres.

2.2f. Transmissão maior de renda e de riqueza de uma geração a outra

A elevada desigualdade de riqueza e de renda nos Estados Unidos costumava ser justificada com o argumento de que todo mundo tinha a oportunidade de ascender socialmente, independente de seu passado familiar. Essa ideia ficou conhecida como o Sonho Americano. A ênfase estava na igualdade de oportunidades, mais do que na igualdade dos resultados concretos.[32] Era um conceito dinâmico, voltado para o futuro. Ao discutir a questão da desigualdade de renda, Schumpeter utilizou uma bela metáfora para explicá-la: podemos ver a distribuição de renda a cada ano como se fosse a distribuição de hóspedes pelos diferentes andares de um hotel, em que quanto mais alto o andar, mais luxuoso será o quarto. Se os hóspedes mudam de um andar para outro e seus filhos, da mesma forma, não permanecem no andar onde nasceram, então uma fotografia de qual família está vivendo em qual andar não nos dirá muita coisa sobre em qual andar essa família estará morando no futuro ou qual será sua posição a longo prazo. De forma semelhante, a desigualdade de renda ou de riqueza medida em um determinado momento pode nos transmitir uma ideia equivocada ou exagerada dos verdadeiros níveis de desigualdade e pode ser falha no registro da mobilidade intergeracional.[33]

O Sonho Americano perdurou com muita força tanto no imaginário popular quanto entre os economistas. Mas começou a ser seriamente questionado há cerca de dez anos, quando dados importantes foram disponibilizados pela primeira vez. Observando 22 países do mundo todo, Miles Corak (2013) mostrou que existe uma correlação direta entre a alta desigualdade de um ano específico e uma forte correlação entre as rendas de pais e filhos (ou seja, baixa mobilidade de renda). Esse dado faz sentido, já que a elevada desigualdade do presente implica que os filhos dos ricos terão oportunidades muito maiores em comparação com os filhos dos pobres. Não só poderão contar com uma herança maior, mas também serão beneficiados por um ensino melhor, um capital social melhor, obtido por meio de seus pais, e muitas outras vantagens intangíveis trazidas pela riqueza. Nenhum desses itens estará disponível para os filhos dos pobres. Mas, enquanto o Sonho Americano foi sendo, assim, esvaziado pela constatação de que a mobilidade da renda é maior em países mais igualitários do que nos Estados Unidos, esses resultados não implicavam necessariamente que a mobilidade intergeracional viesse piorando ao longo do tempo.

Pesquisas mais recentes, contudo, mostram que a mobilidade intergeracional tem, de fato, diminuído. Utilizando uma amostra de duplas pai-filho e pai-filha e comparando um grupo nascido entre 1949 e 1953 com um outro nascido entre 1961 e 1964, Jonathan Davis e Bhashkar Mazumder (2017) detectaram uma mobilidade intergeracional significativamente menor no caso do segundo grupo. Eles usaram dois indicadores comuns de mobilidade intergeracional relativa: a posição no ranking (relação entre as posições relativas de renda de pais e filhos) e a elasticidade intergeracional da renda (relação entre as rendas de pais e filhos).[34] Os dois indicadores mostraram um aumento na correlação direta entre as rendas de pais e filhos ao longo do tempo (a variação no ranking foi de 0,22 para 0,37 no caso das filhas, e de 0,17 para 0,36 no caso dos filhos, e a elasticidade intergeracional da renda subiu de 0,28 para 0,52 para filhas e de 0,13 para 0,43 no caso dos filhos). Nos dois indicadores, a virada se deu ao longo dos anos 1980 — mesmo período em que a desigualdade de renda começou a crescer nos Estados Unidos. Na verdade, houve três mudanças concomitantes: crescimento da desigualdade, crescimento dos ganhos com educação e crescimento na correlação direta entre as rendas de pais e filhos. Assim, podemos ver que não só nos países, mas também no tempo, a alta desigualdade de renda e a baixa mobilidade intergeracional tendem a caminhar juntas.

Até aqui, falamos apenas da mobilidade relativa. Mas devemos pensar também na mobilidade intergeracional absoluta, vale dizer, na mudança ocorrida na renda real entre as gerações. Também nesse caso observamos uma queda: a mobilidade absoluta, nos Estados Unidos, caiu significativamente entre 1940 e os anos 2000, como resultado da diminuição do crescimento econômico, combinado com o crescimento da desigualdade (Chetty et al., 2017b).[35] É preciso ter em mente que mobilidade absoluta é algo muito diferente de mobilidade relativa, já que depende amplamente daquilo que ocorre com a taxa de crescimento. Por exemplo, a mobilidade absoluta pode ser algo positivo para todos, caso a renda de todos os filhos supere a renda de seus pais, mesmo que as posições de pais e filhos no ranking de distribuição de renda permaneçam exatamente as mesmas. Nesse exemplo, uma mobilidade intergeracional absoluta integral coincidiria com a ausência total de mobilidade intergeracional relativa. Ao longo deste livro, sirvo-me mais da mobilidade intergeracional relativa do que da absoluta, já que a primeira reflete melhor as características estruturais de uma economia.

2.3. Novas políticas sociais

Discuto neste subcapítulo as novas políticas sociais referentes ao capital e ao trabalho e as pressões exercidas contra o estado de bem-estar social sob as condições da globalização.[36]

2.3a. Por que as ferramentas do século XX não podem ser usadas para enfrentar a desigualdade de renda no século XXI

O período extraordinário de menores desigualdades de riqueza e de renda nos países ricos, que durou aproximadamente entre o fim da Segunda Guerra Mundial e o começo dos anos 1980, foi sustentado por quatro pilares: sindicatos fortes, educação em massa, impostos elevados e grandes investimentos governamentais. Desde que a desigualdade começou a crescer, há cerca de quarenta anos, as tentativas de contê-la procuraram adotar, ou pelo menos defendiam a ideia de que se adotasse, a ampliação de um ou de todos esses quatro pilares. No século XXI, porém, esse tipo de abordagem não resolverá a questão. E por que não?

Pensemos de início nos sindicatos. A diminuição da filiação de trabalhadores aos sindicatos registrada em todos os países ricos, especialmente intensa no setor privado, não resulta apenas de políticas hostis a eles por parte dos governos. A organização básica do trabalho também mudou. A virada da manufatura para os serviços, e da presença física obrigatória no chão de fábrica ou nos escritórios para o trabalho remoto, gerou uma multiplicação de unidades de trabalho relativamente pequenas, muitas vezes localizadas fisicamente em lugares diferentes. Organizar uma força de trabalho dispersa é algo muito mais difícil do que organizar funcionários que trabalham numa mesma instalação gigante, que interagem de modo constante entre si e compartilham um mesmo ambiente social e os mesmos interesses em relação às condições de remuneração e de trabalho. Além disso, o papel declinante dos sindicatos reflete a redução do poder do trabalho diante do capital, que se deve à expansão maciça do conjunto de trabalhadores atuando dentro do sistema capitalista desde o fim da Guerra Fria e à reintegração da China na economia mundial. Embora este último evento tenha sido um choque absolutamente anormal, seus efeitos persistirão por ao menos várias décadas, e podem ser ainda reforçados pelas altas taxas de crescimento populacional na África, mantendo-se, dessa forma, a relativa abundância de mão de obra disponível.

Com relação ao segundo pilar, o ensino de massa, podemos ver que foi claramente uma ferramenta utilizada para diminuir a desigualdade no Ocidente num período em que o número médio de anos de escolaridade subiu de algo entre quatro e oito nos anos 1950 para treze ou mais atualmente. Isso levou a uma redução do adicional por qualificação pago aos trabalhadores mais qualificados, ou seja, à defasagem salarial que havia entre aqueles que tinham cursado uma faculdade e os outros. A crença de que a oferta de mão de obra altamente qualificada continuaria satisfatória levou Jan Tinbergen, economista ganhador do primeiro prêmio Nobel de Economia, a prever, em meados dos anos 1970, que em torno da virada do século o adicional por qualificação se reduziria a praticamente zero, e a corrida entre a tecnologia, que demanda sempre mais trabalhadores qualificados, e a oferta dessa mão de obra seria vencida por esta última.[37]

Mas uma expansão ainda maior do ensino é impossível quando um país alcança a média de catorze ou quinze anos de escolaridade, simplesmente porque o nível máximo de ensino tem um teto. Ele é limitado não só pelo número de anos de escolaridade, mas também em termos de ganhos cognitivos. Quando um país completava um período de transição de um ensino elitista para um ensino de massas, como ocorreu na maior parte dos países ocidentais na segunda metade do século XX, os ganhos em conhecimento, adquiridos por meio de um ensino melhor e mais prolongado, eram enormes. Mas, quando a maior parte das pessoas já pode frequentar uma escola pelo tempo que deseja e já aprende quanto quer ou tem capacidade para aprender, as sociedades atingem um teto educacional que não pode ser superado, e a tecnologia, no final, acaba ganhando a corrida que trava com a educação. Por isso, não se pode esperar atualmente que pequenos crescimentos no nível médio de ensino surtam efeitos no sentido de um equilíbrio nos salários, como acontecia antes com o advento da educação em massa.

Tributações elevadas sobre a renda e importantes investimentos sociais constituíam o terceiro e o quarto pilares das políticas de redução da desigualdade no século XX. Mas é difícil, politicamente, aumentá-las ainda mais, por duas razões principais. Com a globalização e a mobilidade crescente entre capital e trabalho, impostos elevados podem levar tanto o capital quanto a mão de obra mais qualificada a deixarem seus países em busca de localidades com níveis menores de tributação e, portanto, a uma queda na arrecadação fiscal do país de origem.[38] O segundo motivo é a visão cética em relação ao papel do governo e das políticas fiscais e de investimentos públicos que prevalece hoje muito mais entre a classe média em muitos países ricos do que ocorria meio século atrás. Isso não quer dizer que as pessoas não tenham consciência de que sem tributações altas os sistemas de seguridade social, o ensino gratuito e a infraestrutura moderna entrariam em colapso. Mas as pessoas estão céticas quanto aos ganhos que poderiam advir de um aumento da tributação sobre a renda, e, assim, um aumento como esse dificilmente renderia votos nas eleições.

Para ilustrar o que pode ser feito utilizando-se as velhas ferramentas fiscais e de redistribuição via gastos públicos e quais problemas persistem com isso, pense nos exemplos do que aconteceu nos Estados Unidos e na Alemanha nos últimos cinquenta anos, como mostra a Figura 2.5. Veja primeiro as curvas de desigualdade da renda global do mercado, que medem a desigualdade de renda antes dos impostos e gastos públicos distributivos. Nos dois países (como em quase todos os países ricos), a desigualdade de renda global do mercado cresceu dramaticamente, graças aos fatores discutidos antes. O crescimento foi até mais agudo na Alemanha do que nos Estados Unidos. A curva do meio, nos dois gráficos, mostra a desigualdade da renda bruta, ou seja, o nível de desigualdade existente depois de considerados os gastos públicos distributivos (como pensões e benefícios sociais); e a linha de baixo mostra a desigualdade da renda líquida — já contados também os efeitos das tributações diretas. Se os formuladores de políticas sociais e os legisladores quisessem diminuir a desigualdade ao nível registrado no caso da renda líquida, teriam de aumentar a tributação e os gastos públicos ou torná-los mais progressivos.

Figura 2.5. Desigualdades das rendas do mercado, bruta e líquida nos Estados Unidos (1974-2016) e na Alemanha (1978-2015)

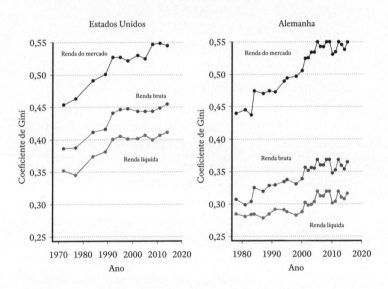

A renda do mercado inclui salários e outros ganhos relacionados a emprego, renda de propriedade e renda de autônomo. Renda bruta é igual à renda do mercado mais as transferências sociais em dinheiro, como pensões públicas, seguro-desemprego e pagamentos do estado de bem-estar (como o subsídio alimentar no caso dos Estados Unidos). A renda líquida é igual à renda bruta menos os impostos diretos. Os benefícios proporcionados pelo governo em forma de serviços (saúde e educação) não estão incluídos. Todos os cálculos foram feitos em bases per capita (ou seja, os Ginis são calculados considerando as rendas domiciliares per capita). FONTE: Os cálculos se baseiam nos dados do Luxembourg Income Study. Disponíveis em: <www.lisdatacenter.org>.

A Alemanha quase chegou a obter sucesso na contenção do crescimento da desigualdade de renda global do mercado; a desigualdade de renda líquida (curva inferior) mostra um crescimento modesto a partir do começo dos anos 1980. Isso foi obtido por meio de grandes transferências de renda via gastos públicos (observe a grande diferença entre a curva superior e a curva intermediária) e um avanço menos amplo em termos de tributações mais elevadas ou progressivas (a distância entre a curva intermediária e a curva inferior se manteve praticamente igual desde 1990). A redistribuição de renda nos Estados Unidos, em contraposição, tornou-se apenas levemente mais progressiva, de modo que a desigualdade de renda líquida cresceu quase tanto quanto a desigualdade de renda global do mercado (como mostra o movimento paralelo das curvas superior e inferior do gráfico). Essa comparação mostra que políticas públicas podem fazer a diferença, mas também ilustra as suas limitações. Gastos públicos e impostos elevados podem neutralizar uma desigualdade subjacente mais alta. Mas, se essa desigualdade subjacente mostra uma tendência a continuar crescendo, tal política terá de enfrentar obstáculos ainda maiores. A uma determinada altura, as velhas ferramentas de redistribuição provavelmente acabarão por fracassar.

Se é quase certo que a desigualdade continuará crescendo, e se os velhos instrumentos usados para combatê-la não mais funcionam a contento, quais ferramentas deveriam ser utilizadas agora?

Aqui temos não só de pensar fora da caixinha para encontrar novas ferramentas, mas também definir, para nós mesmos, objetivos totalmente novos: *Deveríamos aspirar a um capitalismo igualitário baseado em dotações aproximadamente iguais de capital e de capacitação para toda a população.*

Essa forma de capitalismo geraria resultados igualitários mesmo sem uma ampla redistribuição de renda. Se os ricos tivessem apenas o dobro de unidades de capital e o dobro de unidades de capacitação que os pobres, e se os retornos por unidade de capital e de capacitação fossem aproximadamente os mesmos, então a desigualdade geral não poderia ser mais do que de dois para um. Olhando novamente para a Figura 2.5, uma equalização das dotações afetaria diretamente a desigualdade subjacente do mercado: se isso fosse feito, haveria uma redução e até mesmo uma inversão do crescimento da curva superior, numa dimensão tal que o total de redistribuição (a defasagem entre a curva superior e as outras duas) poderia até mesmo diminuir sem afetar a desigualdade global de renda líquida. O exemplo mais próximo disso no mundo real é Taiwan, onde a distribuição de renda, tanto do capital quanto do trabalho, é nitidamente mais igualitária do que em qualquer outro país rico (ver Figura 2.2) e onde, como resultado, o nível de desigualdade da renda líquida é semelhante ao do Canadá, resultado esse alcançado com uma redistribuição mínima de renda. Para seguir com esse exemplo de forma radical, pense em um mundo imaginário no qual houvesse dotações de capital e de trabalho absolutamente iguais: a desigualdade de renda do mercado seria igual a zero, nenhuma redistribuição seria necessária; e a desigualdade de renda líquida também seria zerada.[39]

Mas como seria possível chegar a uma distribuição de capital e a uma dotação de capacitação menos desiguais? No que se refere ao capital, isso poderia ser feito por meio de uma redução da concentração da posse de ativos. Quanto ao trabalho, seria possível chegar a esse resultado equalizando a remuneração para os níveis de capacitação mais próximos. No caso do capital, a desigualdade seria reduzida com a equalização no fornecimento de dotações; no caso do trabalho, ela seria reduzida principalmente por meio da equalização dos ganhos (com o ensino).[40]

Comecemos pelo capital. Como vimos na seção 2.2b, em todos os países avançados a concentração da renda proveniente da propriedade se mantém em um nível inacreditavelmente elevado desde 1970. Essa é uma das razões pelas quais o crescimento contínuo do poder relativo do capital sobre o trabalho e o crescimento da fração do capital na produção líquida global se traduziram e continuarão a se traduzir diretamente em uma maior desigualdade entre as pessoas.

Políticas públicas nacionais podem não conseguir afetar a forma como a renda líquida total se divide entre capital e trabalho (pois essa tendência é com frequência definida pelas mudanças tecnológicas e pela globalização), mas podem certamente afetar a distribuição da propriedade do capital entre os indivíduos no interior de uma determinada fronteira nacional. Com uma concentração menor da propriedade do capital, um crescimento da fração do capital na renda líquida global não levaria necessariamente a uma desigualdade mais elevada entre as pessoas. Essa elevação poderia ser refreada ou impedida por completo.

Métodos capazes de diminuir a concentração do capital não são novos nem desconhecidos — simplesmente nunca foram adotados com seriedade e consistência. Podemos dividi-los em três grupos. Primeiro, seria possível instituir políticas fiscais que pudessem tornar a propriedade de ativos financeiros mais atraente para pequenos e médios investidores e menos atraente para grandes investidores (política que seria exatamente o oposto daquilo que vigora nos Estados Unidos). Hoje, a classe média possui relativamente poucos ativos financeiros, que exibem, a longo prazo, um desempenho melhor do que o dos ativos imobiliários. Se queremos ajudar a equalizar os ganhos recebidos pela classe média e pelos ricos, então a classe média deveria ser estimulada a adquirir mais ações e títulos. Uma objeção comum a essa proposta é a de que pequenos investidores são avessos a riscos, já que um resultado negativo, mesmo que pequeno, pode liquidar com a maior parte de sua riqueza financeira. Isso é verdade, mas há meios para incrementar os ganhos que eles podem obter e ao mesmo tempo lhes garantir uma volatilidade menor. Muitas vantagens fiscais disponíveis hoje em dia apenas para os investidores ricos poderiam ser ampliadas para pequenos investidores, ou, melhor ainda, novas vantagens fiscais poderiam ser oferecidas para os pequenos investidores. Volatilidade menor e segurança maior nos investimentos poderiam ser garantidas por um sistema de seguros bancado pelo governo que estabeleceria um piso (digamos, de retorno real igual a zero) para alguns tipos de investimentos menores. Os próprios pequenos investidores poderiam se servir dessa garantia anualmente ao apresentar suas declarações de renda.[41]

Um segundo grupo de métodos envolve um aumento da participação acionária dos empregados por meio de programas voltados para isso ou da criação de projetos de incentivo no nível das empresas que estimulariam seus funcionários a se tornarem também acionistas. Já existe uma regulamentação legal nesse sentido nos Estados Unidos e em vários outros países. A ideia não é nova, aliás. Em 1919, Irving Fisher a apresentou em seu discurso como presidente da Associação Americana de Economia (Fisher, 1919, p. 13); nos anos 1980, de modo semelhante, Margareth Thatcher falou em "capitalismo popular". No entanto, depois de um período de relativo sucesso nos anos 1980, os planos de participação acionária de empregados caíram no esquecimento. Hoje, quando eles ocorrem, são mais para criar um incentivo aos altos executivos do que instituir alguma forma de capitalismo dos trabalhadores. A objeção que se faz a essa ideia é que os trabalhadores prefeririam diversificar a ter tanto os seus salários quanto os seus investimentos dependendo do desempenho de uma única empresa; eles se sentiriam melhor "investindo" seu trabalho em uma companhia e seu capital em outras companhias, em títulos do governo ou em imóveis. Esse argumento, teoricamente, é correto. Se todas as demais condições permanecessem as mesmas, faz mais sentido investir seus ativos em outras empresas e não naquela em que se trabalha. No entanto, a maior parte das pessoas não tem, na verdade, praticamente nenhum ativo financeiro, mantendo assim, de qualquer maneira, todos os seus ovos numa mesma cesta — a saber, a empresa na qual trabalham. Se houvesse mais oportunidades para a classe média investir em capital financeiro, então os programas de participação acionária de empregados poderiam ser uma estratégia menos relevante. Mas, enquanto as oportunidades de investimento lucrativo de pequenas quantias forem muito poucas, esses programas fazem todo o sentido como um passo em direção a uma concentração menor da propriedade de ativos.[42]

Em terceiro lugar, a tributação da herança ou da riqueza poderia ser usada como ferramenta para distribuir o acesso ao capital se o dinheiro auferido com essa tributação fosse aplicado concedendo algum capital a todo jovem adulto. (Isso foi proposto por Atkinson [2015] e Meade [1964].) A tributação sobre herança possui, em princípio, muitas vantagens. Tem menos impacto sobre decisões referentes a trabalho ou investimento do que tributações sobre a renda, e representa uma taxação sobre a riqueza (sem retorno financeiro) recebida pelas futuras gerações. Ademais, o que torna possível a perpetuação de uma classe superior é a sua habilidade de transferir muitos ativos de geração em geração, com frequência sem pagar impostos para isso. Portanto, a tributação sobre a herança tem também um papel relevante a desempenhar na redução da desigualdade de oportunidades.

É importante situar a tributação da herança do ponto de vista intelectual e ideológico. John Rawls, ao classificar os diferentes tipos de equidade, introduz essa tributação como o primeiro (e básico) elemento complementar à igualdade de todos perante a lei (1971, p. 57). No estado de igualdade vislumbrado por Rawls, inexistem restrições legais para que as pessoas possam atingir uma mesma posição na vida. Esse nível de igualdade atende ao primeiro princípio de justiça de Rawls, a saber, o de que todos têm a mesma liberdade política, independentemente de sua classe econômica ou social. Esse é o sistema de liberdade natural de Rawls, o "capitalismo meritocrático". A partir da segunda metade do século XIX, na Europa, na Rússia e nas Américas, e a partir da independência da Índia e da revolução chinesa em meados do século XX, o mundo inteiro começou a operar dentro de um sistema de liberdade natural. Desde então, os países avançaram, em diferentes graus, no sentido de contemplar o segundo princípio de justiça de Rawls, a saber: a igualdade de oportunidades. Atingir a igualdade de oportunidades exige adotar correções para compensar as vantagens usufruídas pelas pessoas nascidas nas famílias "certas" ou com as aptidões genéticas "certas". Essa correção não pode nunca ser absoluta, pois isso implicaria corrigir também as diferenças em termos de talento e de vantagens intangíveis usufruídas por crianças nascidas de famílias mais ricas ou mais bem formadas. Mas correções significativas são, sim, possíveis, e a primeira política corretiva proposta por Rawls é a tributação da herança. Combinada com o ensino gratuito, ela nos conduz ao sistema de equidade liberal de Rawls (o que eu chamo, neste livro, de "capitalismo liberal"). Além disso, a tributação da herança, desejável por si só (de acordo com Rawls e outros que se preocupam com a igualdade de oportunidades), pode ser usada também para diminuir a concentração de riqueza se seu produto for distribuído entre todos os cidadãos. Trata-se, assim, de uma tributação desejável em dois níveis: igualdade no presente e oportunidade no futuro.[43]

É uma pena que a tributação sobre a herança tenha diminuído na maioria das economias avançadas. Até mesmo nos países que adotam essa tributação e onde a taxa média é elevada (por exemplo, Japão e Coreia do Sul, com taxas médias de 50%, e Reino Unido, França e Estados Unidos, com taxas médias de 40% a 45%), os ganhos com ela vêm diminuindo fortemente por causa das elevadas isenções aplicadas (isto é, o patamar abaixo do qual a herança não é tributada). Nos Estados Unidos, em 2001, a isenção se aplicava para heranças inferiores a US$ 675 mil, mas esse piso subiu para US$ 5,49 milhões em 2017 (US$ 22 milhões no caso de casais). Caroline Freund (2016, p. 174) afirma que "em 2001 a arrecadação gerada pelo imposto predial era capaz de cobrir catorze vezes todo o custo do programa de subsídio à alimentação [dos Estados Unidos]". A redução da tributação da herança, efetuada seja via aumento das isenções, seja via diminuição das taxas médias, não contribui para que ela cumpra o seu papel teórico de nivelar as condições de igualdade. Voltando à classificação de igualdades proposta por Rawls, o que parece é que muitos países estão até mesmo retrocedendo em termos de igualdade liberal, recuando em direção a um sistema apenas de igualdade natural, aquele que prevê a igualdade de todos perante a lei, mas não a igualdade de oportunidades.

Depois de discutir como nivelar as dotações de capital, voltemo-nos para o trabalho. Em uma sociedade rica e bem formada, a questão não é apenas tornar o ensino mais acessível, mas nivelar o retorno obtido a partir do ensino entre pessoas que tiveram uma mesma formação. Hoje a desigualdade salarial não mais se deve apenas à diferença dos anos de escolaridade de um indivíduo (diferença que provavelmente cairá ainda mais), mas é determinada igualmente pela qualidade, real ou aparente, das escolas. O caminho para reduzir essa desigualdade é nivelar os padrões de ensino entre as escolas. Nos Estados Unidos, e de modo crescente na Europa, isso exigiria um incremento na qualidade do ensino das escolas públicas. Isso só pode ser obtido por meio de grandes investimentos no ensino público e da suspensão das inúmeras vantagens (inclusive a não tributação) usufruídas pelas universidades e pelos colégios particulares, muitos dos quais desfrutam de dotações financeiras gigantescas.[44] Sem nivelar as condições de igualdade entre escolas públicas e escolas privadas, o mero aumento dos anos de escolaridade ou até a entrada de alguns estudantes de famílias de classe média baixa nas faculdades de elite não reduzirão a desigualdade da renda do trabalho, tampouco equalizarão as oportunidades.

2.3b. O estado de bem-estar social na era da globalização

Tornou-se uma redundância dizer que o estado de bem-estar social vem sendo pressionado diante dos efeitos da globalização e da migração. Retomar as origens do estado de bem-estar social pode nos ajudar a entender a natureza dessa pressão que recai sobre ele.

Como lembraram recentemente Avner Offer e Daniel Söderberg em seu livro *The Nobel Factor* (2016), a social-democracia e o estado de bem-estar social surgiram a partir da constatação de que todos os indivíduos passam por períodos em que nada recebem, mas durante os quais precisam continuar consumindo. Isso se aplica no caso dos jovens (daí os benefícios para crianças), dos doentes (assistência médica e à saúde em geral), dos acidentados no trabalho (seguro de acidente de trabalho), dos pais recentes (licença-maternidade), das pessoas que perdem seus empregos (seguro-desemprego) e dos idosos (pensões e aposentadoria). O estado de bem-estar social foi instituído para prover esses benefícios, outorgados na forma de seguros em condições que são inevitáveis ou muito comuns. Ele foi construído com base em comportamentos supostamente comuns, ou, em outras palavras, em uma homogeneidade cultural e, muitas vezes, étnica. Não é por acaso que o protótipo do estado de bem-estar social, nascido no mundo homogêneo da Suécia nos anos 1930, embutia vários elementos do nacional-socialismo (o termo não é usado aqui no sentido pejorativo).

Além de se calcar em experiências e comportamentos comuns, o estado de bem-estar social, para ser sustentável, requer uma participação massiva. A seguridade social não pode ser adotada apenas para parcelas da força de trabalho, pois isso levaria naturalmente a uma seleção negativa, questão ilustrada com clareza pelas discussões intermináveis sobre a assistência à saúde nos Estados Unidos. Se fosse possível optar por ficar de fora do sistema, todos aqueles que acreditam que não teriam necessidade de recorrer à seguridade (por exemplo, os ricos, os que muito dificilmente ficariam desempregados ou os mais saudáveis) fariam isso, já que não quereriam subsidiar os "outros". Um sistema que dependa apenas dos "outros" é insustentável, devido aos altos prêmios que requereria. Assim, o estado de bem-estar social só pode funcionar se der cobertura a toda, ou quase toda, a força de trabalho ou a todos, ou quase todos, os cidadãos.

A globalização solapa essas condições. O comércio global levou, na maior parte dos países ocidentais, a uma queda da fatia da renda relativa da classe média. Isso gerou uma polarização em termos de renda: há mais pessoas nos dois extremos da distribuição de renda e menos nas camadas intermediárias.[45] Com essa polarização da renda, os ricos se deram conta de que para eles seria melhor criar os próprios sistemas privados, já que compartilhar um sistema massivo com pessoas muito mais pobres e que enfrentam riscos diferentes (como uma probabilidade maior de ficarem desempregadas ou adquirem certas doenças) levaria a uma significativa transferência de sua renda. Os sistemas privados também oferecem às pessoas abastadas uma qualidade melhor (por valor dispendido), já que lhes é possível poupar em relação aos tipos de risco que não são enfrentados pelos ricos. Se poucas pessoas, entre os ricos, fumam ou são obesas, elas não têm nenhum estímulo para pagar por uma assistência à saúde que atenda fumantes e obesos. Isso leva a um sistema de separatismo social, que se reflete na importância crescente dos planos de saúde privados, no ensino particular e na previdência privada.[46] Uma vez criados esses sistemas privados, os ricos querem cada vez menos pagar altos impostos, já que se beneficiam pouco deles. Isso, por sua vez, leva a uma erosão da base da arrecadação fiscal. O resultado é que uma sociedade muito desigual ou polarizada não consegue manter facilmente um estado de bem-estar social amplo.

A migração econômica, outro aspecto da globalização ao qual a maior parte das sociedades ricas vem sendo exposta nos últimos cinquenta anos — algumas delas, especialmente na Europa, pela primeira vez em sua existência —, também solapa as bases do estado de bem-estar social. Isso se dá por meio da inclusão no sistema social de pessoas com normas sociais, comportamentos ou experiências de vida que são, ou ao menos são vistas como, diferentes. Nativos e migrantes podem demonstrar comportamentos diferentes e ter gostos distintos; essa distância pode ocorrer também entre diversos grupos nascidos no próprio país. Nos Estados Unidos, a percepção de uma ausência de "afinidade" entre a maioria branca e os afro-americanos levou o estado de bem-estar social do país a ter uma dimensão menor do que em seus pares europeus (Kristov, Lindert e McClelland, 1992). O mesmo processo começa a ganhar corpo agora na Europa, onde amplos bolsões de imigrantes não foram assimilados e onde a população nativa acredita que os migrantes vêm recebendo uma parcela injusta dos benefícios sociais. O fato de nativos sentirem essa falta de afinidade não deve ser visto necessariamente como discriminação. Por vezes a discriminação pode existir como fator, sim, mas com frequência essa crença também pode ser explicada pelo fato de que uma pessoa dificilmente passa em sua experiência de vida por eventos da mesma natureza que outra pessoa, e disso resulta que essa pessoa pode não querer pagar por um seguro contra esses eventos. Nos Estados Unidos, o fato de os afro-americanos estarem mais sujeitos ao desemprego ou a serem presos provavelmente leva os brancos a contribuírem de forma menos generosa para o seguro-desemprego ou para um sistema carcerário muitas vezes disfuncional. De modo semelhante, o fato de os imigrantes exibirem uma probabilidade maior de ter mais filhos do que os nativos pode levar a uma redução dos benefícios voltados para a infância na Europa. Em qualquer caso, a esperada diferença de experiências de vida afeta a homogeneidade necessária para a sustentabilidade de um estado de bem-estar social.

Além de tudo isso, na era da globalização, um estado de bem-estar social mais desenvolvido pode sofrer os efeitos perversos da atração que exerce sobre migrantes menos especializados e menos ambiciosos. Mantidas as demais condições, a decisão de um migrante em relação ao país para o qual pretende emigrar dependerá da renda que espera obter vivendo nesse ou naquele país. Em tese, isso favoreceria a escolha por viver em países mais ricos. Mas temos de considerar também a expectativa desse migrante no que se refere a qual faixa da distribuição de renda ele pertencerá no país que o acolherá. Para um migrante que, talvez pela ausência de qualificação profissional ou de ambição, espera se encaixar na faixa inferior da distribuição de renda, então um país mais igualitário e com um estado de bem-estar social mais abrangente será mais atraente. Um migrante que tenha a expectativa de se situar no topo da pirâmide da distribuição de renda do país que o acolhe fará o raciocínio oposto. Daí a situação mais adversa dos migrantes que escolhem estados de bem-estar social mais desenvolvidos.

A Figura 2.6 mostra empiricamente, com base em cálculos feitos para 118 países em 2008 (Milanović, 2015), quanto em termos de igualdade será consentido aos migrantes, dependendo da faixa de distribuição de renda a que eles esperam pertencer no país de acolhimento. Seus resultados devem ser interpretados da seguinte maneira: se o migrante é pessimista ou não qualificado e espera estar entre os 5% mais pobres (a vigésima parcela mais pobre), sua renda seria a mesma se escolhesse um país 8% mais pobre em termos de PIB per capita mas com um coeficiente de Gini de desigualdade 1 ponto abaixo ou um país mais rico porém mais desigual. Isso é mostrado pelo ponto A. No caso do segundo vigésimo da Figura 2.6, uma igualdade maior equivalerá a algo ligeiramente menor — cerca de 5% da renda —, e assim por diante. No entanto, o migrante que espera estar no 16º vigésimo ou acima disso no país de acolhimento preferirá países mais desiguais, pois nesse patamar será beneficiado pela desigualdade. Para os migrantes otimistas ou mais qualificados, a desigualdade conta a seu favor, e eles podem admitir emigrar para um país *mais pobre* desde que este seja também *mais desigual*. Esses migrantes prefeririam se mudar, digamos, para a Colômbia, a ir para a Suécia, mesmo sendo a Colômbia um país mais pobre. A partir do momento em que esperam se situar no topo da distribuição de renda no país de acolhimento, atribuirão uma importância maior à desigualdade de renda ali vigente do que à renda média de sua população. O oposto, como vimos, vale para os migrantes pessimistas ou menos qualificados que tenham a expectativa de se situar na faixa inferior da distribuição de renda no país de acolhimento: eles tendem a escolher países com desigualdade menor. Por essa razão, a seleção de migrantes pessimistas que se mudam para países com redes de proteção social mais desenvolvidas é sempre mais adversa. Se os migrantes mais pessimistas são também, efetivamente, menos ambiciosos ou menos qualificados, os países ricos com sistemas de bem-estar social abrangentes tenderão a atrair o tipo "errado" de migrante.[47] A existência dessa dinâmica de seleção adversa de migrantes foi documentada por Akcigit, Baslandze e Stantcheva (2015), que mostram que inventores (que se pode supor que sejam mais qualificados ou mais ambiciosos) tendem a migrar de jurisdições com tributação mais elevada para outras com tributação menor, ou seja, para lugares onde vigoram estados de bem-estar social menos desenvolvidos. Borjas (1987) encontrou o mesmo resultado no caso dos Estados Unidos no que se refere aos países de origem dos migrantes: os imigrantes provenientes de países com maior igualdade econômica do que os Estados Unidos tendem a ser mais qualificados.

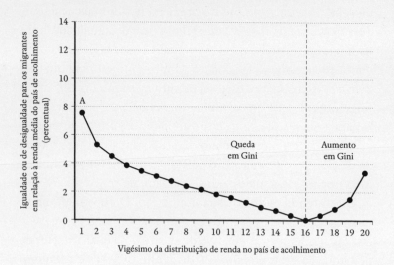

Figura 2.6. Relação de desigualdade/igualdade entre os ganhos dos migrantes e a renda média do país de acolhimento.

A curva mostra quanto um país com distribuição de renda menos desigual (Gini menor) (se um migrante espera estar na parte inferior da pirâmide do país de acolhimento) ou um país mais desigual (Gini mais alto) (se o migrante espera estar nas partes mais altas da distribuição de renda do país de acolhimento) é melhor para um imigrante em termos de percentual relativo à renda média do país de acolhimento. Em outras palavras, para imigrantes que esperam estar entre a primeira e a 16ª vigésima parte da pirâmide de distribuição de renda do país de acolhimento, pode ser melhor mudar para um país mais pobre que tenha uma desigualdade menor de renda (digamos, a Suécia) do que para um país mais rico (digamos, os Estados Unidos) que seja mais desigual. O oposto vale para migrantes que esperam estar nos quatro vigésimos mais altos da distribuição do país de acolhimento. FONTE: Recalculado com base em Milanović (2015).

Os países que enfrentariam os piores problemas seriam aqueles que apresentam tanto sistemas de bem-estar social pouco desenvolvidos quanto uma baixa mobilidade de renda. Migrantes que se mudam para esses países não podem esperar que seus filhos ascendam na escala da distribuição de renda. Esses países, num movimento de caráter destrutivo, atrairiam os migrantes menos qualificados ou menos ambiciosos que, ao constituir uma espécie de subclasse, teriam a ascensão social de seus filhos limitada. Tais sistemas funcionam como uma profecia autorrealizada: atraem migrantes sempre menos qualificados que têm dificuldade para ser assimilados. A população nativa tenderá a ver esses imigrantes como desqualificados, desprovidos de ambição (o que, como acabo de afirmar, pode corresponder à verdade) e, a partir daí, como "diferentes". Ao mesmo tempo, o fato de não serem aceitos como membros iguais de uma mesma comunidade será visto pelos migrantes como a confirmação dos preconceitos existentes por parte dos nativos, ou, pior, como discriminação religiosa ou étnica.

Assim, os estados de bem-estar social amplos enfrentam dois tipos de seleção adversa, que se reforçam mutuamente. Do lado doméstico, a polarização entre pobres e ricos estimula o fornecimento privado de serviços sociais e leva os ricos a optarem por serviços que não são oferecidos pelo governo. Isso faz com que permaneçam no sistema apenas aqueles cujos prêmios possam ser elevados a tal ponto que se tornam exorbitantes, e muitos destes podem ao mesmo tempo deixar o sistema. Do lado externo, a seleção adversa trabalha no sentido de introduzir no sistema migrantes menos qualificados — processo que conduz a uma retirada dos nativos.

Não há uma solução fácil para o círculo vicioso que os estados de bem-estar social desenvolvidos enfrentam em tempos de globalização. Duas importantes iniciativas, porém, fariam uma grande diferença:

A busca por políticas que levassem a uma equalização das dotações, de modo que a tributação sobre a renda corrente pudesse diminuir e o tamanho do estado de bem-estar social ser reduzido (como discutimos na seção 2.3a).

Uma mudança estrutural na natureza da migração, de modo que se assemelhe mais a um movimento temporário de mão de obra que não implique automaticamente o acesso à cidadania e ao conjunto de benefícios propiciados pelo estado de bem-estar social (como veremos no capítulo 4).

2.4. Uma classe alta que se autoperpetua?

A constituição de uma classe alta durável é impossível se essa classe não exercer o poder político. Somente a política, utilizada com esse propósito, pode garantir que a classe alta permaneça no topo.

Em princípio, isso deveria ser impossível em uma democracia; o direito de voto pertence a todos, e a maioria da população tem interesse em assegurar que aqueles que detêm o poder e são ricos não mantenham essa condição infinitamente. No entanto, são inúmeras e convincentes as demonstrações de que os ricos, nos Estados Unidos, exercem uma influência política desproporcional. Os cientistas políticos Martin Gilens (2012, 2015), Benjamin Page (com Gilens, 2014) e Christopher Achen e Larry Bartels (2017) trouxeram pela primeira vez na história a confirmação empírica de que os ricos possuem um peso político maior, e que o sistema político se transformou de democracia em oligarquia — sistema em que, para usar a definição de Aristóteles, "a posse do poder político se deve à posse do poder econômico da riqueza".[48] Gilens (2015), por exemplo, constatou que os parlamentares norte-americanos são mais propensos a discutir e votar questões de interesse dos ricos do que as que são de interesse apenas da classe média e dos pobres.[49] Gilens concluiu que as questões da classe média só têm chance de ser consideradas quando coincidem com aquilo que preocupa também os ricos.

Essas conclusões são importantes não só pela sua força empírica e por suas implicações políticas, mas também porque se aplicam a uma das democracias mais consolidadas do mundo, onde, além disso, a classe média tem sido vista tradicionalmente como desempenhando um papel central tanto na política quanto na economia. Se a classe média só tem poder político quando sustenta opiniões compartilhadas pelos ricos na sociedade mais pró-classe média do mundo (pelo menos em termos de discurso ideológico), no restante do mundo, então, a classe média e os pobres são certamente menos relevantes ainda.

Mas como é que os ricos controlam o processo político numa democracia? Isso não é fácil de explicar, não só porque os ricos não constituem um grupo à parte em termos legais, com direitos especiais, mas também porque os políticos, nas democracias modernas, não são selecionados automaticamente dentre as camadas privilegiadas da população. Poder-se-ia argumentar que no passado, sob condições que ainda apenas se aproximavam do sufrágio universal, a classe política provinha majoritariamente dos ricos, que utilizavam certa comunhão de pontos de vista, compartilhavam interesses, prevalecendo um entendimento mútuo entre os políticos e os demais ricos da sociedade. Mas isso não acontece nas democracias de hoje: os políticos provêm de classes sociais diversas e têm passado variado, e sociologicamente muitos deles compartilham muito pouco, para não dizer nada, com os ricos. Bill Clinton e Barack Obama, nos Estados Unidos, e Margareth Thatcher e John Major, no Reino Unido, vieram de ambientes sociais modestos, mas apoiaram total e efetivamente os interesses do 1% mais rico de seus países.

De onde vem, então, a influência dos ricos? A resposta é muito clara: ela se dá por meio do financiamento dos partidos políticos e das campanhas eleitorais. Os Estados Unidos são o grande exemplo, graças à capacidade das instituições corporativas de financiar políticos e à virtual ausência de limites para as contribuições particulares. Isso leva a uma concentração extremamente alta das contribuições de fundo político efetuadas por pessoas que se situam no topo da distribuição de renda ou de riqueza: em 2016, o 1% do 1% (não se trata de um erro de digitação) do alto da pirâmide foi responsável por 40% das doações efetuadas durante a campanha eleitoral.[50] Com efeito, a distribuição das contribuições políticas é até mesmo mais concentrada do que a distribuição de riqueza.[51]

Se pensássemos na contribuição política como uma despesa de consumo, ela sem dúvida estaria na lista dos gastos mais restritos aos ricos, na mesma linha dos gastos que se fazem com iates ou carros esportivos.

Essa constatação não é necessariamente nova, a não ser no que diz respeito à quantia necessária para influenciar as eleições e o seu nível de penetração. Em seu ensaio "On Representative Government" [Sobre o governo representativo], de 1861, John Stuart Mill escreve: "Nunca houve até o momento, entre os políticos, nenhuma tentativa concreta e séria de prevenir o suborno porque nunca houve uma vontade real de que as eleições não fossem tão dispendiosas. Seu custo elevado constitui uma vantagem para aqueles que podem dar conta dessas despesas, excluindo toda uma multidão de concorrentes" (Mill, 1975, p. 316). O problema não se restringe aos Estados Unidos; ele existe também na Alemanha e na França, onde os gastos de campanha são, em tese, mais controlados (Schäfer, 2017; Bekkouche e Cagé, 2018). E é provavelmente mais sério ainda nas democracias jovens, onde as regras para o financiamento político são menos claras e quase sempre não obrigatórias. A maior parte dos recentes escândalos políticos na Europa (envolvendo Helmuth Kohl, Nicolas Sarkozy e Silvio Berlusconi, por exemplo) não tem a ver com corrupção pessoal, mas está relacionada a uma corrupção de cunho político, com os protagonistas sendo acusados, e em alguns casos condenados, por receberem dinheiro de forma ilegal e utilizá-lo em campanhas políticas. Esse problema atingiu proporções gigantescas na Índia, onde são comuns as doações massivas por debaixo do pano e os candidatos se apropriam do dinheiro para si mesmos e para seus partidos (Crabtree, 2018). Na Europa do Leste e do Sul, há uma desproporção evidente entre as quantias necessárias para a realização de campanhas (pagamento de pesquisadores e militantes, publicidade nos jornais, na mídia eletrônica e na TV) e aquilo que é registrado como recebido de fontes legais.

Em geral, a questão é abafada e ignorada: aos vencedores não se pergunta como foi que ganharam as eleições, enquanto os perdedores sabem que perguntas podem ser feitas a eles em relação às próprias finanças.

Isso posto, a questão é saber se os ricos usufruem de suas contribuições. Será que os políticos fazem o que os ricos querem? Mencionei anteriormente, nesta seção, demonstrações empíricas de que os políticos dão mais atenção a questões que afetam os ricos. Mas a economia também proporciona uma reflexão metodológica sobre o tema. Talvez até seja estranho que essa pergunta seja feita, de tão óbvia que é a resposta: é como perguntar se os ricos realmente gostam das casas enormes que eles compram. O fato é que ninguém gasta dinheiro sem esperar receber alguma coisa em troca, sejam as vantagens de possuir uma casa grande, sejam as políticas fiscais favoráveis que se podem obter dos políticos. Afirmar que pessoas ricas doam fundos a campanhas políticas sem esperar receber favores em troca é algo que não só vai de encontro ao comportamento normal dos ricos (cuja maioria enriqueceu extraindo o máximo de ganhos sobre seus empregados, fornecedores e consumidores) como também contraria o senso comum e o nosso entendimento sobre a natureza humana. Apenas os próprios políticos conseguem dizer publicamente coisas sem lógica nenhuma, como fez, por exemplo, Hillary Clinton, que se disse surpresa ao saber que pessoas poderiam imaginar que o banco Goldman Sachs pudesse esperar alguma coisa em troca das substanciosas doações que fizera à sua campanha.[52] Só poderíamos acreditar numa declaração como essa de Hillary Clinton se conseguíssemos crer que os doadores ricos, como classe, pudessem perder temporariamente o juízo e de forma regular a cada dois ou quatro anos. Em outras palavras, o rico (como todo mundo) espera algo em troca de seu dinheiro, seja financiando o aparelho partidário, seja contribuindo para as campanhas; trata-se, simplesmente, de um comportamento humano normal.[53]

O que os ricos compram por meio de suas contribuições políticas são políticas econômicas que os beneficiem: menor tributação sobre as rendas mais altas, maiores deduções fiscais, ganhos de capital mais elevados mediante cortes de tributos do setor corporativo, menos regulamentações, e assim por diante. Em contrapartida, essas políticas aumentam a possibilidade de os ricos permanecerem no topo da pirâmide. Esse é o elo final da cadeia que vai de uma participação maior da parcela do capital na renda líquida global à formação de uma classe alta permanente, ou pelo menos durável, no capitalismo meritocrático liberal. Mesmo sem este último elo da cadeia, a classe alta ainda desfrutaria de muitos fatores para manter sua posição, mas com esse elo o fato é que sua posição se torna inatacável. O círculo se fecha. Desse modo, o controle político é um componente indispensável para a existência de uma classe alta durável, ponto inicial desta seção.

Mas seria negligência enxergar a nova classe alta como uma réplica das antigas. Seus integrantes diferem sob diversos aspectos, já discutidos aqui: possuem uma formação melhor, trabalham duro, recebem do trabalho uma parcela maior de sua renda total e tendem a se casar entre si. Também dão uma atenção maior à formação de seus filhos. O "novo capitalista" da classe alta moderna se mostra muito atento para garantir que seus ativos, junto com inúmeras vantagens imateriais, como as relações pessoais e a melhor educação que o dinheiro consegue comprar, sejam transferidos para seus filhos. O lugar ocupado pelo dispendioso ensino privado pode ser visto, nesse contexto, sob uma luz totalmente nova. O custo da formação superior em escolas privadas, que cresceu muitas vezes mais rápido do que o custo de vida geral ou do que a renda das famílias nos Estados Unidos, torna muito difícil, para a classe média, bancar a formação de seus filhos.[54] Nas 38 melhores faculdades e universidades dos Estados Unidos, há mais alunos oriundos de famílias pertencentes ao 1% do topo do que de todos os 60%

que compõem a base da pirâmide de distribuição de renda.⁵⁵ Se considerarmos que o número de filhos das famílias ricas e das famílias pobres é aproximadamente o mesmo, chegaremos à conclusão de que a chance que uma criança nascida em uma família rica tem de entrar nas melhores universidades é cerca de sessenta vezes maior não só do que a de uma criança nascida em uma família pobre, mas também de uma nascida em uma família de classe média.⁵⁶ Algo entre 10% e 25% dos estudantes das cem melhores faculdades e universidades dos Estados Unidos (Levy e Tyre, 2018) foram matriculados com base nas chamadas "admissões sucessórias" (estudantes são aceitos por ter algum parente que estudou na mesma escola).

Além disso, uma vez que no sistema de ensino superior norte-americano ser admitido em uma universidade equivale a acabar se formando efetivamente nela, o principal esforço de pais e filhos está em conseguir a admissão — e é justamente aí que os ricos gozam de vantagens enormes.⁵⁷ É nisso também que pesam o ensino médio e, mais atrás na cadeia, a formação recebida no ensino fundamental e até no jardim da infância, que constituem canais que levam em direção às faculdades e universidades de elite. Trata-se de um equívoco, portanto, comparar apenas o custo das melhores faculdades particulares com, digamos, o das universidades públicas. A diferença de custos entre o privado e o público deveria ser vista a partir da educação da criança desde cedo, ao longo de um período de catorze ou dezesseis anos, antes da entrada na faculdade. Se o retorno positivo desse investimento está no ingresso na faculdade, o fato de que os alunos admitidos acabam quase sempre se formando significa que a progênie de ricos, que em um ambiente mais competitivo jamais conseguiria se diplomar, não tem muito que se preocupar com isso.⁵⁸ Tudo o que mais preocupava George W. Bush, para dar um exemplo, era conseguir entrar em Yale, e sua família fez de tudo para garantir que isso acontecesse. Uma vez matriculado, para obter o diploma bastou-lhe um esforço mecânico, evitar escândalos e obviamente não abandonar a universidade.[59]

O custo elevado do ensino, combinado com a alta qualidade real ou aparente de algumas escolas que gozam de um status superior, acaba cumprindo duas funções: torna impossível que outros compitam com os possuidores das maiores riquezas, que monopolizam o topo da pirâmide do ensino, e emite um forte sinal de que aqueles que estudaram nessas escolas não só pertencem a famílias ricas como devem ser superiores intelectualmente.[60]

Observe que os dois fatores (custo elevado e nível educacional elevado) são necessários. Se os custos fossem menores, a competição enfrentada pelos filhos de famílias ricas seria muito mais dura. E se a qualidade dessas escolas fosse inferior, elas poderiam ser rotuladas como instituições que apenas proporcionam uma legitimação profissional para os filhos dos ricos, sem serem especialmente prestigiadas no mundo real. Mas, pelo fato de essas escolas serem ao mesmo tempo caras (reduzindo, portanto, a competição) e boas (sinalizando para um preparo intelectual superior), os ricos conseguem evitar os dois problemas. As vantagens aparecem não só no crescimento do bônus de remuneração decorrente de uma formação superior para aqueles que são diplomados, mas também nas crescentes diferenças entre diplomados que tiveram os mesmos anos de escolaridade. Dez anos depois do início da faculdade, os 10% mais bem remunerados dentre os ex-alunos de todas as faculdades têm um salário anual médio de US$ 68 mil, enquanto os formados nas melhores dez escolas têm um salário anual médio de US$ 220 mil (Stewart, 2018, p. 22).

É também por isso que podemos esperar que, se nada de contundente for feito para melhorar a qualidade relativa do ensino público e nivelar as chances de acesso às melhores escolas, a situação atual nos Estados Unidos se tornará ainda mais aguda e se espalhará por mais países. Embora em um estágio ainda inicial, o mesmo processo já ocorre nos países europeus que possuem sistemas públicos de ensino historicamente fortes.

Conhecedores das vantagens que obtêm com a existência de um ensino privado caro, os ricos se dispõem a pagar mais pela instrução, o que permite a essas escolas atrair os melhores professores e esvaziar gradualmente o sistema público de ensino, tirando dele os melhores docentes e os alunos de famílias ricas. Com isso, ao mesmo tempo que se segregam, os ricos veem diminuir cada vez mais o seu próprio desejo de pagar impostos destinados ao ensino público. O resultado é um sistema educacional bifurcado, que replica a composição da distribuição da riqueza: um pequeno grupo de escolas mais bem frequentadas principalmente pelos ricos e um amplo grupo de escolas medíocres abertas para os demais.

Os integrantes da classe alta podem, dessa forma, transferir as suas vantagens para as gerações seguintes. Seus filhos, além de receberem dinheiro enquanto seus pais estão vivos, herdarem riqueza e se beneficiarem do capital social de seus pais, ainda desfrutam da enorme vantagem inicial de uma formação excelente, que começa em pré-escolas privadas e é concluída com pós-graduações. Na aula inaugural que proferiu na Faculdade de Direito de Yale em 2015, Daniel Markovits estimou o investimento adicional no ensino recebido pelos filhos de famílias ricas (em comparação com os da classe média) em algo equivalente a uma herança entre US$ 5 milhões e US$ 10 milhões. Ele concluiu que "filhos de famílias pobres, e até mesmo de classe média, não podem competir [...] com pessoas que receberam esses investimentos massivos, prolongados, planejados e constantes desde o nascimento, ou até mesmo desde o útero materno". Empregadores imparciais, que pensem apenas nos próprios interesses, terão todos os motivos do mundo para dar os melhores empregos a esse grupo privilegiado. Como em vários outros casos, a existência simultânea de duas balanças, uma para os ricos, no nível mais alto, e outra para a classe média, no nível mais baixo, gera forças que apenas reforçam o desequilíbrio e tornam mais difícil a sua reversão.

Concluamos agora com a questão da herança de riqueza. Para entender a importância apenas da herança financeira, pense em um cálculo realizado para a França, mas que é provavelmente até mais contundente em países com uma desigualdade maior de riqueza, como os Estados Unidos. Em *O capital no século XXI*, Piketty (2014, pp. 377-429) coloca as seguintes questões, divididas em duas partes: quanto da riqueza total é herdada anualmente; e qual é o percentual da população que, num determinado ano, adquire um patrimônio herdado em valor superior aos ganhos de uma vida inteira (capitalizados) de um trabalhador pertencente à metade inferior da pirâmide de distribuição de renda (chamado aqui, para simplificar, de "trabalhador médio"). Essa segunda pergunta é importante porque quanto maior for a porcentagem da população que recebe tal quantia, maior será — mantidas todas as demais condições — a parcela de rentistas nessa população. Mas, mesmo que a questão não seja a parcela de rentistas — as pessoas querem mais do que viver apenas de juros —, quanto maior o seu número, maiores serão as vantagens obtidas pelos ricos. A fórmula para calcular a parcela ocupada no PIB pela herança herdada é $\mu m \beta$, em que m é a taxa de mortalidade anual, μ a riqueza das pessoas falecidas comparada com a riqueza dos vivos, e β o índice de produção de riqueza do país. Como vimos anteriormente, quando os países enriquecem, o seu β se eleva; da mesma forma, com as pessoas vivendo por mais tempo, a tendência é que a riqueza dos descendentes cresça mais do que a riqueza média por adulto (porque as pessoas acumulam mais riqueza à medida que envelhecem). Com o passar do tempo, duas dessas variáveis tendem a fazer com que a parcela do fluxo de transmissão de riqueza em relação à renda global do país aumente. Na França, a participação média das heranças no PIB equivale a cerca de 15% da renda global (Piketty, 2014, figura 11.1). E qual é o percentual de pessoas, no conjunto da população, que recebem heranças com valores iguais ou superiores aos ganhos capitalizados de uma vida inteira de um trabalhador médio? Entre 12% e 15%. Esse grupo de pessoas poderia passar a vida inteira tendo o mesmo padrão de vida de um trabalhador médio sem trabalhar um único dia. Em países com uma desigualdade de riqueza mais alta, esse percentual será provavelmente ainda maior, principalmente por causa do valor maior de µ. E até quando fazemos um ajuste considerando que nos países com desigualdade de riqueza muito elevada, onde a distribuição das heranças é fortemente inclinada em favor dos mais ricos, o percentual das heranças muito altas (ou seja, aquelas cujo valor supera os ganhos capitalizados de uma vida inteira de um trabalhador médio) possa ser menor, continua a valer o fato de que uma parcela importante da população desfrutará de uma vantagem gigantesca em relação àqueles que não herdam nada ou herdam muito pouco.[61]

Uma das características das classes altas no capitalismo meritocrático liberal é a sua relativa abertura para a chegada de novos integrantes. Como a classe alta não difere do restante da população do ponto de vista legal (como ocorria no caso da aristocracia), e como o seu principal, na verdade único, traço diferenciador é o dinheiro, ela não é fechada para a entrada de pessoas que, seja por competência, seja por sorte, consigam se tornar ricas apesar de todos os obstáculos existentes. Diferentemente do que ocorria no passado, a classe alta moderna está aberta para recebê-las, e não as discrimina; ao contrário, pode até mesmo tê-las em alta estima, dadas as dificuldades por elas enfrentadas para realizar o caminho até o topo da pirâmide. Essa abertura para a chegada de novos integrantes que vêm de baixo reforça a classe alta de duas formas: ela coopta os melhores membros das classes baixas e transmite a mensagem de que o caminho para uma mobilidade para cima não está totalmente fechado, o que, por sua vez, leva o domínio da classe superior a ser visto com mais legitimidade, tornando-o, assim, mais estável.

A abertura para a chegada de novos integrantes pode ser maior quando o avanço tecnológico é acelerado e grandes fortunas se fazem rapidamente, como tem acontecido nas últimas décadas. Um olhar, mesmo que superficial, sobre os novos bilionários é suficiente para mostrar isso. Se é verdade que muitos provêm de famílias de boas condições, também é verdade que poucos provêm do 1% do topo da pirâmide ou usufruíram de vantagens sociais desproporcionais. Os dados sobre os bilionários dos Estados Unidos confirmam isso: a fração de riqueza herdada em relação ao total da riqueza dos bilionários dos Estados Unidos caiu de forma consistente de 50%, em 1976, para 35%, em 2001, e pouco acima dos 30% em 2014 (Freund e Oliver, 2016, p. 30).[62] A maior parte dos bilionários e provavelmente muitos dos milionários possuem níveis de renda e ocupam posições relativas muito mais elevadas do que as de seus pais. Eles vivenciaram tanto a mobilidade intergeracional relativa quanto a absoluta.

Essa constatação poderia indicar a existência de uma correlação positiva, dentro de certo período, entre, de um lado, crescimento econômico acelerado e crescimento acelerado da desigualdade de renda, e, de outro, elevada mobilidade intergeracional. Mas essa correlação parece estar em contradição com os dados discutidos anteriormente, mostrando haver uma ligação direta entre alto nível de desigualdade e *baixo* nível de mobilidade. Uma maneira de conciliar essas duas realidades é distinguir aquilo que é durável daquilo que é temporário nas duas variáveis (desigualdade e mobilidade). Pense na seguinte situação, ilustrada na Figura 2.7. Partamos do princípio de que haja uma correlação negativa entre mobilidade e desigualdade, como demonstram os dados de longo prazo referentes aos Estados Unidos e outros países. Essa correlação está representada pela linha A-A. Suponhamos agora que um país como os

Estados Unidos comece no ponto Z, mas então a desigualdade aumenta, impulsionada pelo avanço tecnológico acelerado e pelas novas grandes fortunas. Tanto a desigualdade quanto a mobilidade podem crescer, resultando num movimento para o ponto Z1. Esse ponto, no entanto, se apoia numa nova linha (mais alta) que conecta desigualdade e mobilidade, e a relação a longo prazo entre as duas continua sendo negativa (uma desigualdade maior levando a uma mobilidade menor). Esse cenário mostra porque é preciso fazer uma distinção entre os movimentos temporários da desigualdade e da mobilidade e a relação entre uma e outra a longo prazo, e, assim, aquilo que parece constituir um caminho positivo (mobilidade intergeracional aumentada) pode significar a longo prazo simplesmente a manutenção da relação subjacente "ruim" entre desigualdade e mobilidade.

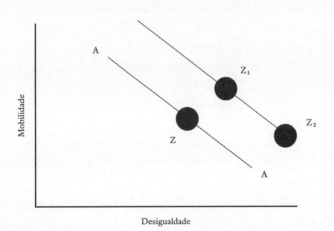

Figura 2.7. A relação de curto e longo prazo entre desigualdade e mobilidade intergeracional

Concretamente, isso significa que, uma vez ocorrendo uma desaceleração no avanço tecnológico — o que dificultaria cada vez mais o surgimento de novas grandes fortunas —, a durabilidade da classe alta se reforçará. Teríamos, assim, uma classe alta menos aberta, uma desigualdade maior e uma mobilidade social menor, representada pelo ponto Z2. Isso, é claro, seria uma receita pronta para a criação de uma classe alta (semi)permanente.

Talvez se observe menos do que o devido quanto se assemelham as visões de Marx e do economista italiano Vilfredo Pareto a respeito do papel desempenhado pela classe dominante (na terminologia de Marx) ou pela elite (na terminologia de Pareto). Ambos acreditavam que toda sociedade possui, ou possuiu, uma classe superior distinta, e que essa classe superior utiliza a ideologia para apresentar seus interesses próprios como se fossem interesses gerais e, com isso, manter sua hegemonia sobre aqueles que domina.

Suas visões se diferenciam, porém, no que se refere à importância da propriedade dos meios de produção como sendo a base a partir da qual as classes se distinguem, bem como sobre a importância de como a produção é organizada. Marx via esses fatores como determinantes das características das diferentes sociedades e de suas classes dominantes, enquanto o ponto de vista de Pareto era mais aberto: uma elite pode se constituir a partir de diversos critérios, e pode preservar a sua dominação de diferentes formas mesmo dentro de uma formação social única. Pareto identifica dois tipos de classes dominantes: os "leões", representando uma classe militarizada que preserva sua posição mediante o uso da força, e as "raposas", classe dominante mais sofisticada que evita o uso da violência e prefere exercer o seu domínio através do poder econômico e da dominação ideológica.[63]

A classificação de Pareto nos leva a fazer a seguinte pergunta: dada a natureza do capitalismo meritocrático liberal, quais seriam as principais características de sua elite dominante? Ou, para colocar de forma diferente: qual tipo de elite ou classe dominante (utilizo os dois termos de forma intercambiável) está associada com, e prospera com, o capitalismo meritocrático liberal?

Não há dúvida de que a classe dominante no capitalismo meritocrático liberal é composta, para usar a terminologia de Pareto, de raposas. Ela não adota meios militares para se manter no poder, e possui outras características que já discuti neste capítulo. Talvez seja útil resumi-las aqui:

1. A classe dominante controla a maior parte do capital do país. Vimos que, nos Estados Unidos, os 10% mais ricos controlam mais de 90% dos ativos financeiros.
2. A classe dominante possui uma formação de alto nível. Muitos integrantes da classe dominante trabalham, e sua renda proveniente do trabalho tende a ser maior (por causa de seu alto nível de formação). Assim, membros das classes dominantes combinam alta renda do trabalho com alta renda do capital — aquilo que chamei de *homoplutia*.
3. A elite investe pesadamente na sua progênie e no controle político da sociedade. O investimento na formação de seus filhos habilita estes últimos a manterem uma renda do trabalho elevada e o status superior tradicionalmente associado ao conhecimento e à educação formal. O investimento na influência política permite à elite estabelecer quais são as leis referentes à herança, de modo que o capital financeiro seja facilmente transmissível para as gerações seguintes. Esses dois elementos reunidos (formação adquirida e capital transmitido) possibilitam a reprodução da classe dominante.
4. O objetivo do investimento no controle político é feito não só para incrementar o poder econômico presente da classe dominante, mas também para garantir a sua dominação no futuro.
5. A capacidade das mulheres de adquirir os mesmos níveis de formação que os homens e usufruir das mesmas leis no que se refere à herança as torna cada vez menos distinguíveis dos homens no que tange à renda ou ao

poder. Assim, a classe dominante no capitalismo meritocrático liberal é provavelmente a menos marcada pelo gênero na história.

6. A crescente proximidade econômica e educacional entre homens e mulheres leva à constituição de famílias com pessoas de formação semelhante e casais ricos (homogamia), o que também contribui para a preservação intergeracional dessas vantagens.

7. Devido ao fato de não ser definida de acordo com critérios hereditários ou ocupacionais, mas se basear, sim, em riqueza e formação, a classe alta é uma "classe aberta". Ela coopta os melhores membros das classes inferiores capazes de se tornarem ricos e adquirirem uma formação elevada.

8. Membros da classe dominante trabalham muito e têm um ponto de vista amoral sobre a vida (ver capítulo 5). Tudo aquilo que habilite essa classe a manter e reforçar sua posição e esteja dentro dos limites da lei é, por isso mesmo, visto como desejável. Sua ética é definida pelo quadro legal existente, e o uso que faz do dinheiro para controlar o processo político se estende ao uso que faz do mesmo dinheiro para mudar as leis. Essa interpretação flexível das leis lhe permite permanecer dentro das fronteiras legais, mesmo que suas práticas divirjam, cada vez mais, dos padrões gerais de ética.

3.
Capitalismo político

> Somente impondo a ordem apropriada é que uma
> oligarquia pode esperar garantir sua segurança.
>
> Aristóteles, *Política*

Este capítulo traz uma abordagem histórica, ou melhor, genealógica, do estudo do capitalismo político. O capitalismo político, como explicarei aqui, é em muitos casos produto de revoluções comunistas levadas a cabo em sociedades que foram colonizadas — seja efetivamente, seja na prática, como a China. Começo por discutir o lugar do comunismo na história do mundo e os efeitos das revoluções comunistas nas sociedades colonizadas. A partir daí, avanço definindo o capitalismo político de forma mais abstrata, ilustrando e discutindo suas características principais e suas contradições, bem como seu papel em termos globais, usando o exemplo da China. Devido ao seu poder econômico e político, a China ocupa um lugar paradigmático neste capítulo, análogo ao ocupado pelos Estados Unidos no capítulo 2. (Para saber mais sobre a reinterpretação pessoal que faço do comunismo, que se diferencia bastante da visão tradicional, ver o Apêndice A.)

3.1. O lugar do comunismo na história

3.1a. A incapacidade das visões de mundo marxista e liberal de explicar o lugar do comunismo na história

Há uma dificuldade quando se tenta situar o comunismo, sua ascensão e queda, na história do mundo, ou seja, na História com

H maiúsculo.[1] No caso do pensamento marxista, essa dificuldade é grande porque este vê o comunismo como sendo o auge da evolução humana, para o qual se destinam todos os esforços da própria história. Mas para a visão liberal da história humana, ou aquilo que se costumou chamar de visão whig da história, a dificuldade não é menor. Na verdade, toda *histoire raisonée*, de Platão a Fukuyama, passando por Hegel, apresenta a ascensão e o declínio de sistemas socioeconômicos ou políticos como obedecendo a certas leis identificáveis das mudanças sociais. Essas leis foram divididas pelo filósofo russo Nikolai Berdyaev em dois tipos: "Athenas" e "Jerusalém". "Athenas" se refere a leis cíclicas (como na ideia de "Athenian" de Platão, segundo a qual os regimes vêm e vão dentro de um padrão cíclico), e "Jerusalém", a leis teleológicas (em que as sociedades avançam de estágios "inferiores", ou estágios menos desenvolvidos, para estágios "superiores", ou estágios mais desenvolvidos — em direção a "Jerusalém").[2]

Tanto a concepção marxista da história quanto a liberal são do tipo Jerusalém. É o que ocorre quando lidamos com os movimentos da História encaixando-os em uma grande tela — perguntando-se, por exemplo, o que virá depois do capitalismo —, ou, numa escala menor — quando, por exemplo, buscamos evidências empíricas de que há uma convergência de renda entre países (como prevê a teoria econômica) ou de que o desenvolvimento econômico tende a estar associado a sociedades mais democráticas. Em cada um desses tipos de raciocínio, espera-se encontrar algumas regularidades unidirecionais de desenvolvimento, ou seja, uma evolução rumo a algo "melhor". A evolução social é vista não como aleatória ou cíclica, mas como seguindo uma progressão linear em direção a sociedades mais ricas e livres.[3]

Aí reside a dificuldade para entender o comunismo. Se acreditássemos que os sistemas econômicos florescessem e decaíssem aleatoriamente, não haveria nada a explicar. Se acreditássemos que eles são movimentos cíclicos entre, digamos, liberdade e tirania, ou, para lembrar o ciclo de quatro caminhos de Platão, timocracia, oligarquia, democracia e tirania, não haveria muito problema, embora ninguém tenha procurado até o momento situar o comunismo dentro dessa ordem cíclica de desenvolvimento. Mas a situação fica mais complicada quando adotamos o ponto de vista teleológico.

Cabe fazer um esclarecimento terminológico, para começar. O termo "comunismo" é usado em diversos sentidos. Fora do marxismo, ele é empregado para classificar partidos políticos e, por extensão, as sociedades por eles dominadas, caracterizadas por terem governos de partido único, propriedade estatal dos bens, planejamento central e repressão política. Na terminologia marxista, porém, o comunismo é o estágio mais avançado de desenvolvimento da humanidade; as sociedades descritas acima como sendo comunistas seriam consideradas, do ponto de vista marxista, como "socialistas", ou seja, sociedades que se encontram na transição do capitalismo para o comunismo. Na maior parte do tempo, adoto aqui a primeira definição (não marxista), por me parecer mais simples. Mas, quando discuto o desempenho de uma economia controlada por um partido comunista, uso a classificação mais comum de "economia socialista". A razão para isso é que o termo "economia comunista" é mais adequado apenas para alguns períodos limitados, como sob o Comunismo de Guerra nos primeiros anos do poder soviético, quando os mercados foram integralmente extintos, ou para falar de uma hipotética economia em cuja base o trabalho não é uma mercadoria, em que há abundância de produtos e onde se segue o princípio "de cada um segundo suas capacidades, a cada um segundo suas necessidades". Como uma economia como essa jamais existiu, e a aqui acima mencionada não passou de uma experiência muito específica imposta pela guerra civil e que durou apenas três anos, seria um equívoco usar o termo "comunista" no caso das economias da Europa do Leste, da União Soviética ou da China, tal como elas funcionaram desde o fim da Segunda Guerra Mundial. "Economia socialista" não só é mais preciso como também vai ao encontro da (bastante razoável) descrição dessas sociedades pelos próprios soviéticos, no fim da era Brejnev, como "o socialismo realmente existente" (com frequência abreviado como "socialismo real").[4]

A questão de como situar o comunismo histórico dentro do pensamento marxista é particularmente difícil. Não só porque o marxismo sempre viu (e vê até hoje) o comunismo como o estágio mais avançado de desenvolvimento da sociedade humana. O problema, para o marxismo, está em como explicar por que o socialismo, que seria um prelúdio rumo ao estágio mais elevado da evolução humana, depois de ter sido vitorioso em vários países e assim se espalhado e se instituído mais amplamente, desapareceu de súbito, transformando a si mesmo oficialmente em capitalismo (como no caso da União Soviética e da Europa do Leste) ou evoluindo na prática para o capitalismo (como na China ou no Vietnã). Tal evolução é simplesmente inconcebível em uma visão marxista.

A questão não é tanto que o "socialismo real" não teve todas as características que teoricamente deveria ter tido (embora isso também seja um problema, já que o seu caráter de sociedade sem classes foi questionado inclusive por sociólogos marxistas); o problema central e aparentemente insolúvel que a historiografia marxista precisa explicar é como uma formação socioeconômica superior, como o socialismo, pôde retroceder para uma formação inferior. Dentro do pensamento marxista, isso seria o equivalente a explicar como uma sociedade poderia empreender as revoluções capitalista e industrial, criar a burguesia e a classe trabalhadora, e de repente voltar para a ordem feudal, com uma mão de obra, antes livre, outra vez atrelada à terra, e uma aristocracia extorquindo o trabalho forçado, sem pagar imposto algum. Para um marxista, assim como para a maioria das pessoas, seria absurdo que um processo como esse pudesse acontecer. Mas a "queda" do comunismo de volta para o capitalismo é igualmente absurda, e não consegue ser explicada dentro da visão marxista tradicional.

A visão liberal consegue explicá-la melhor, ainda que não completamente. Do ponto de vista liberal, sintetizado muito bem nos anos 1990 por Francis Fukuyama em seu livro *O fim da história e o último homem*, a democracia liberal e o capitalismo do laissez-faire representam o estágio final das formações socioeconômicas inventadas pela humanidade. O que os marxistas enxergam como um retrocesso incompreensível em direção a um sistema abaixo (inferior), os liberais veem como o movimento perfeitamente explicável de um sistema inferior e sem perspectivas (o comunismo) que encontra o caminho lógico que leva ao ponto-final da evolução humana: o capitalismo liberal.

Cabe fazer uma pausa aqui para observar quanto comunismo e fascismo são tratados de modo semelhante pela visão liberal. O fascismo também foi — obviamente por um período curto — um sistema socioeconômico alternativo muito poderoso. Para o liberalismo, tanto o comunismo quanto o fascismo representam desvios em duas direções equivocadas — uma excessivamente à esquerda, outra excessivamente à direita. A queda do fascismo, seja como resultado de uma derrota na guerra (Alemanha, Itália, Japão), seja por questões internas (Espanha, Portugal), é vista, então, de uma forma quase simétrica à queda do comunismo: os dois desvios foram superados, corrigidos, por assim dizer, e ao final os países que os adotaram conseguiram, apesar das perdas humanas e materiais gigantescas que sofreram, retornar ao caminho e ao rumo normais em direção a um sistema socioeconômico superior, a saber, o capitalismo liberal. Assim, a explicação liberal para o lugar ocupado pelo comunismo na história do século XX é relativamente coerente e tem a vantagem de tratar com simetria todos os desvios de uma linha direta que conduziria a humanidade ao melhor sistema.

Porém, ela é "relativamente" coerente, porque não consegue explicar com clareza por que esses países se desviaram dessa linha direta. O fascismo e o comunismo aparecem como equívocos em última instância passíveis de correção, mas não há nenhuma compreensão ou explicação para o fato de esses erros terem sido cometidos. Por que fascismo e comunismo se tornaram tão poderosos se a humanidade — e decerto os países capitalistas liberais avançados — estava no caminho certo em 1914? Eis um problema fundamental que a visão capitalista liberal da história enfrenta: explicar a eclosão da guerra mais destrutiva da história (até então) dentro de um sistema que, do ponto de vista liberal, estava em consonância com a maneira mais elevada, mais desenvolvida e mais pacífica de organização da sociedade humana.[5] Como explicar que uma ordem liberal internacional, cujos principais atores eram capitalistas e globalistas e, mais ainda, constituíam plenamente, parcialmente ou aspiravam a ser sociedades democráticas (como era o caso, com certeza, dos Aliados, mas também da Alemanha, Áustria-Hungria e Rússia, todos eles avançando, então, nessa direção), pôde levar a uma situação de carnificina generalizada?

A existência da Primeira Guerra Mundial ergue um obstáculo insuperável para a interpretação whig da história, pois a guerra, nessa visão de mundo, simplesmente não deveria ter acontecido. O fato de ela ter eclodido no auge do domínio liberal, tanto nacionalmente quanto no âmbito das relações internacionais, abre a possibilidade de que a ordem liberal seja capaz de conduzir a um desfecho do mesmo tipo no futuro. E é claramente impossível afirmar que um sistema que pode levar com regularidade a guerras mundiais represente de alguma forma o ponto mais alto da existência humana, visto como a busca pela prosperidade e pela liberdade. Essa é a pedra no caminho da explicação liberal da história do século XX, e as explicações frágeis (ou a ausência total de explicação) para a ascensão do fascismo e do comunismo decorrem diretamente disso. Uma vez que não consegue explicar o advento da guerra, a visão liberal da história, do mesmo modo, trata a existência do fascismo e do comunismo (ambos, com efeito, desfechos da guerra), arrogantemente, como meros "equívocos". Dizer que algo é um equívoco não pode ser visto como uma explicação histórica satisfatória. Assim, a teoria liberal tende a ignorar quase todo o século XX e saltar diretamente de 1914 para a queda do Muro de Berlim em 1989, quase como se nada tivesse acontecido entre um ano e o outro — 1989 teria trazido o mundo de volta para o caminho onde ele estava em 1914 antes de ter caído no erro. É por isso que inexistem explicações liberais para a eclosão da guerra, e as existentes são baseadas na política (Fritz Fischer, Niall Ferguson), na influência remanescente das sociedades aristocráticas (Joseph Schumpeter) ou — a menos convincente de todas — nas idiossincrasias de atores individuais, em equívocos ou acidentes (A. J. P. Taylor).

O marxismo é bem mais capaz de explicar a guerra e a ascensão do fascismo. Seus adeptos sustentam que a guerra foi o desfecho do "último estágio do capitalismo", a saber: o estágio em que o capitalismo gerou os cartéis e os monopólios nacionais que se confrontam pelo controle do restante do mundo. O fascismo, por sua vez, foi a resposta da burguesia fragilizada diante da ameaça da revolução social. Assim, o caminho direto da linha civilizatória de desenvolvimento do capitalismo para o socialismo e, em última instância, o comunismo, se manteve, ainda que a burguesia tenha podido organizar de tempos em tempos movimentos nocivos como o fascismo, que conseguiu por um breve tempo frear a roda da história. A visão marxista sobre a guerra e o fascismo é consistente com as evidências históricas. O que não é consistente com as evidências históricas, e se mantém como uma grande pedra no caminho, talvez um obstáculo insuperável, na explicação marxista da história do século XX, é como o comunismo não conseguiu se impor nos países mais desenvolvidos e por que os países comunistas se tornaram capitalistas novamente. Como já mencionei, esses acontecimentos não só não podem ser explicados como também são de fato insondáveis com base na visão marxista da história.

Chegamos, assim, à conclusão de que dois dos mais importantes acontecimentos da história mundial do século XX, a Primeira Guerra Mundial e a queda do comunismo, não conseguem ser explicados de forma consistente a partir dos paradigmas marxista ou liberal. Se o paradigma liberal tem dificuldades com 1914, o paradigma marxista as tem com 1989.

A dificuldade de lidar com o comunismo teórica e conceitualmente é bastante recorrente. Em dois livros de grande influência (*Economic Origins of Dictatorship and Democracy* e especialmente *Why Nations Fail*), Daron Acemoglu e James Robinson trazem uma teoria abrangente que procura explicar por que as democracias se desenvolvem e caem, demonstrando a relação estreita existente entre as desigualdades política e econômica. Sua visão teve forte influência, sobretudo no período anterior à crise financeira global de 2008, por reunir dois elementos então dominantes no pensamento liberal: o Consenso de Washington (que promoveu privatizações internamente e a globalização externamente) e a celebração, ao estilo de Fukuyama, da democracia liberal.

Um dos conceitos mais importantes de Acemoglu e Robinson é o de instituições "extrativistas": instituições políticas e econômicas controladas por uma elite e voltadas para extrair recursos econômicos e concentrar o poder político, com os poderes econômico e político se efetuando ao mesmo tempo e se reforçando mutuamente. Mas esse conceito não consegue dar conta do caso do comunismo, onde os poderes político e econômico estão relacionados, na melhor das hipóteses, muito fracamente. Na visão de Acemoglu-Robinson, seria de esperar que à elevada concentração de poder político encontrada nos países comunistas correspondesse uma alta concentração de poder econômico. No entanto, claramente, não era isso que acontecia sob o comunismo; tampouco as vantagens econômicas obtidas eram transmitidas de uma maneira significativa de uma geração a outra. Assim, o comunismo, sistema sob o qual quase dois terços da população mundial viveram durante a maior parte do século XX, fica quase totalmente fora do seu esquema e não pode ser explicado por ele. Da mesma forma, não há nele uma explicação para o sucesso econômico da China e do Vietnã. Essas sociedades não possuem aquilo que Acemoglu e Robinson chamam de instituições "inclusivas" — aquelas que permitem participação ampla, que atuam dentro dos limites da lei e que, de acordo com os autores, são essenciais para o crescimento econômico —, e no entanto seus resultados em termos de crescimento estão entre os melhores do mundo, sendo a marca alcançada pela China a mais alta de toda a história da humanidade. Acemoglu e Robinson, então, têm de negar o sucesso econômico desses países, argumentando, em *Why Nations Fail*, que ele não pode durar para sempre, ou, sendo mais preciso, que, a não ser que a China se democratize, ela fatalmente cairá depois de atingir o nível tecnológico a partir do qual os países com instituições extrativistas se tornam presumivelmente incapazes de inovar (Acemoglu e Robinson, 2012, pp. 441-2). Essa teoria da história segundo a qual "a China deverá fatalmente cair" é bastante frágil, exceto no sentido mais banal de que nada pode durar para sempre.

3.1b. Como situar o comunismo na história do século XX

Uma característica marcante e comum às teorias liberal e marxista, até hoje, é a sua preocupação exclusiva com o Ocidente. As economias ou sociedades do chamado Terceiro Mundo aparecem nelas muito raramente. Surgem de passagem no conceito marxista da última etapa do imperialismo, no qual aparecem como o objeto pelo qual as economias capitalistas avançadas entram em disputa, e às vezes estão presentes de modo implícito, como no comentário feito por Marx no prefácio do primeiro volume de *O Capital*, segundo o qual "o país mais desenvolvido industrialmente apenas mostra ao menos desenvolvido a imagem de seu próprio futuro". O mundo não ocidental é visto, então, pelos marxistas, como uma sociedade capitalista, e, em última instância, socialista em potencial. Afora isso, não há nada de mais especial a seu respeito. De acordo com a visão marxista padrão, essas sociedades estão atrás das sociedades avançadas, mas seguem o mesmo caminho — um caminho que vai do comunismo primitivo para a escravidão, depois para o feudalismo, e então para o capitalismo, e que chamo aqui de caminho ocidental de desenvolvimento, ou COD. Quando os adeptos desse ponto de vista discutem a evolução futura das economias avançadas, estão discutindo, também por isso, a evolução futura das economias em desenvolvimento. Imagine um trem com diversos vagões. Para determinar a trajetória futura desse trem, não faz sentido focar nos vagões isoladamente, uma vez que alguns estão à frente dos outros; basta saber aonde vai a locomotiva para saber aonde o trem inteiro chegará.

Há no marxismo apenas dois momentos em que a cadeia do COD se "rompe": no chamado "modo asiático de produção" e na afirmação cautelosa feita por Marx em sua carta de 1881 à revolucionária Vera Zasulich, em que ele afirma que na Rússia o socialismo poderia surgir diretamente das comunas camponesas, saltando o estágio capitalista do desenvolvimento.[6] Esta última afirmação acabou ganhando um peso muito forte, pois levantava a possibilidade de que sociedades menos avançadas pudessem saltar para o socialismo, por assim dizer, diretamente. (Os marxistas "legítimos" da Rússia achavam isso um absurdo, o que os levou ao posicionamento prático, não menos absurdo, de atuar em favor do desenvolvimento do capitalismo na Rússia, para que seu pleno florescimento pudesse gerar, em um momento não distante, uma classe operária grande o suficiente para derrubá-lo.) Já a introdução do conceito do "modo asiático de produção" (que nunca foi definido com muita clareza) abria a possibilidade de alguma não linearidade na progressão das formações sociais. Mas o fato é que ele não ajuda em nada o esquema marxista em sua tentativa de explicar a queda do socialismo, ponto que nos interessa aqui. Ela continua tão incompreensível como antes.[7]

A visão liberal sobre a posição dos países menos avançados, por sua vez, é muito semelhante à visão marxista típica, no sentido de negligenciar as especificidades desses países. As duas visões são tão parecidas nesse quesito que quase poderíamos atribuir a um liberal o comentário de Marx de que os países mais avançados mostravam aos menos avançados o caminho que estes iriam seguir. Diversas interpretações britânicas expressaram essa visão whig, linear, da história, ao afirmar que o Império era uma espécie de escola frequentada por povos colonizados, na qual estes se preparavam para a sua futura autodeterminação e a criação de economias capitalistas. É bem verdade que muitas dessas afirmações podem ser vistas como justificativas pouco veladas para a continuidade da dominação colonial — por exemplo, aquela que foi dada pelo secretário de Estado britânico Edwin Montagu, que via a autodeterminação como algo possível de ser adotado "depois de muitos anos [...] muitas gerações", ou a do Reino Unido, afirmando em 66 ocasiões, entre 1882 e 1922, que o Egito "logo" estaria pronto para ter o seu próprio governo (Tooze, 2014, p. 186; Wesseling, 1996, p. 67). Mas seria um erro, acredito, pensar nelas apenas nesse aspecto. Essas afirmações também expressavam uma opinião amplamente compartilhada, segundo a qual os países menos "civilizados" estavam no caminho rumo a um estágio mais civilizado ou avançado, e que aqueles que já se encontravam nesse estágio deveriam ajudá-los.[8] O colonialismo incluía, assim, uma missão civilizatória (*mission civilisatrice*). Dessa maneira, na visão liberal do mundo, tal como na visão marxista, a questão do Terceiro Mundo ou de sua trajetória não se colocava. Na verdade, não existia Terceiro Mundo algum nessas *histoires raisonées* globais.

E é justamente na história negligenciada do Terceiro Mundo que vamos encontrar o lugar do comunismo na história mundial. Demonstrarei aqui que *o comunismo é um sistema social que permitiu que sociedades atrasadas e colonizadas abolissem o feudalismo, adquirissem independência econômica e política e construíssem um capitalismo nativo*. Ou, em outras palavras, foi um sistema de transição do feudalismo para o capitalismo, adotado em sociedades menos desenvolvidas e colonizadas. O comunismo funcionou, no caso, de forma equivalente à ascensão da burguesia no Ocidente. Essa interpretação confere um lugar próprio na história mundial — algo ausente nas grandes narrativas liberal e marxista — à parcela do Terceiro Mundo que foi colonizada e que conheceu as revoluções comunistas.[9]

É errado, ou inócuo, pensar no comunismo dentro da concepção de história influenciada pelo padrão ocidental, porque, como vimos, nem a sua ascensão (no caso do liberalismo) nem a sua queda (no caso do marxismo) conseguem ser explicadas. É errado porque as condições que forjaram a evolução das sociedades ocidentais do feudalismo para o capitalismo eram fundamentalmente diferentes daquelas que prevaleciam no Terceiro Mundo e que levaram à sua própria transição do feudalismo ou da "produção mercantil simples" para o capitalismo.

A partir do século XVI, a maior parte do Terceiro Mundo, devido ao seu nível econômico e desenvolvimento militar inferiores, foi conquistada pelo Ocidente. A conquista mais difícil se deu na Ásia, onde as populações não podiam ser eliminadas ou escravizadas como foram nas Américas e na África, e onde o nível de desenvolvimento econômico e cultural era relativamente alto. Na perspectiva do caminho ocidental de desenvolvimento, o imperialismo na Ásia (e na África) poderia ser defendido como um meio de fazer esses países transitarem do feudalismo para o capitalismo e, assim, de acordo com a teleologia marxista, abrir o caminho para sua transição rumo ao socialismo. Essa ideia foi formulada originalmente por ninguém menos que o próprio Marx e, mais recentemente, em uma defesa eloquente do imperialismo de uma perspectiva marxista, por Bill Warren em *Imperialism: Pioneer of Capitalism* (1980).[10] Em outras palavras, para que o Terceiro Mundo pudesse seguir o COD, as nações em desenvolvimento teriam de ser transformadas de sociedades sem capitalismo em sociedades capitalistas, e, ao mesmo tempo, acelerando essa transformação, ser integradas à economia capitalista globalizada.[11] Se o Terceiro Mundo inteiro fosse reduzido a Hong Kong, seria exatamente esse o caminho que teria sido seguido.

Mas o mundo não era Hong Kong. O problema dessa abordagem — que ficou claro depois do fim da Segunda Guerra Mundial — era que a introdução do capitalismo de fora para dentro só podia funcionar em pequena escala. O capitalismo foi capaz de criar e depois integrar pequenas economias e entrepostos, como Hong Kong e Singapura, e de desenvolver cidades na costa Oeste e na costa Sul da África (como Acra, Abidjã, Dacar e Cidade do Cabo), mas fracassou declaradamente na tentativa de transformar a maior parte das economias do Terceiro Mundo. Tampouco as levou a ter um desempenho satisfatório em termos de crescimento: essas economias, na verdade, permaneceram muito atrás das economias capitalistas avançadas, tornando falsa, assim, a ideia econômica de convergência. Tampouco se conseguiu que as relações internas de produção avançassem sem ambiguidades numa direção capitalista: diferentes modos de produção continuaram a existir lado a lado.

Em vez disso, o desenvolvimento dirigido pela metrópole gerou uma dualidade estrutural nessas economias, levando ao surgimento de explicações neomarxistas para essa estrutura dual. Esse período corresponde ao momento mais alto do estruturalismo latino-americano e da Teoria da Dependência. Os estruturalistas acreditavam que o subdesenvolvimento só poderia ser superado mediante o rompimento de todos os laços com as economias avançadas (chamadas de "centro" ou "coração"), as quais, segundo diziam eles, impunham naturalmente uma estrutura dual às economias do Terceiro Mundo, estimulando a produção do setor primário voltada para exportação e deixando definhar o restante da economia. Em lugar de um desenvolvimento voltado para o centro, o Terceiro Mundo deveria focar no crescimento interno. Não sendo marxistas ortodoxos, os estruturalistas deixavam em aberto a forma como a nova economia local deveria ser organizada, embora se assumisse implicitamente que ela continuaria sendo capitalista (isto é, com propriedade privada do capital e trabalho assalariado), mesmo que o Estado viesse a desempenhar um papel mais importante do que fizera em estágios análogos de desenvolvimento no Ocidente. As políticas estruturalistas, porém, nunca foram implementadas. Quando estruturalistas como Fernando Henrique Cardoso, no caso do Brasil, chegaram ao poder, acabaram por implementar políticas totalmente diferentes, pró-capitalistas e pró-globalização.

Deveríamos ver essas teorias estruturalistas, ou de periferia-centro, apenas como uma reação diante da incapacidade do capitalismo global de transformar os países do Terceiro Mundo em economias plenamente capitalistas. Se a visão otimista do marxismo sobre a capacidade do imperialismo e do capitalismo global de converter as economias do Terceiro Mundo em clones das economias capitalistas ocidentais estivesse correta, o colonialismo as teria transformado em imagens espelhadas da Grã-Bretanha e da França, e não haveria nenhuma necessidade de explicações estruturalistas. Assim, os estruturalistas e a Teoria da Dependência apenas tentaram preencher essa lacuna, explicando por que o capitalismo global não obtina um sucesso maior, enquanto, ao mesmo tempo, recuavam da ideia de propor uma economia plenamente socialista (ou seja, com a propriedade pública dos meios de produção) como um caminho para o desenvolvimento, já que o modelo soviético, no momento em que os estruturalistas entravam em cena, já demonstrava claros sinais de senilidade.

Os estruturalistas entraram em cena tarde demais, e sua abordagem, assim como a enorme distância entre o que eles defendiam e o que implementaram de fato (quando tiveram oportunidade de fazê-lo), reflete esse atraso. Em muitos países, para que se efetuasse uma real transição do feudalismo de Terceiro Mundo para o capitalismo, foram necessárias revoluções comunistas. *As revoluções comunistas no Terceiro Mundo colonizado desempenharam o mesmo papel funcional das burguesias locais no Ocidente.* Bill Warren está certo ao afirmar que a "virada para o Leste" do Comintern (com a ênfase de sua política se voltando para a luta anti-imperialista, mais do que para a revolução nos países desenvolvidos), ocorrida nos anos 1920, "mudou o papel do marxismo de um movimento por um socialismo democrático da classe trabalhadora [nos países ricos] para um movimento pela modernização das sociedades atrasadas". Mas, enquanto ele vê essa virada como um equívoco, ela foi, na realidade, um grande passo adiante, que, ao final, transformaria países menos desenvolvidos em economias capitalistas autóctones.[12] A seção 3.2 explica por que só o comunismo foi capaz de efetuar essa transformação — a transformação que se supunha que deveria ter sido introduzida pelo imperialismo, tarefa na qual este fracassou, ou pelos estruturalistas, tarefa que estes nunca assumiram.

3.2. Por que as revoluções comunistas foram necessárias para o capitalismo se instalar em algumas partes do Terceiro Mundo?

3.2a. O papel das revoluções comunistas no Terceiro Mundo

Para entender a diferença central entre a posição ocupada hoje pelos países do Terceiro Mundo e sua suposta situação tal como prevista teoricamente dentro do COD, é preciso saber que sua situação nos anos 1920 era caracterizada por (a) um subdesenvolvimento em relação ao Ocidente, (b) relações de produção feudais ou do tipo feudal e (c) dominação externa. A dominação externa era impopular, mas levou a essas sociedades (sendo a China o primeiro exemplo) a consciência do próprio subdesenvolvimento e fragilidade. Se não tivessem sido conquistadas e controladas com tanta facilidade, não se dariam conta do quão para trás tinham ficado. Assim, os pontos (a) e (c) são específicos das nações menos desenvolvidas, e ambos estavam ausentes nas sociedades ocidentais quando estas se encontravam no mesmo estágio.[13] É por essa razão que os países do Terceiro Mundo não puderam se desenvolver seguindo os passos do COD.

Fica claro, então, que a tarefa com que se defrontavam todos os movimentos sociais no Terceiro Mundo continha dois aspectos: transformar a economia local, mudando as relações de produção predominantes, isto é, livrando-se do poder sufocante dos grandes proprietários de terras e outros magnatas; e acabar com a dominação externa. Essas duas revoluções — uma de ordem social, cujo objetivo era o desenvolvimento do país, e outra política, com o objetivo de obter sua autodeterminação — caminhavam juntas. E as únicas forças organizadas que poderiam realizar essas duas revoluções eram os partidos comunistas e outros partidos de esquerda *e* nacionalistas. Sem considerar as outras vantagens que os partidos comunistas tinham — como o seu grau de organização e a qualidade de seus dirigentes e adeptos, muitos deles bem formados e dispostos a sacrifícios —, somente esses partidos e seus filiados eram comprometidos ideologicamente com a combinação entre as revoluções social e nacional. Nas palavras de Mao Tsé-tung: "Duas montanhas enormes se colocam como um peso morto sobre o povo chinês. Uma é o imperialismo, a outra é o feudalismo. O Partido Comunista da China decidiu, desde há muito, derrubar as duas".[14] Assim, "o socialismo de Mao [era] tanto uma ideologia de modernização quanto uma crítica à modernização capitalista euro-americana" (Wang, 2003, p. 149). Outros partidos pró-independência eram por definição nacionalistas, mas tropeçavam e vacilavam quando se tratava da revolução social (como no caso do Partido do Congresso na Índia, em suas duas vertentes, a muçulmana e a hindu). Podiam dar conta de uma parte da revolução, mas não da outra. E para a vida cotidiana dos camponeses e trabalhadores a revolução social talvez fosse ainda mais importante do que a nacional.

China e Vietnã são os melhores exemplos da combinação entre as revoluções social e nacional. Os obstáculos que os partidos desses dois países tiveram de superar para chegar ao poder eram desencorajadores, até mesmo esmagadores, e ninguém em sã consciência teria sido capaz de prever, digamos, em 1925 ou 1930, o que acabaria acontecendo nesses dois países. As regiões mais importantes da China eram divididas em várias zonas sob dominação estrangeira, onde a lei chinesa não era aplicada, enquanto o restante do país, teoricamente controlado pelos chineses, estava sob o domínio de inúmeros chefes militares cujas coligações entre eles mudavam constantemente e que mantinham colaboração mais ou menos aberta com forças estrangeiras. A pobreza era terrível, com doenças e infanticídio espalhados pelo país. No fim da Primeira Guerra Mundial, o assessor mais próximo de Woodrow Wilson, Edward ("Colonel") House, descreveu a China como uma "ameaça à civilização": "[A China] se encontra numa situação deplorável. A prevalência de doenças, ausência de saneamento, [...] escravidão, infanticídio e outras práticas brutais e degeneradas fazem do país como um todo uma ameaça à civilização". A solução, segundo House, seria colocar a China sob a "tutela" internacional.[15] Com o desenrolar da guerra civil chinesa e a Grande Depressão empobrecendo o país ainda mais, um levantamento sobre os pequenos vilarejos, realizado pela Associação Chinesa de Proprietários de Usinas de Algodão com a finalidade de estimar a demanda de têxteis, "deparou com condições desastrosas: as mulheres de Szechuan não usavam saias porque a devastação rural tirou dos camponeses os recursos para poder comprar vestimentas, e em muitos lares os membros da família compartilhavam uma mesma peça de roupa" (Shiroyama, 2008, p. 127). No mesmo período, o Vietnã estava sob dominação da França, que impunha uma administração opressiva, eficiente e extrativista.[16] As ideias de libertação nacional, unificação territorial e transformação das relações sociais eram algo tão distante e tão frágil que não creio ser um exagero afirmar que ninguém apostaria racionalmente 1 em 1 milhão que elas pudessem se tornar realidade. E, no entanto, foi o que aconteceu, justamente pelas razões expostas acima.

Há dois aspectos, o social e o nacional, na vitória dos partidos comunistas nos países do Terceiro Mundo. Vou ilustrá-los utilizando o seu maior exemplo, que é o caso da China. O Partido Comunista da China (PCC) defendeu e implementou, primeiro nas áreas que controlava nos anos 1920 e 1930, depois por todo o país, após sua vitória em 1949, uma ampla reforma agrária, abolição das relações semifeudais nas áreas rurais, além da redução da presença de relações sociais baseadas em clãs, substituídas por uma estrutura de família nuclear mais moderna e igualdade de gêneros. Promoveu também uma alfabetização ampla e um sistema de ensino dotado de "ações afirmativas", tanto no ensino quanto no trabalho, em prol dos filhos das famílias de camponeses e trabalhadores. Foi uma mudança total de relações hierárquicas históricas.[17] Tudo isso em conjunto com a rejeição ao confucionismo, que, com sua ênfase na piedade filial, no respeito inquestionável à autoridade e à docilidade, permitiu que aquelas estruturas iníquas perdurassem ao longo de muitos séculos. O partido nacionalista Kuomintang, de modo nada surpreendente, jamais se engajou, e jamais se engajaria, em uma mudança tão absoluta. Além disso, durante os períodos em que o Kuomintang e o PCC "cooperavam" entre si, no fim dos anos 1920 e durante a ocupação japonesa, o PCC, para fazer um agrado ao Kuomintang e manter aquela frente unida, concordou em engavetar algumas de suas mais importantes reformas, especialmente a mais polêmica delas: a reforma agrária.

O segundo aspecto — o nacional — também pode ser muito bem ilustrado pelo caso do PCC e da liderança maoista que chegou ao poder em 1935. Mesmo seguindo as instruções de Stálin e do Comintern, e sendo stalinistas tanto ideologicamente quanto em relação aos seus planos para a organização do Estado no futuro, Mao e o PCC realizaram uma revolução nacional que tinha muito pouco a ver com Moscou, e até mesmo com o internacionalismo. A ênfase dada ao papel do campesinato em oposição ao da classe operária urbana como a força principal no impulso à revolução socialista era não só heterodoxa no sentido marxista, como também se opunha à política tradicional do Comintern, que via nos trabalhadores de Xangai o núcleo de um futuro Estado soviético. Mao ignorou esse ponto de vista e, em 1935, substituiu a liderança de Wang Ming — que contava com a aprovação de Moscou — por ele mesmo e seus quadros nacionalistas. Cabe citar aqui a avaliação feita a respeito de Mao por Wang Fan-hsi, um dos primeiros dirigentes do PCC (mais tarde expulso por suas tendências trotskistas ao lado de vários outros, e que não tinha nenhum motivo para falar sobre Mao e o PCC de forma emotiva): "Mao nunca foi um stalinista em termos [de pertencimento a uma] facção [dentro do PCC]. Os stalinistas jamais teriam recrutado alguém com opiniões tão fortes como Mao [...]. Ele construiu as bases de sua própria ideologia a partir dos clássicos chineses; [...] adquiriu conhecimento sobre o pensamento europeu moderno, em particular o marxismo-leninismo [...] construindo uma superestrutura rudimentar de estilo estrangeiro sobre uma sólida fundação chinesa [...] tampouco jamais deixaria de lado aquele pretensioso orgulho tão peculiar ao velho estilo dos intelectuais chineses".[18] Na verdade, o PCC via os "conselheiros" comunistas estrangeiros e os chineses que os seguiam cegamente como "agentes vermelhos".[19]

Isso revela o nacionalismo declarado da Revolução Chinesa, não só em termos da forma como chegou ao poder e dos interesses de classe que representava (independentemente da teoria marxista), mas também de sua independência ideológica em relação ao que seria o centro do comunismo internacional. Obviamente, o PCC não era nacionalista apenas em suas relações com outros comunistas. Era nacionalista também em suas atitudes e ações relacionadas aos ocupantes japoneses e contra as forças ocidentais que haviam dividido a China. Desse modo, seu nacionalismo se refletia na rejeição tanto ao clássico COD marxista quanto às políticas do Comintern, bem como na luta contra os imperialismos japonês e ocidental.

O fato de realizar uma revolução ao mesmo tempo social e nacional permitiu aos partidos de esquerda e comunistas fazerem tábula rasa de todas as ideologias e costumes vistos como responsáveis pelo atraso no desenvolvimento econômico e pela criação de divisões artificiais entre a população (como a estrutura de castas, que a revolução na Índia, bem menos radical, jamais conseguiu abolir), assim como acabar com a dominação estrangeira. Essas duas revoluções, concomitantes, eram precondição para um desenvolvimento doméstico bem-sucedido, e, a longo prazo, para a criação de uma classe capitalista nativa que iria, como fez a mesma classe na Europa Ocidental e na América do Norte, levar a economia adiante. Aqui, no entanto, a transformação do feudalismo em capitalismo teve lugar sob o controle de um Estado extremamente poderoso, em um processo diferente do ocorrido na Europa e na América do Norte, onde o papel do Estado foi muito menos importante e onde os países não sofriam interferências externas.[20] E essa diferença, fundamental, em relação ao papel do Estado explica por que o capitalismo na China, no Vietnã e em muitos outros lugares, seja no passado (Coreia do Sul), seja no presente (Etiópia, Ruanda), teve com frequência uma vocação autoritária.

3.2b. Onde o comunismo teve êxito?

A tese de que o comunismo foi o sistema que permitiu a transição do feudalismo para o capitalismo nos países colonizados ou dominados pelo Ocidente é reforçada também pelo fato de que o comunismo foi mais bem-sucedido nos países menos desenvolvidos. Quando medimos o grau de sucesso do comunismo, seja com base na taxa média de crescimento bruto, seja, e preferivelmente, comparando o desempenho dos países comunistas com o dos países capitalistas do mesmo nível de desenvolvimento, encontramos uma correlação negativa entre o nível de renda de um país na época em que se tornou comunista e sua taxa de crescimento absoluta subsequente, ou sua taxa de crescimento comparada com a de seus pares capitalistas. Em termos mais simples, isso significa que o comunismo foi menos exitoso nas economias industriais desenvolvidas, como a Alemanha Oriental e a Tchecoslováquia, e mais exitoso nas sociedades agrícolas mais pobres, como a China e o Vietnã.

O fracasso relativo do comunismo nas nações mais desenvolvidas ficou evidente de meados dos anos 1970 em diante, quando a distância entre os países comunistas da Europa Central e países capitalistas semelhantes a eles (como a Áustria) começou a aumentar. Isso foi objeto de importantes estudos, alguns deles publicados após a queda do comunismo, que se debruçaram sobre o desempenho econômico histórico do comunismo e as razões para o seu declínio. As duas explicações mais comuns apontam para a incapacidade do sistema de inovar, bem como sua incapacidade de substituir capital por trabalho. Ambas podem ser vistas como uma incapacidade de criar e conduzir uma mudança tecnológica. A primeira explicação (Broadberry e Klein, 2011) enfatiza o fato de que os países comunistas foram incapazes de fazer avançar com êxito o seu relativamente simples setor industrial por meio de ampla economia de escala (barragens e geração de energia, usinas siderúrgicas integradas, ferrovias etc.), perdendo o passo, assim, na revolução tecnológica que se impôs mais adiante. Nas palavras de Broadberry e Klein, "o planejamento central foi capaz de alcançar um desempenho satisfatório na produtividade durante a era da produção em massa, mas não conseguiu se adaptar às exigências de uma produção de tecnologia flexível durante os anos 1980" (2011, p. 37). Os países sob domínio comunista provavelmente também teriam perdido o passo na revolução informática e tecnológica caso o comunismo não tivesse caído antes. A segunda explicação (Easterly e Fischer, 1995; Sapir, 1980) enfatiza a ausência de flutuações mútuas entre capital e trabalho, o que significa que a produção final se realizava com uma participação proporcional quase fixa desses dois fatores. Nessa situação, o nível de produção é determinado (limitado) pelo fator menos abundante: se a população para de crescer, a escassez de mão de obra não pode ser compensada por mais capital. Na visão desses autores, foi isso que aconteceu na União Soviética e na Europa do Leste.

Essas duas postulações mostram que, quanto mais sofisticada era a economia de um país, menos eficiente foi, nele, o sistema econômico socialista. Estudos recentes confirmam esse fato. Em pesquisa detalhada que cobre todo o período pós-guerra, durante o qual o socialismo existiu na Europa do Leste, Vonyó (2017) chega a três importantes resultados, mostrados na Figura 3.1. Primeiro, os países mais desenvolvidos em 1950 tiveram uma taxa média de crescimento mais baixa nos 39 anos seguintes. Esse resultado envolve a convergência de renda, e vale para os países europeus tanto socialistas quanto capitalistas. É por isso que as duas linhas da Figura 3.1 fazem um movimento para baixo. Segundo, os países socialistas, em todos os níveis (iniciais) de renda, exibem um desempenho pior do que o dos países capitalistas. É por isso que a linha referente aos países socialistas está abaixo da linha dos países capitalistas. Terceiro, a diferença de desempenho entre os dois tipos de países aumenta quando o nível inicial de renda aumenta (ou seja, quanto mais desenvolvido o país, maior é a defasagem). É por isso que a distância entre as duas linhas é maior nos casos dos países que eram mais ricos do que nos casos dos mais pobres em 1950.

Figura 3.1. Desempenho das economias socialistas versus economias capitalistas na Europa, 1950-89

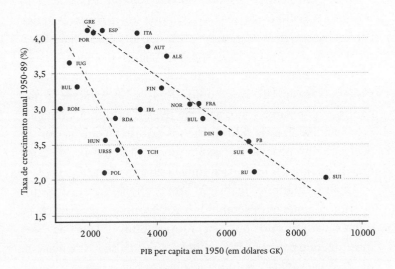

Abreviações dos países: Países socialistas: BUL Bulgária, TCH Tchecoslováquia, RDA República Democrática Alemã, HUN Hungria, POL Polônia, ROM Romênia, URSS União Soviética, IUG Iugoslávia; países capitalistas: AUT Áustria, BEL Bélgica, SUI Suíça, DIN Dinamarca, ESP Espanha, FIN Finlândia, FRA França, ALE Alemanha Ocidental, GRE Grécia, IRL Irlanda, ITA Itália, PB Países Baixos, NOR Noruega, POR Portugal, SUE Suécia, RU Reino Unido. Dólares GK são os dólares de PPC (Paridade do Poder de Compra) calculados por Geary-Khamis para 1990. FONTE: Vonyó (2017, p. 255). Reproduzido mediante autorização.

A comparação entre países capitalistas e países socialistas (isto é, sob direção comunista) é extremamente importante, não só por mostrar o desempenho inferior dos países socialistas, mas porque nos permite dividir o desempenho inferior dos países socialistas mais ricos em duas partes: (1) a parte decorrente da convergência econômica (a saber, a parte não específica desse sistema, que se observa também quando comparamos o desempenho do Reino Unido com o da Espanha, ou o da Tchecoslováquia com o da Bulgária); e (2) a parte que é específica do sistema e se reflete num desempenho muito pior dos países socialistas ricos em comparação com os países capitalistas ricos. Essa parte 2 é central para o raciocínio que desenvolvo aqui, segundo o qual o socialismo foi economicamente bem menos exitoso nos países ricos do que nos pobres. Isso derruba a visão marxista linear, o COD, que sustenta exatamente o contrário: que as características do socialismo decorrem do fato de ele não ter sido adotado nos países ocidentais ricos e sim em países periféricos, como a Rússia. Na realidade, o que ocorre é o oposto: se o socialismo tivesse sido adotado na Europa Ocidental, teria sido até menos exitoso do que na Europa do Leste. É o próprio fracasso do socialismo nos países ricos que desmente a teleologia simplista do marxismo.

Carlin, Shaffer e Seabright (2012) chegam à mesma conclusão: a de que os desempenhos das economias socialistas se diferenciam uns dos outros conforme o nível de renda. Eles mostram que países relativamente pobres mais se beneficiaram de algumas vantagens do planejamento centralizado (como o incremento na infraestrutura e um ensino melhor) do que sofreram com a ausência de incentivos de mercado. Os países socialistas pobres se beneficiaram, assim, em termos de taxa média de crescimento a longo prazo, na comparação com seus equivalentes capitalistas. Para os países ricos, porém, vale o contrário: a ausência de mercados reduziu a taxa média de crescimento, a longo prazo, a um patamar inferior ao de seus homólogos capitalistas.

Dessa maneira, tanto as evidências teóricas quanto as empíricas mostram que os países menos desenvolvidos (ou seja, justo aqueles onde o comunismo possibilitou a transição do feudalismo para um capitalismo nativo) provavelmente se beneficiariam mais com as mudanças causadas pelo comunismo. Ao analisar o seu desempenho por um período ainda mais longo, que inclui as últimas três décadas, durante as quais alguns países comunistas se transformaram em países regidos pelo capitalismo político, vemos que as vantagens se ampliaram. A Figura 3.2 mostra a taxa de crescimento anual do PIB per capita entre 1990 e 2016 na China, no Vietnã e nos Estados Unidos (este último pode ser visto como representativo do capitalismo meritocrático liberal). A taxa de crescimento da China registra uma média de cerca de 8%, a do Vietnã em torno de 6%, e a dos Estados Unidos apenas 2%. As diferenças entre as taxas são não apenas grandes, mas também constantes ao longo dos anos: em um período de 26 anos, houve apenas um ano em que o Vietnã e os Estados Unidos registraram o mesmo crescimento (foi em 1997, quando ocorreu a crise financeira na Ásia), e em nenhum momento o crescimento da China chegou a ser igual ou inferior ao dos Estados Unidos. Como veremos abaixo, esse desempenho notável dos países do capitalismo político é algo que os coloca, ao menos se considerarmos a prosperidade como um critério essencial, em boas condições competitivas com o capitalismo liberal no que se refere ao melhor caminho para se organizar a sociedade. Se essa distância continuará a existir no futuro, não é uma coisa óbvia: na medida em que a China, o Vietnã e outros países se aproximem do limite das possibilidades de produção, e que seu crescimento passe a depender mais de inovação, este poderá diminuir (ver também o Apêndice C). Mas não sabemos se essa redução os levaria direto a um patamar de crescimento semelhante ao registrado pelos países ricos atualmente, ou se essa queda — apesar do caminho verdadeiramente notável que esses países percorreram, passando de muito pobres para muito ricos a curto espaço de tempo de duas gerações — faria deles um modelo a não ser seguido por outros países.

Figura 3.2. Taxas de crescimento do PIB per capita na China, no Vietnã e nos Estados Unidos, 1990-2016

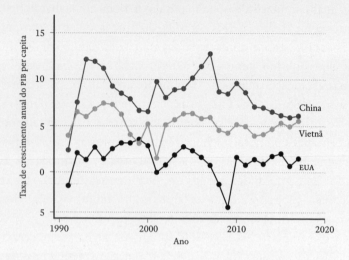

As taxas de crescimento são em termos reais, com base em dólares PPC (Paridade do Poder de Compra). FONTE: Banco Mundial, World Development Indicators, versão 2017.

3.2c. A China é um país capitalista?

Mas será a China realmente um país capitalista? Trata-se de uma pergunta feita com frequência — às vezes de forma apenas retórica, outras vezes de forma genuína. Podemos responder-lhe com certa brevidade usando a definição-padrão de capitalismo de Marx e Weber apresentada no capítulo 2. Para ser classificada como capitalista, uma sociedade deve estar organizada de tal modo que sua produção seja empreendida a partir da propriedade privada dos meios de produção (capital, terra), que a maioria dos trabalhadores seja assalariada (sem estar atrelada legalmente à terra ou trabalhar como autônoma, usando seu próprio capital) e que a maior parte das decisões referentes à produção e à fixação de preços seja tomada de modo descentralizado (ou seja, sem que alguém as imponha às empresas). A China se mostra claramente capitalista nesses três quesitos.

Antes de 1978, a taxa de participação das empresas estatais (EE) no conjunto da produção do país estava próxima de 100%, já que a maioria das indústrias pertencia ao Estado. Elas operavam de acordo com um planejamento central, que, embora mais flexível e abrangendo um leque muito menor de mercadorias do que ocorria na União Soviética, incluía, de toda maneira, todos os setores industriais essenciais (carvão e outros minerais, aço, petróleo, água, luz, gás etc.), alguns deles até hoje mantidos predominantemente por EEs. Em 1998, a participação do Estado na produção industrial já havia caído pela metade, ficando em torno de 50%, como mostra a Figura 3.3. Desde então, ela vem declinando ano a ano, de forma consistente, encontrando-se hoje pouco acima de 20%.

A situação na agricultura é mais clara ainda. Antes das reformas, a maior parte da produção era comandada pelas autoridades das comunas locais. A partir de 1978, com a introdução do "sistema de responsabilidade", que permitiu o arrendamento privado de terras, quase a totalidade da produção passou a ser realizada de modo privado — embora obviamente os agricultores não sejam trabalhadores assalariados e sim, em sua maioria, autônomos, dentro daquilo que a terminologia marxista chama de "produção simples de mercadoria". Esse sempre foi, historicamente, o modo típico de organização da agricultura chinesa, de modo que a estrutura atual de propriedade nas áreas rurais constitui de certa forma um retorno ao passado (com uma diferença significativa — a ausência de latifundiários). Mas, à medida que prossegue o êxodo rural em direção às cidades, é provável também que mais relações capitalistas de produção se instalem na agricultura do país. Podemos mencionar também as empresas localizadas em pequenas cidades ou vilarejos (empresas de propriedade coletiva), que, embora menos importantes hoje do que no passado, cresceram rapidamente utilizando os ganhos obtidos com a mão de obra rural para produzir mercadorias não agrícolas. Elas usam trabalho assalariado, mas sua estrutura de propriedade, que combina, em proporções diversas, participação do Estado (ainda que apenas no nível local), cooperativas e propriedades puramente privadas, é bastante complexa e varia conforme a região do país.

Figura 3.3. Participação das empresas estatais na produção industrial total da China, 1998-2015

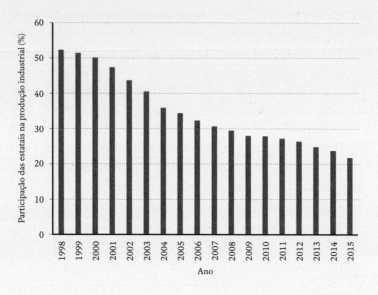

FONTE: Dados oficiais chineses fornecidos por Chunlin Zhang, do escritório do Banco Mundial em Pequim.

As empresas privadas não só são muitas numericamente como também são de grandes dimensões. De acordo com dados oficiais, a participação de empresas privadas no 1% das maiores companhias por valor total agregado cresceu de cerca de 40% em 1998 para 65% em 2007 (Bai, Hsieh e Song, 2014, Figura 4).

Os modelos de propriedade na China são complexos, envolvendo com frequência, em proporções variadas, participação estatal — nos níveis central, provincial e comunal —, privada e estrangeira. Mas o peso do Estado no PIB, calculado no que se refere à produção, dificilmente passa de 20%,[21] enquanto a mão de obra empregada nas EEs e nas empresas de propriedade coletiva corresponde a 9% do total, incluindo campo e cidade (Anuário Estatístico sobre Trabalho na China 2017). Esses percentuais se assemelham aos registrados na França no começo dos anos 1980 (Milanović, 1989, Tabela 1.4). Como veremos na seção 3.3, uma das características do capitalismo político é, com efeito, que o Estado desempenha um papel significativo, para além do seu papel de mero representante, por meio da propriedade formal de capital. Mas o que pretendo aqui, neste momento, é apenas descartar certos questionamentos existentes quanto à natureza capitalista da economia chinesa — questionamentos feitos não em bases empíricas (já que os dados os contrariam nitidamente), mas apenas pelo fato, concreto, de que o partido dominante é chamado de "comunista", como se isso, por si só, bastasse para determinar a natureza de um sistema econômico.

Figura 3.4. Investimentos fixos por setor
(estatal e privado) na China, 2006-15

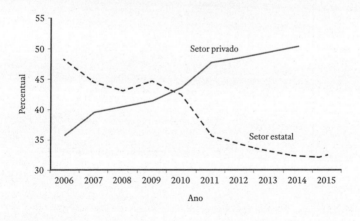

FONTE: Banco Mundial (2017, Figura 1.6).

A distribuição dos investimentos fixos entre os diversos tipos de propriedade também mostra uma tendência clara de crescimento do investimento privado (Figura 3.4). Este já é responsável por mais da metade dos investimentos fixos, enquanto a participação do Estado é de cerca de 30% (o restante provém do setor coletivo e do investimento privado estrangeiro).[22]

A mudança se reflete de modo gritante também na participação dos trabalhadores das EEs no conjunto dos empregos existentes nas cidades (Figura 3.5). Antes das reformas, quase 80% dos trabalhadores urbanos trabalhavam em EEs. Atualmente, depois de uma diminuição contínua, ano a ano, essa participação está abaixo de 16%. Nas áreas rurais, a privatização de facto da terra por meio do sistema de responsabilidade transformou quase todos os trabalhadores rurais em agricultores do setor privado.

Figura 3.5. Participação dos trabalhadores das estatais em relação ao total de trabalhadores urbanos na China, 1978-2016

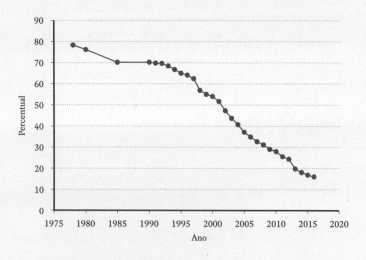

FONTE: Escritório Nacional de Estatísticas, Statistical Yearbooks, vários anos. Dados fornecidos gentilmente por Haiyan Ding.

Por fim, o contraste entre os modos de produção socialista e capitalista aparece mais acentuadamente na descentralização das decisões relativas à produção e à precificação. No início das reformas, o Estado determinava os preços de 93% dos produtos agrícolas, 100% dos produtos industriais e 97% das mercadorias do varejo. Em meados dos anos 1990, as proporções se inverteram: 93% dos preços do varejo eram definidos pelo mercado, assim como 79% dos preços de produtos agrícolas e de 81% dos produtos industriais (Pei, 2006, p. 125). Hoje, o percentual de preços determinados pelo mercado é ainda mais alto.

3.3. Principais características do capitalismo político

3.3a. Três traços sistêmicos e duas contradições sistêmicas

A definição de Max Weber para o capitalismo de motivação política em *A ética protestante e o "espírito" do capitalismo* era: "O uso do poder político para obter ganhos financeiros". Nas palavras de Weber, "o capitalismo de patrocinadores, grandes especuladores, caçadores de concessões e o muito mais moderno capitalismo financeiro, mesmo em tempos de paz, mas, acima de tudo, o capitalismo especialmente preocupado em explorar guerras trazem esta marca [obtenção de riqueza pela força, conexão política ou especulação] mesmo nos modernos países ocidentais, e algumas [...] parcelas do comércio internacional de larga escala estão fortemente relacionadas a isso" (1992, p. 21). Weber desenvolveria mais essa ideia posteriormente, em *Economia e sociedade*: "O capitalismo político existiu [...] onde quer que houvesse coleta privada de impostos, atendimento lucrativo de necessidades políticas do Estado, guerra, pirataria, agiotagem em larga escala e colonização" (1978, p. 480).

Os Estados que praticam o capitalismo político hoje em dia, em especial China, Vietnã, Malásia e Singapura, modificaram esse modelo inserindo uma burocracia altamente eficiente e tecnocraticamente segura para cuidar do sistema. Essa é a *primeira* característica importante do sistema — essa burocracia (que é nitidamente a primeira beneficiária do sistema) tem como tarefa primordial promover um crescimento econômico elevado e implementar políticas que permitam que esse objetivo seja atingido. O crescimento é necessário para legitimar a sua dominação. A burocracia precisa ser tecnocrática e a seleção de seus membros tem de se basear no mérito, caso almeje ser bem-sucedida, sobretudo quando não vigora o predomínio absoluto da lei. E a ausência do predomínio da lei como fator limitador é a *segunda* característica importante do sistema.

Deng Xiaoping, o grande líder chinês do período que vai do fim da década de 1970 até meados dos anos 1990, poderia ser considerado o pai fundador do capitalismo político moderno, com uma abordagem — mais do que uma ideologia — que combina o dinamismo do setor privado com uma dominação eficiente da burocracia e um sistema político de partido único. Zhao Ziyang, que foi primeiro-ministro da China e, por um breve período, secretário-geral do Partido Comunista (destituído em 1989 depois dos acontecimentos da praça Tiananmen), descreveu em suas memórias a visão política de Deng da seguinte forma: "[Ele] era particularmente contrário a um sistema pluripartidário, à divisão do poder em três poderes e ao sistema parlamentarista das nações ocidentais — e os rejeitava com muita firmeza. Quase sempre que falava sobre reforma política, observava que o sistema político ocidental não podia ser adotado de maneira nenhuma" (2009, p. 251). Para Deng, a reforma econômica partia da necessidade de "aprender com os fatos" e de permitir amplo espaço para o setor privado, mas jamais um espaço tão amplo e poderoso a ponto de lhe possibilitar a imposição de suas preferências ao Estado e ao Partido Comunista. Reforma política, escreve Zhao, significava incrementar a eficiência do sistema; chegava a ser, no máximo, uma "reforma administrativa".

No campo econômico, a visão de Deng não era muito diferente daquela do "velho" Chen Yun (conservador, pai do primeiro plano quinquenal da China), que usava a metáfora de um pássaro engaiolado para explicar o papel adequado que caberia ao setor privado: se o setor privado for controlado de forma excessivamente estrita, ele irá, como um pássaro aprisionado, sufocar; se for deixado totalmente livre, fugirá para outro lugar.[23] Assim, a melhor maneira seria acomodar o pássaro dentro de uma gaiola bastante espaçosa. Embora essa metáfora fosse associada à interpretação conservadora das reformas chinesas, pode-se dizer que a visão de Deng só se diferencia dela no que diz respeito ao tamanho da gaiola dentro da qual ele pretendia manter fechado o setor privado. O que Deng queria limitar, no entanto, não era o tamanho do setor privado, mas sim o seu papel político — ou seja, a capacidade de impor suas preferências nas políticas do Estado. De forma bastante apropriada, Ming Xia resume essa ideia dizendo que Deng foi "o arquiteto-chefe que projetou a transição branda do socialismo de Estado para o capitalismo", mas que também "não hesitava em destruir qualquer ideia que julgasse perigosa [...]. Ele cortou a tendência de uma 'liberalização burguesa' [em 1986] e reprimiu brutalmente as manifestações estudantis [em 1989]" (2000, p. 186). É esse duplo legado que define não apenas a China de Deng, mas, mais amplamente, o modelo do capitalismo político.

A abordagem de Deng é semelhante àquilo que Giovanni Arrighi chama em *Adam Smith em Pequim* (2007) de desenvolvimento smithiano "natural" do mercado, em que não se permite jamais que os interesses dos capitalistas prevaleçam de modo supremo, e o Estado preserva uma autonomia significativa o bastante para poder seguir políticas de interesse nacional e, se necessário, refrear o setor privado. Essa dupla capacidade do Estado — pautar-se pelos interesses nacionais (característica bem mercantilista) e controlar o setor privado — é um aspecto central do capitalismo político moderno, ou aquela que podemos chamar de sua *terceira* importante característica. Isso requer, para que o Estado possa agir de forma decisiva, a sua independência em relação a quaisquer restrições de ordem legal — numa palavra, a possibilidade de pessoas poderem tomar decisões arbitrariamente e não com base na lei (nossa segunda característica, já mencionada).

Como todos os outros, os países que vivem sob o capitalismo político também possuem leis, e essas leis são, na maior parte dos casos, aplicadas. No entanto, a prevalência da lei não pode ser generalizada (isto é, ela não pode ser aplicada a todos independentemente de suas relações e afiliações políticas), pois isso destruiria a estrutura do sistema e afetaria os seus principais beneficiários. A elite se beneficia da arbitrariedade, pois pode, *le cas échéant*, simplesmente não aplicar a lei, seja em relação a ela mesma, seja em relação a seus apoiadores, quando se torna inconveniente. Ou, de outro lado, pode aplicá-la, com todo o rigor (inclusive aumentando-o), quando um agente político "indesejável", ou um concorrente nos negócios, precisa ser punido. Assim, para dar um exemplo, não se aplica a lei quando Xi Jinping precisa prorrogar a sua presidência por mais dois períodos, ou quando Vladimir Putin precisa driblar o espírito da lei, concorrendo quatro vezes para o cargo mais alto do país. Mas todo o rigor da lei pode ser utilizado, ao mesmo tempo, para coagir empresas pertencentes a atores políticos inconvenientes. Não que esses atores sejam, necessariamente, inocentes (como no exemplo do bilionário exilado russo Mikhail Khodorkovski, que provavelmente não o é), mas o fato é que a lei é usada de forma seletiva contra eles. O magnata chinês Xiao Jianhua, um sujeito que mantém ligações complexas com a liderança chinesa, enfrentou um destino parecido com o de Khodorkovski quando foi raptado de repente do hotel mais luxuoso de Hong Kong. Esse uso arbitrário do poder é o que Flora Sapio (2010, apud Creemers, 2018) chama de "território sem lei", onde a vigência normal da lei está suspensa. Tais zonas sem lei não são uma aberração, mas sim parte constitutiva do sistema.

Isso nos remete à *primeira contradição* existente no capitalismo político moderno: aquela entre a necessidade de uma elite tecnocrática e muito qualificada e o fato de essa elite ter de atuar sob condições de aplicação seletiva da lei.[24] São dois aspectos contraditórios: ao mesmo tempo que a elite tecnocrática é educada no sentido de seguir as regras e atuar dentro dos limites de um sistema racional, o uso da arbitrariedade na aplicação das regras solapa diretamente esses princípios.

A *segunda contradição* se dá entre (i) desigualdade-corrupção crescente, algo endêmico nesses sistemas porque o poder discricionário outorgado à burocracia é usado também por seus vários integrantes para obter ganhos financeiros, e quanto mais alta for sua posição maior será esse ganho; e (ii) a necessidade, por uma questão de legitimação, de monitorar a desigualdade. É onde se aplica plenamente a definição mais detalhada de capitalismo político de Weber. Decisões sobre temas como tributação, aplicação de regulamentações, empréstimos e financiamentos e quem vai usufruir de determinadas obras públicas são quase sempre discricionárias, podendo se basear ora em critérios objetivos, ora na identidade dos potenciais beneficiários, e em qual seria o ganho financeiro para a elite. A elite não deve ser vista apenas como uma burocracia, pois a linha divisória entre burocracia e negócios é turva, com indivíduos que se movem entre os dois papéis ou com indivíduos diferentes representando cada um desses papéis, mas ambos pertencendo a uma mesma "organização", com "representantes" espalhados em diversas áreas: alguns nos negócios, outros na política. Usando um termo pejorativo, pode-se dizer que essas organizações não são muito diferentes das máfias. Elas criam clãs político-empresariais e representam o arcabouço do capitalismo político em torno do qual gravita todo o resto. A soma desses clãs constitui aquilo que pode ser chamado de classe político-capitalista.[25]

A corrupção é algo endêmico no capitalismo político. Qualquer sistema que funcione à base de tomadas de decisão discricionárias tem uma corrupção endêmica. O problema da corrupção, do ponto de vista da elite, é que, se for além dos limites, ela tende a minar a integridade da burocracia e a sua capacidade de conduzir políticas econômicas que produzam um crescimento elevado. Com isso, o ponto imperativo do contrato social que mantém de pé o capitalismo político vai para os ares. A população pode tolerar o fato de não ser ouvida (ou, em certos casos, apenas não dar importância de ser ou não ser ouvida) enquanto a elite lhe entregar avanços em seu padrão de vida, administrar a justiça de uma forma tolerável e não permitir o surgimento de desigualdades gritantes. Mas, se a corrupção ultrapassa todos os limites, esse contrato deixa de se sustentar: um meio no qual vigore uma corrupção elevada é incapaz de manter um crescimento elevado; da mesma forma, a administração da justiça deixa de ser tolerável; e o consumo ostentatório já não consegue ser contido. Tudo, então, piora muito.

O sistema vive em um equilíbrio precário permanente. Se a corrupção foge do controle, ele pode colapsar. Mas, se as leis forem aplicadas na íntegra, o sistema, então, se altera radicalmente e deixa de ser controlado por um partido ou uma elite, passando a ser um sistema de competição entre diferentes elites. Para preservar o funcionamento do sistema, a elite precisa, então, encontrar um meio caminho entre essas duas vias que ela não pode implementar de todo. Em determinados momentos, pode pender para um lado; em outros momentos, para o outro. Uma das vias reforça a prevalência da lei, mesmo que esta não possa ser aplicada integralmente, dado que a arbitrariedade, como já vimos, é essencial para o poder da elite. Foi a estratégia que Hu Jintao, presidente da China entre 2003 e 2013, procurou adotar, e alguns analistas viram nela, equivocadamente, um primeiro movimento em direção a um objetivo derradeiro, o capitalismo liberal. Embora o objetivo não fosse esse, é verdade que um capitalismo político que dê mais atenção à aplicação da lei começa a se parecer muito mais com um capitalismo liberal. A outra via, em que a ênfase está no combate à corrupção, é a que foi adotada por Xi Jinping. Essa estratégia não atenta contra o princípio da tomada arbitrária de decisões, mas atinge o seu mau uso escancarado. É por isso que os analistas em geral veem essa estratégia como mais conservadora; ela mantém inalterados os traços básicos do capitalismo político, não reduz o poder da burocracia e conserva tão ampla como antes a distância ideológica entre os capitalismos liberal e político. Mas, ao mesmo tempo, estabiliza o capitalismo político.

Uma vez que a corrupção é algo endêmico ao capitalismo político, é impossível erradicá-la. Para fazê-lo, o sistema teria ou que mudar na direção do capitalismo liberal ou se tornar autárquico. Pelas razões que serão expostas no capítulo 4, sistemas autárquicos não têm dificuldade para manter a corrupção sob controle (mas têm, sim, outros problemas).

A essa altura, pode ser útil resumir quais são as características sistêmicas e as contradições centrais do capitalismo político tal como as vejo.

As três características sistêmicas são:

1. Burocracia (administração) eficiente;
2. Ausência de predomínio da lei;
3. Autonomia do Estado.

As contradições são:

Primeira: o choque entre as características sistêmicas (1) e (2), a saber: a contradição entre a necessidade de uma gestão impessoal dos negócios exigida por uma burocracia que funcione e a aplicação discricionária da lei.

Segunda: a contradição entre a corrupção endêmica criada pela ausência do domínio da lei e a base sobre a qual repousa a legitimação do sistema.

Podemos ver que, num certo sentido, as contradições derivam das próprias características principais do sistema.

3.3b. Quais são os países que vivem sob sistemas de capitalismo político?

A China e o Vietnã são os exemplos paradigmáticos do capitalismo político. Mas não estão sozinhos. Pelo menos mais nove países possuem sistemas que atendem às condições do capitalismo político, como se vê na Tabela 3.1. Para entrar nessa lista, o sistema político do país precisa ser de partido único (formalmente ou de facto), com a possibilidade de outros partidos existirem mas sem ganhar eleições, e/ou com um partido que esteja no poder há muitas décadas.[26] Seu sistema político também precisa ter "nascido" depois de uma luta pela independência nacional, sendo sua situação formal anterior a de uma colônia ou algo muito próximo disso. Por fim, observe que todos os países listados, com exceção talvez de Singapura, tornaram-se independentes após confrontos violentos.[27] Alguns deles, além disso, passaram por um período de guerra civil. A lista traz também os países onde a transição para um capitalismo nativo foi conduzida por um partido comunista ou abertamente de esquerda (ou seja, países que se encaixam em minha visão sobre o papel do comunismo na realização da transição para o capitalismo).[28] Sete dos onze países satisfazem esta última condição. A tabela mostra ainda as taxas de crescimento desses países nos últimos trinta anos e sua atual colocação no ranking de corrupção.

Com exceção de Angola e Argélia, todos esses países registraram nos últimos 25 anos uma taxa de crescimento per capita superior à média mundial. Em 2016, as populações dos onze países aqui relacionados somavam mais de 1,7 bilhão de pessoas (24,5% da população mundial) e foram responsáveis por 21% da produção mundial (calculada conforme o valor PPC — Paridade do Poder de Compra — de 2011). Em 1990, sua participação na população mundial era de 26%, sendo de apenas 5,5% a sua contribuição para a produção mundial. Em outras palavras, sua participação na produção mundial quase quadruplicou em menos de trinta anos, fato que não pode deixar de estar relacionado à atração que eles, especialmente a China, exercem sobre o restante do mundo.[29]

Tabela 3.1. Países que possuem sistema de capitalismo político

País	Sistema político	Anos no poder (até 2018)	Crescimento da taxa média do PIB entre 1990/1991 e 2016	Ranking da corrupção em 2016[4]
China[1]	Regime de partido único desde 1949	69	8,5	79
Vietnã[1]	Regime de partido único desde 1945, ampliado em 1975 para o Vietnã do Sul	61	5,3	113
Malásia	Mesmo partido no poder desde 1957 (encerrado em maio de 2018)	61	3,7	55
Laos[1]	Regime de partido único desde 1975	43	4,8	123
Singapura	Mesmo partido no poder desde 1959	59	3,4	7
Argélia[1]	Regime de partido único desde 1962	56	1,8[2]	108
Tanzânia[1]	Mesmo partido no poder desde 1962	56	3,5	116
Angola[1]	Regime de partido único desde 1975	43	1,1	164
Botsuana	Mesmo partido no poder desde 1965	53	2,8	35
Etiópia[1]	Regime de partido único desde 1991	27	4,1	108
Ruanda	Regime de partido único desde 1994	24	2,6[3]	50
Mundo			*2,0*	*88*

1. O partido dominante é comunista ou semicomunista. 2. Calculado depois do fim da guerra civil, em 2002. 3. Calculado depois do fim da guerra civil, em 1993. 4. Os países são ranqueados do menos corrupto (número 1) para o mais corrupto (número 176). OBSERVAÇÃO: "Regime de partido único" significa que não existem outros partidos ou estes são irrelevantes; "mesmo partido no poder" significa que há um sistema pluripartidário, mas as eleições são ganhas sempre pelo mesmo partido. FONTES: Dados do PIB são do Banco Mundial, World Development Indicators, 2017. O ranking da corrupção é feito pela Transparência Internacional, <www.transparency.org/>. Esse índice de corrupção mede "os níveis percebidos da corrupção no setor público de acordo com especialistas e homens de negócio".

No campo da corrupção, seis dos onze países exibem resultados significativamente piores do que a média dos países (a colocação média é 88, já que foram 176 os países avaliados em 2016). A marca atingida pela China está um pouco melhor do que a média. Botsuana e Singapura são exceções, pois seu Índice de Percepção da Corrupção (IPC), medido pela Transparência Internacional, é bastante baixo. A China é, de longe, o país mais importante dos onze relacionados, um protótipo do sistema de capitalismo político, e também vende o seu modelo como algo que outros países poderiam reproduzir. Algumas características do sistema chinês, em especial a desigualdade, merecem ser vistas, assim, com cautela, do mesmo modo como observamos de perto a desigualdade existente nos Estados Unidos, país emblemático do capitalismo meritocrático liberal, no capítulo 2. Uma diferença, porém, é que o nosso conhecimento sobre a desigualdade norte-americana é muito maior do que o conhecimento que temos da desigualdade na China. Não só porque os dados sobre os Estados Unidos são muito mais abrangentes e acessíveis há muito mais tempo, mas também por serem mais confiáveis e esclarecerem muitos aspectos (incluindo, o que é muito relevante, a transmissão da desigualdade de uma geração a outra) sobre os quais não dispomos de dados no caso da China. Minha abordagem sobre as características da China, portanto, será, necessariamente, mais limitada.

3.4. Um panorama da desigualdade na China

3.4a. Desigualdade crescente por toda a parte

O conhecimento sobre a desigualdade de renda e de riqueza na China é bem mais limitado do que no caso dos Estados Unidos ou de outras economias ricas ou de renda média. O único ponto em comum da enorme variedade de levantamentos existentes na China é a ausência de confiabilidade. As fontes de informação que merecem mais crédito são os censos domiciliares realizados nas áreas rural e urbana pelo Escritório Central de Estatísticas (ECE) desde 1954-5. Houve uma interrupção durante a Revolução Cultural, e eles foram retomados em 1982. Até 2013, os censos rural e urbano eram tecnicamente diferentes (assim como os questionários utilizados em cada um deles), e não era nada fácil juntar os dados para obter um retrato de conjunto da China. A rigor, as publicações oficiais nunca haviam reunido os resultados dos censos rural e urbano ou divulgado cruzamentos de dados que visassem representar a distribuição total até 2013, quando então se realizou o primeiro censo de toda a China. Uma das principais dificuldades consistia (e ainda consiste, em certa medida) em como tratar as populações que vivem nas cidades sem possuir o alvará de residência urbana (*hukou*). Alguns censos agrupavam essas pessoas como sendo uma população "flutuante" específica situada entre os habitantes rurais e urbanos; em outros casos, essa população flutuante não era incluída nos levantamentos: seus integrantes não eram entrevistados nas áreas urbanas, pois não eram oficialmente residentes, e podiam também não ser entrevistados nas áreas rurais, pois não estavam presentes fisicamente ali. Em casos extremos, como em Shenzen e em Xangai, a diferença entre a população real e aquela que possuía licença formal para morar chegava a muitos milhões.[30] O estudo sobre a distribuição de renda era mais dificultado ainda, pois as autoridades chinesas jamais divulgaram dados detalhados (características e renda de cada domicílio) dos censos, publicando apenas elementos fragmentados sob a forma de tabelas de faixas de renda. Na melhor das hipóteses, forneciam, por meio da Academia Chinesa de Ciências Sociais e da Universidade Normal de Pequim, dados detalhados de subamostras do censo nacional original, que não abrangiam todas as províncias.

A partir de 2013, quando os levantamentos urbano e rural foram fundidos dentro de um censo único do país — em princípio, um grande avanço —, a publicação de dados globais se tornou ainda mais escassa, e os dados detalhados deixaram de ser divulgados. Os órgãos de estatísticas oficiais atualmente divulgam apenas os cinco quintis do conjunto da população e suas partes urbana e rural, em ordem de renda domiciliar per capita. Assim, ironicamente, a uma melhora na metodologia do principal censo nacional do país seguiu-se uma escassez ainda maior em termos de divulgação de dados. Apesar desses problemas, são esses os dados utilizados com mais frequência para estudar a desigualdade na China, e eles integram, na versão de uma de suas subamostras (o Programa de Renda Domiciliar da China, ou PRDC), o banco de dados do Luxembourg Income Study (LIS), primeira instituição a reunir censos do mundo inteiro (ou seja, censos em que diversas variáveis são avaliadas como similares ou equivalentes, entre os vários países, a fim de possibilitar comparações internacionais significativas). Mais recentemente, muitos levantamentos privados e acadêmicos de abrangência incompleta do país também foram disponibilizados, mas apenas um deles (Finança Domiciliar da China) obteve alguma aceitação. Não só os dados sobre desigualdade na China são insatisfatórios como também muitos outros itens passíveis de estudo no caso de países ricos e médios (por exemplo, o peso da renda do capital, a homogamia e a mobilidade intergeracional) são pesquisados, no caso da China, utilizando-se fontes questionáveis ou períodos de tempo muito curtos, ou nem sequer podem ser estudados.[31]

Mencionar esses problemas graves referentes às estatísticas chinesas não só ajudará (espera-se) que suas autoridades sejam mais abertas e divulguem mais dados, mas também é necessário para destacar o fato de que, ao discutir a desigualdade nesse país, não podemos adotar o mesmo nível de segurança que temos ao abordar a desigualdade nos países ricos. Feitas as ressalvas, podemos passar agora à análise das principais tendências da desigualdade na China.

A Figura 3.6 mostra a evolução da desigualdade de renda na China dos anos 1980 até 2016. A Figura A mostra as desigualdades urbana e rural calculadas com base em dois censos (urbano e rural), ao passo que a Figura B traz uma forma de reunir esses dois levantamentos com o objetivo de obter uma estimativa da desigualdade no conjunto do país. Vários pontos merecem ser observados na Figura A. Primeiro, a desigualdade rural tem sido claramente mais alta na China do que a desigualdade urbana, o que é muito incomum, sobretudo em países que vivenciam uma industrialização e uma urbanização aceleradas. Isso pode ser explicado pelo nível inicial muito baixo de desigualdade vigente nas cidades, onde a maior parte das empresas era estatal e a distribuição salarial era muito comprimida, mas também pela existência do sistema *hukou*, que não permitia que a urbanização se desenvolvesse tão depressa (levando à formação de grandes bolsões de pobres e desempregados), e, além disso, talvez pelas dificuldades dos levantamentos em apurar a quantidade real de moradores, justamente por causa do tratamento nebuloso dado às pessoas sem o *hukou*. Se todos os moradores fossem incluídos, a desigualdade urbana seria, provavelmente, maior.

Em segundo lugar, enquanto a desigualdade rural, depois de um crescimento na década de 1980, se manteve em torno do mesmo patamar, a desigualdade urbana cresceu substancialmente, fazendo com que a distância entre os níveis de desigualdade no campo e na cidade fosse de início reduzida e depois, a partir dos anos 2000, aparentemente eliminada.

Em terceiro lugar, houve mais recentemente uma queda visível, às vezes uma espécie de pausa, no crescimento da desigualdade urbana. Isso se explica por aquilo que chamei em outro momento de "ondas de Kuznets", ou seja, pelo fato de que a China atingiu um limite para a expansão da mão de obra barata e, em consequência, a distância entre as remunerações dos trabalhadores mais ou menos qualificados diminuiu, refreando o crescimento ou até mesmo puxando a desigualdade de renda para baixo (Milanović, 2016, cap. 2).[32] Essas tendências mais gerais fazem sentido, em que pese uma ruptura na série dos dados rurais entre 2007 e 2012, depois da qual eles voltam a aparecer mostrando um nível substancialmente mais elevado de desigualdade do que antes (mantendo, assim, a distância inusual entre as desigualdades rural e a urbana).

Figura 3.6. Desigualdade de renda na China rural e na urbana (A) e no conjunto do país (B), 1980-2015

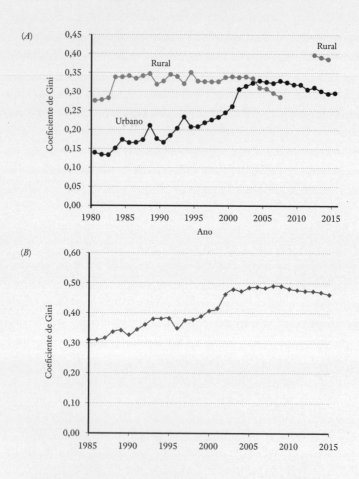

FONTES: Os Ginis urbano e rural foram calculados a partir de frações de renda divulgados em diversos relatórios estatísticos anuais. O Gini do conjunto da China no período de 1985-2001 foi tirado de Wu e Perloff (2005); o do período 2003-15 provém de divulgação oficial (Zhuang e Li, 2016).

Se mesclamos os dados das duas áreas, é de esperar, devido ao fato de a renda urbana ser muito mais alta do que a rural (mesmo depois de feito um ajuste em decorrência da diferença de custo de vida), que a desigualdade do conjunto da China seja mais alta tanto do que a rural quanto do que a urbana, vistas isoladamente. É, de fato, o que acontece. Enquanto as desigualdades rural e urbana na década de 2010 se situavam entre 30 e 40 pontos Gini, a desigualdade do país como um todo chegava a quase 50 pontos Gini, com uma leve tendência de queda começando em torno de 2009 (Figura 3.6B).[33] Trata-se de um patamar de desigualdade significativamente superior ao dos Estados Unidos, aproximando-se dos níveis de desigualdade encontrados na América Latina. Trata-se também de um patamar de desigualdade muito mais alto do que o dos anos 1980, quando a China ainda era um país socialista no que se refere à participação do setor estatal tanto em termos de emprego quanto de valor agregado. Assim, a desigualdade cresceu de forma acentuada tanto na área rural quanto na urbana, e mais ainda (devido ao aumento da distância entre as rendas das áreas rural e urbana) na China como um todo.

É útil, ao mesmo tempo, situar o crescimento da desigualdade chinesa em um contexto comparativo. Enquanto a desigualdade da renda líquida nos Estados Unidos cresceu cerca de 4 pontos Gini entre meados dos anos 1980 e 2013 (atingindo um nível de 41 pontos Gini), a desigualdade chinesa subiu, aproximadamente no mesmo período, quase 20 pontos Gini (Figura 3.6B).

É útil também situar o crescimento da desigualdade chinesa no contexto das "ondas de Kuznets", o movimento de sobe e desce da desigualdade, como fiz em meu livro *A desigualdade global*. O crescimento da desigualdade na China pode ser visto, assim, como correspondendo à dinâmica kuznetsiana clássica de transferência da força de trabalho com baixa renda da agricultura para a de maior renda do setor manufatureiro (o que, por si só, gera desigualdade) e das áreas rurais para as cidades. No caso da China, a curva para cima foi mais acentuada do que o normal porque a transição estrutural implicou também uma mudança sistêmica, de um socialismo de base rural para um capitalismo urbano. Dessa forma, as duas transições empurraram a desigualdade para cima.

Quais foram os principais fatores desse crescimento? A desigualdade salarial obviamente cresceu à medida que a economia transitava para o capitalismo, com a remuneração dos trabalhadores mais eficientes ou mais qualificados se distanciando muito mais da dos trabalhadores menos qualificados (ao menos até recentemente; ver Lee e Zhu, 2008, pp. 15-7; Zhuang e Li, 2016, p. 7). Em um dos raros estudos baseados em dados detalhados do em geral inacessível censo realizado pelo Escritório Nacional de Estatísticas, Ding, Fu e He (2018) mostram que a desigualdade salarial urbana cresceu entre 1986 e 2009 tanto nas estatais quanto nas empresas privadas. A desigualdade salarial, na China, sempre foi maior nas empresas privadas do que nas estatais (padrão que remete aos estudos das desigualdades nos anos 1970 na Europa), e a distância entre os dois setores mostra um crescimento ainda maior de 2004 até aproximadamente 2009, quando a série se encerra.

A desigualdade na China é também amplamente "estrutural". As áreas urbanas se desenvolveram muito mais rápido do que as rurais (quando combinamos as duas, a desigualdade resultante é bastante elevada), e, de maneira parecida, províncias marítimas bem-sucedidas ultrapassaram as províncias ocidentais (e aqui também, mais uma vez, quando combinamos as duas, a desigualdade total é bem alta). Em um interessante estudo comparativo entre as desigualdade chinesa e norte-americana, Xie e Zhou (2014) mostram que 22% da desigualdade chinesa se deve a esses dois fatores estruturais (cidade versus campo, e as diferenças entre as províncias), enquanto no caso dos Estados Unidos esse índice é de apenas 2%.

A explosão do crescimento na China também tem sido um fator de explosão na desigualdade do país. É aquele caso em que, independentemente de em quantas fatias o bolo é cortado, isto é, seja olhando para a desigualdade entre regiões, seja entre cidades e vilarejos ou entre trabalhadores urbanos e trabalhadores rurais, ou entre os setores privado e estatal, ou ainda entre trabalhadores mais ou menos qualificados, ou entre homens e mulheres, em todos esses critérios a desigualdade aumentou. Seria impossível, acredito, encontrar qualquer critério em que a desigualdade não tenha crescido, atingindo um patamar superior ao existente antes das reformas. O fenômeno atual mais interessante, e mais importante para o nosso propósito aqui, é o crescimento da participação da renda do capital privado, que parece ser tão concentrado como nas economias de mercado avançadas. Assim, alguns aspectos que levam o crescimento da participação do capital a aumentar a desigualdade entre as pessoas nos Estados Unidos valem igualmente para a China.

Os dados sobre a participação global e a concentração do capital na China são bem mais escassos e menos confiáveis do que os existentes sobre as economias avançadas. No entanto, evidências obtidas a partir de diversas fontes indicam um crescimento da participação da renda do capital (o que é consistente com o crescimento da média da renda do capital) e um patamar bastante elevado de concentração da renda do capital nas mãos dos mais ricos. De acordo com Piketty, Yang e Zucman (2017), a riqueza privada aumentou de 100% da renda nacional na década de 1980 para 450% da renda nacional em 2015. O crescimento da riqueza privada se deve à privatização em larga escala dos imóveis (mais de 90% do estoque de imóveis é atualmente de propriedade privada) e ao peso crescente das aplicações em ações do setor privado. Este último fator decorre tanto da privatização de empresas estatais quanto do crescimento de novas companhias privadas.

Em um estudo pioneiro, Chi (2012) mostrou a importância crescente da renda do capital na China urbana, sobretudo para indivíduos ricos. Com base em dados normalmente não divulgados do ECE referentes à renda individual, Chi constatou que a participação da renda do capital (definida como o somatório das rendas de investimentos, aluguéis e outras rendas derivadas da propriedade privada) na renda total é próxima de zero no caso de 95% da população, beira os 5% na faixa entre os 95% e os 99% mais ricos da população, e alcança cerca de 33% para o 1% do topo da pirâmide. Em 2007, um ano antes da eclosão da crise financeira mundial, 37% da renda total do 1% do topo da pirâmide, nas cidades, advieram da posse de capital. Esse dado é provavelmente subestimado, pois não inclui os ganhos de capital não realizados; os lucros corporativos não distribuídos, que são particularmente elevados no caso da China; e as rendas de capital "invisíveis", como os juros obtidos de aplicações e que permanecem nas contas. Para efeito de comparação, podemos observar que, na primeira década dos anos 2000, o 1% do topo da pirâmide nos Estados Unidos obteve a partir do capital (incluindo os ganhos de capital realizados) cerca de 35% de sua renda total, porcentagem comparável àquela apurada na China (Lakner, 2014, figura 2).[34]

Em relação a esse ponto, bem como no que se refere à persistência da transmissão intergeracional direta de renda entre pais e filhos (pelo menos ao longo das duas últimas gerações) e à desigualdade de riqueza, a China apresenta características similares às dos Estados Unidos, com a diferença de que a transição chinesa se deu de uma forma notoriamente veloz.[35]

O crescimento da renda do capital coincide, como era de esperar, com o surgimento de uma nova estrutura de classes na China. Em um estudo sobre a classe média do país, Li (s.d.) a dividiu em três grupos: a classe capitalista (empreendedores), a "nova" classe média (gestores e profissionais liberais atuantes tanto no setor privado quanto nas estatais) e a "velha" classe média (pequenos proprietários).[36] Embora a classe capitalista seja a menor dentre essas três classes médias, seu número foi o que cresceu mais rapidamente: nos anos 1980, a porcentagem de capitalistas na população urbana era próxima de zero; em 2005, quando o estudo foi concluído, a taxa era de 1,6%. De forma semelhante, os pequenos proprietários, cuja renda principal também resulta do capital, passaram de uma quase inexistência nos anos 1980 para perto de 10% da população urbana em 2005. As classes capitalistas-empreendedoras cresceram claramente na China, junto com a nova classe média de profissionais liberais (cerca de 20% da população urbana), a qual, graças à sua poupança, provavelmente obtém da propriedade de capital uma parcela de sua renda.

A ascensão de uma nova elite capitalista na China é confirmada por um estudo mais recente de Yang, Novokmet e Milanović (2019). Com base em censos domiciliares, ele registra uma alteração na composição profissional dos 5% do topo da pirâmide do país. Em 1988, trabalhadores, funcionários administrativos e funcionários do governo somavam 75% desses 5%. Passados 25 anos, sua participação caiu quase pela metade, enquanto os proprietários de negócios (20%) e os profissionais liberais (33%) se tornaram maioria nessa parcela da população (Figura 3.7).

Uma característica notável dessa nova classe capitalista é que ela emergiu, digamos, do nada, já que quase 75% de seus integrantes afirmam ser filhos de agricultores ou operários braçais. Essa mobilidade intergeracional não surpreende, tendo em vista o quase total desaparecimento da classe capitalista depois da revolução de 1949 e, novamente, com a Revolução Cultural nos anos 1960. Mas isso também não nos diz nada com relação ao seu futuro, já que — dada a concentração da propriedade do capital, o custo crescente do ensino e a importância das ligações intrafamiliares — podemos esperar que se institua no país uma transmissão intergeracional de riqueza e poder semelhante à que se observa no Ocidente.

Figura 3.7. Composição profissional dos 5% do topo da pirâmide na China, 1988-2013

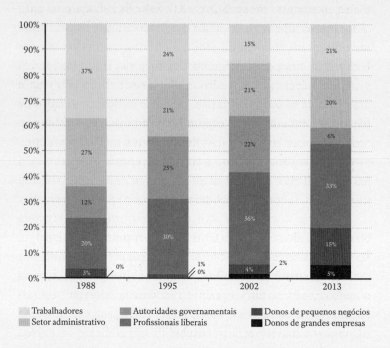

FONTES: Yang, Novokmet e Milanović (2019); cálculos com base em dados do Chinese Household Income Project (CHIP).

Essa nova classe capitalista na China, porém, pode ser mais uma "classe em si" do que uma "classe para si" se comparada com o grupo homólogo no Ocidente, pois o papel do Estado e da burocracia de Estado é bem maior no capitalismo político do que no capitalismo liberal. A ausência de relevância política desses capitalistas ecoa aspectos da estrutura social da China medieval. De acordo com Jacques Gernet (1962), os mercadores ricos da China de Song nunca foram bem-sucedidos na formação de uma "classe" autoconsciente, com interesses próprios compartilhados, porque o Estado estava sempre presente limitando o seu poder ou qualquer outra possível fonte de poder. Embora tenham continuado a prosperar individualmente (como fazem os capitalistas, de maneira ampla, na China de hoje), esses mercadores nunca constituíram uma classe consciente, com uma agenda política e econômica própria ou com interesses que tivessem de ser eficazmente defendidos e divulgados. De acordo com Gernet, trata-se de uma situação muito diferente daquela que vigorava no mesmo período (século XIII) nas repúblicas mercantis italianas e nos Países Baixos. Pode-se esperar que esse modelo, em que os capitalistas enriquecem sem exercer o poder político, continue existindo na China e, devido à estrutura de poder que se cria por definição nas sociedades onde vigora o capitalismo político, em outros países também.

3.4b. Corrupção e desigualdade

A corrupção é endêmica e sistêmica no capitalismo político e, portanto, na China. Como já observei, isso ocorre porque a aplicação da lei nos sistemas de capitalismo político tem de ser interpretada, assumidamente, de modo flexível. Essa situação não só ajuda as autoridades a controlar o sistema de modo mais efetivo, mas também permite que outros (incluindo a elite) cometam desvios. Há dois agravantes que tornam a corrupção chinesa particularmente aguda. Primeiro, a corrupção atual traz a lembrança (transmitida de geração em geração) do caos em termos de corrupção e de inflação que marcou o período dos chefes militares e o domínio de Chiang Kai-shek antes da revolução. Não pode ser algo agradável ou reconfortante, para a elite do Partido Comunista, constatar que ela teria feito ressurgir algumas das condições contra as quais seus antecessores comunistas se rebelaram originalmente e de cujo enfrentamento retiraram o seu apoio popular. Em segundo lugar, como demonstrarei no capítulo 4, a globalização facilitou a prática da corrupção internacional ao tornar mais fácil esconder ativos roubados. Isso, por sua vez, tornou maior o poder de atração da corrupção na China (como em outros lugares também). A corrupção na China é incentivada ainda por algumas condições internacionais: primeiro, há no país várias organizações especializadas em ajudar pessoas a esconder ganhos obtidos ilegalmente; segundo, por causa de seu persistente sentimento anticomunista, as autoridades dos Estados Unidos e do Canadá não perseguem cidadãos chineses que deixam o seu país levando consigo seus butins com a mesma vivacidade e rigor com que perseguem criminosos do mesmo tipo vindos de outros países.[37]

O nível de corrupção na China é excepcional dentro dos padrões internacionais; mas ainda mais importante politicamente é o fato de ele ser bastante alto dentro dos padrões da própria China maoista. Em um livro que virou best-seller na China nos anos 1990, o destacado sociólogo He Qinglian podia afirmar, assim, que as reformas de Deng trouxeram "desigualdade, corrupção generalizada e uma erosão das bases morais da sociedade".[38]

Para usar uma bela metáfora popularizada por Vito Tanzi, ex-chefe do Departamento de Assuntos Fiscais do Fundo Monetário Internacional, as práticas de corrupção são "cupins" que devoram os alicerces da República Popular. Existem, em princípio, duas respostas possíveis contra esse flagelo. Uma, sempre defendida por analistas ocidentais e alguns chineses, é reforçar o cumprimento da lei.[39] Como argumentei acima, essa saída não seria recomendável no quadro de um sistema de capitalismo político, pois solaparia o poder discricionário da burocracia. Esse poder discricionário é usado para controlar os capitalistas, punindo alguns e recompensando outros. Reforçar a aplicação da lei é diretamente antitético em relação ao sistema, e algo improvável de ser adotado — pelo menos por aqueles que têm consciência do que isso poderia acarretar. Além disso, essa sugestão ignora a realidade atual e se inspira em exemplos de países que fizeram a transição para um sistema de aplicação das leis durante um período muito mais longo e em circunstâncias diferentes. Tentativas de introduzir a efetiva aplicação da lei na Rússia e na Ásia Central foram tiros que saíram pela culatra de uma forma espetacular, gerando uma corrupção ainda maior e, no caso da Rússia, incentivando o domínio de oligarquias que levaram o país, após uma década de rápidas mudanças econômicas e legais (1990-9), à beira do colapso ou a uma guerra civil alimentada por essas mesmas oligarquias. Não é uma perspectiva que os dirigentes chineses ou quaisquer dirigentes razoáveis considerariam atraente.

A outra resposta, que foi a escolhida pela China, é investigar as autoridades corruptas utilizando as ferramentas do próprio sistema. Oficialmente, trata-se de uma campanha para "enjaular" o poder dentro do sistema. Isso incluiu, entre outros itens, o retorno a uma campanha de "reeducação" no estilo maoísta, pressões de ordem moral, punições rígidas (chegando à execução por pelotão de fuzilamento), e a decisão de não interromper o processo (de denúncia por corrupção) em alguns níveis mais altos escolhidos arbitrariamente — ou seja, perseguindo não apenas os "peixinhos", mas também alguns "tubarões". Desde que a recente campanha contra a corrupção começou, mais de 1 milhão de membros do Partido Comunista de diversos níveis hierárquicos (cerca de 1% do total dos membros) foram punidos.[40] Desse modo, em princípio, ninguém é intocável, embora alguns sejam claramente mais "intocáveis" do que outros.[41] Ainda assim, pela primeira vez na história, um membro do Comitê Permanente do Birô Político foi condenado, além de 20 dos 205 membros do Comitê Central eleito no congresso do partido, cerca de 160 líderes em níveis ministeriais e provinciais, bem como alguns militares de alto escalão (Li, 2016, p. 9).

Certos casos de corrupção que vieram à tona são assustadores no que se refere aos montantes desviados e ocultados. Xu Caihou, preso em 2014 quando ocupava o cargo de vice-presidente da Comissão Militar Central, e que foi o oficial de maior escalão condenado até então, mantinha o porão de sua casa de 20 mil metros quadrados totalmente tomado por dinheiro em espécie (notas de renminbis, euros e dólares) pesando mais de uma tonelada. Essa carga preciosa completava, na ocasião, dez caminhões militares. A maior apreensão de dinheiro desde a fundação da República Popular se deu junto a um diretor do departamento de carvão da Agência Nacional de Energia, pego com mais de 200 milhões de yuans em espécie (cerca de US$ 26 milhões pela taxa de câmbio atual). Dezesseis máquinas de contagem de dinheiro foram utilizadas, sendo que quatro delas acabaram entrando em pane durante o serviço. Outro oficial tinha guardados 120 milhões de yuans e 37 quilos de ouro, além de possuir 68 propriedades em diferentes cidades chinesas (Xie, 2016, pp. 126, 149). A lista é longa.

Não creio que alguém possa imaginar que a atual campanha anticorrupção vise realmente a erradicar a corrupção no presente e torná-la impossível no futuro.[42] As forças sistêmicas que fazem parte do capitalismo político sempre vão gerar corrupção. O verdadeiro objetivo da campanha é levar essas forças a recuarem um pouco, tornando mais alto o custo para quem desvia dinheiro, de modo a reduzir sua incidência e manter a corrupção sob controle. Uma vez diminuída a campanha, como tende a acontecer, a corrupção voltará a ser comum. E então, num período de dez a vinte anos, talvez outra ação anticorrupção se faça, com o mesmo objetivo limitado. A meta dessas campanhas é manter o rio da corrupção dentro de suas margens, sem permitir que ele se espalhe para o restante da sociedade. Se houver um transbordamento, como numa inundação, será muito difícil trazer essas águas de volta a um nível sustentável.

O flagelo da corrupção na China se torna ainda mais grave pelo fato de que ela faz subir o já elevado nível de desigualdade. A injustiça em relação às altas rendas existentes é, assim, duplamente sentida. Vimos essa dinâmica, por exemplo, nas forças que levaram às revoluções no Oriente Médio (a chamada Primavera Árabe): enquanto a desigualdade registrada se manteve quase a mesma durante várias décadas, a percepção de sua injustiça — causada sobretudo pela injustiça representada pela corrupção — cresceu (Banco Mundial, 2011). Em sua análise extremamente detalhada do fenômeno na China, Minxin Pei enfatizou os múltiplos efeitos corrosivos da corrupção, trazendo grande quantidade de elementos empíricos a esse respeito (Pei, 2006, 2016). Se os efeitos distributivos da corrupção não podem ser medidos com muita precisão na China mais do que em qualquer outro lugar, é possível, porém, reunir algumas informações fragmentadas para formar um quadro desses efeitos. Os dados trazidos por Pei sobre a posição burocrática ocupada pelas autoridades corruptas, o tempo que essas ações duraram e a quantidade de posições vendidas por elas tornam possível estimar o montante de dinheiro por posição (cargo) vendida em diferentes níveis da administração e distinguir entre as autoridades que trabalhavam no governo e aquelas atuantes no aparelho do partido.[43] Como era de esperar, o ganho obtido por posição vendida aumenta conforme o nível administrativo (territorial): ele é menor no nível local e maior no nível provincial (Figura 3.8). Isso nos diz algo, claramente, sobre o valor da renda líquida por posição vendida, mas também nos mostra que pessoas alocadas em postos mais altos na hierarquia conseguem ganhar mais dinheiro com a corrupção. (Pressupõe-se que as pessoas que vendem posições em um determinado nível pertençam, elas próprias, no mínimo, a esse mesmo nível.)

Figura 3.8. Dinheiro recebido por posto vendido em diferentes níveis administrativos (em milhões de yuans atuais), por autoridades do partido e de fora do partido

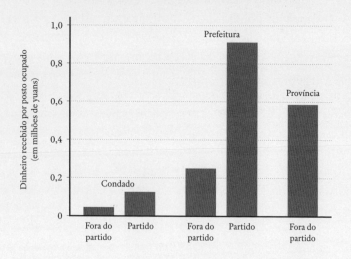

Figura 3.9. Dinheiro (em milhões de yuans atuais) versus número de anos de corrupção em casos envolvendo diversas autoridades

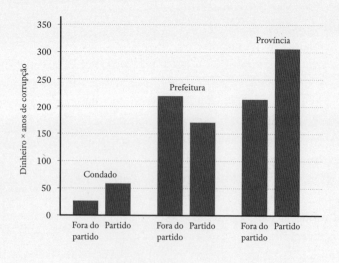

FONTE: Calculados a partir de Pei (2016, tabelas A1 e A2 do Apêndice).

Além da variável relativa ao montante de dinheiro obtido por posição vendida, uma segunda variável extraída dos dados de Pei, a saber, a quantia total obtida por meio da corrupção por autoridades em diferentes níveis administrativos (mais uma vez, distinguindo-se as que trabalham no partido e as que trabalham no governo), revela exatamente o mesmo padrão: quanto mais alto o nível administrativo, maior a corrupção (não trazemos esses dados aqui). Os dois resultados são consistentes, assim, com minha afirmação de que a corrupção aumenta a desigualdade.

Um aspecto interessante revelado por esses dados é que o valor por posição vendida é significativamente maior (em um nível administrativo determinado) no caso de posições vendidas por autoridades do partido do que o das vendidas por autoridades que trabalham no governo ou em empresas (Figura 3.8). No nível das prefeituras, as posições vendidas por autoridades do partido são três vezes mais valorizadas do que as vendidas por "meras" autoridades do governo. Presume-se que isso se deva à capacidade das autoridades do partido de indicar pessoas para empregos mais bem remunerados. Se as autoridades do partido vivem, elas próprias, em melhor condição que as outras autoridades do mesmo nível administrativo, já é algo menos claro. Pode-se pensar que seja assim, raciocinando que essas autoridades somam à sua própria renda a capacidade que têm de vender postos mais valiosos (isso, no caso de se assumir que os dois elementos estejam positivamente relacionados), mas pode ser também que as autoridades do partido não sejam bem pagas mas tenham acesso a posições poderosas e utilizem a venda dessas posições para complementar a renda.[44]

Conclusões semelhantes podem ser tiradas de cinquenta casos de corrupção mais complexos envolvendo vários indivíduos (portanto, quadrilhas). Os comandantes são, como no caso anterior, divididos por níveis administrativos de atuação e entre funcionários do partido ou não (os não membros do partido, neste caso, incluem mais homens de negócios do que no caso analisado antes). Aqui encontramos vários exemplos de autoridades provinciais do partido envolvidas em corrupção (elas não se encaixavam no tipo visto anteriormente de corrupção), e a variável "duração de tempo ganhando dinheiro com corrupção" parece ser, nesses casos, particularmente alta (Figura 3.9). Mais uma vez, as autoridades do partido ganham mais do que as demais autoridades nos níveis provincial e local.

3.5. Solidez e atratividade global do capitalismo político

Nas próximas duas seções, tentarei lançar um olhar para o futuro — o que é sempre algo arriscado. Inicialmente, para discutir as perspectivas de duração do capitalismo político na própria China; em seguida, abordarei a atratividade exercida pelo sistema em si, junto com a disposição chinesa de promovê-lo e "exportá-lo", da mesma forma como os Estados Unidos vêm "exportando" o capitalismo liberal desde os tempos de Woodrow Wilson. Deve-se ter em mente que o poder de atração de um sistema precisa ser discutido em termos dos seus próprios méritos, independentemente do país que o promova. No entanto, historicamente, o espraiamento de qualquer sistema foi auxiliado de modo significativo pela presença de um poder robusto que o promoveu ou o impôs em relação a outro. Em todos os países que conquistou, Napoleão rompeu com as restrições da ordem feudal existente anteriormente, baixou uma legislação anticlerical, introduziu o *Code Civil*, criou a própria aristocracia e, quase sempre, nomeou novos dirigentes. A Constituição dos Estados Unidos e a divisão tripartite do poder inspiraram praticamente todas as constituições na América Latina, dada a hegemonia continental do país. Depois da Primeira Guerra, os franceses criaram o *cordon sanitaire* (instável) das democracias parlamentaristas na Europa Ocidental para impedir uma possível sovietização desses países. Após a Segunda Guerra Mundial, a União Soviética libertou e ao mesmo tempo ocupou alguns desses mesmos países, impondo seu próprio sistema político e econômico. Da mesma forma, e numa escala muito superior, os Estados Unidos promoveram e com frequência impuseram o sistema capitalista por meio de golpes e ações militares. Estaria a China pronta para fazer a mesma coisa?

Antes disso, porém, cabe-nos perguntar qual é a probabilidade de o capitalismo político, tal como foi definido por Deng Xiaoping, sobreviver por um longo período na própria China.

3.5a. Será que a burguesia irá algum dia controlar o Estado chinês?

A China não é o Ocidente. Mas qual é exatamente a diferença, em um contexto de longo prazo, entre os dois lados? Trata-se de uma questão muito ampla que adquiriu enorme importância nas últimas duas décadas por causa da ascensão da China, do contraste evidente entre a organização das economias na China e no Ocidente, e (não menos importante) dos dados históricos muito mais consistentes de que dispomos hoje em dia. Para responder a essa questão e tentar visualizar as perspectivas do capitalismo político, seria útil pensar na interessante abordagem sugerida por Giovanni Arrighi em *Adam Smith em Pequim: Origens e fundamentos do século XXI* (2007).

Arrighi parte de uma dicotomia — que creio ter sido ele o primeiro a ter definido em uma série de artigos — entre, de um lado, o que ele chama de caminho "natural" smithiano de desenvolvimento do capitalismo e, do outro, o caminho "não natural" marxiano de desenvolvimento do capitalismo. O caminho natural de Smith, "o avanço natural da opulência", na terminologia de *A riqueza das nações*, é o de uma economia de mercado de pequenos produtores que cresce, por meio da divisão do trabalho, da agricultura para a manufatura e somente mais adiante avança para o comércio interno e, ao final, para o comércio internacional de longa distância. O caminho é "natural" porque atende às nossas necessidades (da comida às roupas para comercializar, dos vilarejos para cidades e territórios distantes) e, assim, não salta estágios. Por toda parte — Smith toma o cuidado de mencionar —, o Estado permite que a economia de mercado e o capitalismo prosperem, protege a propriedade e impõe uma tributação sustentável, mas mantém sua relativa autonomia quando se trata de política econômica e política externa. (É por isso que, em um trecho de *A riqueza das nações*, Smith elogia o Ato de Navegação, baseado na íntegra no argumento da segurança nacional, ou seja, da autonomia do Estado, mesmo que em outra parte do livro ele o critique com força, implicitamente, na questão do monopólio.)[45] Arrighi resume da seguinte forma: "As características smithianas [são] o gradualismo das reformas e a ação do Estado visando a expansão e a melhoria da divisão social do trabalho; a ampla expansão do ensino; a subordinação dos interesses capitalistas ao interesse nacional e o estímulo ativo à concorrência intercapitalista" (2007, p. 361).

A abordagem de Marx, em contraste, consistiu em tomar aquilo que ele observou na Europa de seu tempo, um século depois de Smith, como sendo o "caminho capitalista normal de desenvolvimento" (o que chamei aqui de caminho ocidental de desenvolvimento). Mas o que Marx considerava "normal" era um sistema que (1) invertia o avanço natural ao desenvolver primeiro o comércio e depois a agricultura, sistema que era, assim (para usar as palavras de Arrighi), "não natural e retrógrado", e (2) um sistema em que o Estado havia perdido sua autonomia em prol da burguesia.[46]

De fato, os interesses capitalistas têm sido dominantes na condução dos Estados ocidentais desde os tempos de Marx até hoje, seja no que diz respeito à política econômica (basta pensar nos cortes de impostos sob a administração Trump), seja em política externa (basta lembrar os ganhos obtidos com a Guerra do Iraque). Os capitalistas assumiram o controle do Estado e, como Marx e Engels escreveram no *Manifesto comunista*, os governos se tornaram "gerentes dos negócios comuns da burguesia como um todo". Esse caminho invertia o do desenvolvimento "natural" de Smith, saltando etapas e indo direto para o comércio de longa distância e o colonialismo, antes mesmo que a produção local tivesse se desenvolvido de forma operante e plena. Mais importante, porém, é que o caminho marxiano difere do smithiano no sentido de que nele não existe autonomia do Estado em relação à burguesia. Florescendo a partir de conquistas, escravidão e colonialismo, os capitalistas europeus precisaram do Estado para levar adiante esse desenvolvimento "excêntrico", ou seja, para projetar o seu poder no exterior, e, para tanto, tiveram de "conquistar" o Estado. Isso tornou o caminho europeu de desenvolvimento algo agressivo e belicoso.

Para Arrighi, a que vemos hoje como sendo a trajetória capitalista padrão é aquela descrita por Marx. Nessa mesma linha, Peer Vries, em seu excelente livro *Escaping Poverty* (2013), define o capitalismo como um sistema em que vigoram a busca racional pelo lucro *plus* mão de obra como mercadoria *plus* conluio político entre o Estado e os capitalistas *plus* projeção de poder para o exterior. As duas últimas características são obviamente marxianas, não smithianas. Mas esse caminho foi específico da Europa, e não pode ser generalizado ou "endeusado". Arrighi entende que a China realizou um caminho alternativo, bem mais próximo do caminho smithiano, entre as dinastias Song e Qing. A economia de mercado na China era mais desenvolvida do que as da Europa Ocidental (provavelmente até cerca de 1500), mas os comerciantes jamais conseguiram se organizar o bastante para sequer se aproximar da possibilidade de definir a política do Estado. O Estado autoritário deixava os comerciantes ricos em paz enquanto estes não o ameaçassem — em suma, enquanto não ficassem grandes demais e passassem de seus limites. Mas sempre manteve um olhar desconfiado em sua direção.

Como observou Jacques Gernet (1962) referindo-se à China da era Song, muitos mercadores ficaram ricos, mas não chegaram a formar uma "classe", como o Terceiro Estado na França ou as classes de proprietários semelhantes em outros lugares da Europa Ocidental, que atuaram primeiro para conquistar uma representação política e mais tarde o poder. Na China, ao contrário, houve desde o começo um governo central forte capaz de controlar o poder dos comerciantes ou qualquer outro. Debin Ma retoma uma abordagem semelhante em seu estudo sobre a habilidade do Estado chinês em termos ficais: "Na China, a ascensão precoce do absolutismo [Estado centralizado com base numa burocracia organizada hierarquicamente], com a ausência de qualquer instituição representativa, garantiu que os ganhos econômicos decorrentes do controle da violência ficassem firmemente nas mãos das forças políticas, separados dos interesses comerciais e patrimoniais" (2011, pp. 26-7). Com certeza não era um governo a serviço da burguesia.

Francis Fukuyama, em *The Origins of Political Order* (2011), atribui a ausência de um contrapeso que poderia vir de uma classe mercantil na China à onipotência do Estado, o que leva à própria formação do Estado chinês. Ele defende a tese de que a China estava à frente de todas as potências relevantes na construção do Estado, tendo realizado esse movimento, da mesma forma, antes da criação de qualquer outro agente não estatal organizado (burguesia independente, cidades livres, clero). Assim, o Estado era a força mais poderosa, de longe, do que qualquer outra, e essa "formação precoce do Estado" continuou a sufocar outros centros alternativos de poder desde a dinastia Qin até a China de Mao.

Isso nos traz de volta à China atual. O governo dominado pelo Partido Comunista e a distribuição do poder político entre ele e a classe capitalista que já se constituiu no país são uma reminiscência daquele modelo tradicional. O governo confere suporte aos interesses da burguesia, mas apenas enquanto esses interesses não contrariem os objetivos do Estado (ou seja, da elite que controla o Estado). Wang Hui (2003, p. 176) cita, ratificando suas palavras, Immanuel Wallerstein: "Se alguém acha que conseguirá se tornar um capitalista sem o apoio do Estado ou estando em oposição ao Estado [...] trata-se de uma suposição absurda".

A distinção entre as diversas formas de constituição de sociedades — seja estatal, seja totalmente privada, seja qualquer outra forma de arranjo societário (por exemplo, uma corporação estatal contendo ações de propriedade de capital privado, propriedades comunais misturadas com propriedade privada, empresas estatais com participação estrangeira privada) — é bastante nebulosa na China de hoje, e isso alimenta um ambiente adequado para o surgimento daquilo que chamei anteriormente de classe político-capitalista, ou aquilo que Hans Overbeek (2016, p. 320) chama de classe de "capitalistas-funcionários".[47] A opacidade em torno das diferentes formas societárias não é um "equívoco", algo transitório ou que necessite de uma "correção", mas sim a condição básica da existência do capitalismo político. Por exemplo, instâncias de base do Partido Comunista ("células") existem dentro de empresas totalmente privadas. Essas organizações podem ser úteis para os capitalistas à medida que estes tiverem habilidade de cooptá-las para defender seus interesses dentro do partido-Estado no lugar deles. Mas a presença de células do Partido Comunista pode ser também um fator debilitante, pois elas formam um grupo à parte, a ser agradado e subornado, ou um outro corpo que poderia, se o clima político caminhasse para isso, se virar contra os capitalistas. E tais organizações poderiam fazer isso quaisquer que fossem as estruturas societárias formais ou os direitos de propriedade em vigor.

Até mesmo as estatísticas oficiais chinesas têm dificuldade para lidar com essa diferenciação, de tão numerosas que são as formas de propriedade e de tão diversos que são os direitos de propriedade existentes, indo da possibilidade de possuir ou vender ativos até o mero usufruto. Essa quantidade enorme de estruturas corporativas e societárias transformou-se numa das maiores dores de cabeça para os apoiadores incondicionais do Consenso de Washington, que, para medir o crescimento, insistiam na importância de haver direitos de propriedade bem definidos. Era impossível encaixar a China, com suas inúmeras relações de propriedade, na camisa de força neoliberal. Além disso, algumas empresas com os tipos mais complexos de formação societária, como algumas distritais ou locais, registravam taxas de crescimento das mais espetaculares (ver Weitzman e Xu, 1993).

Seria útil, a essa altura, traçar um paralelo entre as inúmeras formas de arranjos societários e a aplicação assimétrica da lei (os "territórios sem lei" mencionados acima). Aos olhos do capitalismo liberal, trata-se de duas anomalias: a estrutura societária deveria ser corrigida de modo a ficar claro quem possui o quê, e a lei deveria ser aplicada igualmente para todos. Se nenhuma dessas anomalias é corrigida, o sistema é visto de alguma forma como imperfeito. Mas, do ponto de vista do capitalismo político, não é assim que funciona. É justamente a ausência de clareza implícita nas inúmeras formas de propriedade e a arbitrariedade na aplicação das leis que permitem a criação da classe político-capitalista. Aquilo que parece ser uma confusão constitui exatamente o ambiente no qual o capitalismo político emerge e pode prosperar. Em outras palavras, o que constatamos aqui quanto à propriedade e à aplicação das leis não é uma anomalia, mas sim uma característica constitutiva do sistema.

Mas será que os capitalistas chineses, que vivem e prosperam no interior dessa selva de arranjos societários e de direitos de propriedade incertos, estarão dispostos a aquiescer para sempre com essa situação em que os seus direitos formais podem ser restringidos ou revogados a qualquer momento, e onde são mantidos sob a tutela permanente do Estado? Ou, à medida que se tornem mais fortes e mais numerosos, acabarão por se organizar, influenciar o Estado e, por fim, assumi-lo, como aconteceu na Europa e nos Estados Unidos? O caminho percorrido pela Europa e pela América, tal como traçado por Marx, parece, sob muitos aspectos, ter uma lógica implacável: o poder econômico tende a se autoemancipar e correr atrás ou impor os seus próprios interesses. Se os capitalistas têm o poder econômico nas mãos, como podem ser contidos? Mas, por outro lado, o período de quase 2 mil anos em que essa parceria complexa e desigual entre Estado e homens de negócio chineses existiu constitui um enorme obstáculo, uma mistura de tradição e inércia, que pode fazer com que a autonomia do Estado se mantenha.

Dessa maneira, a questão da democratização da China precisa ser colocada de forma muito diferente daquela que se adota normalmente: a questão central é se os capitalistas chineses vão controlar o Estado e se, para fazê-lo, utilizarão como ferramenta a democracia representativa. Na Europa e nos Estados Unidos, os capitalistas usaram essa ferramenta com bastante cautela, administrando-a em doses homeopáticas por meio da expansão do direito de voto, que avançou, com frequência, de modo bastante lento, e recuou sempre que surgiu alguma potencial ameaça às classes dominantes (como na Inglaterra depois da Revolução Francesa, ou na França após a Restauração, ou ainda na Hungria e de alguma forma na Áustria durante a existência da dupla monarquia). Mas, em 1918, era politicamente impossível continuar aplicando testes de alfabetização ou censos referentes a renda e tributação para excluir eleitores, e até mesmo os estados do sul dos Estados Unidos foram pressionados pelo Ato dos Direitos Civis de 1965 a acabar com os diversos meios que se adotavam para retirar o direito de voto de eleitores. A democracia chinesa, se vier a existir, seria então semelhante à existente hoje no restante do mundo, no sentido legal de "uma pessoa um voto". No entanto, considerando o peso da história e a natureza precária e a dimensão ainda limitada das classes detentoras do capital, não é certo que um domínio como esse, por parte da burguesia, possa se manter.[48] Nas primeiras duas décadas do século XX, ele fracassou. Será que conseguiria se restabelecer com mais sucesso cem anos depois?

3.5b. A China irá "exportar" o capitalismo político?

O capitalismo político proporciona vantagens evidentes para quem está no poder: os mandatários se mantêm isolados em relação a pressões imediatas da opinião pública, têm a possibilidade de usar o seu poder político para obter ganhos financeiros, e não enfrentam limites de tempo estabelecidos institucionalmente para o exercício de sua dominação. Mas esse capitalismo traz certas vantagens também para a população. Se o sistema estiver associado a uma administração eficiente e a um grau tolerável de corrupção, terá condições de superar com mais facilidade os vários obstáculos legais e técnicos que emperram um crescimento maior em países mais democráticos. A capacidade do Estado chinês de construir estradas e ferrovias para trens velozes em regiões onde tais obras exigiriam anos, para não dizer décadas, de polêmicas e discussões em um país democrático é uma vantagem óbvia em termos sociais e econômicos — mesmo que os direitos de algumas pessoas possam ser, no processo, desrespeitados. Longas e às vezes intermináveis consultas sobre muitas questões de política pública podem acabar não resultando em implementação alguma. É claro que descartar autoritariamente certas objeções também pode levar a decisões equivocadas ou à escolha de alternativas que sejam de interesse de uma minoria. Mas, em muitos casos — e talvez o sucesso chinês em projetos de infraestrutura seja o melhor exemplo disso —, isso empurra a sociedade para a frente.

Os próprios cidadãos podem preferir decisões rápidas a discussões prolongadas. Na maioria das sociedades capitalistas bem-sucedidas, muitas pessoas estão ocupadas demais com seu trabalho e seu dia a dia para dar atenção a questões políticas. É frequente que não tenham interesse maior nessas questões, de modo que não lhes parece nem mesmo racional gastar tempo com elas. Basta dizer que, nos Estados Unidos, uma das democracias mais antigas do mundo, a própria eleição de uma pessoa que, sob muitos aspectos, tem as prerrogativas de um rei eleito não é considerada importante o bastante para fazer mais do que a metade do eleitorado comparecer às urnas.

Trata-se de um equívoco, acredito, afirmar que nas circunstâncias atuais as pessoas ainda sejam, como Aristóteles as descreveu, "animais políticos" que valorizam o engajamento em questões cívicas como um princípio geral. Pode ter sido assim no caso das ágoras das cidades-estados da Grécia, mas, mesmo ali, esse envolvimento era apenas de uma pequena minoria abastada de cidadãos livres. No mundo mercantilizado e agitado de hoje, os cidadãos não têm tempo nem conhecimento ou vontade de se envolver em questões cívicas, a não ser quando se trata de aspectos que os afetem diretamente. A própria "intensificação" da ênfase exclusiva do capitalismo na ideia de se ganhar dinheiro e a sua expansão para a esfera da vida pessoal (tópicos que serão discutidos no capítulo 5) deixam menos tempo disponível para deliberações políticas mais abrangentes, e não podem produzir aquele ideal de cidadão informado e preocupado que muitas teorias sobre a democracia defendem. Pode-se afirmar, inclusive, que a existência desse cidadão é impossível em um capitalismo hipermercantilizado. Definições de democracia que insistem na ideia da participação dos cidadãos estão, assim, em desacordo com a realidade. As definições bem mais técnicas de democracia e de poliarquia de Robert Dahl e Joseph Schumpeter são, nesse caso, mais acuradas. Nas palavras de um dos críticos de Dahl: "A democracia e a poliarquia são [para Dahl] recursos puramente instrumentais para maximizar a satisfação de necessidades pessoais prioritárias [dos cidadãos] — nada mais do que isso" (Krouse, 1982, p. 449). Mas a verdade é que, se o capitalismo liberal pode satisfazer essas necessidades, o capitalismo político também pode. Qual deles faz isso melhor, é uma questão empírica.

Afirmei acima que o capitalismo político é um sistema que de fato tem a corrupção como algo inerente. (É exatamente por causa disso que se torna tão difícil manter um equilíbrio entre administração eficiente e corrupção intrínseca, na medida em que esta última desvia a burocracia da imparcialidade administrativa.) Mas seria um erro acreditar que as pessoas sempre veem a corrupção, independentemente do seu grau de intensidade, como uma praga. Muitas sociedades aprenderam a conviver, e até mesmo a prosperar, com níveis moderados ou elevados de uma corrupção que se infiltra por todo o sistema e torna a vida de muitas pessoas mais fácil do que seria em um sistema totalmente "não corrupto". Na verdade, muitas pessoas habituadas a tocar a vida adiante dentro de um sistema de troca de favores sentem dificuldade para se adaptar em outro sistema totalmente diferente, "limpo". Bai, Hsieh e Song (2014, p. 3) defendem a ideia de que o "capitalismo de compadrio", local, descentralizado, na China, cumpre a mesma função que os inúmeros Estados europeus cumpriram na ascensão do capitalismo: administradores locais protegem seus parceiros favoritos, mas não podem impedir outros administradores locais de também favorecerem os seus cupinchas capitalistas, talvez até mais eficientes. Assim, o compadrio, somado à competição local, acaba tendo a mesma função que a destruição criadora de Schumpeter.

Não deveríamos acreditar, ingenuamente, que o ranking de transparência dos governos (baseado em "pesquisas especializadas" em captar a percepção da corrupção nos países), que traz no seu topo os países da Europa do Norte, possa ser adotado com facilidade em qualquer parte do mundo, ou que populações de outros países aspirem a ter esse nível de "limpeza" por parte de seus governos. Na realidade, muitas delas encontrariam dificuldades para funcionar em um ambiente assim. As forças daquilo que Fukuyama (2011) chama de "patrimonialismo" em relação ao Estado são, em quase todos os lugares, muito fortes. Na maior parte das sociedades, espera-se normalmente que um primo ou um amigo possa sugerir um nome para uma pessoa procurar quando quiser tirar uma placa de carro, fazer uma nova carteira de identidade ou evitar fiscalizações muito frequentes ou excessivas em uma determinada empresa. Ao não ajudar um parente ou um amigo, a pessoa arrisca-se a se ver lançada no ostracismo pela comunidade. Esse tipo de corrupção pode não envolver uma transferência concreta de dinheiro (embora presentes materiais não sejam algo realmente diferente de dinheiro), mas com certeza implica dar um tratamento preferencial a alguém. Aliás, a dificuldade que muitos migrantes enfrentam para se adaptar a sistemas mais impessoais e menos baseados em troca de favores e, portanto, sua tendência a continuar vivendo conforme os seus próprios sistemas é o que alguns consideram como uma ameaça à integridade do estado de bem-estar social nos países nórdicos. Isso costuma aparecer sob a rubrica das diferenças culturais, mas com frequência se resume, na verdade, à preferência por uma aplicação das leis e uma administração da justiça que sejam mais pessoais do que impessoais. Ou, em outras palavras, por uma menor prevalência da lei.

A Itália é um exemplo de país que possui uma corrupção sutil que se espraia por todas as camadas da sociedade, mas onde vigora também um equilíbrio em relação a essa mesma corrupção. Em tese, todo mundo pode considerar desejável se livrar da corrupção, mas todos ainda assim sabem que a tentativa de fazer isso individualmente acabaria apenas piorando sua situação. Mas, ao mesmo tempo, isso não deve ser visto somente como um problema de ação coletiva, ou seja, como se todos pudessem chegar a um acordo para acabar com a corrupção e todos, ou a maioria, viveriam melhor. Muitas pessoas não saberiam como atuar em um sistema diferente e prefeririam voltar ao sistema anterior. Capussela (2018, p. XXVIII) cita a alegoria criada por Italo Calvino sobre esse equilíbrio da corrupção:

> Era uma vez um país alicerçado na ilegalidade. Não que faltassem leis; e a política se baseava em princípios que todos diziam mais ou menos compartilhar. Mas o sistema, estruturado a partir de diversos centros de poder, exigia virtualmente recursos financeiros ilimitados [...] e as pessoas só conseguiam obtê-los de forma ilícita, a saber, pedindo-os a quem os possuía, em troca de favores ilícitos. E os que tinham dinheiro para trocar por favores costumavam tê-lo obtido, por sua vez, por meio de favores já recebidos anteriormente; o sistema econômico daí resultante era, de alguma forma, circular, e não sem exibir uma certa harmonia.

Assim, as vantagens inerentes ao capitalismo político incluem a autonomia no trato legal, a possibilidade de ir pelo caminho mais fácil e entregar um crescimento econômico mais acelerado, além de uma corrupção moderada, generalizada, que combina com a visão de algumas, talvez muitas, pessoas. Mas o fator mais importante do qual depende o poder de atração do capitalismo político é o êxito econômico. E o fato de a China ter sido, de longe, o país mais bem-sucedido economicamente nos últimos cinquenta anos a coloca em uma posição na qual outros países bem-sucedidos já estiveram no passado, a saber, uma posição na qual suas instituições econômicas e políticas são imitadas por outros e em que a própria China pode, legitimamente, tentar "exportá-las". A questão é saber se o país quer fazer isso.

O raciocínio típico que explicaria a ausência de desejo por parte da China de exportar o seu sistema é de ordem histórica. Ele se baseia nas concepções de autocentrismo e de indiferença dos chineses em relação às instituições e práticas nas nações bárbaras "falsas" e "toscas".[49] O contraste entre as grandes expedições marítimas efetuadas pela China da era Ming no século XV e a comparativamente pequena e simples expedição de Colombo é usado com frequência (inclusive pelos chineses) para demonstrar as diferenças de abordagem. Em um caso, o objetivo era incrementar o comércio, tornando-o mais seguro (os marujos de Zheng He enfrentaram piratas em vários momentos), mas, acima de tudo, exibir sua superioridade para o restante do mundo de uma maneira pacífica. No outro caso, o objetivo também era o comércio, porém, mais do que isso, almejava-se explorar, conquistar territórios e promover uma conversão ideológica. De acordo com essa interpretação, o primeiro poder seria basicamente distante, pacífico, indiferente, enquanto o segundo seria beligerante e ávido por ganhos e influência.[50]

Como mostraram os acontecimentos do século XIX, a indiferença acabou por se transformar em um fator debilitante para o desenvolvimento da China. No entanto, apesar dessa constatação de seus efeitos negativos, ela pode ser considerada ainda dominante no pensamento das elites chinesas. Martin Jacques, em *When China Rules the World* (2012), afirma que a China provavelmente se manterá distante, por ver a si mesma não como um Estado-nação, mas como uma civilização-estado, um sustentáculo da Ásia (e, por extensão, do mundo), ao mesmo tempo que exibe, culturalmente, um racismo arraigado e profundo ou uma incapacidade de compreender "o outro".[51] É interessante observar que, mesmo nos tempos de Mao, a China continuou a manifestar um grau significativo de distanciamento, apesar de ter se tornado ocidental, em termos ideológicos, ao adotar o marxismo. Uma vez livre da tutela soviética, o país reduziu de forma assumida o seu peso internacional (para usar de forma invertida a formulação criada para descrever a diplomacia britânica na segunda metade do século XX). Manteve-se distante do movimento dos países não alinhados; apesar da adoção expressa do maoismo em vários lugares, não chegou a estabelecer elos fortes nem ajudou movimentos desse tipo e, mais importante, não criou em torno de si uma corrente de países aliados. Isso é especialmente chocante quando comparado com o que fizeram Estados Unidos e União Soviética, cada qual com o seu número de aliados, satélites ou Estados subservientes — seja lá que nome se dê a esses países. A China não possuía nenhum, à exceção da Albânia, que, no entanto, rompeu com ela quando a China virou "revisionista" ao se engajar nas reformas de Deng. Até mesmo nos dias de hoje, com exceção da Coreia do Norte, a China não tem nenhum aliado. Não é o comportamento que se pode esperar de um país com vocação hegemônica global.

Além de saber se a China almeja ou não "exportar" o seu modelo de capitalismo político, cabe discutir também se esse modelo seria, efetivamente, transferível. Como mencionado anteriormente, as principais características do capitalismo político (burocracia tecnocrática, ausência de prevalência da lei e corrupção endêmica) podem ser encontradas, de fato, em diferentes cenários. Mas há também elementos que parecem ser muito específicos da China e que dificilmente conseguiriam ser transplantados para outro lugar. Numa série de importantes livros e artigos, Xu Chenggang define o sistema político chinês como "um sistema autoritário regionalmente descentralizado".[52] Seus dois traços essenciais são a centralização (autoritarismo) e, embora isso pareça num primeiro momento contraditório, a descentralização. A descentralização regional, que Xu observa, nos tempos atuais, como tendo se iniciado a partir do Grande Salto Adiante, permitiu que os governos provinciais e municipais implementassem políticas econômicas variadas, descobrindo assim aquilo que fosse melhor para eles — desde que não houvesse uma desobediência explícita às normas principais da ideologia do Partido Comunista. (Embora o descumprimento da ideologia tenha sido, na prática, admitido, desde que fosse algo camuflado e que os projetos adotados fossem bem-sucedidos.)

Xu mostra que todas as transformações essenciais, da introdução do sistema de responsabilidade das famílias (reforma agrária) à privatização de empresas estatais, iniciaram-se nos níveis inferiores de governo. Não eram, como às vezes se acredita, parte de um plano grandioso de experimentação elaborado de cima, mas sim oriundas quase totalmente de iniciativas locais.[53] Se essas reformas fossem exitosas, seus realizadores regionais podiam obter posições mais elevadas no governo e no partido, integrar-se a instâncias de elaboração de políticas centralizadas (aí entra a parte da centralização) e tentar aplicar as mesmas receitas em outros lugares. O elemento fundamental estava em incentivar os líderes locais a melhorar a situação econômica em suas próprias áreas, preservando, ao mesmo tempo, a paz social. A espinha dorsal do sistema, no entanto, está na organização centralizada (o Partido Comunista da China), que premia as lideranças locais exitosas e pune as malsucedidas.

Cabe observar que os incentivos são políticos: a preocupação não é incentivar agentes individualmente (trabalhadores, camponeses ou empreendedores locais), mas sim os dirigentes administrativos, que precisam "produzir" uma região bem-sucedida para poder subir na hierarquia. O êxito é aferido com base em algumas metas mensuráveis, como o crescimento do PIB ou a capacidade de atrair investidores estrangeiros. Os líderes locais podem ser vistos como agentes plenipotenciários quase autônomos em relação às autoridades centrais. Trata-se de um sistema semelhante ao da arrecadação fiscal terceirizada,* mas no qual a obrigação das lideranças locais é não apenas transferir para as instituições centrais os ganhos obtidos, como também garantir que a região progrida economicamente.

Essa mistura singular de centralização política em um partido único com uma delegação de poderes significativa em relação às políticas econômicas regionais é o que explica, de acordo com esse ponto de vista, o sucesso da China. Ela levanta, no entanto, uma série de questões, como a impossibilidade de usar

---

* "Tax-farming", existente nos Estados Unidos. [N.T.]

metas multissetoriais para medir a performance dos dirigentes (por exemplo, se a promoção de alguém depende da taxa de crescimento regional, outras metas, como a de proteção do meio ambiente ou a da saúde da população, serão sacrificadas), ou tentativas de se comprometer com a proteção do mercado local (por exemplo, comprando automóveis e caminhões apenas de fabricantes locais), o que resulta numa segmentação do mercado chinês.

Deixando de lado essas outras questões, que se tornam mais urgentes a partir do momento em que a economia atinge certo nível de desenvolvimento, a dificuldade para implementar em outros países um modelo que requer centralização e descentralização ao mesmo tempo é óbvia. O modelo chinês foi construído a partir de uma tradição de descentralização regional semelhante a que existiu no período imperial, tradição que não se vê na maior parte dos outros países. O modelo também exige um núcleo central forte o suficiente para poder premiar ou punir líderes locais de acordo com o seu desempenho e retirar certos privilégios da descentralização quando isso for necessário, mas, ao mesmo tempo, perspicaz o bastante para permitir experimentações. Por fim, a descentralização da tomada de decisão faz muito mais sentido em um país vasto e populoso como a China do que em um país pequeno ou médio. Um risco adicional que muitos países correm (e do qual a China não está isenta) é o de uma descentralização muito ampla criar bases de apoio poderosas a líderes regionais e, em última instância, levar até mesmo a uma fragmentação do país. A China vem se prevenindo contra esse perigo por meio da adoção de um processo contínuo de revezamento de quadros (que quase nunca permanecem num mesmo posto de governo local por mais de cinco anos), mas não há garantia alguma de que essas políticas continuarão a ser aplicadas ad infinitum ou de que núcleos políticos centrais de outros países conseguiriam implementá-las.

Assim, o "autoritarismo regionalmente descentralizado" se junta totalmente às demais características do capitalismo político, mas o faz com elementos específicos da China que podem ser difíceis de transplantar para outros países. A fragilidade do modelo de capitalismo político surge claramente nesse aspecto, porque ele destaca a ausência de regras generalizáveis que em princípio seriam válidas na maior parte das circunstâncias.[54]

Há três fatores que se opõem ao inconveniente representado pelo seu histórico distanciamento e pela escassez de regras generalizáveis. Em primeiro lugar, graças ao comércio em grande escala e ao fluxo de investimentos estrangeiros, a China é hoje muito mais integrada à economia mundial do que jamais foi em sua história. O distanciamento já não é uma opção viável economicamente, tampouco política ou culturalmente. De fato, a abundância de contatos no estrangeiro, a onipresença do idioma inglês (até mesmo a capa do manual para obtenção do *hukou* é em chinês e em inglês), o número de chineses estudando, trabalhando ou viajando fora e o número crescente de estrangeiros vivendo na China — todos esses elementos tornam a China mais integrada ao mundo do que nunca.[55]

Em segundo lugar, historicamente, os países mais bem-sucedidos sempre tiveram tendência a ser emulados por outros, o que os coloca, queiram eles ou não, em uma posição na qual desempenham um papel internacional proporcional à sua importância "objetiva".

Em terceiro lugar, sob o comando de Xi (e provavelmente para além disso, pois as políticas a ele associadas possuem uma ressonância muito mais abrangente), a China parece estar pronta para assumir um papel mais ativo na arena internacional e para "vender" o próprio sucesso e sua experiência mundo afora. Várias iniciativas recentes mostram isso. A mais importante é o papel crescente que a China vem desempenhando na África e a mudança na estratégia africana de desenvolvimento daí resultante. Não é de surpreender que muitos países que vivem sob o sistema do capitalismo político sejam da África e que todos eles mantenham laços econômicos muito fortes com a China (ver Tabela 3.1). Pode-se até mesmo afirmar que, pela primeira vez em sua história, a China participou da discreta e bem-sucedida derrubada de um governo estrangeiro ao arquitetar a saída do poder de Robert Mugabe no Zimbábue em 2017. Foi uma ação notoriamente exitosa por causa da forma não violenta como foi executada, do papel desempenhado pela China nos bastidores e do apoio internacional à derrubada, considerando o grau de impopularidade atingido pelo regime de Mugabe nacional e internacionalmente. O sucesso dessa operação pode ser comparado, negativamente, com o fiasco da operação semelhante levada a cabo pelo Ocidente na Líbia, que resultou em uma guerra civil prolongada no país e numa destruição quase total de quaisquer traços de modernidade, processo que não mostra nenhum sinal de ter chegado ao fim ou de arrefecimento.

Outro projeto importante e até mais ambicioso é a Belt and Road Initiative (BRI), que supostamente ligará diferentes continentes por meio de obras de infraestrutura financiadas pela China. Já começaram a acontecer entregas regulares e de larga escala de produtos chineses para a Europa continental e para o Reino Unido por via rodoviária através da Eurásia (caminho muito mais rápido do que por via marítima).[56] A BRI representa não só um desafio ideológico para o Ocidente diante da forma como ele vem tratando o desenvolvimento econômico no Sul, ignorando investimentos físicos e concentrando-se, em vez disso, na construção de instituições "pós-materiais", como também ampliará fortemente a influência chinesa e atrelará os países da BRI àquilo que poderá ser chamado de esfera de influência da China. Há planos para que todas as eventuais disputas que venham a surgir no plano dos investimentos sejam encaminhadas no âmbito de um tribunal chinês (Economy, 2018; Anthea Roberts, comunicação pessoal). Isso significaria uma verdadeira reviravolta para um país que passou em sua história por aquilo que ficou conhecido como "Século de Humilhações", marcado pelo fato de os estrangeiros presentes na China não serem submetidos às leis chinesas.

Muitos países verão com bons olhos a participação na BRI, tanto pelos benefícios materiais que o envolvimento da China trará (estradas, portos, ferrovias) quanto pelo fato de a China ser vista como um país que não tem interesse em influenciar a política interna dos demais países, além de não atrelar investimentos a questões políticas.[57] Como escreve Martin Jacques, diferentemente dos Estados Unidos, que enfatizam a necessidade de democracia nos diferentes países ao mesmo tempo que impõem relações hierarquizadas internacionalmente, a China não tem interesse na política interna das nações que a recebem e não pratica o que Joseph Schumpeter chamou, ao criticar o padrão das políticas dos Estados Unidos no século XX, de "imperialismo ético".[58] Em vez disso, a China enfatiza a necessidade de haver democracia entre Estados-nações, ou seja, insiste numa igualdade formal de tratamento entre todos os países.[59] Para muitas pessoas, os dois lados dessa equação (não interferência na política interna e igualdade formal de tratamento) são atraentes para os países menores.

Justin Lin, um dos ideólogos da BRI, vê nessa iniciativa uma vantagem potencial a mais para os países mais pobres (Lin e Monga, 2017). A China, aos poucos, deixará vagos inúmeros postos de trabalho do setor manufatureiro, os quais serão assumidos "naturalmente" por países menos desenvolvidos. Mas, sem uma infraestrutura razoavelmente boa, eles não poderão fazer isso. Com efeito, uma das lições deixadas pelo desenvolvimento da própria China tem sido a de que a infraestrutura é extremamente importante para atrair investimentos estrangeiros, como mostra o exemplo das zonas econômicas especiais.

A diferença de foco das políticas de desenvolvimento (infraestrutura versus apoio institucional) combina perfeitamente com a distinção entre os capitalismos político e liberal: por meio de suas estratégias de desenvolvimento, ambos procuram usar aquilo que têm de melhor. O argumento de venda mais forte do capitalismo político é a eficiência do Estado — o fato de ele conseguir fazer com que agentes privados construam algo que melhore a vida simples das pessoas de uma forma tangível, material. O argumento de venda mais forte do capitalismo liberal é o de que o Estado existe para instituir o quadro institucional dentro do qual os agentes privados decidirão, eles mesmos, o melhor a fazer (inclusive não fazer nada). No primeiro caso, o Estado é um agente ativo e direto; no segundo, o Estado é um agente "facilitador" e passivo. Isso reflete, é claro, o papel ideal atribuído ao Estado em cada um dos sistemas.

Por fim, a China, mais uma vez seguindo a mesma abordagem "construtivista", criou o Banco Asiático de Investimento em Infraestrutura, o qual, com sede em Pequim, contava em meados de 2018 com mais de oitenta países-membros. Seu objetivo óbvio é a expansão do poder econômico do país na região adjacente a ele na Ásia. A criação de novas instituições econômicas internacionais espelha o que foi feito sob a liderança dos Estados Unidos depois da Segunda Guerra Mundial por meio da fundação do Banco Mundial e do Fundo Monetário Internacional.

Há, talvez, um quarto fator que poderá levar a China a adotar uma postura mais ativa no cenário internacional. Esse fator conecta as políticas interna e externa. Se a China mantiver uma postura passiva, sem propagar as próprias instituições, enquanto o Ocidente continua a avançar na introdução de valores do capitalismo liberal na própria China, o mais provável é que essas instituições ocidentais acabem por se tornar cada vez mais populares e apoiadas por camadas crescentes da população chinesa. Mas se, ao contrário, a China deixar a passividade de lado e conseguir expor as vantagens do capitalismo político, poderá então erguer uma contrainfluência para resistir à influência externa. Nesse sentido, ser ativo internacionalmente é também uma questão de sobrevivência política interna do sistema, e, se essa postura vem se intensificando, é também em decorrência da sua potencial fragilização no front interno.

Esses são tanto os fatores quanto os movimentos concretos que parecem empurrar a China a desempenhar um papel muito mais ativo na "exportação" do capitalismo político e na criação de uma rede de países com sistemas semelhantes, mesmo que seja difícil enxergar de qual maneira esses Estados poderiam se conectar em uma aliança formal ou por meio de alguns acordos com a China. Mas também pode acontecer de a influência informal se acomodar melhor à história e às preferências dos chineses. Mesmo com esse tipo de estrutura informal, a China está fadada a exercer uma influência crescente nas instituições internacionais, que, nos últimos dois séculos, foram criadas exclusivamente pelas nações ocidentais e refletiam tanto a história quanto os interesses dessas nações.[60] Agora não será mais assim. Como escreve Martin Jacques: "A emergência da China como um poder global relativiza tudo. O Ocidente está acostumado com a ideia de que o mundo é o *seu* mundo; de que a comunidade internacional é a *sua* comunidade, de que as instituições internacionais são as *suas* instituições [...] de que os valores universais são os *seus* valores [...]. Não será mais assim" (2012, p. 560).

A viabilidade de o capitalismo político se transformar em um modelo se apoia em (1) sua capacidade de separar política de economia, o que é por si só difícil devido ao fato de o Estado desempenhar um papel econômico importante, e (2) na capacidade de manter uma "espinha dorsal" centralizada relativamente não corrupta que possa impor decisões que atendam aos interesses nacionais, não apenas aos interesses estreitos do mercado. O ponto (2) é mais fácil de ser concretizado em regimes políticos com passado revolucionário e, portanto, com a necessária centralização, que é, com frequência, um produto da luta revolucionária. Mas, com o passar do tempo, torna-se cada vez mais difícil manter um patamar aceitável de corrupção, e isso pode abalar, até mesmo derrubar de vez, as outras vantagens do sistema. Cabe lembrar que as duas contradições do sistema expostas na seção 3.3a têm a ver com corrupção e com a desigualdade gerada por essa corrupção.

O potencial de exportação do capitalismo político é limitado porque o que se pode esperar é que os pontos (1) e (2) — a separação da política e uma administração relativamente não corrupta — sejam passíveis de aplicação em pouquíssimos países. Ou, para colocar de outra maneira: o sistema pode ser exportado ou copiado, mas em muitos casos não será bem-sucedido economicamente. E isso, por sua vez, abalará a sua atratividade perante o planeta.

4.
Interação entre capitalismo e globalização

> Na história primitiva, toda invenção tinha de ser refeita diariamente e em cada lugar, de modo independente [...]. A permanência das forças produtivas obtidas dessa forma só foi assegurada a partir do momento em que o comércio, tendo como base a grande indústria, se tornou mundial, com todos os países entrando no conflito concorrencial.
>
> Karl Marx, *A ideologia alemã*

Neste capítulo, abordo os papéis desempenhados pelo capital e pela força de trabalho na globalização. A principal característica que a globalização impõe a esses dois fatores de produção é a mobilidade. A globalização já vem sendo vista amplamente como sinônimo de movimentação do capital para além das fronteiras nacionais. Mas a força de trabalho também se tornou mais móvel recentemente, e uma das reações à sua mobilidade crescente tem sido o erguimento de novos obstáculos nas fronteiras. A mobilidade da força de trabalho é uma resposta às enormes diferenças de ganho obtido por uma mesma quantidade e qualidade de trabalho nos territórios nacionais. Essa distância gera aquilo que chamo de "prêmio por cidadania" e "punição por cidadania". O prêmio por cidadania (ou rendimento por cidadania; uso os dois termos de modo intercambiável), como demonstrarei a seguir, se refere ao incremento de renda que uma pessoa recebe pelo simples fato de ser cidadão de um país rico, enquanto a punição por cidadania é a redução da renda da pessoa por ela ser cidadão de um país pobre. O valor desse prêmio (ou dessa punição) pode ser de até cinco para um ou dez para um, mesmo depois de se fazerem os ajustes que levam em conta os preços inferiores praticados nos países mais pobres. Essas diferenças de renda são, muito fortemente, uma herança dos séculos XIX e XX, durante os quais os países ocidentais e alguns outros (Japão e, mais recentemente, Coreia do Sul) ficaram muito à frente do restante do mundo em termos de renda per capita. E seria surpreendente se sua existência não produzisse também uma movimentação por parte da força de trabalho. Seria tão estranho como se acontecesse de a diferença entre um rendimento de 3% para uma aplicação e um de 30% para a mesma aplicação, com os mesmos riscos, não levasse os donos do capital a optarem por investir no segundo caso. Assim, a mobilidade da força de trabalho deve ser vista da mesma forma que a mobilidade do capital — como um elemento constitutivo da globalização.

Iniciarei este capítulo com uma discussão sobre a força de trabalho nas condições da globalização. Em seguida tratarei do capital, cuja mobilidade, talvez refletida de forma mais clara na existência das chamadas cadeias globais de valor, acelera o crescimento dos países mais pobres e, a médio e longo prazos, corrói os prêmios por cidadania, que motivam a migração. Assim, os dois movimentos de cruzamento de fronteiras, tanto o da força de trabalho quanto o do capital, são movimentos que se equilibram e cujo desfecho — ao qual talvez nunca se chegue — poderia levar a um mundo onde as diferenças de renda per capita média entre os países seriam mínimas.

Por que destaco as cadeias globais de valor como sendo uma das características da globalização? Por causa de seu duplo impacto revolucionário. Primeiro, como exponho a seguir, elas tornam possível, pela primeira vez na história, uma separação entre a produção e a gestão e o controle dessa mesma produção. Isso tem implicações enormes na distribuição espacial da atividade econômica. Segundo, elas deitam por terra a visão sustentada por estruturalistas e neomarxistas de que o caminho para o desenvolvimento exigiria uma ruptura com o Norte. Para deixar claro, eu não me oponho à ideia de que a maior parte do crescimento econômico chinês possa ser explicada de uma forma mais tradicional, como algo que se encaixa no mesmo caminho do desenvolvimento voltado para a exportação, com níveis crescentes de sofisticação, percorrido décadas atrás pelo Japão, pela Coreia do Sul e por Taiwan. Se enfatizo as cadeias globais de valor é pelas razões acima mencionadas, não como uma explicação para a transformação da China como um todo.

Em seguida, analisarei de que maneira o estado de bem-estar social é afetado pela globalização, sobretudo pela movimentação do capital e da força de trabalho. E encerro abordando a corrupção em escala internacional. Pode parecer estranho, à primeira vista, colocar a corrupção no mesmo patamar que a movimentação dos dois fatores de produção e o destino do estado de bem-estar social. Mas isso só seria estranho, na verdade, se víssemos a corrupção como uma anomalia, o que seria um equívoco. A corrupção está tão atrelada à globalização como o livre trânsito do capital e da força de trabalho. Ela é estimulada pela ideologia da busca por dinheiro, que é a ideologia subjacente à globalização capitalista, e se torna possível graças à mobilidade do capital. Além disso, tanto o capitalismo político quanto a tendência de avanço rumo a um domínio da plutocracia no capitalismo liberal a tornam "normal". Como expliquei no capítulo 3, essa corrupção é inerente ao capitalismo político. Chegou a hora de normalizar a corrupção: precisamos vê-la, nos dois tipos de capitalismo, como um ganho (análogo a uma renda) de um fator de produção especial, o poder político, que alguns indivíduos têm e outros não. A corrupção está fadada a crescer com a globalização, com o capitalismo político e com o domínio da plutocracia. Os economistas, que não são moralistas, deveriam tratar a corrupção como qualquer outro tipo de renda. É o que eu faço na última parte deste capítulo.

4.1. Força de trabalho: Migração

4.1a. Definição de prêmio ou renda por cidadania

A diferença sistemática de renda entre pessoas com a mesma formação, a mesma motivação e que fazem os mesmos esforços, mas que são cidadãs de países diferentes, pode ser chamada de "prêmio pela cidadania" ou "punição pela cidadania". Para simplificar, utilizarei a primeira formulação. Mas, embora a existência desse prêmio apareça com uma clareza objetiva, a questão realmente importante, do ponto de vista econômico, é se ele pode se assemelhar a uma renda, isto é, a um ganho que, a rigor, seria desnecessário para fazer a produção acontecer. Em outras palavras, fazendo um exercício mental: poderia alguém, numa economia avançada, substituir uma pessoa que tem um determinado nível de qualificação por uma pessoa de um país pobre com o mesmo nível de qualificação e idêntica à primeira em todos os demais quesitos, pagar-lhe um salário menor e mesmo assim obter o mesmo resultado na produção?[1] O equivalente mais próximo a esse exercício mental seria dar total liberdade para a circulação da força de trabalho entre os países.

O prêmio pela cidadania é uma renda? Como mostra o nosso exercício mental, a resposta parece ser positiva. Se os trabalhadores mais bem pagos podem ser substituídos por um grupo idêntico de trabalhadores que aceitem trabalhar por um salário menor, o custo da produção diminui e o dividendo (isto é, a renda líquida) "nacional" ou "global" cresce. O prêmio pela cidadania existe, de início, por causa do controle do acesso a uma determinada localização geográfica exercido por seus habitantes. Isso, por sua vez, está associado a um fluxo de renda elevada ao longo da vida, devido às altas quantias de capital, à tecnologia avançada e às boas instituições existentes ali. O elemento central é o controle territorial, mesmo que isso se traduza em um controle sobre o compartilhamento "imaginário" da cidadania.

A cidadania proporciona ao seu portador o direito de ter uma porção da produção realizada naquela parte do mundo a que ela se aplica (e também, em certos casos, da produção realizada em outros lugares pelos cidadãos desse país).[2]

À primeira vista, parece então que o rendimento pela cidadania se assemelha à renda proveniente da terra ou de recursos naturais. Essa semelhança vem do fato de que, em ambos os casos, o elemento que dá acesso à renda é o controle sobre um bem imobiliário. A analogia, porém, é apenas parcialmente apropriada. A renda da terra acontece por causa da produtividade diferenciada que existe entre diversas porções de terra. O preço do produto (milho ou petróleo) é determinado pelo custo da produção (mais alto) do pequeno produtor para cuja produção ainda haja demanda suficiente. Consequentemente, todos os produtores menores obtêm alguma renda. No caso da cidadania, que, como veremos, é uma categoria "imaginária" e que pode ser "deslocalizada", o elo com o controle físico da terra é mais tênue. Além disso, todos os cidadãos (como "proprietários" associados) de qualquer país participam da renda pela cidadania, ou, no caso de um país com pior localização, não recebem renda nenhuma. A segunda diferença em relação à renda da terra é que nesse caso o objeto (terra) que dá direito à renda é negociável: pode ser comprado e vendido. A cidadania, em princípio, não pode (embora, como veremos, haja exceções). A renda derivada da cidadania se assemelha mais, dessa maneira, a uma renda obtida a partir de um monopólio exercido por agremiações que atuam para restringir o mercado. Exatamente como no caso de uma associação de caráter corporativo, a cidadania pode ser adquirida por cooptação, mas também por nascença, e, neste último caso, ela é similar aos ofícios transmitidos como herança de pais para filhos.

A cidadania ainda é majoritariamente "localizada", ou seja, aplica-se sobretudo a pessoas que vivem dentro das fronteiras de um mesmo país, sendo que a renda necessária para sustentar essa cidadania é produzida majoritariamente nesse país. Mas não só ali. Isso pode ser mais bem ilustrado com o exemplo de cidadãos que não vivem nos países dos quais possuem cidadania (digamos, os norte-americanos expatriados). Essas pessoas têm acesso aos benefícios do estado de bem-estar social de seu país de origem, que fazem parte do prêmio pela cidadania; e os recursos usados para produzir a renda necessária para sustentar esses benefícios são nacionais e localizados majoritariamente no próprio país. Um cidadão americano que more na Itália terá acesso à seguridade social e a outros benefícios do estado de bem-estar social dos Estados Unidos, mas o dinheiro para pagar por esses benefícios terá sido gerado majoritariamente nos Estados Unidos. No entanto, com o avanço da globalização, esses recursos podem ser deslocalizados: podemos imaginar um mundo em que parte crescente da renda dos Estados Unidos seria produzida fora dos Estados Unidos e retornaria ao país por meio dos lucros sobre o capital investido no exterior. Situação semelhante a essa poderia ser a de um cidadão filipino que viva no exterior e que reivindique para si os benefícios da cidadania filipina, sendo que a renda necessária para bancar tais benefícios provém de remessas feitas ao seu país de origem por trabalhadores filipinos emigrantes.

Ampliando essas tendências ainda mais, podemos imaginar uma situação futura em que a cidadania se torne inteiramente deslocalizada, com a maioria dos cidadãos não morando nos países de sua cidadania e a maior parte da renda desse país sendo gerada a partir do trabalho ou do capital aplicados em outros países. Ainda assim, os benefícios continuariam a ser recebidos da mesma forma como na atualidade.

A cidadania, assim, deve ser vista claramente como uma categoria "imaginária". Não se trata de um direito formal de propriedade no mesmo sentido da posse de um pedaço de terra. Não é nem mesmo o direito de propriedade coletiva de uma população sobre a parte da superfície da terra onde ela vive. A cidadania é mais uma construção legal existente apenas em nossa mente (sendo, nesse sentido, algo "imaginário"). *No sentido econômico, a cidadania é um monopólio coletivo exercido por um grupo de pessoas que compartilham uma mesma característica legal ou política que lhes dá acesso a um prêmio por cidadania.* Ter uma determinada cidadania não implica necessariamente ter de viver no país dessa cidadania, como vimos aqui; mais do que isso, a renda para bancar o prêmio pela cidadania não precisa nem mesmo ser gerada no país da cidadania. O dinheiro usado para custear os benefícios vinculados à cidadania não precisa provir apenas da produção realizada no local específico formalmente vinculado à cidadania ou ser recebido por pessoas que vivam ali (porque o próprio país pode conter estrangeiros que, na mesma linha, podem receber sua renda pela cidadania de outro país). Assim, vemos que a cidadania, como ativo financeiro, pode ser, em princípio, deslocalizada ou desmaterializada em relação ao território ao qual é aplicada.

4.1b. Cidadania como ativo financeiro

Como todo rendimento obtido ao longo de um determinado período, a renda pela cidadania pode ser transformada em um ativo, descontando-se prováveis rendimentos futuros. (No caso da cidadania, esse período dura, em tese, até a morte do seu proprietário, mas em alguns casos, como nas pensões de sobreviventes, pode durar até mais do que isso.) Se a cidadania do país A proporciona x unidades de renda anual a mais do que a cidadania do país B, o valor do ativo cidadania de A será igual à soma de todos esses xs (descontadas as devidas taxas) ao longo dos anos (estimados) de vida do seu proprietário. O ganho obtido com uma determinada cidadania vai variar em função da cidadania que a pessoa possua, sua idade e outras circunstâncias que nos interessam menos aqui, como o nível de formação. Do ponto de vista individual, esse rendimento pode ser estimado com base em uma série de comparações bilaterais, em que o valor da cidadania de uma pessoa é comparado com as outras cidadanias existentes.[3] Esse valor pode ser positivo em alguns cálculos e negativo em outros. O fato de que a cidadania se torna um ativo fica bem claro se pensarmos na idade do seu potencial proprietário. Mantendo-se iguais as demais condições (inclusive ter filhos e cuidar deles), a cidadania, como ativo, será mais valiosa para um jovem do que para um idoso. O fluxo de renda diferenciada que uma pessoa jovem receberá ao longo da vida se fizer uma troca por uma cidadania "melhor" será superior ao de uma pessoa mais velha.[4]

Passemos agora a duas perguntas suplementares que nos levarão para mais perto do mundo real. Primeira: como ativo que é, pode a cidadania se tornar objeto de transações comerciais? Segunda: existem diferentes categorias de cidadania? As duas respostas são positivas, e a consequência disso será atenuar as dicotomias bastante profundas existentes, até agora, entre (i) ativos comercializáveis e cidadania e (ii) cidadania e não cidadania.

Ao longo dos últimos vinte anos, a cidadania se tornou um ativo legalmente comercializável: os vistos de residência, que abrem caminho para a cidadania, podem ser comprados em muitos países, inclusive Canadá e Reino Unido, por meio da efetivação de um investimento privado substancioso. A estrutura de tipo corporativa que protege a cidadania tem sido, de alguma forma, afrouxada, e a cidadania, em certos casos, e numa escala ainda muito modesta, tornou-se uma mercadoria comercializável. Os governos se deram conta, claramente, de que a cidadania é de fato um ativo, e de que pode ser do interesse de seus cidadãos que o governo a venda, assumindo implicitamente que o ganho financeiro da venda desse ativo mais do que compensará a perda representada pelo fato de compartilhar a cidadania com mais pessoas. É de interesse dos cidadãos que se fixem preços elevados para a venda da cidadania.

Dessa forma, a cidadania só é comprada por pessoas ricas. Os custos para obtê-la, seja diretamente, seja conseguindo de início um visto de residência, são altos: eles vão de 250 mil euros, na Grécia, até 2 milhões de libras esterlinas, no Reino Unido. Mas esses custos não são inacessíveis para indivíduos muito bem remunerados (pessoas cujos ativos financeiros se situam entre 1 milhão e 5 milhões de dólares). Estima-se que cerca de um terço desses indivíduos abastados, ou seja, perto de 10 milhões de pessoas no mundo, possuam dois passaportes ou dupla cidadania (Solimano, 2018, p. 16, calculado com base no Relatório sobre a Riqueza Mundial do Credit Suisse).

Para tratar do tema da cidadania tal como ela existe na realidade, é preciso reconhecer que há diversas categorias (níveis) de cidadania. Nossa preocupação aqui, é claro, é com a cidadania enquanto categoria econômica: o direito a um fluxo de renda maior. Na maioria dos casos, a cidadania é uma categoria binária (0-1) — a pessoa é cidadã ou não é —, e um título legal e formal de cidadania é necessário para ter acesso a benefícios econômicos. Mas existem situações mais nuançadas. Há também casos que poderíamos chamar de "subcidadania", que é vinculada à maior parte, mas não a todos os benefícios econômicos proporcionados pela cidadania. O exemplo mais conhecido é o do visto de residência permanente nos Estados Unidos (*green card*), embora existam modalidades semelhantes também na maioria dos países europeus. Os residentes permanentes têm acesso a quase todo o leque de benefícios disponíveis para os cidadãos, com a possível exceção de algumas transferências públicas de renda e dos direitos de voto (as exceções variam conforme o país no caso da Europa e conforme o estado ou a província nos Estados Unidos e no Canadá). Mas a existência de subcidadãos é importante porque mostra como o sistema rígido de diferenciação binária (cidadão e não cidadão) pode ser flexibilizado, em grande parte para atender a uma necessidade de mão de obra.

A subcidadania não se limita a pessoas que migram para obter a renda pela cidadania e viver por algum tempo na posição intermediária de subcidadãos. Até recentemente, pessoas nascidas na Alemanha de pais não alemães não tinham acesso ao conjunto de direitos e benefícios proporcionados pela cidadania, e eram também, portanto, subcidadãos. A situação dos árabes que vivem em Israel é semelhante. Alguns se mantêm permanentemente com o estatuto de residentes, sem esperança alguma de aceder à cidadania ou de transmitir o estatuto de residente permanente aos seus filhos. Mas os cidadãos israelenses de ascendência árabe vivem uma situação ainda mais incomum. Eles são liberados de cumprir certos deveres, como servir no Exército. Vivem, então, uma situação paradoxal: se o dever de servir no Exército for considerado um custo (e assim deveria ser, por várias razões, inclusive a pessoa ter de renunciar a receber qualquer renda durante o serviço militar), sua posição é uma mistura de subcidadãos, por viverem em um país definido formalmente como um Estado de outro povo, e supercidadãos, pois têm direito à maior parte dos benefícios ao mesmo tempo que são poupados de alguns custos. Há no mundo vários outros casos de cidadanias diferenciadas.[5]

4.1c. Liberdade de movimento dos fatores de produção

Cabe lembrar que, em termos históricos, as atuais posições adotadas por países ricos e pobres em relação à liberdade de movimento dos fatores de produção são o oposto do que costumavam ser. Países ricos que eram tipicamente exportadores de capital apoiavam a liberdade de movimento desse capital até muito recentemente, quando começaram a surgir preocupações com a terceirização da produção. Eles não tomavam nenhuma atitude especial sobre a imigração, pois o afluxo de pessoas foi mínimo desde que cessaram os grandes deslocamentos ocorridos após a Segunda Guerra Mundial.[6] Os países pobres, de outro lado, depois de dar boas-vindas durante bom tempo ao capital estrangeiro, passaram a desconfiar de estarem sendo explorados ou marginalizados. Como discutiremos na seção seguinte, essa atitude sofreu uma grande mudança com o advento das cadeias globais de valor, que são agora avidamente desejadas pelas economias de mercado emergentes. Quanto ao deslocamento da força de trabalho, os países pobres eram favoráveis à sua liberdade de movimentação, como ainda hoje o são. Essa atitude era atenuada, algumas vezes, por causa de preocupações relativas à perda de cérebros, mas, no conjunto, tais preocupações pareciam menores se comparadas com as vantagens que muitos países pobres viam na redução da pressão demográfica e no recebimento de remessas maiores por parte de seus cidadãos que viviam no exterior. Os países ricos, que costumavam ser indiferentes ou até mesmo favoráveis à imigração (como a Alemanha foi durante o seu *Wirtschaftswunder*, o "milagre" econômico dos anos 1950 e 1960), agora desconfiam de seu crescimento, enquanto os países pobres, que costumavam desconfiar do capital estrangeiro, agora se dedicam a cortejá-lo.[7]

Do ponto de vista econômico, não resta dúvida de que tentar vetar a movimentação da força de trabalho entre os diferentes países é algo ineficiente. A mobilidade dos dois fatores de produção é vista como superior à imobilidade porque cada um deles tenderá naturalmente a se voltar para áreas geográficas ou tipos de negócio que lhes proporcionem um retorno maior, e se o seu retorno é maior ali, é porque sua contribuição (o valor da produção realizada) é maior ali do que em outros lugares. Essa afirmação genérica se aplica tanto para o capital quanto para o trabalho.

É importante deixar claro o que essa ideia implica e o que não implica. Ela implica que o fator que se muda para um novo local viverá com mais recursos nesse novo local do que no anterior. Isso se deve simplesmente ao fato de haver sempre duas opções — ficar ou mudar — e de escolher, portanto, a segunda. Implica também que a produção total será sempre maior na opção pela mobilidade do que na outra. Mas ela não implica que todos os demais elementos envolvidos vão melhorar. A mudança da força de trabalho ou do capital de um lugar para outro pode atrapalhar, deslocar ou piorar a situação do trabalho e do capital no lugar de origem, por exemplo, ou piorar a situação da força de trabalho no novo local. Este último elemento é uma grande fonte de atrito e provavelmente uma das principais razões pelas quais a mobilidade internacional da força de trabalho é limitada. No campo político, é o ponto que os países ricos costumam levantar para se opor à imigração.

O que é a migração? Para o nosso propósito (isto é, sob as condições da globalização), definiremos a migração como *o movimento de um dos fatores de produção (a força de trabalho) que se dá quando a globalização se estabelece tendo como uma de suas características o desnível da renda média entre os diferentes países*. Pode parecer uma definição complicada, mas cada parte dela é essencial. Em primeiro lugar, a força de trabalho (em uma perspectiva estritamente econômica) é apenas um fator de produção, da mesma forma que o capital. Em princípio, não deveríamos tratar um fator de produção de modo diferente do outro. Por isso, essa definição destaca que, numa primeira abordagem, a força de trabalho não tem, em si, nada de especial.

Em segundo lugar, a movimentação de pessoas (mais uma vez, como no caso da movimentação de capital) é possível por causa da globalização. Se o mundo não fosse globalizado e as economias fossem autônomas, com controle estrito sobre o fluxo e o afluxo de capital e força de trabalho, não haveria movimentação de nenhum dos dois fatores entre as fronteiras.

Em terceiro lugar, se a globalização existisse, mas dentro de uma situação em que as rendas vigentes nas diversas regiões do mundo não fossem muito diferentes entre si, a força de trabalho não teria nenhum estímulo estrutural para se deslocar de um lugar para outro. Haveria, é certo, alguma migração, pois as pessoas se mudariam em busca de melhores oportunidades dentro de suas qualificações específicas, em busca de um clima mais agradável ou de uma cultura com a qual tivessem mais afinidade, mas esses movimentos seriam reduzidos e de caráter idiossincrático. Esse tipo de fluxo migratório é o que observamos dentro dos próprios Estados Unidos, por exemplo, onde engenheiros de software têm muita probabilidade de se mudar para o Vale do Silício e os mineiros para Dakota do Sul, ou, no caso da UE15 (os quinze membros da União Europeia até 2004), onde aposentados britânicos se mudam para a Espanha a fim de usufruir de um clima melhor, ou os alemães compram chácaras na Toscana. Mas esses movimentos são diferentes do tipo de movimento sistemático que tem se generalizado, a saber: quando pessoas de qualquer idade e profissão que vivem em um país mais pobre podem ter sua renda aumentada mudando para um país mais rico.

Quando olhamos para a migração no contexto da atual globalização, podemos entender facilmente a origem e a lógica da movimentação das pessoas. Também fica visível que, com a existência tanto da (1) globalização quanto das (2) grandes diferenças de renda entre as diferentes regiões do mundo, os trabalhadores não permanecerão nos países onde nasceram. Acreditar que fariam isso vai de encontro ao teorema econômico elementar segundo o qual as pessoas almejam melhorar o seu padrão de vida. Mas, se achamos que as pessoas não deveriam se movimentar de um país para outro (o que é um juízo de valor), podemos logicamente defender a ideia de que se acabe com a globalização (isto é, que caberia erguer obstáculos contra a liberdade de movimentação tanto do capital quanto do trabalho) ou que esforços maciços sejam feitos para acelerar a convergência de renda entre os países pobres e os países ricos. Enquanto a primeira abordagem eliminaria a migração de imediato, a segunda exigiria décadas para diminuí-la — mas, ao final, conseguiria fazê-lo.[8]

O fato de haver apenas duas abordagens possíveis, e que só uma delas interfere na realidade em termos imediatos, explica por que os que se opõem à migração têm apenas uma proposta consistente do ponto de vista lógico. Trata-se de fazer os países ficarem menos globalizados, o que significa erguer barreiras à mobilidade tanto do capital quanto do trabalho. Embora consistente, essa proposta se depara com inúmeros problemas. É até possível imaginar uma reversão como essa na globalização, mas, devido à estrutura organizacional extremamente complexa que dá base à globalização e que foi erguida ao longo dos últimos setenta anos, é improvável que isso ocorra. Ainda que alguns países caíssem fora da globalização, a maioria não faria isso. Barreiras adicionais contra a mobilidade do capital e do trabalho, por outro lado, levariam também a uma diminuição global da renda, inclusive nos países que tivessem se retirado da globalização. Uma demonstração disso pode ser dada usando-se o argumento oposto: se alguém diz que a renda nacional não seria afetada pelo erguimento de barreiras, então alguém poderia dizer, da mesma forma, que a renda não seria afetada pelo erguimento de barreiras internas contra a movimentação de capital e trabalho em cada país. Essa pessoa teria, então, de dizer que não faz diferença se as pessoas ou o capital se movimentam ou não, por exemplo, entre Nova York e a Califórnia ou entre quaisquer outros dois pontos dentro dos Estados Unidos. Avançando no sentido de unidades geográficas ainda menores, esse alguém logo chegaria à conclusão de que a mobilidade do trabalho (seja geograficamente, seja de uma ocupação para outra) não produz efeito algum na renda total — uma afirmação que é manifestamente falsa.[9] O absurdo dessa afirmação revela que a mesma posição, mas sustentada em relação à liberdade de movimento das pessoas entre os países, é igualmente absurda.

A inadequação desse argumento deixa os adversários da migração em um beco sem saída: eles precisam defender políticas anti-imigração apesar dos efeitos negativos dessas políticas sobre o bem-estar global e sobre o bem-estar do país que afirmam tentar proteger. Trata-se, a rigor, de uma posição muito difícil de defender, e muito poucas pessoas que tenham acompanhado o exercício lógico esboçado acima o fariam.

Parece-nos, então, que, tanto para o comércio de mercadorias quanto para o cruzamento de fronteiras por parte do capital, a melhor política em relação à força de trabalho seria a de uma mobilidade absolutamente livre e desimpedida das pessoas entre os países. Onde houvesse efeitos negativos sobre grupos específicos de trabalhadores, tais efeitos seriam tratados por políticas específicas voltadas diretamente para esses grupos, da mesma forma como se faz normalmente (ao menos em tese) para amenizar os efeitos deletérios das importações sobre certas categorias de trabalhadores locais.

Solucionamos então o problema da migração? Infelizmente não.

A razão pela qual, mesmo assim, ainda não solucionamos o problema da migração é que seus opositores trazem no bolso do colete mais uma carta que até agora temos ignorado. É a crença de que, embora sejam apenas fatores de produção e, portanto, num sentido abstrato, iguais, o trabalho e o capital são, no fundo, coisas bem diferentes. O capital, desse ponto de vista, poderia adentrar os países sem produzir mudanças dramáticas dentro deles, enquanto a força de trabalho não conseguiria fazer isso. Os defensores desse ponto de vista anti-imigração argumentam que uma empresa estrangeira pode investir em um determinado país, introduzir ali uma nova forma de organização do trabalho, talvez até mesmo substituir alguns tipos de trabalhadores e contratar outros, mas que isso — qualquer que seja a quantidade de empresas que entrem ali — não mexeria nas principais características culturais ou institucionais da sociedade. Essa posição, porém, pode ser contestada. Muitas vezes, uma nova tecnologia promove alterações perturbadoras em termos sociais: não só determinadas qualificações profissionais se tornam redundantes, como uma mudança que poderia parecer ser para melhor terá muitos efeitos colaterais, alguns dos quais claramente negativos. Empresas estrangeiras podem ser menos hierárquicas ou mais abertas à contratação e à não discriminação de mulheres ou homossexuais, por exemplo. Enquanto muitos veriam tais avanços como algo desejável, a população nativa poderia vê-los como algo que vai de encontro ao seu modo de vida e seus valores. O importante, aqui, é lembrar aos que atribuem efeitos socialmente perturbadores apenas à migração da força de trabalho que a migração do capital também pode produzir efeitos igualmente perturbadores.

Ainda assim, poderia ser verdade que a movimentação da força de trabalho seja *mais* perturbadora do que a do capital. Esse é, de fato, o último e mais importante argumento levantado pelos que se opõem à migração. Grandes influxos de trabalhadores estrangeiros cujos costumes culturais, línguas, comportamento e a confiança em relação a desconhecidos, por exemplo, são muito diferentes dos valores da população nativa podem levar a uma insatisfação de ambos os lados (nativos e imigrantes), a conflitos sociais, a uma perda de confiança e, em última instância, a uma guerra civil.

George Borjas (2015) acredita que os emigrantes de países pobres carregam consigo os sistemas de valores de seus países. Esses sistemas seriam fortemente hostis ao desenvolvimento (é por isso que seus países são pobres, na sua visão), e os imigrantes, ao entrarem em um país rico trazendo na bagagem esses modos inferiores de comportamento, prejudicariam as instituições dos países ricos que são necessárias para o crescimento. Os migrantes, segundo esse ponto de vista, seriam como cupins: destroem as estruturas. Seria, portanto, razoável impedir que continuassem a fazê-lo. Cabe observar que a posição adotada por Borjas contradiz absolutamente a experiência histórica da América, tanto factualmente quanto em termos do espírito da frase *"Give your tired, your poor, your huddled masses yearning to* *breathe free*".* Se o raciocínio de Borjas estivesse correto, essas massas "cansadas e pobres" já teriam atrapalhado a prosperidade dos Estados Unidos muitos e muitos anos atrás.

Mas existem exemplos históricos que sustentam a visão de pessoas que pensam como Borjas. Quando sofreram a invasão dos hunos, no começo do século IV, os godos imploraram aos romanos para que estes lhes permitissem cruzar a *limes*, a fronteira militar, no Danúbio, e se estabelecessem no que hoje são os Bálcãs. Depois de muitas discussões, os romanos concordaram. Mas, ao mesmo tempo que permitiram a entrada dos godos, decidiram tirar proveito do seu desamparo e perpetraram uma série de atos ultrajantes: roubaram crianças dos godos, desapareceram com mulheres e escravizaram os homens. O que para os líderes do centro do Império que tomaram essa decisão parecia ter sido um gesto generoso acabou por se tornar, na prática, exatamente o oposto. O resultado foi que os godos "refugiados", que receberam autorização para entrar no território dos romanos, passaram, então, a acalentar um ódio implacável contra o Império Romano, que os levou de início à rebelião e mais tarde a inúmeras batalhas, inclusive aquela que registrou a primeira morte de um imperador romano no campo de batalha e, ao final, o saque de Roma pelo líder dos godos, Alaric, em 410 (embora, na ocasião, Roma já não fosse a capital). Nesse caso, uma migração em larga escala e a mistura das populações se mostraram desastrosas. Exemplos parecidos podem ser lembrados ad infinitum, especialmente se olharmos (como devemos fazer) a conquista das Américas pelos europeus como um exemplo de migração, ou seja, de uma movimentação de pessoas em busca de uma vida melhor. Essa conquista representou uma catástrofe para as populações indígenas, que

---

* Em tradução livre: "Traga-me as suas massas cansadas, pobres e amontoadas, ansiosas por respirar livremente". Trata-se de um trecho do poema "The New Colossus", de Emma Lazarus (1849-87), inscrito na Estátua da Liberdade para expressar as boas-vindas por parte dos Estados Unidos aos imigrantes. [N.T.]

no início de seu contato com os migrantes europeus até os receberam, em vários casos, muito bem.

Esse argumento contrário à migração tem alguma validade. Uma mistura em larga escala de pessoas com culturas diferentes pode, em vez de levar a uma renda maior para todos, produzir choques e guerras capazes de piorar a situação de todos. Uma visão muito pessimista da natureza humana, que visse os traços culturais de seu próprio grupo como algo fundamental e muitas vezes incompatível com os traços culturais de outro grupo de pessoas, militaria, assim, em defesa de uma migração limitada ou igual a zero — ainda que essa migração pudesse ser ao final, do ponto de vista estritamente econômico, positiva para a população nativa. Mas, a longo prazo, de acordo com esse tipo de visão, autorizar a chegada de imigrantes poderia se mostrar desastroso.

4.1d. Conciliar as preocupações dos nativos e os anseios dos imigrantes

O reconhecimento de que o ponto de vista de que a migração é culturalmente perturbadora tem alguma validade, ou, se se quiser colocar de outra maneira, a constatação de que esse ponto de vista — seja ele válido ou não — é sustentado explícita ou implicitamente por muitas pessoas me leva a propor uma abordagem alternativa (e decerto polêmica) sobre a migração, sempre no contexto — cabe repetir — das grandes diferenças de renda média existentes entre os países, e portanto da existência de prêmios por cidadania bastante expressivos e que são usufruídos pelos habitantes dos países ricos.

O principal aspecto, o elemento determinante da consistência ou não de minha abordagem, é a seguinte afirmação: a população nativa provavelmente será tanto mais propensa a aceitar imigrantes quanto menos provável for que eles permaneçam no país para sempre e que usufruam de todos os benefícios de sua cidadania. Essa ideia introduz uma correlação negativa entre (1) a disposição de aceitar imigrantes e (2) a extensão dos direitos desses imigrantes. Olhemos mais detalhadamente para isso considerando, primeiro, uma situação oposta. Uma correlação positiva entre (1) e (2) é improvável. Implicaria que quanto mais direitos os nativos concedessem aos imigrantes, equalizando-os, em última instância, em termos de estatuto social, a todos os cidadãos, mais interessados esses mesmos nativos estariam em receber mais imigrantes. Não é impossível acreditar que os nativos possam ter interesse em integrar os estrangeiros o máximo possível, mas é muito improvável, acredito, que o fato de garantirem direitos integrais aos imigrantes signifique que os nativos queiram permitir que mais quantidades deles entrem no país. Uma condição desse tipo poderia ser imaginada apenas onde a chegada de uma grande quantidade de pessoas fosse vista como desesperadamente necessária, digamos, por causa de alguma ameaça externa, ou onde os imigrantes pertencessem a um determinado grupo que a classe dominante acreditasse que seria útil aumentar em seu país. (Este último caso ocorreu em alguns países da América Latina e do Caribe, que estimularam a imigração de europeus com a finalidade de diminuir a parcela de indígenas ou de negros no conjunto de suas populações.) Mas uma correlação positiva entre os dois elementos é, de longe, muito improvável — e, com exceção de alguns casos específicos em que um determinado tipo de migrante desempenhou alguma função preestabelecida, nem mesmo os países mais abertos jamais vivenciaram isso. Assim, o melhor que podemos esperar, nessa questão, é que os nativos consigam ter uma visão clara de quantos imigrantes eles gostariam de admitir, independentemente de quantos direitos esses imigrantes teriam ou não no país. Nesse caso, os fatores (1) e (2) formariam um gráfico ortogonal entre si; estaríamos falando de uma situação em que se estabeleceriam "lotes de imigrantes": uma quantidade fixa de migrantes — que poderia também ser igual a zero — que os nativos se disporiam a admitir sob qualquer circunstância.

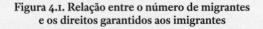

Figura 4.1. Relação entre o número de migrantes e os direitos garantidos aos imigrantes

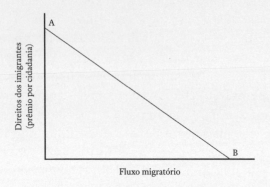

O gráfico mostra que quando são muito poucos os direitos garantidos aos imigrantes os nativos podem estar mais dispostos a aceitá-los em maior número.

Mas, a não ser que se apoie a ideia dos "lotes de imigrantes" (de tal modo que a quantidade de incentivos não mudaria a visão dos nativos sobre a migração), parece razoável acreditar que há um tipo de curva de demanda por imigrantes na qual, quanto maior for o custo desses imigrantes — em termos de direitos e de compartilhamento do prêmio pela cidadania que poderiam receber —, menor será a demanda por eles. Essa relação está expressa na Figura 4.1.

Pense, agora, nos dois extremos dessa relação. Em um deles, todos os imigrantes, ao chegarem ao país, passariam a ter exatamente os mesmos direitos e deveres de seus cidadãos. Imagine que lhes fossem dados, assim que colocassem os pés no novo país, carteira de identidade e passaporte, acesso a pensões, às transferências públicas de renda, proteção no trabalho, direito de voto, assistência à saúde, habitação e ensino público gratuito. Podemos presumir que, se a política de migração fosse essa, os nativos tenderiam a aceitar poucos imigrantes. É por isso que o ponto próximo de uma aceitação zero de imigrantes por parte dos nativos corresponde à posição de direitos totais e absolutos (Figura 4.1, ponto A). O extremo oposto seria quando os imigrantes recebessem pouquíssimos direitos: não teriam acesso ao ensino gratuito, aos benefícios sociais, à seguridade social, ou não poderiam trazer suas famílias, ou ainda, como sugeriu Richard Freeman (2006), estariam sujeitos a uma tributação mais alta do que os nativos (já que os benefícios de que usufruiriam com a migração seriam muito evidentes). Suponho que, nesse caso, os nativos seriam mais propensos a aceitar mais migrantes do que no caso do primeiro ponto extremo, ou seja, que o valor na linha horizontal da Figura 4.1 seria maior (ponto B).

Esses dois casos ilustram minha suposição de que existe uma correlação negativa entre a disposição de aceitar imigrantes e a extensão dos direitos desses imigrantes. Os dois pontos extremos (A e B), com efeito, bastam para que haja uma correlação negativa (assumindo-se que essa relação seja contínua e monotônica). Podemos traçar uma linha (a curva de "demanda") conectando os dois pontos. Dependendo das circunstâncias particulares de cada país, da extensão do leque de direitos que proporciona, da história de sua relação com a migração ou da generosidade da população local, a trajetória declinante que une os dois pontos extremos pode adquirir diferentes formatos. Pode ser íngreme ou plana; pode haver momentos em que seja quase plana e outros em que decline de forma abrupta. Mas a relação essencial, de declive, é fixa, e caberia a cada país, individualmente, escolher o seu ponto nessa curva de demanda.

A relação aqui sugerida pode contemplar uma ampla variedade de cenários relativos ao tratamento dado aos imigrantes e seu fluxo de entrada nos países. No caso de um tratamento menos vantajoso para os imigrantes, pode-se imaginar um sistema de migração circular, em que a um migrante seria permitido permanecer no país por apenas algum tempo — por exemplo, quatro ou cinco anos —, sem sua família, podendo trabalhar apenas para um empregador. Seus direitos trabalhistas seriam os mesmos dos trabalhadores nativos (salários, seguro contra acidentes e de saúde, sindicalização, e assim por diante), mas ele não teria nenhum direito cívico. Não teria direito a nenhum benefício social que não fosse relacionado ao seu trabalho, tampouco direito de voto. Em resumo, os imigrantes receberiam um prêmio por cidadania bastante diluído. Nesse que seria o pior cenário para eles, o sistema seria semelhante, excluindo-se os maus-tratos e as ameaças permanentes de agressão, ao que existe hoje nos países do Conselho de Cooperação dos Estados Árabes do Golfo e em Singapura, e ao de certos vistos concedidos no Reino Unido e nos Estados Unidos. Também seria possível a um país se mover ao longo da curva e oferecer mais direitos; no limite, seria outorgada aos imigrantes uma igualdade total com os cidadãos nascidos no país de acolhimento.

A vantagem de pensar na questão da migração nesses termos é não só que eles permitem uma flexibilidade na escolha da melhor estratégia para a migração, mas também, e mais importante, que eles previnem, ao possibilitar essa flexibilidade, contra a escolha da pior opção, que seria a de uma migração equivalente a zero. Se classifico essa migração zero como a pior opção, é de modo deliberado, pois, comparada com qualquer outra alternativa, ela seria pior tanto para os migrantes quanto para amplos segmentos da população nativa (aqueles cuja qualificação profissional é complementar à dos migrantes ou que se beneficiariam dos custos menores de produção de mercadorias e serviços produzidos por imigrantes), bem como para a pobreza e para a desigualdade global. Proporcionar direitos diferentes para categorias distintas de residentes é um caminho para combater esse pior cenário. Não é uma solução ideal.

Se o mundo fosse organizado de outra maneira (por exemplo, não em Estados-nações), se as culturas dos povos fossem homogêneas, se as diferenças entre as rendas médias dos países fossem pequenas, se as pessoas fossem sempre gentis e pacíficas, sem dúvida seria possível fazer algo melhor. Mas, como nada disso é verdadeiro, precisamos de uma solução realista que leve em consideração o mundo e as opiniões das pessoas tais como são e que, reconhecendo essas limitações, construa uma saída viável.

Como mencionei acima, tratar de maneira diferente cada uma das diversas categorias de residentes já é uma realidade em muitos países. Os vistos de residência permitem que pessoas morem e trabalhem nos países de acolhimento sem usufruir de toda a gama de direitos civis ali vigentes. Nos Estados Unidos, o sistema de direitos e deveres já é segmentado. Subcidadãos como os imigrantes sem documentos, cujo total é estimado em mais de 10 milhões de pessoas, ou algo entre 3% e 4% da população, não têm direito aos benefícios sociais e costumam enfrentar obstáculos para ter acesso ao ensino gratuito, ou simplesmente não têm direito a ele em alguns estados ou em certas escolas públicas; têm uma possibilidade muito restrita de escolha de empregos (apenas aquelas funções que não requerem documentação completa); e vivem sob a ameaça permanente de deportação. Não podem viajar para fora dos Estados Unidos (o que torna sua situação semelhante à dos cidadãos do antigo bloco do Leste Europeu). Aceitam, no entanto, essas rígidas limitações em seus direitos e liberdades, assim como um estatuto social inferior se comparado ao da população nativa, por causa dos ganhos que obtêm em sua renda, da violência menor e do melhor tratamento em comparação com aquele que experimentariam em seu país de origem, assim como por causa da expectativa de que seus filhos não tenham direitos tão limitados como os deles. Categorias superiores a essa dos imigrantes sem documento incluem pessoas com diferentes tipos de vistos temporários, que têm permissão para permanecer nos Estados Unidos apenas por certo número de anos e trabalhar para um empregador específico. Os portadores do *green card* são, em termos de possibilidades de emprego e de tributação, equivalentes aos cidadãos norte-americanos, mas não têm o direito de voto (e, por isso, não podem influenciar na política fiscal ou em qualquer outra política nacional). Vemos, assim, nesses exemplos, que já existem condições variáveis, algumas delas tendo avançado de forma sub-reptícia, e diversos graus de pertencimento em um campo que, em tese, admitiria apenas uma diferenciação binária entre cidadãos e não cidadãos. Muitas dessas formas de tratamento representam acomodações diante da globalização e de um mundo não autárquico, onde a divisão absoluta entre cidadãos e não cidadãos que havia no século XX não se sustenta mais.

Flexibilidade na escolha do ponto mais adequado da curva de demanda de imigrantes não significa flexibilidade na aplicação das leis. Na verdade, o que ocorre é o contrário. Para que o sistema de migração circular funcione, é preciso que os canais legais de migração permaneçam abertos. Mas, ao mesmo tempo, todos os canais ilegais de migração precisam ser fechados. Se não o forem, uma escolha ponderada do ponto ideal da curva da demanda se tornará irreal e o nível verdadeiro de migração poderá exceder o nível ideal escolhido. Com isso, o perigo de uma reação adversa seria muito grave. Se um país é visto como incapaz de aplicar as leis, seus eleitores podem decidir que a única solução sensata é a imigração zero. Para que o sistema funcione, portanto, a flexibilidade na escolha do nível ideal de imigração deve conviver com reduções por vezes impiedosas do excesso de imigrantes.

Mas essas propostas, que defendem um tratamento na prática diferenciado para os imigrantes, também têm desvantagens. A mais séria delas é, provavelmente, a criação de uma subclasse que, mesmo não sendo composta sempre dos mesmos indivíduos (no caso da migração circular), existiria sem jamais ser absorvida pela comunidade nativa. É possível imaginar que isso levaria à formação de guetos locais, à alta criminalidade e a um sentimento geral de alienação em relação à população nativa (e vice-versa). O problema da constituição de guetos pode ser menos grave do que parece à primeira vista, já que imigrantes mais qualificados e mais bem remunerados se misturariam com mais facilidade com as populações nativas, mas é improvável que o estigma e os problemas de exclusão possam ser eliminados totalmente. Também seria necessário um programa rígido e possivelmente agressivo para forçar a saída das pessoas quando os seus períodos de permanência estivessem vencidos, além de enormes mudanças nos países que não possuem um documento de identidade nacional.

Essa preocupação nos remete ao problema de como assegurar a estabilidade social em uma sociedade tão diversa e de certa forma desarticulada na qual os imigrantes podem se tornar uma classe à parte. É provável que, quanto mais esses imigrantes forem diversificados em termos de formação e renda, menos serão vistos como uma classe à parte — talvez venham a ser como os portadores do *green card* nos Estados Unidos hoje, que não são vistos como integrantes de um grupo distinto justamente por serem pessoas com níveis diversos de formação, qualificação e também de culturas variadas. Diferenças de qualificação, tipo de trabalho e renda média implicariam que eles não iriam viver segregados em áreas geográficas comuns (longe dos nativos), e as diferenças existentes entre eles em relação à origem étnica, por outro lado, impediriam também a formação de um grupo fisicamente identificável ou cujos membros tivessem muito a ver uns com os outros.

Ao pensar nas desvantagens da solução aqui proposta, não devemos considerá-las apenas em si mesmas. Temos de enxergá-las também em contraposição a ideias alternativas, como, por exemplo, a de que uma ajuda maior por parte dos países ricos aos países pobres poderia ser um caminho para prevenir a emigração. Contra isso, cabe observar que até hoje essa ajuda trouxe frutos muito limitados e que, ainda que isso viesse a mudar, esse tipo de abordagem levaria muito tempo para resolver o problema central das enormes diferenças de níveis de renda entre os países, permanecendo em vigor, assim, o estímulo à emigração.[10] Por consequência, a alternativa a um cardápio flexível de direitos de cidadania seria voltar de novo para a solução da migração zero, o que significaria erguer muros na Europa e na América, com muito mais mortes ao longo das fronteiras entre essas duas regiões ricas e seus vizinhos mais pobres do Sul. Desfecho nada desejável, fosse qual fosse o caminho.

Passemos agora para a questão da mobilidade do capital nas condições da globalização.

4.2. Capital: As cadeias globais de valores

A cadeia global de valor, forma de organização da produção em que diferentes etapas dessa produção se realizam em diferentes países, talvez seja a inovação organizacional mais importante desta era da globalização. As cadeias globais de valores se tornaram possíveis devido tanto à capacidade tecnológica de se controlar com eficácia o processo de produção a partir de lugares distantes quanto ao respeito global aos direitos de propriedade.

No passado, a ausência desses dois elementos limitava a expansão do capital externo. Há quase 250 anos, Adam Smith observou que os detentores do capital preferiam investir perto de onde viviam, pois, dessa maneira, podiam ficar de olho na produção e na forma como sua empresa era gerenciada (*A riqueza das nações*, livro 4, cap. 2). Até a revolução da tecnologia da informação e da comunicação (TIC), que tornou possível que uma pessoa tenha controle estrito sobre um processo de produção efetivado a milhares de quilômetros de onde ela está, a rejeição de Smith à possibilidade de um capital globalizado era vista como verdadeira.

A segunda mudança mais importante é a proteção global dos direitos de propriedade. A primeira era da globalização, que ocorreu grosso modo de 1870 a 1914, era emperrada pela ausência de garantias de que a propriedade de uma pessoa estaria protegida contra abusos ou nacionalizações em outros países. A "solução" encontrada para isso foram o imperialismo e o colonialismo. As nações exportadoras de capital ou conquistavam outros países ou criavam condições para garantir o controle das políticas econômicas de suas semicolônias, de modo que países como China, Egito, Tunísia ou Venezuela não tinham outra escolha senão proteger os direitos dos estrangeiros.[11] O mesmo papel que o colonialismo desempenhou nesses países é desempenhado hoje pelo Fundo Monetário Internacional (FMI), pela Agência Multilateral de Garantia de Investimentos, pelas centenas de acordos bilaterais de investimentos e outras instituições de governança global, que atuam como guardiãs para evitar nacionalizações e abusos contra a propriedade de estrangeiros. Quanto a essa questão, a globalização criou, assim, uma estrutura de governança própria.

As cadeias globais de valores redefiniram a forma como se dá o desenvolvimento econômico. Dizia-se, no passado, que a participação dos países em desenvolvimento na divisão internacional do trabalho era um fator contrário ao desenvolvimento desses países pelo menos em três sentidos, e que levaria ao "desenvolvimento do subdesenvolvimento", como escreveu André Günder Frank em um importante artigo publicado em 1966.

O primeiro sentido era de que, segundo a escola de pensamento da dependência (ou da Teoria da Dependência), os laços com o Norte envolviam apenas um número limitado de setores de exportação e deixavam de articular sistemas internos atrasados e adiantados de modo a empurrar os países para o caminho de um desenvolvimento sustentado.

Essa visão era complementada por um segundo argumento, chamado de "pessimismo da exportação", segundo o qual o Sul, em tais circunstâncias, jamais deixaria de ser apenas exportador de matérias-primas, com uma deterioração de seu comércio a longo prazo.

Por fim, Robert Allen (2011) defendeu recentemente a ideia de que o avanço tecnológico sempre ocorre seguindo a relação capital-trabalho do país mais desenvolvido de sua época. Por exemplo, a Grã-Bretanha, economia mais avançada em 1870, tinha interesse em introduzir novas formas de produção conforme a relação capital-trabalho (K/L) que o país conhecia então; de modo semelhante, a economia mais avançada da atualidade, ou seja, a dos Estados Unidos, é estimulada a inovar em técnicas de produção que possuam uma relação K/L muito elevada. Em geral, as economias avançadas não são incentivadas a inovar, com base nessa relação K/L, em algo que elas não produzem. (Ninguém nos Estados Unidos, por exemplo, gastaria dinheiro para encontrar uma forma melhor de fabricar um automóvel usando mais mão de obra humana do que robôs.) Isso implica que países mais pobres têm de lidar com uma tecnologia atrasada e com formas de funcionamento de dois séculos atrás, já que ninguém no mundo rico tem estímulo para melhorar a eficiência na produção com base nas suas relações de K/L. Em outras palavras, se de um lado os países tecnologicamente avançados não teriam interesse em encontrar formas mais eficientes de produção com base em taxas de K/L diferentes das que eles vivenciam, os países pobres, de outro lado, não possuiriam o know-how necessário para fazê-lo. Os países pobres caíam, dessa forma, segundo Allen, em uma armadilha da pobreza: para se desenvolver, precisavam incrementar sua produção, mas as tecnologias existentes no nível de suas taxas de K/L eram antiquadas e ineficientes.

Esse pessimismo em relação ao Sul caiu por terra diante da ascensão das cadeias globais de valores. Para se desenvolver nos dias de hoje, um país precisa não procurar se desvincular do mundo rico, mas sim estar incluído na cadeia ocidental de fornecimento de mercadorias. Um motivo essencial para isso é que investidores estrangeiros veem as cadeias globais de valores como parte dos próprios processos de produção: não é mais necessário "implorar" para que levem a outros países as tecnologias mais avançadas ou mais apropriadas. Agora eles se sentem estimulados a introduzir o avanço tecnológico mesmo sendo dentro do nível de remuneração e da relação K/L existentes nos próprios países pobres, afastando, assim, a armadilha da pobreza identificada por Allen. Apesar de enorme, a importância desta última mudança, tanto para a vida concreta quanto naquilo que tem de justificativa ideológica da globalização como um passo à frente no desenvolvimento dos países pobres, não deve ser superestimada.

Tais questões foram analisadas com muita habilidade por Richard Baldwin em seu livro *The Great Convergence* (2016). Para Baldwin, somente os países que conseguiram se inserir nas cadeias globais de fornecimento (ou de valores) foram bem-sucedidos em termos de aceleração em seu desenvolvimento. Esses países, segundo ele, são China, Coreia do Sul, Índia, Indonésia, Tailândia e Polônia; muitos outros (Bangladesh, Etiópia, Myanmar, Vietnã, Romênia) poderiam ser acrescentados a essa lista. No entanto, para entender por que eles se beneficiaram tanto da globalização, precisamos compreender em que a atual globalização se diferencia tecnicamente das globalizações anteriores, para além da proteção muito maior dos direitos de propriedade (graças aos tratados internacionais e aos mecanismos de aplicação das leis). São essas características novas e específicas da globalização que conferem tamanha importância às cadeias globais de valores.

Baldwin define três eras da globalização, caracterizadas cada uma por uma redução específica nos custos do transporte, sucessivamente, de (1) mercadorias, (2) comunicação e (3) pessoas.

As duas primeiras eras correspondem às duas globalizações que já mencionei aqui, enquanto a terceira tem a ver com o futuro. Seu argumento é o seguinte: quando o transporte de mercadorias era perigoso e caro, a produção e o consumo tinham de coincidir geograficamente — as comunidades consumiam aquilo que produziam. Até mesmo nas sociedades pré-modernas mais desenvolvidas, como no caso da Roma Antiga, o comércio se restringia ao trigo e a artigos de luxo. E Roma era uma exceção: na maioria das sociedades pré-modernas, o comércio era mínimo.

Veio então a Revolução Industrial, que fez cair os custos do transporte de mercadorias. Isso tornou possível o envio de mercadorias por via marítima para lugares distantes e gerou a primeira globalização, ou o "primeiro desmembramento", como diz Baldwin: as mercadorias eram produzidas "aqui" e consumidas "ali". Esse fenômeno propiciou a criação de praticamente todos os conceitos econômicos e as ferramentas intelectuais que utilizamos até hoje. O primeiro desmembramento gerou uma nova preocupação com as balanças comerciais de cada país, introduzindo, assim, o mercantilismo. Levou também a que se concentrasse na produção nacional de mercadorias em todas as suas etapas, bem como a uma visão do comércio como sendo o país A exportando uma mercadoria para o país B (e não a empresa A vendendo produtos para a empresa B, ou a empresa A vendendo artigos para sua subsidiária, que, por sua vez, vende tais artigos para a empresa B). Por fim, isso tudo nos legou uma teoria do crescimento que vê as nações progredindo da produção de alimentos para a produção manufatureira e, depois, para os serviços. Praticamente todas as ferramentas de análise da economia moderna encontram ainda hoje suas raízes na maneira como o primeiro desmembramento aconteceu.[12] As principais características da era do primeiro desmembramento são (1) comércio de mercadorias, (2) investimento estrangeiro direto (que, na ausência de formas de proteção dos direitos de propriedade em locais distantes, levou ao colonialismo) e (3) Estados-nações.

Hoje, naquilo que Baldwin chama de segundo desmembramento (e segunda globalização), esses três fatores principais mudaram. Agora o controle e a coordenação da produção são feitos "aqui", mas a produção concreta de mercadorias é feita "ali". Note a diferença: primeiro você separa produção e consumo, depois desmembra a própria produção.[13] O desmembramento da produção se tornou possível graças à revolução da TIC, que permitiu às empresas conceber e controlar processos a partir de um centro, distribuindo a produção por centenas de unidades próprias ou subcontratadas espalhadas pelo mundo. O custo reduzido do transporte de informação (basicamente a capacidade de coordenar e controlar independentemente das distâncias envolvidas) representa, para o segundo desmembramento, o que a redução dos custos do envio de mercadorias por via marítima representou para o primeiro. Agora os fatores principais são: (1) informação e controle (em vez de mercadorias), (2) instituições globais coercitivas (em vez do colonialismo) e (3) empresas (em vez de países).

Há outros aspectos que são próprios do segundo desmembramento. Primeiro, a relevância das instituições cresceu. Quando a globalização envolvia apenas a exportação de mercadorias, as instituições do país para onde essas mercadorias eram exportadas não tinham muita importância; sendo as instituições "dali" boas ou ruins, o exportador era pago do mesmo jeito.[14] No segundo desmembramento já não é assim. Com a produção deslocalizada, a qualidade das instituições, da infraestrutura e a situação política do país receptor têm enorme importância para o centro. Se projetos são roubados, se mercadorias são confiscadas, ou se as viagens das pessoas entre o centro e as unidades no exterior são dificultadas, toda a estrutura de produção da empresa entra em colapso. Para o centro, a qualidade das instituições onde suas unidades se encontram, no exterior, é quase tão importante quanto a qualidade das instituições locais. Isso significa que as instituições da periferia devem se moldar, aproximando-se o máximo possível das instituições existentes no centro, ou se integrar com elas o máximo possível, o que é exatamente oposto ao que pregava a Teoria da Dependência.

Segundo, o avanço tecnológico nas localidades do exterior tem um caráter totalmente diferente do que no passado. Enquanto no passado os países em desenvolvimento tinham muita dificuldade para convencer os investidores estrangeiros a compartilhar o seu know-how, hoje uma empresa sediada no centro (a empresa mãe) é incentivada a garantir o uso da melhor tecnologia em suas unidades no exterior, que se tornaram parte constitutiva da cadeia de produção do centro. Trata-se de uma mudança enorme: em vez de os países pobres tentarem estimular as empresas estrangeiras a transferir tecnologia, hoje o próprio dono dessa tecnologia tem interesse em transferir o máximo possível dela para as suas unidades no exterior.

Os sinais, num certo sentido, se inverteram: agora o país onde a empresa mãe está localizada é que procura impedir que essa empresa transfira sua melhor tecnologia para a periferia. Os ganhos com inovação obtidos pelos líderes de novas tecnologias acabam se espalhando longe do centro. Essa é uma das principais razões pelas quais os habitantes dos países ricos muitas vezes se queixam da terceirização (ou do desmembramento) para fora de suas fronteiras. Eles a criticam não só porque isso afeta os empregos locais, mas também porque os ganhos obtidos com a inovação são muitas vezes compartilhados mais com os trabalhadores de fora do que com os locais. Os ganhos com a nova tecnologia crescem para os empreendedores e os capitalistas do centro, mas também para os trabalhadores das regiões menos desenvolvidas onde se dá a produção terceirizada (ou deslocalizada). Um indicador desse processo é que essa terceirização tem sido especialmente intensa nas indústrias de alta tecnologia. Em um estudo sobre oito economias avançadas (Japão, Dinamarca, Finlândia, Alemanha, Itália, Holanda, Reino Unido e Estados Unidos), Bournakis, Vecchi e Venturini (2018) registram que a terceirização da produção no exterior por parte de empresas de alta tecnologia cresceu de 14% do valor agregado no fim dos anos 1990 (nível no qual vinha se mantendo desde o começo daquela década) para cerca de 18% em 2006. No caso de empresas de baixa tecnologia, a terceirização no exterior permaneceu estável, em torno de 8% do valor agregado. Quem não se beneficiou com esse processo foram os trabalhadores dos países ricos. Essa mudança é também uma das principais razões pelas quais a atual globalização é acompanhada de uma perda do poder de barganha da força de trabalho nos países ricos e de uma estagnação dos salários dos trabalhadores menos qualificados (ou pelo menos daqueles que podem ser substituídos sem dificuldades por estrangeiros). Isso explica também as recentes tentativas, no mundo desenvolvido, de fazer retroceder a globalização. E, o mais importante, está na origem de uma espécie de coalizão tácita que se formou, em nível global, entre os ricos dos países ricos e os pobres dos países pobres.

O segundo desmembramento também provocou uma mudança fundamental em nossa visão de que o desenvolvimento avança de forma ordenada, por meio de etapas predeterminadas. Segundo essa visão antiquada, surgida com base na maneira como a Inglaterra e depois os Estados Unidos e o Japão se desenvolveram, os países passavam por uma etapa de substituição das importações por meio de tarifas protecionistas expressivas, depois desenvolviam a exportação de produtos manufaturados simples, e mais adiante, aos poucos, passavam a produzir artigos mais sofisticados de maior valor agregado. Essa era a ideia subjacente à maior parte das políticas de desenvolvimento entre os anos 1950 e 1980. Coreia do Sul, Brasil e Turquia constituíam os melhores exemplos de países que adotavam tais políticas. Nos anos 1990, com a segunda globalização, as coisas mudaram. O que se tornou crucial para o sucesso dos países em desenvolvimento já não é se desenvolver passando por diferentes etapas predeterminadas usando políticas econômicas próprias, mas sim integrar a cadeia global de suprimentos organizada a partir do centro (o Norte). Mais do que isso, não apenas avançar para estágios econômicos com valor agregado mais alto ao copiar o que os países mais ricos fazem, mas também, como no caso da China hoje, tornarem-se, eles próprios, líderes em tecnologia. O segundo desmembramento tornou possível saltar etapas vistas antes como necessárias. Ainda muito recentemente, nos anos 1980, era impensável que países então esmagadoramente pobres e rurais, como a Índia e a China, se tornassem, no espaço de duas ou três gerações, líderes em tecnologia, nem que pudessem chegar muito próximos de produzir aquilo que de mais avançado existe em alguns campos. Graças a sua inserção na cadeia global de suprimentos, isso se tornou realidade.

    A melhor maneira de interpretar o êxito da Ásia em nossos dias não é vendo China, Índia, Indonésia, Tailândia, entre outros, como se fossem versões atualizadas da Coreia do Sul. Esses países são pioneiros de uma nova trajetória de desenvolvimento que, por meio da integração de uma determinada economia com o mundo desenvolvido, salta várias etapas tecnológicas e institucionais. Os países mais exitosos na segunda globalização são aqueles que, devido a fatores institucionais, à qualificação e ao custo de sua força de trabalho, além de sua proximidade geográfica com o Norte, conseguem se tornar parte constitutiva da economia do Norte. Esse padrão inverte o velho paradigma da Teoria da Dependência, segundo o qual o caminho para o desenvolvimento passaria por se desvincular daquela economia. Ao contrário: o que permitiu à Ásia realizar a travessia de uma situação de pobreza absoluta para uma situação de média renda em um curto espaço de tempo foi justamente o desenvolvimento desse vínculo. *Esse vínculo tecnológico e institucional está na origem da expansão do capitalismo para o resto do mundo e de seu atual predomínio global.* A segunda globalização e o predomínio do capitalismo, portanto, caminham juntos.

O que será a terceira globalização, segundo Baldwin? O derradeiro desmembramento (pelo menos da perspectiva que temos hoje) virá quando a força de trabalho tiver a possibilidade de se mover pelo mundo sem obstáculos. Isso acontecerá quando os custos do deslocamento de mão de obra ou do trabalho à distância forem menores. Para operações que requerem a presença física de uma pessoa, o custo de transferir temporariamente essa pessoa para outro lugar ainda é elevado. Mas, se a necessidade da presença física de um trabalhador for solucionada por meio de um controle exercido remotamente, como já vemos hoje quando médicos realizam cirurgias remotamente com o uso de robôs, então o trabalho também poderá ser globalizado. O terceiro desmembramento, o da força de trabalho (como elemento do processo de produção) em relação à sua localização física, nos levará a pensarmos de forma muito diferente sobre migração e mercado de trabalho: se tarefas que hoje requerem a presença física de um trabalhador forem executadas remotamente por uma pessoa a partir de qualquer lugar do mundo, a migração de mão de obra poderá perder muito de sua relevância. Como resultado desse terceiro desmembramento, poderemos chegar a um mercado de trabalho global que reproduzirá a maneira como o mundo pareceria se não houvesse nenhuma restrição à migração — mas sem nenhuma movimentação real de pessoas.[15]

Talvez o insight mais importante produzido a partir da visão das globalizações de Baldwin como sendo uma sucessão de desmembramentos seja que ela nos permite enxergar o avanço econômico dos últimos dois séculos como uma continuidade proporcionada por sucessivas facilitações para o movimento de produtos, informação e, por último, pessoas. Ela nos traz também traços de uma utopia (ou, talvez, de uma distopia), em que tudo poderia se mover mundo afora quase instantaneamente e sem obstáculos. Seria a vitória definitiva contra as sujeições a tempo e lugar.

Mas o terceiro grande desmembramento ainda não chegou. Portanto, ainda vivemos em um mundo em que a força de trabalho precisa se mover fisicamente para o lugar onde o trabalho se realiza e em que os ganhos por uma mesma unidade de trabalho continuam a variar enormemente dependendo de onde esse trabalho é feito. Em outras palavras, ainda lidamos, hoje, com um mundo onde, como ficou demonstrando na última seção, os incentivos à migração são enormes e no qual a migração da força de trabalho constitui uma grande questão.

Veremos a seguir as implicações da movimentação do capital e do trabalho na viabilidade do estado de bem-estar — ampliando, assim, a discussão tratada no capítulo 2.

4.3. Estado de bem-estar: Um sobrevivente

A existência da renda por cidadania e, em decorrência disso, o fato de a cidadania ser um ativo decorrem de três vantagens que ela confere ao seu portador: (a) um conjunto de oportunidades econômicas muito maior, que se refletem em salários maiores e empregos mais interessantes; (b) o direito de usufruir de um leque de preciosos benefícios sociais; e (c) alguns direitos não financeiros vinculados a certas instituições (por exemplo, direito a um julgamento imparcial e tratamento não discriminatório). O item (a) não é novo, embora tenha se tornado mais evidente. Ao longo da história, desde que se tem conhecimento, as comunidades sempre se diferenciaram em relação à remuneração e às oportunidades que ofereciam a seus cidadãos. Roma e Alexandria, por exemplo, viviam cheias de não nativos que haviam se mudado para lá em busca de empregos mais bem remunerados e melhores perspectivas de mobilidade ascendente. No entanto, a diferença entre sociedades ricas e sociedades pobres nunca foi tão grande como hoje. O item (c) também não é novo:

ameaçado de tortura, o apóstolo cristão Paulo exclamou: "*Ego sum Romanus ciis*" (Sou cidadão romano), o que, em princípio, o protegeria contra um tratamento como aquele — como de fato aconteceu no caso de Paulo.

Mas o item (b) — ganhos econômicos decorrentes da existência do estado de bem-estar — é novo, porque o estado de bem-estar é, ele próprio, uma construção moderna. Considerando que o estado de bem-estar sempre se baseou abertamente na ideia de cidadania — em parte como uma forma de superar o conflito interno entre capital e trabalho —, é bastante normal que a cidadania se torne o critério preponderante para receber as transferências sociais organizadas pelo Estado. O Estado-nação, o estado de bem-estar e a cidadania passam a estar, assim, inextricavelmente vinculados. Mais do que isso, o estado de bem-estar, sobretudo na Escandinávia, foi instituído tendo como premissa a homogeneidade cultural e, muitas vezes, étnica. E essa homogeneidade tinha duas funções: garantir que as normas de comportamento, essenciais para a sustentabilidade do estado de bem-estar, fossem as mesmas na maior parte dos setores da população, e realçar a ideia de unidade nacional, amenizando, desse modo, a intensidade dos conflitos de classe.

Na era globalizada em que vivemos, um conflito emergiu de forma clara entre o estado de bem-estar, ao qual se tem acesso com a cidadania, e a livre movimentação da força de trabalho. O fato de o estado de bem-estar beneficiar apenas os cidadãos e fazer parte, portanto, de sua renda por cidadania (em alguns casos, sendo parte fundamental dela) só pode criar uma tensão com a movimentação livre da força de trabalho. Se os imigrantes tiverem cidadania garantida de forma mais ou menos automática, isso implicará uma diluição da renda recebida pelos que já são cidadãos. A existência do estado de bem-estar não é, a longo prazo, compatível com uma globalização plena que inclua a livre movimentação da força de trabalho. Como vimos, a renda por cidadania só ocorre devido a uma restrição imposta de facto à migração por aqueles que já são cidadãos (algo análogo às restrições comerciais impostas pelos monopólios). Essas restrições são aplicadas para preservar o item (a) da renda (salários maiores), mas também o item (b) benefícios do estado de bem-estar. O item (c), por se tratar de algo público, é talvez, do ponto de vista dos que já são cidadãos, menos importante, já que pode ser compartilhado com outros a um custo relativamente baixo.

As grandes diferenças existentes entre os países nos casos desses três itens (a, b e c) geram prêmios ou punições por cidadania bastante elevados, o que leva, por sua vez, à implantação de políticas mais restritivas em relação à livre movimentação da força de trabalho. A divergência entre as rendas médias de cada país prevalecente ao longo da maior parte do século XX (isto é, quando os países ricos cresceram em termos per capita mais rapidamente do que os países pobres) e a existência do estado de bem-estar são responsáveis por atitudes muito menos tolerantes em relação à mobilidade da força de trabalho nos países de acolhimento. Um prêmio por cidadania maior e a adoção de políticas anti-imigração são dois lados de uma mesma moeda. Um não existe sem o outro. Isso nos leva à conclusão (já discutida na seção 4.1) de que, para que a globalização da força de trabalho deixe de ser uma questão política, ou as distâncias entre as rendas nacionais terão de diminuir (com os países pobres alcançando a dos ricos), ou o estado de bem-estar existente no mundo rico terá de ser desmantelado ou reduzido fortemente, ou os imigrantes terão de ter muito menos direitos do que os nativos. Se consideramos a liberdade de movimentação da força de trabalho como algo desejável por incrementar a renda global e as rendas dos migrantes, reduzindo assim a pobreza no mundo, devemos concluir, seguindo o mesmo raciocínio, que um dos maiores obstáculos para esse desenvolvimento positivo é o estado de bem-estar existente nos países ricos. No entanto, avançando ainda mais no mesmo raciocínio, como é improvável que o estado de bem-estar seja reduzido ou desfeito, pois haveria uma grande resistência política contra o seu desmantelamento, já que este derrubaria a maior parte dos avanços conquistados por cidadãos e trabalhadores dos países ricos, somos levados então a pensar em propostas que restrinjam os direitos econômicos dos migrantes.[16]

Uma das consequências políticas do elo bastante estreito existente entre estado de bem-estar e cidadania é o posicionamento antiglobalização de alguns partidos de esquerda (como o La France Insoumise, na França, e os Social-Democratas na Dinamarca, na Áustria, na Holanda e na Suécia). Esses partidos são contrários tanto à saída de capital (já que a terceirização da produção e os investimentos nos países pobres destroem postos de trabalho nos países ricos, ainda que possam criar muito mais postos em outros lugares) quanto à migração. Esses partidos de esquerda, que desempenharam um papel central na criação do estado de bem-estar, encontram-se, assim, na posição aparentemente paradoxal de serem ao mesmo tempo nacionalistas e antinacionalistas, rompendo com a longa tradição internacionalista do socialismo. Essa mudança de atitude provém de alterações nas condições econômicas subjacentes ocorridas nos últimos 150 anos: afastamento em relação a qualquer homogeneidade nas condições econômicas das populações pobres, independentemente de seus países; e a construção de estados de bem-estar complexos e abrangentes no mundo rico. A mudança na linha política dos partidos de esquerda não é, portanto, acidental, mas uma resposta a tendências de longo prazo. Os partidos de esquerda ou social-democratas possuem uma base relativamente bem definida de trabalhadores dos setores industrial e público, cujos empregos se encontram ameaçados pela livre movimentação tanto do capital quanto do trabalho. Ao abandonar objetivamente a tradição do internacionalismo, esses partidos se tornam mais parecidos, e politicamente mais próximos, dos partidos de direita com os quais com frequência compartilham (como ocorre na França) um mesmo espaço político e os mesmos eleitores. Resquícios de internacionalismo ainda podem ser vistos, porém, nas ações políticas dos partidos de esquerda contra a discriminação, e cujos beneficiários são os imigrantes que já vivem nos países de acolhimento. Os eleitores desses partidos, assim, expressam uma atitude, de certa forma esquizofrênica, de apoiar os direitos dos imigrantes que conseguem permanecer no país, ao mesmo tempo que se opõem a novas entradas de imigrantes e à alocação de mais capital no exterior para gerar empregos para pessoas mais pobres do que eles mesmos.

Concluo esta seção abordando um problema de ordem mais filosófica que está por trás da discussão sobre a imigração. A existência da renda por cidadania pressupõe uma evidente desigualdade de oportunidades em escala mundial: dois indivíduos idênticos, um nascido em um país pobre e o outro em um país rico, terão direito a fluxos de rendimentos muito desiguais ao longo da vida. Trata-se de um fato óbvio, mas suas implicações ainda não foram devidamente aprofundadas. Se compararmos a situação desses dois indivíduos nascidos em dois países distintos com a de dois indivíduos nascidos no mesmo país, porém um de pais pobres e o outro de pais ricos, observamos que no último caso há certa preocupação com a desigualdade de oportunidades e uma crença muitas vezes compartilhada pela maioria dos cidadãos desse país de que essas desigualdades existentes já no ponto de partida deveriam ser corrigidas. Tal preocupação, porém, não parece existir em relação ao primeiro caso. A obra de John Rawls traz um exemplo perfeito dessa discrepância ou inconsistência. Em seu livro *A Theory of Justice*, ele atribui um lugar de grande importância às desigualdades internas dos países e defende a ideia de que as desigualdades entre pessoas nascidas de pais pobres ou ricos precisam ser atenuadas ou eliminadas. Mas, quando se volta para a arena internacional, em *The Law of Peoples*, Rawls ignora completamente as desigualdades existentes entre as pessoas nascidas nos países ricos e as nascidas nos países pobres. No entanto, nas palavras de Josiah Stamp (1926), escritas há quase cem anos, "podemos focar na herança individual, mas esta não pode estar totalmente dissociada dos aspectos comunitários. Quando [uma pessoa] vem ao mundo, precisa, enquanto unidade econômica, se agarrar a dois tipos de suporte, quais sejam: aquilo que herda individualmente dos pais e aquilo que herda socialmente da sociedade existente, e o princípio da herança individual está presente em ambos os casos".

A desigualdade global de oportunidades, em geral, não é vista como um problema, muito menos como um problema que exige solução. Internamente, nos Estados-nações, muitas pessoas veem a transmissão intergeracional da riqueza obtida pela família como algo condenável; mas, entre as nações, a transmissão intergeracional da riqueza adquirida coletivamente não é considerada objeto de preocupação. Isso é interessante, porque os vínculos dos indivíduos com suas famílias são mais próximos do que seus vínculos com a comunidade como um todo, e se poderia pensar, assim, que a transmissão da riqueza familiar de uma geração para outra seria vista como menos condenável do que a transmissão da riqueza de uma sociedade de uma geração para outra, ambas compostas de indivíduos que não são parentes. A razão pela qual isso não acontece parece estar numa diferença crucial, a saber: no primeiro caso, em que a transmissão intergeracional de riqueza ocorre dentro da mesma comunidade, os indivíduos podem comparar sua situação com a dos outros sem muita dificuldade, e se sentirem, assim, injustiçados; no outro caso, a desigualdade é internacional, e as pessoas não podem se comparar umas com as outras com muita facilidade, ou talvez nem se interessem por isso (ou pelo menos os ricos não se interessam por isso). Como observou Aristóteles, muitas vezes a distância torna as pessoas indiferentes à sorte dos outros — talvez por não os verem como seus pares, com quem possam comparar sua renda ou sua riqueza.[17] Pertencer formalmente a uma comunidade (cidadania) é central para explicar essas diferenças. A questão básica foi definida com extrema clareza por Adam Smith em *Teoria dos sentimentos morais*: "Na vasta sociedade humana [...] a prosperidade da França [devido ao seu número maior de habitantes] deveria aparecer como um objeto de importância muito maior do que a da Grã-Bretanha. No entanto, um britânico que, a partir dessas contas, mostrasse em todos os momentos preferir a prosperidade do primeiro país à do segundo não seria visto como um bom cidadão da Grã-Bretanha" (cap. 2, parte 6).

Somos levados pelo nosso velho costume do "nacionalismo metodológico", em que estudamos fundamentalmente certos fenômenos internos de um determinado país, a uma posição em que a igualdade de oportunidades parece se aplicar, e ser estudada, apenas dentro do Estado-nação. A desigualdade global de oportunidades é esquecida ou ignorada. Essa posição pode até ter sido razoável, filosófica e praticamente, no passado, quando o conhecimento sobre as diferenças entre os países era vago e a desigualdade de oportunidades não era abordada nem mesmo dentro de casa. Mas, agora, essa posição talvez não seja tão razoável. Cosmopolitas e nacionalistas vão, sem dúvida, divergir sobre o tema. Mas precisamos colocar essa questão em pauta também em termos econômicos e discuti-la em relação à imigração, que é a sua expressão mais visível.

4.4. A corrupção mundial

Creio haver um sentimento generalizado de que, na maior parte dos países, a corrupção é maior hoje do que foi trinta anos antes.[18] Mas, se medimos a corrupção pelo número de casos revelados, essa impressão pode se mostrar enganosa. Poderia estar acontecendo de a capacidade de controlar a corrupção e punir os criminosos ter aumentado, mais do que a própria corrupção. Ou, alternativamente, poderia ser que a nossa sensação de crescimento da corrupção no mundo todo decorra do fato de que dispomos de muito mais informação agora do que no passado, não só sobre a corrupção local, mas também sobre a corrupção que acontece em várias partes do mundo. Nenhuma dessas possibilidades pode ser descartada. No caso da primeira, não dispomos de dados confiáveis sobre a aplicação das leis ao longo do tempo, e, mesmo que dispuséssemos, um crescimento no número de casos de corrupção levados à Justiça talvez não nos dissesse quase nada a respeito da magnitude da corrupção ou da intensidade da aplicação da lei. Isso ocorre porque a extensão da corrupção (o denominador que gostaríamos de ter ao avaliar se a aplicação da lei aumentou ou não) é, por definição, desconhecida. Ficaríamos sabendo apenas dos casos de corrupção levados aos tribunais, não da verdadeira dimensão do fenômeno.

Essa lacuna de conhecimento pode ser remediada, em certa medida, com o uso de indicadores baseados em pesquisas feitas junto a especialistas sobre sua opinião a respeito da prevalência da corrupção, como o Índice de Percepção da Corrupção, da Transparência Internacional, e os Indicadores de Governança Mundial, do Banco Mundial. Não são levantamentos sobre a corrupção em si, e sim sobre a percepção da corrupção.[19] Mas eles não existiam até a metade dos anos 1990, quando a globalização já estava em pleno curso. Mais importante ainda, esses indicadores possibilitam apenas comparações relativas de corrupção (houve mais corrupção na Rússia do que na Dinamarca em um determinado ano?), não uma visão da evolução da corrupção ao longo do tempo (a corrupção seria maior na Rússia em 2018 do que era em 2010?) ou comparações cruzadas (a corrupção na Rússia é maior se comparada com a da Dinamarca este ano do que no ano passado?). Isso acontece porque os indicadores apenas compõem um ranking de países a cada ano; e não comparam valores entre um ano e outro. Tampouco podemos dizer muita coisa no que se refere à possibilidade de a percepção das próprias pessoas entrevistadas ter sido influenciada por uma quantidade maior de casos de corrupção, por uma divulgação maior e por um conhecimento maior a respeito da corrupção fora de seus círculos restritos.

Para obter mais informações, podemos também recorrer às recentes estimativas elaboradas sobre a quantia depositada em paraísos fiscais. O uso desses paraísos não constitui um sinal inquestionável de corrupção, mas os dois estão relacionados. É claro que nem todo dinheiro auferido pela via da corrupção precisa estar em um paraíso fiscal; ele pode ser "convertido" em atividades legais ou, por exemplo, ser usado para comprar imóveis em Londres ou em Nova York. Assim, considerar apenas o tamanho daquilo que existe nos paraísos fiscais poderia levar a uma subestimação da corrupção real. Mas poderia igualmente superestimá-la, já que quantias auferidas de maneira legal também podem ser depositadas em paraísos fiscais, com o objetivo apenas de evitar sua tributação. Em ambos os casos, porém, a maior parte do dinheiro depositado em paraísos fiscais é irregular, seja por ser fruto de corrupção na sua própria origem, seja pela motivação de seu possuidor (sonegar impostos).[20] A partir do cruzamento de dados sobre irregularidades relativas a ativos em diferentes países, Gabriel Zucman (2013, p. 1322) calculou que, em 2008, cerca de US$ 5,8 trilhões — 8% da riqueza financeira dos domicílios no mundo ou 10% do PIB global — estavam depositados em paraísos fiscais (75% desse total sem registro formal). Esse número se manteve estável de 2000, ano em que Zucman fez as primeiras estimativas, até 2015.[21] Por definição, ele inclui apenas riqueza financeira, não considerando, portanto, outras diversas formas (imóveis, joias, obras de arte) utilizadas para guardar ativos roubados ou ativos obtidos legalmente mas de cuja tributação se quis escapar.

Outra forma de abordar a dimensão da corrupção em termos globais é atentando para o item Erros e Omissões do balanço de pagamentos de cada país, item esse que traz, em parte, erros autênticos e em parte movimentações de capital que podem estar relacionadas a ações corruptas locais, como o subfaturamento de exportações ou o superfaturamento das importações (de modo que o resultado a mais se mantenha no exterior) e outras transações ilícitas. Dados do Fundo Monetário Internacional (FMI) mostram que os valores registrados em Erros e Omissões no mundo todo, que nunca tinham ultrapassado US$ 100 bilhões anuais até a crise financeira mundial de 2008, subiram desde então, nos cinco anos sobre os quais há dados disponíveis, para uma média anual de mais de US$ 200 bilhões.[22]

Outra abordagem para tentar quantificar a corrupção ou, mais precisamente, quantificar formas de riqueza auferidas por meio de vínculos políticos, foi utilizada por Caroline Freund em seu livro inovador *Rich People Poor Countries: The Rise of Emerging Market Tycoons and Their Mega Firms* (2016). Freund classificou os bilionários do mundo todo considerando se a parte principal de suas riquezas proveio de esforço próprio ou se foi fruto de herança. Na primeira categoria, Freund separou um grupo de bilionários cuja riqueza deriva da exploração de recursos naturais, de privatizações ou de outras atividades que pressupõem conexões com os governos.[23] A Figura 4.2 mostra o percentual de bilionários (não o percentual de sua riqueza total) considerados como pertencentes a esse grupo. Nas economias avançadas, a fração é de cerca de 4% (com um aumento nos países ditos "anglófonos" — Austrália, Canadá, Nova Zelândia e Estados Unidos — e na Europa Ocidental entre 2001 e 2014). Nas economias de mercado emergentes, essa fração está entre 10% e 20%, com exceção de uma fatia extraordinariamente alta no grupo formado pela Europa do Leste, Rússia e Ásia Central, graças aos bilionários das repúblicas da antiga União Soviética. Além dessa região (que pode ser considerada, de longe, a mais corrupta) e da América Latina, o percentual de bilionários que devem sua riqueza a conexões políticas está em crescimento em todas as regiões do mundo. O crescimento é particularmente forte na África subsaariana e no sul da Ásia (devido, na sua maior parte, à Índia). O percentual da riqueza dos bilionários no mundo que se estima ter sido auferido por meio de vínculos com governos cresceu de 3,8% em 2001 para 10,2% em 2014, com taxas previsivelmente mais altas na Europa do Leste, Rússia e Ásia Central (73%), no Oriente Médio e África do Norte (22%) e na América Latina (15%).[24]

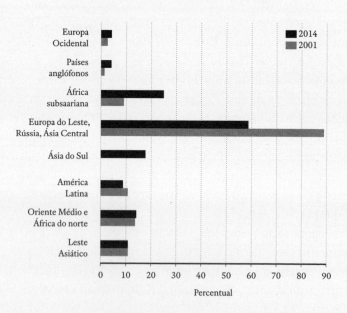

Figura 4.2. Percentual de bilionários cuja riqueza é tida como proveniente de recursos naturais, privatizações ou outras atividades ligadas aos governos, 2001 e 2014

Os países anglófonos, aqui, são Austrália, Canadá, Nova Zelândia e Estados Unidos. O Leste desenvolvido da Ásia ficou de fora porque nesses dois anos a parcela foi igual a zero. FONTE: Com base em Freund (2016, tabela 2.4, pp. 37-8).

4.4a. Três fundamentos da corrupção na era da globalização

Em que pesem a impossibilidade de medir diretamente a corrupção e a necessidade de nos basearmos em elementos aproximativos, há fundamentos teóricos bastante robustos para acreditar que a corrupção mundial é maior nos dias de hoje do que há vinte ou trinta anos — e que continuará crescendo. Vejo pelo menos três desses fundamentos: (1) o capitalismo hipercomercial e globalizado, em que o sucesso da vida de uma pessoa é medido apenas pelo êxito financeiro (item a ser discutido mais detalhadamente no capítulo 5); (2) contas de capital abertas, o que facilita a movimentação de dinheiro entre diferentes jurisdições e, dessa forma, a lavagem de dinheiro desviado ou a evasão fiscal; e (3) o efeito exposição da globalização, em que pessoas (sobretudo burocratas) de renda média de países pobres acreditam merecer acesso ao mesmo patamar de consumo disponível para pessoas que ocupam posições similares às suas nos países ricos, patamar que elas, com os salários oficias inferiores que recebem, só conseguem atingir valendo-se da corrupção. O item (1) é fundamentalmente ideológico e genérico (ou seja, aplica-se a qualquer parte do planeta e, em princípio, a todas as pessoas); o item (3) é mais restrito, aplicando-se apenas a um grupo seleto de pessoas; e o item (2) é uma condição habilitadora, um fator facilitador da corrupção global.

Discutirei rapidamente cada um desses itens.

Parto, aqui, de uma ideia que desenvolverei mais longamente no capítulo 5: a hiperglobalização requer, em sua superestrutura, uma ideologia que justifique a busca permanente por dinheiro (de qualquer tipo) e em que o sucesso financeiro prevalece sobre quaisquer outros objetivos, criando uma sociedade que contém a amoralidade em sua base. A amoralidade implica que a sociedade e os indivíduos são indiferentes quanto à maneira como a riqueza é adquirida, desde que as coisas sejam feitas dentro da legalidade (mesmo que de forma aética), ou por fora da legalidade mas sem serem descobertas, ou, ainda, de um modo que possa ser ilegal em uma determinada jurisdição mas passível de ser vista como legal em outra. O que se deduz, facilmente, é que, sob tais condições, são fortes os estímulos para que se adotem comportamentos corruptos.[25] O objetivo seria promover uma corrupção "mais favorável" ou "inteligente", que pode ser eticamente inaceitável, mas que seja difícil de se detectar ou até mesmo de ser classificada como corrupção. Mesmo que tais atividades sejam vistas amplamente como corruptas, isso não significa que serão classificadas legalmente como tais e punidas pelas autoridades, como, por exemplo, a ação dos lobistas nos Estados Unidos, que oscilam sempre no limite entre a legalidade e a ilegalidade.[26] A corrupção é sustentada também pela criação de todo um aparato de advogados cuja função é aconselhar clientes sobre como atingir seus objetivos relacionados com a corrupção sem romper abertamente com a lei, ou rompendo com a lei de forma mínima. Londres, por exemplo, hospeda uma verdadeira indústria legal que trabalhou duro para possibilitar que indivíduos corruptos da Rússia, China, Nigéria e vários outros países lavassem dinheiro na Inglaterra ou usassem a sua capital como ponto de apoio para fazê-lo em outros lugares.

O espraiamento da globalização por todas as regiões do planeta tem sido muito importante para facilitar a corrupção. Em seu livro seminal sobre a corrupção na China, Minxin Pei explica por que a corrupção era quase inexistente na China maoista (Pei 2006, pp. 147-8). Ele identifica várias razões para isso: a capacidade da população de monitorar o padrão de gastos das autoridades locais, que viviam perto de sua base política e estavam sujeitas a expurgos periódicos (por suspeição de corrupção[27] ou por deslealdade); a pobreza e a falta de artigos atraentes, que limitava fortemente o que uma autoridade local poderia comprar com o dinheiro obtido; e o isolamento da China em relação ao restante do mundo, que impossibilitava as autoridades de mandarem dinheiro para fora do país. Este último elemento era, provavelmente, o mais importante.

A forma como um sistema econômico diferente, uma existência autárquica ou um isolamento em relação ao capitalismo limitavam a corrupção pode ser vista melhor ainda no caso dos países comunistas. Nesses países, a maior parte das transações financeiras ocorria entre empresas estatais, dentro de um sistema de fluxo de moedas totalmente internas. Essas moedas representavam tão somente unidades contábeis que circulavam apenas no setor específico e não podiam ser usadas para compras. Talvez a forma mais simples de visualizar isso seja imaginar uma situação em que todas as transações entre empresas se efetivassem por meio de uma moeda eletrônica que não pudesse ser usada para pagar salários ou para uma pessoa fazer compras privadamente.[28] Uma fábrica de móveis só poderia vender seus produtos por meio de dinheiro eletrônico e para outra empresa estatal. O dirigente desta última podia até desviar fisicamente os móveis entregues, mas isso seria ao mesmo tempo difícil (a mercadoria recebida tinha de ser sempre registrada formalmente) e algo muito visível e tosco. Em outras palavras, havia pouca possibilidade de produtos comprados por meio dessas moedas internas das empresas terminarem ilicitamente nas mãos de indivíduos.

Vantagens especiais e bônus recebidos pelos membros da cúpula do Estado ou do partido, ou ainda por chefes de empresas, eram quase sempre em espécie — uso de veículos oficiais, acesso a produtos melhores ou apartamentos maiores. Esses artigos não podiam ser comercializados, guardados ou transmitidos para a geração seguinte. Mais do que isso: podiam ter de ser devolvidos a qualquer momento; na verdade, em regra, eram retirados assim que uma autoridade perdia o posto que lhe conferia tais privilégios. Eram privilégios, assim, estritamente vinculados aos cargos ocupados. E isso não ocorria por acaso. O que se buscava, com esses privilégios, era garantir fidelidade e obediência, e é por essa razão que eles podiam ser suspensos tão facilmente. Um privilégio que pudesse ser comercializado, transmitido a herdeiros ou ser, de modo geral, inalienável criaria um espaço de independência para o indivíduo. Possuir tal independência é algo incompatível com regimes autoritários ou totalitários. Vendo do lado positivo, porém, essa ausência de independência limitava a corrupção.

Outro fator importante que limitava a corrupção era a ausência de uma integração plena com a economia (capitalista) internacional. Isso vale até mesmo para os países capitalistas ricos, muitos dos quais, nos anos 1960 e 1970, possuíam sistemas de controle de moedas que limitavam a quantia em espécie que uma pessoa podia levar para fora, seja em viagens de férias, seja de negócio.[29] As restrições eram ainda maiores nos países em desenvolvimento possuidores de moedas não conversíveis. E eram mais severas ainda nos países socialistas ou quase socialistas (como a União Soviética, os países do Leste Europeu, China, Índia, Argélia, Vietnã e Tanzânia), que não estavam integrados à economia mundial. Mesmo que alguma autoridade conseguisse, de alguma forma, obter dinheiro (e se conseguisse convertê-lo em moeda estrangeira — coloque-se, aí, um "se" enorme), não havia conhecimento de como transferir esse dinheiro para fora. Confiar na ajuda de outras pessoas que pudessem ter tal conhecimento poderia expor uma autoridade a possíveis acusações não só de corrupção mas também de traição, já que a maioria daqueles que possuíam o conhecimento de como as economias capitalistas operavam e de como fazer investimentos eram, tipicamente, pessoas que tinham emigrado dos países comunistas e eram consideradas, portanto, inimigas de classe.

Lembro-me de um caso ocorrido em meados dos anos 1980, quando os regimes comunistas na Europa já viviam seu momento de desintegração, o controle pelo partido estava visivelmente fragilizado e a ideia de autoridades locais desviarem dinheiro e escondê-lo no exterior começava a ser vista como uma possibilidade, ainda que, de minha parte, eu acredite que isso quase nunca tenha se concretizado naquela época. (Foi preciso aguardar pelo colapso dos regimes comunistas e pela privatização dos ativos estatais para que isso se tornasse realidade.) Corria um rumor de que o primeiro-ministro da Iugoslávia havia comprado um apartamento em Paris. Conversando sobre esse rumor com meus amigos, eu dizia ser improvável que aquilo fosse verdade. Para mim, primeiro, era difícil entender como ele teria conseguido tanto dinheiro em moeda estrangeira sem que a polícia secreta tivesse conhecimento. Talvez em sua ascensão ao poder ele tivesse ajudado alguma empresa estrangeira a obter um contrato particularmente vantajoso, única atividade com a qual poderia esperar "ganhar" uma quantia significativa. Ainda assim, não era nada óbvio saber como ele teria recebido por esse "serviço". Ter contas em um país estrangeiro era proibido, e abrir uma conta, seja em seu próprio nome, seja em nome de algum parente, era um gesto excessivamente perigoso que, se descoberto, acabaria com a sua carreira muito antes de ele virar primeiro-ministro. Abrir uma conta no exterior depois disso, quando já havia se tornado uma alta autoridade, seria igualmente arriscado e difícil. Quando visitavam outro país, as autoridades desse nível nunca eram deixadas sozinhas. Era inconcebível que o primeiro-ministro tivesse podido ir até um banco em Paris e abrir uma conta ali. (Deixando de lado, por um momento, o fato de que, naqueles anos em que havia forte controle de capitais também nas principais economias de mercado, teria sido difícil, para ele, fazer isso, já que não teria como fornecer um endereço residencial local e um número de identidade.) Pedir a outra pessoa que o fizesse no lugar dele seria perigoso também, abrindo a possibilidade de esse político ser depois chantageado ou sofrer uma verdadeira tragédia política se essa operação fosse revelada para os "órgãos competentes". Por fim, eu argumentava ainda que, mesmo que ele tivesse conseguido de alguma forma superar todos esses obstáculos, não daria para entender como ele obteria conhecimentos técnicos para poder comprar um apartamento no exterior, já que certamente não sabia nada sobre onde obter informações sobre apartamentos à venda, seus preços, ou como preparar toda a papelada legal exigida para tanto. (O sujeito, com certeza, também não poderia contratar um advogado estrangeiro.) Observe que mesmo autoridades de países não comunistas que não estavam integrados totalmente ao mundo capitalista (Índia, Turquia) com frequência careciam de conhecimento e de contatos para transferir dinheiro para fora.

A impossibilidade de fazer algo de fato significativo com o dinheiro apropriado de forma ilícita certamente tornava menos atrativa a ideia de se envolver em ações corruptas. Assim, não se trata apenas de que as oportunidades para ganhar dinheiro por meio da corrupção eram menores nos países menos "integrados", mas, e talvez tão importante quanto, também que a capacidade de usar o dinheiro obtido ilegalmente para adquirir o que se desejava era muito mais limitada. Não se sabe bem o que autoridades corruptas de um país não integrado poderiam fazer com esse dinheiro. Como vimos, elas não teriam como comprar um apartamento no exterior, tampouco transferir dinheiro para fora. Com certeza também não podiam sonhar com uma aposentadoria na Riviera francesa. Digamos que quisessem usar esse dinheiro sujo para custear os estudos de seus filhos no exterior. Mas isso também era impossível, porque enviar os filhos para estudar em países capitalistas era algo visto como uma traição ao socialismo e à educação socialista. Qualquer autoridade de um país comunista cujos filhos fossem enviados aos Estados Unidos para estudar (fora do período em que ela estivesse, eventualmente, servindo seu país ali) seria de imediato rebaixada e investigada em relação à origem de seu dinheiro. Em outras palavras, essa autoridade teria de estar preparada para ir para a prisão. Não é de surpreender, assim, que somente empreendedores privados (que precisavam ser ricos o bastante para isso), ou pessoas que eram de alguma forma independentes do poder político (digamos, médicos ou engenheiros) e tinham parentes fora do país, poderiam pensar em propiciar aos filhos a chance de estudar no exterior.

Essa diferença entre os países que estavam e os que não estavam integrados ao sistema capitalista (da mesma forma que entre os milionários e as pessoas "comuns") chocou-me com muita intensidade quando li um artigo autobiográfico de José Piñera, filho de um dos homens mais ricos do Chile e ele próprio, mais tarde, ministro do Trabalho e da Seguridade Social de Augusto Pinochet.[30] Ele menciona com certa indiferença como foi que frequentou Harvard. Achei essa indiferença, como em vários outros casos semelhantes que observei entre pessoas ricas, em sua maioria da América Latina, extraordinária. Deixando de lado o fato de como uma pessoa que não seja filha de alguém muito rico conseguiria entrar em uma das escolas preparatórias que servem de antessala para as principais universidades, praticar esportes caros ou encontrar tempo para realizar atividades inusuais (saltar de paraquedas, tocar em uma orquestra) que poderiam ajudá-la a se qualificar para entrar em Harvard ou em faculdades de elite semelhantes, a quantia necessária para os estudos e para as despesas cotidianas era tanta que ninguém que vivia em um país que não fosse de língua inglesa, que tinha um nível médio de renda e uma desigualdade moderada, sem moeda conversível, poderia sequer pensar em estudar em Harvard. É claro que tenho em mente, aqui, a situação dos anos 1960 e 1970 (que foi quando Piñera, aliás, estudou no exterior).

Em um mundo não integrado, o mesmo mundo que mais tarde, depois de se tornar integrado, viria a sofrer com a Rússia e a China o peso de uma corrupção internacional, a corrupção era então contida de forma sistêmica.

O segundo fundamento que me leva a acreditar que a corrupção tem aumentado diz respeito à existência de estruturas formais facilitadoras dessa atividade. Já comentei de passagem esse ponto ao mostrar como os controles das moedas correntes, que eram bastante comuns no mundo todo, incluindo as economias avançadas e as moedas não conversíveis, limitavam as possibilidades de transferência de dinheiro para o exterior. Além disso, não havia uma estrutura legal instalada que facilitasse a corrupção em países que eram potenciais receptores de dinheiro.

O crescimento do número de bancos especializados em clientes muito abastados e de escritórios de advocacia cujo papel principal é facilitar transferências de dinheiro obtido de modo ilegal ocorreu concomitantemente com a globalização. Oportunidades maiores para a corrupção, ou, neste caso, uma "oferta" maior de partes interessadas em ocultar ou investir no exterior o dinheiro obtido, criaram uma "demanda" ainda maior por esses fundos, como se pode verificar com a criação de novas profissões especializadas em auxiliar o dinheiro obtido ilegalmente a encontrar uma nova casa. Não é mero acaso, assim, que oferta e demanda cresçam conjuntamente e que o crescimento de um setor bancário facilitador e de escritórios de apoio jurídico tenham sido estimulados pelo capital desviado da Rússia e da China. De acordo com Novokmet, Piketty e Zucman (2017), cerca de metade do capital russo está alocada fora do país, graças a facilitadores estrangeiros, e muito desse dinheiro é usado para investir em ações de empresas russas. Essa revelação traz à tona um dos novos aspectos da globalização, qual seja: o de que o capital doméstico é mantido fora do país para se beneficiar de tributações menores e de uma proteção maior da propriedade, e depois é investido no próprio país de origem sob a roupagem de investimentos externos para se beneficiar de melhores condições oferecidas a investidores estrangeiros — e também para explorar relações locais, o conhecimento do idioma, os hábitos e os nomes das pessoas e como efetuar subornos. O caso russo é apenas um exemplo extremo desse fenômeno, que é generalizado. Outro exemplo: 40% dos investimentos externos feitos na Índia provêm das Ilhas Maurício (o maior investidor da Índia!) e de Singapura.[31] Esses montantes, é claro, não passam de fundos indianos camuflados, muitos dos quais obtidos ilegalmente dentro do país e transferidos mar afora, de onde reaparecem na Índia como "investimentos externos". É algo que teria sido muito difícil imaginar na Índia dos anos 1970 ou na União Soviética do mesmo período, mas que, no entanto, se tornou uma técnica de certa forma banal na era da globalização.

Cabe estudar, aqui, com mais cautela, o papel facilitador desempenhado pelos centros financeiros mundiais e pelos paraísos fiscais. Estes últimos foram amplamente estudados — em especial os casos da Suíça e de Luxemburgo — por Gabriel Zucman em *The Hidden Wealth of Nations* (2015). O papel dos paraísos fiscais também foi fartamente documentado a partir da divulgação dos Panama Papers e dos Paradise Papers, bem como no livro *Capital Without Borders*, de Brooke Harrington (2016). Mas o papel dos grandes centros financeiros, como Londres, Nova York e Singapura, atraiu menos atenção. Sem a criação de um número imenso de bancos e escritórios de advocacia para prestar assessoria e apoio, a corrupção em escala global não teria sido possível. O desvio doméstico de dinheiro só faz sentido se ele puder ser lavado internacionalmente, e isso pressupõe o apoio dos grandes centros financeiros mundiais. Esses centros financeiros têm, assim, trabalhado diretamente contra a prevalência ou o reforço da aplicação da ordem legal na Rússia, China, Ucrânia, Angola, Nigéria, entre outros, simplesmente porque são os principais beneficiários da lavagem de dinheiro desses países. Eles proporcionam um paraíso seguro aos ativos roubados. É uma ironia que regiões onde a ordem legal prevalece (e onde, é claro, pouco importa a forma como foi adquirido o dinheiro vindo de fora) tenham sido as grandes facilitadoras da corrupção mundial. Elas vêm sendo usadas para a lavagem de dinheiro roubado em níveis muito maiores do que quaisquer outros meios tradicionais de lavagem (abrir um restaurante que não dá dinheiro algum, ou uma sala de cinema) jamais poderiam alcançar.

Ao lado desse aparato de bancos e escritórios de advocacia estão universidades, centros de pesquisa, ONGs, galerias de arte e outras instituições com causas nobres. Enquanto os bancos se engajam na lavagem financeira, essas organizações proporcionam o que podemos chamar de uma lavagem "moral" de dinheiro. Elas o fazem oferecendo paraísos seguros onde indivíduos corruptos, ao doarem uma pequena fração de seus ativos roubados, podem se apresentar como homens de negócio socialmente responsáveis, fazer contatos importantes e obter entrada em círculos sociais mais restritos dos países para onde transferiram seu dinheiro.[32] Um bom exemplo é o empresário russo Mikhail Khodorkovski, que, graças às suas conexões políticas na Rússia, comprou ativos por uma fração do que valiam, supostamente desviou um montante estimado em US$ 4,4 bilhões de fundos governamentais e depois destruiu as provas jogando um caminhão dentro de um rio.[33] Khodorkovski e outros como ele agora voltam à tona como "doadores responsáveis" no Ocidente. Khodorkovski merece uma menção especial aqui por ter sido um inovador na arte da lavagem "moral". Percebeu muito cedo (ainda na virada para o século XXI) que, para ajudar os seus negócios internacionalmente e dentro da própria Rússia, o investimento mais lucrativo que poderia fazer seria oferecer contribuições para campanhas eleitorais de políticos norte-americanos e efetuar doações a centros de pesquisa de Washington. Desde então, esse tipo de abordagem tornou-se mais comum.

Embora a estratégia não tenha funcionado bem para o próprio Khodorkovski (ele foi detido e posto na cadeia por Putin), na era da globalização, em que muitas decisões centrais são tomadas em centros políticos como Washington ou Bruxelas, essa estratégia se mostra adequada a longo prazo. Outros empresários estrangeiros, inclusive da Arábia Saudita, adotaram a mesma linha de ação. Alguns oligarcas — por exemplo, Leonid Blavatnik, que fez fortuna durante os anos de privatização do "Leste Selvagem", na Rússia dos anos 1990 — acreditam que investir em escolas de negócios ou galerias de arte que carreguem seus próprios nomes poderia funcionar melhor como forma de fazer lavagem "moral" de dinheiro do que doações de campanha.[34] Em uma conversa privada, um gestor universitário da Índia me contou ser muito difícil obter doações dos indianos muito ricos, que no entanto doam dezenas de milhões de dólares para as melhores universidades nos Estados Unidos. Isso acontece, segundo me disse, porque eles querem ser vistos como bons cidadãos norte-americanos quando são questionados de forma incômoda por parlamentares dos Estados Unidos sobre o número de trabalhadores com visto indiano que empregam nesse país em vez de contratar norte-americanos. Doar dinheiro para uma universidade na própria Índia não lhes traria um benefício como esse.

O terceiro fundamento que explica o crescimento da corrupção na era da globalização é o efeito exposição, conhecido também como algo do tipo "sair bem na foto". Esse efeito não é um fenômeno novo. Desde os anos 1960, os estruturalistas da América Latina argumentam que um dos motivos pelos quais a taxa de poupança no continente é baixa é que os ricos não se dispõem a poupar, porque querem evitar que seu padrão de consumo seja visto como inferior ao de seus pares norte-americanos (mais ricos). Thorstein Veblen afirma algo parecido em seus textos sobre o consumo ostentatório de artigos de luxo; embora desvie o dinheiro de uma utilização mais produtiva, esse esbanjamento do consumo é justamente o que se procura.[35] Voltando bem mais no tempo, Maquiavel também deu atenção a esse tema, isto é, ao fato de que relações com povos vizinhos mais ricos estimulam a corrupção:

Por ser tão rara, a generosidade é o que mais tem de ser admirado nos dias de hoje. Aliás, ela parece ainda sobreviver apenas nessa província [alemã]. E isso se deve a duas coisas. Em primeiro lugar, suas cidades mantêm poucas relações comerciais umas com as outras, com os vizinhos visitando raramente uns aos outros, pois estão todos satisfeitos com o que têm, não lhes falta comida e eles se vestem com roupas feitas com o algodão que eles mesmos produzem. Assim, a chance de algum intercâmbio, e com isso o primeiro passo no caminho para a corrupção, inexiste, já que eles não têm a possibilidade de adquirir hábitos seja dos franceses, dos espanhóis ou dos italianos, nações que, reunidas, constituem a fonte da corrupção mundial. (1983, livro 1:5, p. 245)

A contribuição dada pelos estruturalistas foi o fato de terem visto que a imitação de modelos de consumo das pessoas ricas ultrapassava as fronteiras nacionais. Nesse sentido, foram precursores da ideia do efeito exposição que ocorre na globalização. Hoje em dia, porém, o efeito exposição, acredito, não só alimenta um consumo maior, mas também estimula a corrupção — ou seja, provoca a necessidade de uma renda cada vez maior, independentemente de esta ter origem legal ou não.

Uma faceta importante da globalização é que as pessoas possuem um conhecimento muito maior do que no passado a respeito do modo de vida existente em lugares distantes. Outra é o aumento da frequência de interações e parcerias de trabalho entre pessoas de países diferentes. Quando pessoas com níveis similares de formação e habilidades trabalham em conjunto, mas vêm de países distintos e recebem remunerações diferentes por uma mesma unidade de qualificação, o resultado, seja por conta de inveja, de ciúme, da ideia de pagamento igual para trabalho igual, seja apenas por um ressentimento devido à desigualdade, é que pessoas de países pobres, não sem razão, se sentem ludibriadas e acreditam que mereceriam receber a mesma remuneração. Essa constatação é particularmente forte nos casos em que pessoas trabalham muito próximas e conseguem se dar conta diretamente das próprias capacidades e de como, mesmo assim, são remuneradas de forma diferente das outras. Talvez em nenhum outro lugar isso seja tão óbvio como no caso de agentes governamentais de países pobres ou de renda média, que são com frequência mal pagos, mas que, graças às suas várias aptidões para a mediação em diferentes temas (desenvolvimento, finanças, energia, e assim por diante), interagem com empresários e burocratas ricos de outros países.[36]

O sentimento que para esses indivíduos de países mais pobres é visto como de injustiça fornece uma justificativa interna para aceitar subornos, na medida em que o suborno aparece apenas como uma compensação para um salário injustamente baixo, ou mesmo para o fardo injusto de ter nascido em um país pobre e ter de trabalhar ali. É de fato bastante desafiador, para quem tem de tomar decisões sobre contratos de dezenas ou centenas de milhões de dólares, recebendo uma remuneração de apenas algumas centenas de dólares por mês e, além disso, interagindo com pessoas que recebem milhares de dólares por dia, permanecer indiferente diante de tamanho descompasso nas remunerações. Não é nada extraordinária que, em tais condições, a corrupção seja vista como um passo para a correção das injustiças da vida. (Alguns poderiam dizer que esses funcionários públicos deveriam comparar a sua sorte com a das pessoas mais pobres de seus próprios países. Mas isso não é realista: todos nós tendemos a comparar nossa situação com a de nossos pares, e, nesses casos, os pares — pessoas com as quais eles costumam interagir — são estrangeiros.)

O peso da existência de remunerações diferentes para trabalhos iguais e o efeito que isso tem em termos de corrupção são fáceis de ver no caso de cidadãos nativos de países mais pobres que trabalham nesses próprios países sendo remunerados por organizações internacionais. Seja atuando em instituições governamentais (subsidiadas por doadores estrangeiros), seja em universidades, centros de pesquisa ou ONGs, seus salários são muito superiores aos de seus colegas e concidadãos pagos conforme as médias locais. Não é de surpreender que esses burocratas ou acadêmicos nascidos nesses países, mas pagos por estrangeiros, raramente se envolvam com corrupção: eles são muito bem pagos e têm uma reputação internacional a zelar. Mas também não surpreende que os salários muito mais altos que recebem sejam um elemento desencorajador e desanimador para os funcionários que são remunerados localmente e que fazem o mesmo serviço, e que estes últimos possam querer complementar sua renda por meios escusos.

Se ignorarmos esse aspecto (trabalhar com pessoas que ganham muitas vezes mais pela mesma função), fica muito fácil condenar a cultura local de corrupção. Mas a realidade é mais complexa: a corrupção é vista como uma renda, em certo sentido merecida, por quem já nasceu penalizado por sua cidadania. Se a migração, como vimos, é uma maneira de transformar a punição por cidadania em prêmio, a corrupção é apenas outra.[37]

4.4b. Por que muito pouco será feito para controlar a corrupção

Como deveríamos lidar, então, com a corrupção nestes tempos de capitalismo global hipercomercializado? Cabe retomar os três fundamentos do crescimento da corrupção que apresentei na abertura desta seção. O primeiro, ideológico, provém da própria natureza do sistema, que coloca a busca pelo dinheiro, qualquer que seja o seu tipo, na base de seus valores. Estímulos à corrupção são inerentes a esse sistema, e não há nada que se possa fazer para mudar isso, a não ser uma alteração no próprio sistema de valores.

O segundo fundamento, a facilitação legal da corrupção, está vinculado à flexibilidade para a abertura de contas de capital e à grande quantidade de serviços, localizados seja nos países ricos, seja em paraísos fiscais, cujo objetivo principal é atrair ladrões dos países pobres ou evasores fiscais de países ricos prometendo-lhes, respectivamente, imunidade em relação a processos judiciais caso transfiram seu dinheiro para países onde a lei prevalece, ou um refúgio contra tributações elevadas. Nesse caso podem ser feitas várias coisas. Punir os paraísos fiscais seria algo relativamente fácil, caso importantes países que perdem muito, eles próprios, com a evasão fiscal realizada por cidadãos seus, decidissem fazê-lo. Alguns exemplos recentes mostram que grandes países, quando e se decidem agir, têm poder para punir a corrupção: os Estados Unidos enfrentaram de forma exitosa as leis de sigilo bancário da Suíça, e a União Europeia entrou com uma ação contra a ausência de taxas para corporações na Irlanda e em Luxemburgo. A Alemanha adotou medidas severas contra a evasão fiscal estimulada por Liechtenstein, e o Parlamento britânico exigiu que se introduza o registro das riquezas existentes em paraísos fiscais sob domínio britânico, como as Ilhas Cayman e as Ilhas Virgens britânicas. Mas esforços desse tipo conseguirão restringir apenas uma parte da corrupção — aquela que atinge os próprios países ricos, que perdem em arrecadação por causa da evasão promovida por seus próprios cidadãos.

É muito mais difícil lidar com outro aspecto da corrupção do qual os países ricos são beneficiários diretos, isto é, quando seus sistemas bancário e legal estimulam a corrupção em países pobres com a promessa de garantir imunidade contra ações judiciais. Nesse caso, as políticas dos países ricos teriam de enfrentar grandes interesses dentro de seu próprio território: banqueiros e advogados que ganham diretamente com a corrupção; agentes imobiliários e empreiteiras que fazem muito dinheiro com estrangeiros corruptos; e políticos, universidades, ONGs e centros de pesquisa que participam da lavagem "moral" de dinheiro. Basta fazer uma lista de todos os grupos que têm interesse na preservação da corrupção no Terceiro Mundo para nos darmos conta da probabilidade quase nula de que quaisquer medidas sérias sejam tomadas, de fato, contra a corrupção.

A questão desse tipo de corrupção é similar à situação encontrada nos casos do tráfico de drogas e da prostituição. As tentativas de acabar com a corrupção e diminuir o uso de drogas e a prostituição têm como alvo apenas o lado do fornecedor — fazendo apelos, por exemplo, para que a Ucrânia ou a Nigéria reprimam sua corrupção, que a Colômbia ou o Afeganistão acabem com sua produção de cocaína, ou que profissionais do sexo mudem de profissão. Em nenhuma dessas áreas a política adotada se volta para o lado da demanda, ou seja, concentrando-se nos beneficiários da corrupção nos países ricos, nos consumidores de drogas na Europa e nos Estados Unidos ou nos usuários dos serviços prestados pelos trabalhadores do sexo. A razão pela qual isso acontece não é que a abordagem antioferta seja mais eficiente; na verdade, há argumentos muito fortes de que ela é até menos eficiente. A razão é que perseguir o lado da demanda é muito mais difícil politicamente. Faz todo sentido se manter cético, portanto, quanto à possibilidade de esse cálculo político, pelo menos no que diz respeito à corrupção, se alterar a curto prazo.

O último fundamento que sustenta a relação entre globalização e corrupção é o efeito exposição. É igualmente muito difícil enxergar como isso poderia mudar, já que as enormes e amplamente conhecidas diferenças de renda entre os países (e, portanto, a existência de grandes prêmios e punições por cidadania) continuarão a vigorar em um futuro previsível, ao mesmo tempo que as colaborações entre pessoas de diferentes países que ganham salários diferentes pela execução do mesmo trabalho se tornarão cada vez mais comuns. Podemos esperar que esse tipo de corrupção autojustificada continuará, no mínimo, crescendo.

Combater a corrupção que afeta diretamente os países poderosos, diminuindo sua arrecadação fiscal, pode ser uma medida capaz de receber apoio político, e com isso essa corrupção talvez possa ser reduzida. Todas as outras formas de corrupção, porém, são intrínsecas ao tipo de globalização que temos. Deveríamos nos acostumar, assim, com o crescimento da corrupção e tratá-la como uma fonte de renda lógica (quase normal) na era da globalização. Pela sua própria natureza, ela jamais será legal — exceto, possivelmente, em algumas de suas manifestações, como no caso do lobby político —, mas o fato é que a corrupção já se tornou, e se tornará cada vez mais, algo banalizado. Deveríamos também admitir a nossa hipocrisia e parar de fazer discursos moralizantes sobre a corrupção nos países pobres e de tentar intimidá-los, pois muitas pessoas nos países ricos se beneficiam da corrupção, e, além disso, o tipo de globalização que temos faz dela algo inevitável.

5.
O futuro do capitalismo global

Com os mortais, o ouro supera mil argumentos.
Eurípides, *Medeia*

5.1. A inevitável amoralidade do capitalismo hipercomercializado

5.1a. *O capitalismo de Max Weber*

O capitalismo tem um lado de claridade e um lado de escuridão.

As observações sobre o lado positivo remontam, pelo menos, ao "*doux commerce*" (comércio brando) de Montesquieu e reaparecem, de forma semelhante, em autores tão diferentes quanto Adam Smith, Joseph Schumpeter, Friedrich Hayek e John Rawls.[1] A ideia geral é que, como o sucesso nas sociedades comerciais (isto é, ganhar dinheiro) depende de agradar aos outros, oferecendo-lhes alguma coisa que estão dispostos a comprar ou trocar, o traço de gentileza permeia todo o comportamento humano e se espalha dos negócios para as interações pessoais. Esse lado da luz, o "*adoucissement des moeurs*" (abrandamento dos costumes), torna-se ainda mais forte com a comoditização da vida cotidiana das pessoas. Nas sociedades capitalistas desenvolvidas, muitas de nossas transações diárias têm um motivo mercenário oculto. E, embora isso seja algo que às vezes esvazia essas transações de seu significado tradicional (e, portanto, pode apresentar o lado sombrio das sociedades comercializadas), também nos faz agir em relação aos outros com consideração e respeito. À medida que a esfera das relações transacionais se expande, o mesmo ocorre com a esfera da gentileza — concessões e consciência das preferências e dos interesses das outras pessoas. Numa sociedade comercializada, somos interdependentes: não podemos satisfazer nossos interesses sem também satisfazer os de outras pessoas. O padeiro de Adam Smith não pode vender seu pão a menos que convença seu cliente de que o seu é melhor do que outros pães. Tudo isso nos torna mais respeitosos e cônscios das outras pessoas e de suas necessidades. Sociedades puramente comerciais são, por definição, sociedades em que as hierarquias, ou distinções entre as pessoas, não se baseiam em critérios não econômicos, como antecedentes familiares ou pertencimento a uma ordem social (por exemplo, a aristocracia ou o clero), ou mesmo no tipo de trabalho que alguém faz (critério usado, por exemplo, no hinduísmo para estratificar a população). A hierarquia baseia-se apenas no sucesso monetário, e esse sucesso está, em princípio, aberto a todos. Como argumentei no capítulo 2, ele não está igualmente aberto a todos na prática, mas ideologicamente está. Nada faria com que aqueles que começaram na parte inferior da pirâmide social e conseguiram enriquecer deixassem de receber tanto respeito de seus pares quanto se tivessem iniciado no meio ou no topo. Eles podem até ganhar mais reconhecimento devido às dificuldades que tiveram de superar. O dinheiro é um grande equalizador, e as sociedades comerciais fornecem os melhores exemplos de seu poder.

Ademais, a equalização gradual de oportunidades para pessoas de diferentes gêneros, preferências sexuais, deficiências e raças possibilita que os membros desses grupos anteriormente desfavorecidos alcancem as posições mais altas. Ainda mais importante para nossos propósitos é o fato de que esses indivíduos não carregam nenhum estigma associado à sua posição anterior: depois que ficam ricos, são tão bons quanto qualquer outro indivíduo. Penso que isso é mais óbvio nos Estados Unidos, onde às vezes se diz que a riqueza atua como uma forma de limpeza. O dinheiro "lava" todos os "pecados" anteriores.

Quando a hierarquia é determinada apenas pela riqueza, as pessoas são levadas naturalmente a se concentrar na aquisição de riqueza. Como diz Rawls: "O sistema social molda os desejos e as aspirações que seus cidadãos passam a ter. Ele determina, em parte, o tipo de pessoa que eles querem ser, bem como o tipo de pessoas que são" (1971, p. 229). A busca racional sistemática de riqueza tem sido, desde que Max Weber a definiu como tal, uma das características sociológicas fundamentais do capitalismo. A própria "busca da felicidade", um acréscimo famoso à Declaração de Independência dos Estados Unidos (que Jefferson introduziu no lugar da propriedade na expressão mais conhecida "vida, liberdade e a proteção da propriedade"), poderia ser vista como um chamado à busca sem entraves — os entraves feudais antiquados de posição social e nascença — pela riqueza, porque esta é vista, não sem razão, como um substituto (ou uma condição essencial) da felicidade.[2] Que essa busca pela riqueza dissolveria a hierarquia não econômica entre as pessoas foi notado muito cedo por Adam Smith em *Teoria dos sentimentos morais*. Na mesma obra, Smith também observou que existe o perigo de que essa busca obstinada pela riqueza acabe no encorajamento do comportamento amoral. É por isso que ele, de modo veemente, mas não tão convincente, discordou da visão econômica de Bernard Mandeville, resumida de forma apropriada no título de seu livro como "vícios privados, benefícios públicos" — sem negar que o sistema do "dr. Mandeville [...] em alguns aspectos, beira a verdade".[3]

E isso nos leva ao lado escuro do capitalismo.

Na realidade, Mandeville notou muito cedo e muito bem qual era a característica distintiva das novas sociedades comercializadas. O sucesso dependia de estimular nos indivíduos as formas mais egoístas e gananciosas de comportamento — comportamento que era "suavizado" e escondido pela necessidade de ser agradável aos outros, mas que tendia a produzir falsidade e hipocrisia. Desse modo, ganância e hipocrisia andavam de mãos dadas. Smith viu o perigo, preocupando-se com o fato de que uma leitura tão literal do espírito do capitalismo pudesse levar à torpeza moral ou à indiferença moral em relação à maneira como a riqueza é adquirida — o que para um filósofo moral como Smith era abominável. Ele tentou refutar Mandeville. Mas não tenho certeza de que conseguiu — não só por carecer de bons argumentos, mas porque (acho eu) o próprio Smith, pelo menos quando usou seus óculos de economista em *A riqueza das nações*, não acreditava inteiramente que a percepção fundamental de Mandeville estivesse errada (ver também a discussão no Apêndice B).[4]

Para Marx, a ganância é produto de um "determinado desenvolvimento social"; ela é histórica, não natural. Está indissociavelmente ligada à existência do dinheiro. Merece ser citado na íntegra o notável parágrafo dos *Grundrisse* em que ele define ganância como "hedonismo abstrato":

> A ganância, como tal, como forma específica de um impulso, isto é, distinta do desejo de uma forma específica de riqueza, por exemplo de roupas, armas, joias, mulheres, vinho, só é possível quando a riqueza geral [...] tornou-se individualizada numa coisa específica [...] o dinheiro. O dinheiro, portanto, não é apenas o objeto, mas a fonte da ganância. A mania de posse é possível sem dinheiro; mas a ganância em si é produto de um determinado desenvolvimento social, não natural, em oposição a histórico [...]. O hedonismo em sua forma geral e a avareza são as duas formas específicas da ganância monetária. O hedonismo em abstrato pressupunha um objeto que possuísse todos os prazeres em potencialidade. O hedonismo abstrato percebe a função do dinheiro na qual ele é o representante material da riqueza. Para mantê-lo como tal, deve sacrificar toda relação com os objetos de necessidades específicas, deve se

abster, a fim de satisfazer a necessidade da ganância pelo dinheiro como tal. (Marx, 1973, pp. 222-3)

Creio haver poucas dúvidas de que Marx consideraria a ganância como algo necessariamente concomitante à crescente comoditização da vida.

Uma alternativa que preservaria o espírito aquisitivo necessário para o florescimento das sociedades comercializadas, mas manteria esse espírito sob controle, seria internalizar certas formas de comportamento aceitável por meio da religião. É por isso que o protestantismo, na leitura de Weber, não só estava correlacionado com o sucesso capitalista, como era indispensável para manter os esforços de outro modo incompreensíveis dos capitalistas (sua aquisição e acumulação de riqueza sem consumi-la), o decoro das classes altas e a aceitação de resultados desiguais pelas massas.[5] Ele evitou a ostentação e o comportamento grosseiro que caracterizavam as elites anteriores. Era austero: restringia o consumo das elites e impunha limites à quantidade de riqueza a ser exibida. Ele internalizou as leis suntuárias do passado.[6] Como John Maynard Keynes observou em *As consequências econômicas da paz* (1919), o capitalismo do século XIX na Grã-Bretanha assegurou aceitação popular suficiente da hierarquia entre proprietário-capitalista-trabalhador para que a sociedade não explodisse numa revolução do tipo que engoliu, uma após a outra, as sociedades feudais da França, China, Rússia e dos impérios Habsburgo e Otomano.[7] Enquanto os capitalistas usaram a maior parte de sua renda excedente para investir, em vez de consumir, o contrato social se manteve.[8] A internalização do comportamento desejável, aquele que, nas palavras de John Rawls, reafirma em suas ações diárias as principais crenças de uma sociedade, foi possível graças às restrições da religião e ao contrato social tácito. Não sabemos se essas sociedades tão dedicadas à aquisição de riqueza, por praticamente qualquer meio, não explodiriam em caos se não fossem essas restrições.[9]

5.1b. Terceirização da moral

Nenhuma dessas duas restrições (religião e contrato social tácito) se mantém no capitalismo globalizado de hoje.

Não é objetivo deste livro explicar por que o mundo se tornou menos religioso, pelo menos no que diz respeito ao comportamento econômico, nem tenho conhecimento suficiente para fazê-lo. Mas não há dúvida de que se tornou. Na maioria dos países avançados, o comparecimento às igrejas cristãs tem caído constantemente, e aumentou o número de pessoas que afirmam não ter religião.[10] Isso não significa que a frequentação da igreja garantiria um comportamento ético, sobretudo porque as religiões hoje dizem relativamente pouco sobre o que constitui um comportamento econômico correto. Alguns ministros, como Billy Graham, até elogiam a ganância como uma virtude.[11] O pregador americano Pat Robertson comentou, depois do terrível assassinato do jornalista saudita Jamal Khashoggi, em 2018, que não se deveria ser muito duro com o regime saudita (os supostos assassinos) porque "temos um acordo de compra de armas do qual todos queriam um pedaço [...] será um monte de empregos, muito dinheiro chegando aos nossos cofres. Não é algo que você queira explodir a torto e a direito".[12] Esse exemplo é bastante extremado, porque o apelo para que se ignore o assassinato é feito em nome de maiores ganhos com a venda de armas. Mas é representativo de uma religião que situa a ideia de ganhar dinheiro, por qualquer meio, entre os seus principais valores.

É difícil ver como, mesmo teoricamente, as restrições da religião e de um contrato social funcionariam num cenário globalizado, não apenas porque as religiões são diversas e muitas internalizaram os objetivos do capitalismo hipercomercializado, mas também porque os indivíduos não estão mais aferrados a seus meios sociais.

Nossas ações não são mais "monitoradas" pelas pessoas entre as quais vivemos. As ações comerciais imorais do padeiro de Adam Smith teriam sido observadas por seus vizinhos. Mas as ações imorais de pessoas que trabalham em um lugar e vivem num outro totalmente diferente — numa situação em que o mundo dos colegas de trabalho e o dos vizinhos e amigos nunca interagem — são inobserváveis. Em seu livro *Capital: The Eruption of Delhi* (2015), Rana Dasgupta conta a história de um respeitável médico nascido na Índia que vive em um bairro de classe média de Toronto, com um belo jardim e uma garagem para dois carros — mas cuja principal receita vem da supervisão da retirada forçada de órgãos de moradores pobres de favelas que vivem a milhares de quilômetros de distância, perto de Nova Déli. O médico pode ser visto como um membro respeitável da comunidade, com toda a razão, pelo que seus vizinhos sabem dele, enquanto, na realidade, trata-se de um criminoso.

Como os mecanismos internos de restrição se atrofiaram, ou morreram, ou não funcionam em um cenário globalizado, eles foram substituídos por restrições externas, na forma de regras e leis. Não quero dizer com isso que leis não existissem antes. Mas, enquanto as restrições internalizadas ao comportamento eram importantes, as regras e os limites autoimpostos definiam o comportamento das pessoas. A situação atual caracteriza-se pelo desaparecimento destes últimos. Nos casos em que não podemos esperar que os ricos se comportem de maneira ética ou com discrição suficiente para não inflamar as paixões daqueles que têm menos, o reforço das leis é obviamente uma coisa boa.[13] Em uma palestra de 2017, o historiador político Pierre Rosenvallon propôs que os países deveriam introduzir uma versão modernizada das leis suntuárias, que tributariam pesadamente ou proibiriam certos tipos de comportamento e consumo. O problema é que, em vez de dois corrimãos para ajudar a manter as ações dos ricos (ou de alguém) no caminho certo, agora temos apenas um — as leis. A moral, tendo sido eviscerada internamente, tornou-se totalmente externalizada. Ela foi terceirizada de nós mesmos para a sociedade em geral.

 A desvantagem da terceirização da moral é que ela exacerba o problema da ausência de inibições ou restrições internas. Todos tentarão seguir a linha tênue entre legalidade e ilegalidade (fazendo coisas antiéticas, mas tecnicamente legais) ou violarão a lei enquanto tentam não ser apanhados. Violar a lei não é algo exclusivo das sociedades comercializadas de hoje. Mas o que é singular é o fato de as pessoas alegarem que fizeram tudo da maneira mais ética possível, mesmo tendo atuado quase no limite da lei, ou que, se caíram na ilegalidade, seria dever das outras pessoas apanhá-las e provar que elas violaram a lei. O autoexame, decorrente da própria crença do que é moral e do que não é, parece não ter mais nenhum papel.

 Talvez isso seja mais óbvio nos esportes comercializados, onde a noção antiquada de fair play, que internalizava a conduta aceitável, praticamente desapareceu e foi substituída por comportamentos que, em alguns casos, violam abertamente as regras. Esse comportamento é totalmente aceito e até encorajado, uma vez que as pessoas acreditam que cabe apenas aos árbitros aplicar as regras. Tomemos o exemplo do famoso gol marcado com a mão por Thierry Henry em 2009, que redundou na classificação da seleção francesa para a Copa do Mundo e mandou a equipe irlandesa para casa. Ninguém, de Henry ao último torcedor francês, nega que o gol tenha sido marcado com a mão, o que é irregular, e que, portanto, ele não deveria ter sido confirmado. Mas não se tiram as consequências óbvias disso. Na opinião de todos, a questão não deveria ser decidida por Henry (digamos, dizendo ao árbitro que o gol tinha sido irregular) ou por seus colegas de equipe (fazendo a mesma coisa), mas apenas pelo árbitro. Uma vez que o árbitro, não tendo visto como o gol foi marcado, o aceitou, o gol é o mais legal possível e não há vergonha em celebrá-lo ou até mesmo de se gabar dele.

O conflito entre o que é legal e o que é ético é bem ilustrado por uma história contada por Cícero e recentemente recontada por Nassim Taleb em *Skin in the Game* (2018). Refere-se a Diógenes da Babilônia e seu discípulo Antípatro de Tarso, que discordaram sobre a seguinte questão: um mercador que estivesse levando grãos para Rodes em um momento de escassez e altos preços deveria revelar que havia outro navio de Alexandria, que também transportava grãos, prestes a chegar também a Rodes? Do ponto de vista puramente legal, defendido por Diógenes, seria totalmente aceitável não revelar informações privadas — ainda mais informações que ninguém poderia provar que a pessoa possuía. Mas, de um ponto de vista ético, defendido por Antípatro, isso não seria aceitável. Penso haver poucas dúvidas de que no mundo dos negócios de hoje todos adotariam a primeira posição. Mesmo que pudessem afirmar verbalmente que seguiriam Antípatro, na prática se comportariam como Diógenes. E o que conta é o comportamento, não o que dizemos sobre como teríamos nos comportado.

Terceirizar a moral por meio da dependência exclusiva da lei ou dos responsáveis por impor as regras significa que todos tentam burlar o sistema. Quaisquer leis que sejam introduzidas para punir novas formas de comportamento antiético ou amoral sempre ficarão um passo atrás daqueles que conseguem encontrar maneiras de contorná-las. A desregulamentação financeira e a evasão fiscal proporcionam excelentes exemplos. Não existe uma regra moral interna, como vimos amplamente, que impediria o comportamento dos principais bancos e fundos de hedge, ou de empresas como Apple, Amazon e Starbucks, quando se trata de sonegação ou evasão fiscal; ou o dos ricos que escondem sua riqueza das autoridades fiscais, em parte legalmente e em parte ilegalmente, no Caribe ou nas Ilhas do Canal. Seu objetivo é jogar o jogo o mais próximo possível das regras; se as regras tiverem de ser atropeladas ou ignoradas, buscar evitar ser apanhado; e, se for pego, tentar encontrar, com o apoio de uma verdadeira falange de advogados, explicações as mais obscuras e enganosas para esse comportamento. E se mesmo isso falhar, então fazer um acordo.

Os acordos financeiros disseminam ainda mais a amoralidade: os prejudicados têm de escolher entre, de um lado, o prazer da ira justa e a satisfação em punir o vilão e, do outro, engolir o orgulho e aceitar uma compensação monetária que acaba por transformá-los, até certo ponto, em cúmplices do comportamento iníquo. Esse é o procedimento padrão pelo qual os acusados de assédio sexual, sonegação de impostos, lobby ilegal e vários outros crimes "resolvem" seus problemas — isso quando chegam ao estágio em que alguma forma de punição ameaça ser aplicada. A compra da parte lesada, geralmente de seu silêncio, é uma opção difícil de rejeitar para aqueles a quem ela é oferecida. Pois qual é a escolha: uma satisfação moral que dentro de alguns dias será esquecida ou ter mais dinheiro? Além disso, o acordo não é algo socialmente desaprovado: é considerado uma medida racional, como seria de esperar numa sociedade comercializada.

Conheci pessoas que aceitaram com satisfação ser "demitidas" — seja porque criavam problemas para o empregador, seja por terem muita visibilidade para serem dispensadas —, com a condição de que fossem indenizadas regiamente e nunca revelassem os detalhes do acordo. Há poucas coisas mais irritantes do que quando um amigo seu conta uma mentira óbvia sobre os motivos e as condições sob as quais deixou o emprego; mas ele não tem outra opção senão mentir, porque o acordo exige que guarde segredo sobre o que aconteceu. Ou quando um indivíduo escreve um livro inteiro atacando uma determinada instituição, mas não outra muito semelhante para a qual trabalhava, porque fez um acordo que o proíbe de discutir qualquer coisa sobre seu emprego anterior.

Mas seria errado criticar esse comportamento em jogadores de futebol, bancos, fundos de hedge, indivíduos ricos ou até em nós mesmos alegando que aqueles que o praticam são moralmente defeituosos. O que as pessoas que fazem essa crítica não veem é que estão atacando o sintoma e não a doença. Na realidade, esse comportamento amoral é necessário à sobrevivência num mundo onde todos tentam ganhar o máximo de dinheiro e subir o mais alto possível na pirâmide social. Qualquer comportamento diferente parece autodestrutivo. Quando o dinheiro se torna o único critério pelo qual o sucesso é julgado (como é o caso nas sociedades hipercomercializadas), outros índices hierárquicos desaparecem (o que em geral é uma coisa boa), mas a sociedade também envia a mensagem de que "ser rico é glorioso", e que os meios usados para alcançar a glória são em grande medida irrelevantes — desde que não seja apanhado fazendo alguma coisa ilegal. Desse modo, criticar os ricos ou os bancos pelo que eles estão fazendo é inútil e ingênuo. Inútil porque eles não mudarão de comportamento, pois isso os levaria a correrem o risco de perder sua riqueza. Ingênuo porque a origem do problema é estrutural e não individual. Um banco pode se tornar um ator mais ético e cuidadoso, mas nesse caso perderia a corrida comercial com seus concorrentes. Logo seus resultados financeiros piorariam, ninguém iria querer comprar suas ações, seus melhores funcionários procurariam empregos em outro lugar, e ele acabaria por falir. Os acionistas, que em sua vida privada cotidiana podem considerar a si mesmos como as pessoas mais éticas do mundo, venderiam, no entanto, as suas ações ou tentariam mudar a administração do banco.

É claro que uma pessoa pode impor fortes restrições éticas a si mesma, mas apenas se planeja abandonar a sociedade ou mudar para uma pequena comunidade fora do mundo globalizado e comercializado. Qualquer indivíduo que permaneça no mundo globalizado e comercializado tem de lutar pela sobrevivência usando os mesmos meios e as mesmas ferramentas (amorais) de todos os outros.

5.1c. "Não há alternativa"

Há quem possa concordar com a análise feita até agora e então argumentar da seguinte forma: esse estado de coisas não constitui um apelo por uma mudança no sistema socioeconômico? Não se conclui de tudo isso que deveríamos abandonar o mundo do capitalismo hipercomercializado em favor de um sistema alternativo? O problema com esse argumento em tese sensato é que não temos nenhuma alternativa viável ao capitalismo hipercomercializado. As alternativas que o mundo experimentou mostraram-se piores — algumas delas, muito piores. Além disso, descartar o espírito competitivo e aquisitivo inerente ao capitalismo levaria ao declínio de nossa renda, ao aumento da pobreza, à desaceleração ou à reversão do progresso tecnológico e à perda de outras vantagens (como bens e serviços que se tornaram parte de nossa vida) que o capitalismo hipercomercializado proporciona. Não se pode esperar manter essas coisas ao mesmo tempo que se destrói o espírito aquisitivo ou se destitui a riqueza como único índice de sucesso. Eles andam juntos. Talvez essa seja uma das principais características da condição humana: não podemos melhorar nosso modo de vida material sem dar livre curso a alguns dos traços mais desagradáveis de nossa natureza. Essa é, em essência, a verdade que Bernard Mandeville captou há mais de trezentos anos.

Muitas das recentes propostas para mitigar as supostas características sombrias do capitalismo erram ao tentar encontrar uma alternativa viável. A ideia de que com mais lazer transformaríamos nosso mundo em um lugar melhor é uma dessas noções aparentemente razoáveis, mas totalmente equivocadas (ver Raworth, 2018; Bregman, 2017). Ela pressupõe que, se conseguíssemos convencer um número suficiente de pessoas de que elas estariam mais bem de vida trabalhando menos, as características hipercompetitivas do capitalismo seriam remediadas.

Levaríamos vidas prazerosas, visitando exposições de arte e sentando em cafés para discutir as produções teatrais mais recentes. Mas as pessoas que decidissem seguir esse modo de vida mais relaxado logo ficariam sem dinheiro para mantê-lo (a menos que tivessem uma quantidade suficiente de riqueza adquirida anteriormente). Seus filhos se voltariam contra elas por preferirem levar uma vida de lazer e ociosidade a garantir que eles tenham todos os objetos de que seus colegas desfrutam e frequentem as melhores e mais caras escolas. É por isso que os pais não conseguem parar de tentar subir cada vez mais alto e transmitir aos filhos todos os privilégios que, como vimos no capítulo 2, levam à criação de uma classe alta autoperpetuada no capitalismo liberal. É por isso que Barack Obama, apesar de todos os floreios retóricos sobre educação pública embutidos em seus discursos, enviou as duas filhas para uma escola particular de elite e depois para as universidades privadas mais caras. Mais uma vez, descobrimos que uma vida de ócio só é possível para aqueles que herdaram riquezas significativas ou que estão dispostos a se retirar para comunidades autônomas e amplamente autossuficientes. Com efeito, retirar-se do capitalismo hipercomercializado é possível, mas podemos ter certeza de que isso continuará a ser muito raro.

Imaginemos que aqueles que defendem uma alternativa mais branda consigam de algum modo convencer uma nação inteira a mudar seus costumes. Por exemplo, os habitantes de um país rico da Europa poderiam decidir que o nível de bem-estar de que gozam agora é totalmente suficiente e pode ser mantido, graças ao progresso tecnológico, com uma contribuição de trabalho muito menor. Poderiam decidir trabalhar apenas quinze horas por semana, o número de horas que John Maynard Keynes, em "Possibilidades econômicas para nossos netos" (1930), acreditava que seria suficiente para "satisfazer o velho Adão que existe na maioria de nós". Mas muito em breve esse país e sua população descobririam que haviam sido ultrapassados por outros. De início, talvez, felizes em seu estilo de vida confortável, não se preocupassem muito com o ranking econômico global. Mas pessoas de países mais bem-sucedidos e cada vez mais ricos começariam a comprar propriedades naquele país, mudando-se para os locais mais atraentes, comendo nos melhores restaurantes e aos poucos deslocando a população local. Que isso não é uma fantasia pode ser visto na Itália de hoje. Cidades como Veneza e Florença podem, em um futuro não muito distante, ser quase inteiramente povoadas por membros ricos de outras nacionalidades, sejam alemães, americanos ou chineses. (É o que já acontece em grande medida no centro de Veneza e em partes da Toscana.) Em um mundo totalmente globalizado e comercializado, se a renda italiana continuasse a cair em relação à renda de outros países e regiões, a beleza da Itália não seria mais apreciada por seus habitantes originais. E não há razão para que isso não aconteça. Tudo tem seu preço num mundo comercializado. Se um chinês puder pagar mais por uma vista do Grande Canal do que seu atual proprietário italiano, ele deve ter acesso a essa vista.

Assim, chegamos de novo à conclusão de que a única maneira de desafiar o mundo comercializado é retirando-se dele por completo, seja por exílio pessoal numa comunidade isolada, ou, no caso de grupos maiores como nações, adotando a autarquia. Mas é uma tarefa impossível convencer um número suficientemente grande de pessoas a se retirar deste mundo, desistir das comodidades da comercialização e aceitar um padrão de vida muito mais baixo, se elas foram socializadas no espírito aquisitivo e internalizaram todos os seus objetivos. Existem algumas comunidades, como os kibutzim holandeses da Pensilvânia e os israelenses (ambos em declínio), que podem não ser fragilizados diante da presença de uma riqueza muito maior em sua vizinhança, mas pouquíssimos outros grupos demonstram um desejo urgente de imitá-los.

Quem escreve sobre a necessidade de mais lazer não percebe que as sociedades, em todo o mundo, estão estruturadas de maneira a glorificar o sucesso e o poder, que o sucesso e o poder numa sociedade comercializada são expressos apenas em dinheiro, e que o dinheiro é obtido por meio do trabalho, da propriedade de ativos e, principalmente, da corrupção. É também por isso que a corrupção é um componente integral do capitalismo globalizado.

5.2. Atomização e comoditização

5.2a. Diminuição da utilidade da família

As sociedades capitalistas modernas possuem duas características que representam dois lados da mesma moeda: (a) atomização e (b) comoditização.

A atomização se refere ao fato de que as famílias perderam em grande medida sua vantagem econômica, pois um número crescente de bens e serviços antes produzidos em casa, fora do mercado e não sujeitos a troca pecuniária pode agora ser comprado ou alugado no mercado. Atividades como preparar comida, limpar, fazer jardinagem e cuidar de bebês, idosos e doentes eram fornecidas "gratuitamente" em casa nas sociedades tradicionais e, até muito recentemente, nas sociedades modernas (a menos que a pessoa fosse muito rica). Essa era decerto uma das principais razões da existência do casamento. Porém, com o aumento da riqueza, podemos comprar quase todos esses serviços fora de casa, e temos cada vez menos necessidade de compartilhar nossa vida com outras pessoas. Não por acaso, as sociedades mais ricas de hoje tendem a um tamanho de família mínimo. Noruega, Dinamarca e Suécia já estão quase lá, com tamanhos médios de família entre 2,2 e 2,4 membros. Em contraste, as sociedades mais pobres da África central têm um tamanho médio de família de oito ou nove membros.[14] A razão disso não é porque as pessoas nos países mais pobres adoram estar juntas, mas porque elas não têm condições de viver sozinhas. Viver junto "internaliza" essas atividades (cozinhar, limpar etc.) e também proporciona economia de escala em tudo, do óleo de cozinha à eletricidade (ou seja, as despesas com serviços e cozinha são menores para duas pessoas que vivem juntas do que para cada uma delas vivendo sozinha multiplicado por dois).[15] Mas nas sociedades ricas todas essas atividades podem agora ser terceirizadas. Levado a uma conclusão distópica, o mundo consistiria em indivíduos vivendo e com frequência trabalhando sozinhos (exceto no período em que cuidam de crianças), que não teriam vínculos ou relações permanentes com outras pessoas e cujas necessidades seriam supridas pelos mercados, da mesma maneira que a maioria das pessoas hoje não fabrica os próprios sapatos, mas os compra numa loja. Da mesma forma, não há razão para que alguém (exceto os mais pobres) tenha de lavar seus pratos ou preparar sua própria comida.

A atomização (que, levada ao extremo, implica o fim da família) também é acelerada pelas crescentes intrusões legais na vida familiar. O motivo pelo qual a família tem sido a unidade que cuida dos idosos e dos jovens e troca bens e serviços entre seus membros, independentemente de quem é "vencedor" ou "perdedor", é que as regras existentes dentro das famílias são diferentes das que vigoram fora delas. A família e o resto do mundo são, no sentido moral e até físico, dois universos distintos (ou melhor, costumavam ser dois universos distintos). No livro de Rana Dasgupta (2015) sobre Nova Déli, essa dualidade moral e física é ilustrada pela vida enclausurada que mães e avós levam (e esperam de suas noras), e cujo objetivo é minimizar o contato com quem não é membro da família. Fisicamente, a divisão entre os dois universos manifesta-se em trocar de sapato várias vezes antes de entrar na casa, para impedir que alguma partícula do mundo exterior (poeira? grama?) possa penetrar no santuário do lar.

Embora essa separação radical entre o que é e o que não é família possa parecer bizarra para muitos hoje em dia, trata-se de uma característica encontrada na maioria das sociedades do mundo até recentemente. E era apenas em virtude dessa separação entre "nós" e "eles" que muitas atividades domésticas — tanto tarefas como prazeres — podiam ser compartilhadas pelos membros da família. Em outras palavras, o compartilhamento baseava-se na exclusão.[16]

O modelo comercializado de hoje está no outro extremo. É permitido ao mundo externo invadir a casa não só na forma de entrega de refeições e serviços de limpeza, mas também na forma de intrusão legal. Essas invasões — como os acordos pré-nupciais e a capacidade dos tribunais de afastar filhos e controlar o comportamento dos cônjuges —, embora em muitos casos sejam desejáveis (por exemplo, na prevenção de abusos de cônjuges), esvaziam ainda mais o pacto interno tácito que mantinha as famílias unidas. Essa intrusão legal da sociedade na vida familiar é apenas mais uma instância de terceirização. O "código legal" interno da família é simplesmente terceirizado para a sociedade como um todo, da mesma forma que cozinhar uma refeição é terceirizado para o restaurante mais próximo. Ambos os tipos de terceirização não podem deixar de levantar a questão final: qual é a vantagem da existência da família ou da coabitação em um mundo rico e comercializado, onde todos os serviços podem ser adquiridos?

Podem-se identificar três tipos históricos de interações entre as esferas privada e pública (econômica). O primeiro é o pré-capitalista, onde a produção é realizada dentro da família. Como vimos no capítulo 3, esse "modo de produção doméstico" foi característico da China até o século XIX, quando a Europa Ocidental já havia adotado o uso muito mais predominante do trabalho assalariado que define o segundo tipo histórico.[17] Esse segundo tipo implica o uso de mão de obra assalariada fora de casa (isto é, não se trata do sistema doméstico em que as pessoas fazem trabalho por peça para outras pessoas dentro de sua própria casa). Ele faz parte de um modo de produção capitalista típico, com uma nítida distinção entre a produção e as esferas familiares — distinção que Weber considerava absolutamente fundamental para o capitalismo. Por fim, o novo capitalismo hipercomercializado unifica mais uma vez a produção e a família, mas o faz incorporando a família ao modo de produção capitalista. Podemos ver isso como um resultado lógico do desenvolvimento do capitalismo, à medida que o capitalismo avança para "conquistar" novas esferas e comoditizar novos bens e serviços. Esse estágio também implica melhorias substanciais na produtividade do trabalho, porque apenas sociedades suficientemente ricas podem se dar ao luxo de comoditizar por completo todas as relações pessoais que tradicionalmente eram deixadas de fora do mercado.

5.2b. Vida privada como capitalismo diário

O outro lado da moeda da atomização é a comoditização. Na atomização, ficamos sozinhos porque todas as nossas necessidades podem ser satisfeitas pelo que compramos de outras pessoas no mercado. Num estado de plena comoditização, nos tornamos esse outro: satisfazemos as necessidades das pessoas por meio da comoditização de nossos ativos, inclusive de nosso tempo livre.[18]

O que o capitalismo global faz é nos dar, enquanto consumidores, a capacidade de comprar atividades que costumavam ser fornecidas em espécie pela família, pelos amigos ou pela comunidade. Mas para nós, enquanto produtores, ele também oferece um amplo campo de atividades (exatamente as mesmas) que podemos fornecer aos outros. Desse modo, atomização e comoditização andam juntas.

O caso mais óbvio é a comoditização de atividades que costumavam ser realizadas dentro de famílias amplas e, depois, à medida que as pessoas ficavam mais ricas, dentro de famílias nucleares. Agora, a culinária tornou-se terceirizada, e muitas vezes as famílias não fazem as refeições juntas. Limpeza, reparos, jardinagem e criação dos filhos se tornaram mais comercializados do que antes ou talvez do que nunca. A realização das lições de casa, que costumava ser "terceirizada" para os pais, pode agora ser terceirizada para empresas comerciais.

O crescimento da *gig economy** comercializa nosso tempo livre e coisas que possuímos, mas que nunca usamos antes para fins comerciais. O Uber foi criado precisamente com a ideia de aproveitar melhor o tempo livre. Os motoristas de limusine costumavam ter tempo extra entre suas tarefas; em vez de desperdiçar esse tempo, eles começaram a transportar pessoas para ganhar dinheiro. Agora qualquer pessoa que tenha algum tempo livre pode "vendê-lo" trabalhando para uma empresa de compartilhamento de carona ou entregando pizzas. Uma parte do tempo de lazer que não podíamos comercializar (simplesmente porque os empregos eram "volumosos" e não podiam ser espremidos em períodos muito curtos de tempo livre) tornou-se comercializável. Da mesma forma, um carro particular que era "capital morto" se torna capital vivo se usado como táxi para empresas como Lyft ou Uber. Manter o carro ocioso numa garagem ou estacionamento tem um claro custo de oportunidade. Da mesma forma, casas que no passado podiam ser emprestadas por uma semana sem compensação para familiares e amigos agora se tornaram bens alugados para viajantes. Assim que isso acontece, esses bens passam a ser mercadorias; eles adquirem um preço de mercado. Não usá-los é um claro desperdício de recursos. Enquanto no passado o custo de oportunidade era zero, agora é positivo.

---

* Mercado de trabalho "sob demanda" ou de "bicos", com trabalhadores temporários e sem vínculo empregatício e empresas que contratam para serviços pontuais (por exemplo, Uber). [N.T.]

Isso não significa que todo mundo usará todo momento livre para fazer um bico ou alugará sua casa todos os dias em que estiver vazia. Do mesmo modo, não usamos todos os minutos de nossa vida para tentar ganhar dinheiro. No entanto, uma vez que o custo de oportunidade das atividades até então gratuitas se torna positivo, somos levados a pensar nessas atividades como bens ou serviços comerciais. É preciso, então, uma força de vontade maior para deixar as oportunidades passarem e não sucumbir a se beneficiar delas.

Assim como há uma lógica na maneira como o capitalismo hipercomercializado oblitera a divisão entre as esferas da produção e da família, também existe certa lógica histórica na progressão do que se torna comoditizado. Primeiro, a agricultura foi comoditizada por meio da comercialização da produção excedente, isto é, superando-se a agricultura de subsistência. Depois veio a comoditização das atividades manufatureiras, em especial a produção de roupas. Novos mercados surgiram quando os bens que tradicionalmente eram produzidos pelas famílias começaram a ser produzidos comercialmente. Na origem da Revolução Industrial (e industriosa) na Europa estava o trabalho assalariado fora do lar e, junto com isso, a prática de usar os salários assim recebidos para comprar mercadorias que antes eram produzidas nas famílias por esses mesmos trabalhadores (com uma produtividade muito maior no novo sistema).[19] Trata-se exatamente do mesmo processo que observamos hoje em relação aos serviços. A comoditização dos serviços e, por fim, do tempo livre é apenas mais um passo lógico no caminho para o desenvolvimento. Os serviços pessoais são mais difíceis de comoditizar porque os aumentos de produtividade são mais lentos do que na produção de bens (portanto, as vantagens da comoditização são menos óbvias) e os ganhos da divisão do trabalho são menores: a vantagem de uma refeição entregue em comparação com uma feita em casa não é tão clara quanto a vantagem de comprar sapatos produzidos em massa em comparação com fabricá-los em casa.

A comoditização do que antes não era comercial tende a fazer com que as pessoas realizem muitos trabalhos diversos e até, como no caso do aluguel de apartamentos, a transformá-las em capitalistas no seu dia a dia. Mas dizer que trabalhadores fazem muitos trabalhos é o mesmo que dizer que trabalhadores não mantêm empregos individuais duráveis e que o mercado de trabalho é totalmente "flexível", com pessoas entrando e saindo de empregos a uma taxa muito alta. Como observou Max Weber, "o trabalho irregular, que o trabalhador comum é muitas vezes forçado a ter, é muitas vezes inevitável, mas sempre um estado de transição indesejável. Desse modo, um homem sem vocação carece do caráter sistemático e metódico".[20] Em outras palavras, o tipo de trabalho que provavelmente existirá no século XXI não é o tipo de trabalho que Weber consideraria desejável porque lhe falta um senso de vocação ou a dedicação a uma profissão.

Com efeito, os trabalhadores se tornam, do ponto de vista dos patrões, "agentes" totalmente intercambiáveis. Cada um permanece num emprego por algumas semanas ou meses: todo mundo é tão bom ou tão ruim quanto todo mundo. Estamos chegando perto do mundo dos sonhos da economia neoclássica, no qual os indivíduos, com suas características únicas, não existem mais; eles foram substituídos por agentes — avatares intercambiáveis que podem, no máximo, diferir em termos de algumas características gerais, como nível educacional, idade ou sexo. Uma vez levadas em consideração essas características, os indivíduos, sem quaisquer características pessoais, são totalmente intercambiáveis.

Assim, fica evidente que esses três eventos estão inter-relacionados: (1) mudança na formação da família (atomização), (2) expansão da comoditização para novas atividades e (3) surgimento de mercados de trabalho totalmente flexíveis com empregos temporários. Se temos um, não podemos deixar de ter os três.

O problema com esse tipo de comoditização e "flexibilização" é que ele solapa as relações humanas e a confiança necessárias para que a economia de mercado funcione sem percalços. Se ficam no mesmo emprego por um longo período, os indivíduos tentam estabelecer relações de confiança com as pessoas com quem sempre interagem. Ou seja, eles se envolvem no que os economistas chamam de "jogos repetidos". Mas se todos mudam de um lugar para outro com muita frequência e mudam de emprego a cada dois meses, não há jogos repetidos porque todos estão sempre interagindo com pessoas diferentes. Se não houver jogos repetidos, as pessoas ajustam seu comportamento para refletir a expectativa de que jogarão apenas um jogo, terão uma única interação. E esse novo comportamento é muito diferente.

Depois de ficar longe de Nova York por alguns meses, ao voltar descobri que muitas das pessoas com quem eu pensava estar jogando jogos repetidos, em restaurantes que frequento e no prédio onde moro, simplesmente tinham se mudado. Apareceram novas pessoas que me tratavam (compreensivelmente) como um completo estranho. Quando isso acontece, você não tem muito incentivo para se comportar com "simpatia" e enviar sinais de comportamento cooperativo porque sabe que essas novas pessoas também se mudarão em breve. Investir em ser simpático é caro; o esforço necessário é justificado pela expectativa de que essa simpatia seja retribuída. Mas, se a pessoa com quem você interage não estará ali daqui a um mês, qual é o sentido de ser simpático? É apenas um desperdício de esforço. O mesmo raciocínio é evidentemente feito do outro lado: por que aquela pessoa deveria se preocupar com você se ela já está de olho no seu próximo bico?

As inúmeras avaliações disponíveis hoje em dia tanto dos fornecedores quanto dos usuários de serviços são uma maneira de tentar garantir alguma "simpatia", apesar da falta de relacionamentos duradouros. Trata-se de fato de uma melhoria em comparação a não ter nenhum sistema de avaliação. Mas esse sistema pode ser manipulado. E a questão é que, num mundo globalizado, com uma força de trabalho flexível, as relações comerciais duráveis são muito raras; o conhecimento pessoal do outro e a responsabilidade em relação a essa pessoa são substituídos por um sistema de pontos que, embora, de algum modo, forneça mais informações, é impessoal.

Por que mudamos nosso comportamento quando nossas interações são comoditizadas? Não posso fazer melhor do que citar o comentário de uma amiga: "Porque somos reduzidos à função econômica, porque não podemos pensar de outra maneira, porque ser simpático é um investimento, porque a lógica de ser simpático vai além da lógica de mercado". Desde que a comoditização entrou em nossa esfera pessoal, dificilmente podemos pensar em algo que exista e que esteja além ou fora dela.[21]

A disseminação da comoditização acaba com a alienação. Para ser alienado, precisamos estar cientes de uma dicotomia entre nós mesmos como seres ontológicos e nós mesmos como agentes econômicos. Mas, quando a função econômica está dentro de nós mesmos, a ordem das coisas é internalizada de tal maneira que não há mais nada chocante.

A transformação de nós mesmos em objetos de gestão e maximização foi muito bem captada pelo professor de direito Daniel Markovits em seu discurso para a turma de formandos da Faculdade de Direito de Yale em 2015: "Seus próprios talentos, estudos e habilidades — suas próprias pessoas — constituem hoje seus maiores ativos, a fonte esmagadoramente dominante de sua riqueza e status. [...]. [Vocês tiveram] de atuar como gestores de ativos cujo portfólio contém *vocês mesmos*".[22]

A crescente comoditização de muitas atividades, a ascensão da *gig economy* e de um mercado de trabalho radicalmente flexível fazem parte da mesma evolução; devem ser vistas como movimentos em direção a uma economia mais racional, mas, em última análise, mais despersonalizada, onde a maioria das interações será de contatos pontuais. Em algum nível, como no "*doux commerce*" de Montesquieu, a comercialização generalizada deveria levar as pessoas a agirem de forma mais simpática umas com as outras. Mas, por outro lado, a brevidade das interações torna o investimento em comportamento cooperativo proibitivamente caro. É por isso que a hipercomercialização pode não nos levar a uma sociedade em que as pessoas se comportem de forma mais gentil. A simpatia está sendo corroída a partir de dois vetores: a atomização esvazia a vida familiar, e a falta de interações reduz o comportamento potencialmente "doce" louvado por Montesquieu. E tudo isso ocorrendo num contexto de amoralidade fundamental.

O sucesso maior do capitalismo foi ter transformado a natureza humana de tal modo que todos se tornaram excelentes calculadoras de dor e prazer, de ganhos e perdas — tanto que, mesmo que a produção fabril capitalista desaparecesse hoje, ainda continuaríamos vendendo serviços uns aos outros por dinheiro; ao final, nós mesmos nos tornaremos empresas. Imagine uma economia (semelhante, externamente, a uma economia muito primitiva) em que toda a produção fosse realizada em casa ou dentro da família ampla. Esse parece ser o modelo perfeito de uma economia autárquica sem mercado. Mas, se tivéssemos hoje uma economia assim, ela seria totalmente capitalista, porque estaríamos vendendo todos esses bens e serviços uns aos outros: um vizinho não ficaria de olho em seus filhos de graça, ninguém compartilharia comida com você sem pagamento, você faria seu cônjuge pagar por sexo, e assim por diante. Esse é o mundo para o qual estamos avançando, e é provável que o campo das operações capitalistas se torne ilimitado, pois incluirá cada um de nós e nossas quase sempre mundanas atividades cotidianas. Para citar o livro *Postcapitalism*, de Paul Mason, sobre o capitalismo da nova economia "sem peso": "A 'fábrica' no capitalismo cognitivo é toda a sociedade" (2016, p. 139).

Mason sustenta que a comoditização nos foi imposta por empresas que querem encontrar novas fontes de lucro. Mas isso está errado. A verdade é que estamos participando da comoditização com boa vontade, até mesmo com entusiasmo, porque ao longo da socialização no capitalismo as pessoas se tornaram máquinas de calcular capitalistas. Cada um de nós se tornou um pequeno centro de produção capitalista, atribuindo preços implícitos ao nosso tempo, a nossas emoções e nossas relações familiares.

Outros autores também observam a crescente comoditização que "invade", como diz Nancy Fraser, "profundamente" a nossa esfera pessoal. Esses autores, por razões diferentes das de Mason, também consideram que a comoditização leva a uma crise do capitalismo, ou mesmo ao seu fim: "O resultado [da comoditização] só pode ser a intensificação da crise" (Fraser, 2012, p. 10). Fraser destaca os aspectos positivos da comoditização do trabalho e até mesmo critica Karl Polanyi por ignorar "os bilhões de escravos, servos, camponeses, povos racializados e habitantes de bairros miseráveis e favelas para os quais um salário [a comoditização de atividades antes não remuneradas] significou a promessa de libertação da escravidão, da sujeição feudal, da subordinação racial, da exclusão social e da dominação imperial, bem como do sexismo e do patriarcado" (Fraser, 2012, p. 9). Não obstante, ela acredita que a vigente comoditização da esfera pessoal é um desenvolvimento não natural que pressagia a crise do capitalismo.

A meu ver, essa visão está equivocada. Ocorre exatamente o oposto. A comoditização "profunda" é um processo do qual os indivíduos participam livremente e, além disso, algo que costumam achar libertador e importante. Alguns podem considerar isso superficial (a possibilidade de dirigir seu próprio carro com fins lucrativos ou entregar pizza na hora que lhe for mais adequada dá sentido à sua vida?), mas é um elemento que se encaixa perfeitamente no sistema de valores que sustenta o capitalismo hipercomercializado e que os indivíduos internalizaram. Esse sistema, como mencionei antes, coloca a aquisição de dinheiro num pedestal. A capacidade de negociar o próprio espaço e tempo pessoal para obter lucro é vista como uma forma de empoderamento e como um passo em direção ao objetivo último de adquirir riqueza. Portanto, representa o triunfo do capitalismo.[23]

A comoditização da esfera privada é o apogeu do capitalismo hipercomercializado. Ela não pressagia uma crise do capitalismo. Uma crise ocorreria somente se a comoditização da esfera privada fosse vista como uma invasão em áreas que os indivíduos quisessem proteger da comercialização e como uma pressão para se envolver em atividades das quais não quisessem participar. Mas a maioria das pessoas tem a percepção oposta e a considera um passo em direção ao enriquecimento e à liberdade.

Podemos tirar as seguintes conclusões. Em primeiro lugar, do lado puramente factual, não há argumento sério que conteste que, à medida que as sociedades enriquecem, a esfera da comoditização se expande.[24]

Em segundo lugar, embora uma maior comoditização tenha melhorado nossa vida em muitos casos e responda a uma escolha definitiva das pessoas, ela também com frequência enfraquece os laços pessoais e às vezes nos torna mais insensíveis, porque nosso conhecimento de que qualquer pequeno problema incômodo pode ser resolvido com dinheiro nos deixou menos preocupados com nossos vizinhos e familiares.

Portanto, como vivemos em um ambiente cada vez mais comoditizado, onde as interações são transitórias e separadas, o espaço em que podemos exercer um comportamento cooperativo "simpático" encolhe. Quando chegarmos a um ponto em que todos tenhamos nos tornado apenas agentes em negócios pontuais, não haverá mais lugar para a simpatia gratuita. Esse ponto-final seria uma utopia da riqueza e uma distopia das relações pessoais.

O capitalismo transformou com sucesso os seres humanos em máquinas de calcular dotadas de necessidades ilimitadas. O que David Landes viu em *The Wealth and Poverty of Nations* (1998) como uma das principais contribuições do capitalismo — o fato de que ele estimula um uso melhor do tempo e a capacidade de expressar tudo em termos de um poder de compra abstrato — avançou agora para dentro de nossa vida privada. Se todos nos tornamos centros capitalistas, não precisamos do modo de produção capitalista nas fábricas para viver no capitalismo.

5.2c. *O domínio do capitalismo*

O domínio do capitalismo como a melhor, ou antes, a única maneira de organizar a produção e a distribuição parece absoluto. Não há nenhum rival à vista. O capitalismo ganhou essa posição graças à sua capacidade, por meio do apelo ao egoísmo e ao desejo de possuir propriedades, de organizar as pessoas para que conseguissem, de maneira descentralizada, criar riqueza e aumentar muito o padrão de vida de um ser humano médio — algo que apenas um século atrás era considerado quase utópico. Mas esse sucesso econômico tornou mais aguda a discrepância entre a capacidade de viver uma vida melhor e mais longa e a falta de um aumento proporcional da moral, ou mesmo da felicidade. A maior abundância material melhorou a conduta e o comportamento entre as pessoas: uma vez que as necessidades elementares, e até muito mais do que isso, foram satisfeitas, as pessoas não precisavam mais se envolver numa luta hobbesiana de todos contra todos. Os modos se tornaram mais polidos, as pessoas ficaram mais atenciosas.

Mas esse polimento externo foi alcançado à custa de as pessoas serem cada vez mais movidas apenas pelo interesse próprio, mesmo em muitos assuntos banais e pessoais. O espírito capitalista, num testemunho do sucesso generalizado do capitalismo, penetrou profundamente na vida individual das pessoas. Uma vez que estender o capitalismo à família e à vida íntima era antitético às concepções seculares sobre sacrifício, hospitalidade, amizade, laços familiares e coisas semelhantes, não foi fácil aceitar abertamente que todas essas normas haviam sido substituídas pelo interesse próprio. Esse mal-estar criou um enorme campo onde reinou a hipocrisia. Assim, em última análise, o sucesso material do capitalismo passou a ser associado a um reinado de meias verdades em nossa vida privada.

5.3. Medo infundado do progresso tecnológico

5.3a. A falácia da massa fixa de trabalho e nossa incapacidade de visualizar o futuro

Temos duzentos anos de experiência com a introdução de máquinas que substituem o trabalho humano. Toda vez que a automação em larga escala das atividades realizadas antes por seres humanos ocorreu ou apareceu no horizonte, houve temores de desemprego maciço, deslocamento social e, em uma palavra, pessimismo. Toda vez, esses medos foram considerados singulares e absolutamente novos. E toda vez, após o choque, percebeu-se que eles haviam sido exagerados.

As discussões recentes sobre o advento dos robôs concentram-se na ameaça de eles substituírem os seres humanos como algo verdadeiramente novo e que pode mudar em essência nossa civilização e nosso modo de vida. Mas isso não seria nenhuma novidade. As máquinas vêm substituindo o trabalho repetitivo (e às vezes criativo) numa escala significativa desde o início da Revolução Industrial. Os robôs não são diferentes de qualquer outra máquina.

A obsessão ou o medo dos robôs tem a ver com o nosso fascínio pelo antropomorfismo. Algumas pessoas falam de grandes lucros que seriam auferidos pelos "donos de robôs", como se esses donos fossem proprietários de escravos (ver, por exemplo, Freeman, 2014; e Rotman, 2015). Mas não existem donos de robôs; existem apenas empresas que investem e implementam essas inovações tecnológicas, e são essas empresas que colherão os benefícios. Pode acontecer que o aumento da automação faça com que a participação do capital na renda nacional aumente ainda mais, com todas as consequências sobre a desigualdade interpessoal discutidas no capítulo 2, mas isso não difere dos efeitos da introdução de quaisquer novas máquinas que substituem a mão de obra — algo que está conosco há pelo menos dois séculos.

A robótica nos leva a enfrentar diretamente três falácias.

A primeira é a falácia da doutrina da massa fixa (ou escassez) de trabalho, que sustenta que o número total de empregos é fixo e que, à medida que assumem empregos, as novas máquinas fazem com que muitos trabalhadores encarem um desemprego permanente. Quanto menor o horizonte de tempo, mais essa proposição parece razoável. Isso ocorre porque, a curto prazo, o número de empregos é realmente limitado; portanto, se mais tarefas forem executadas por máquinas, menos tarefas sobrarão para as pessoas. Mas, assim que estendemos nosso olhar para horizontes mais longos, o número de empregos não é mais fixo; não sabemos quantos empregos serão perdidos ou quantos empregos novos serão criados. Não podemos identificar quais serão os novos empregos, ou quantos deles poderão existir porque não sabemos o que as novas tecnologias trarão.[25] A experiência de dois séculos de progresso tecnológico pode, no entanto, nos ajudar. Sabemos que temores semelhantes sempre existiram e nunca se concretizaram. As novas tecnologias acabaram criando novos empregos suficientes e, na verdade, mais e melhores empregos do que aqueles que foram perdidos. Isso não significa que ninguém perde em consequência da automação. As novas máquinas (chamadas de "robôs") substituirão alguns trabalhadores e os salários de algumas pessoas serão reduzidos. Porém, por mais trágicas que possam ser essas perdas para os indivíduos envolvidos, elas não afetam a sociedade como um todo.

As estimativas da proporção de empregos ameaçados pela automação variam muito, tanto entre países quanto dentro dos países, dependendo da metodologia utilizada. Nos Estados Unidos, as estimativas da proporção de empregos em risco variam de 7% a 47%; no Japão, de 6% a 55%.[26] Obtêm-se as porcentagens altas quando mais de 70% dos "especialistas" consideram que determinadas ocupações serão provavelmente afetadas pela automação; mas, quando se realiza o mesmo exercício olhando para a distinção mais específica entre tarefas dentro de ocupações, as porcentagens são muito menores, variando de 6% a 12% para os países da OCDE (Hallward-Driemeier e Nayyar, 2018). Esses números estimam apenas perdas de empregos; não incluem (nem poderiam) o número desconhecido de novos empregos que serão criados pelas mesmas tecnologias que deslocaram os trabalhadores e criaram novas necessidades.

Daí a segunda falácia da "massa fixa": as necessidades humanas são limitadas. A segunda falácia está ligada à primeira — a saber, nossa incapacidade de identificar o que a nova tecnologia trará — porque nossas necessidades são, por sua vez, determinadas pela tecnologia disponível e conhecida. As "necessidades" que a tecnologia atual não pode satisfazer não são, num sentido econômico, necessidades reais. Se sentirmos hoje a necessidade de voar para Plutão, essa necessidade não pode ser satisfeita e não tem importância econômica. Do mesmo modo, a necessidade de um senador romano de gravar seu discurso — se alguém na época tivesse tido de fato essa necessidade — não poderia ser satisfeita e não importava. Mas hoje ela importa.

Essas duas falácias estão relacionadas da seguinte maneira: tendemos a imaginar que as necessidades humanas se limitam ao que sabemos que existe hoje e ao que as pessoas aspiram hoje, e não podemos ver quais serão as novas necessidades que surgirão com as novas tecnologias (porque as próprias tecnologias são desconhecidas). Por consequência, não podemos imaginar quais novos empregos serão necessários para satisfazer as necessidades recém-criadas. Mais uma vez, a história vem em socorro. Há quinze anos, não podíamos imaginar a necessidade de um telefone celular inteligente (porque não podíamos imaginar sua existência) e, portanto, não podíamos imaginar os novos empregos criados pelos aplicativos para smartphones, do Uber aos aplicativos que vendem passagens aéreas ou conectam donos de cães com os passeadores disponíveis. Quarenta anos atrás, não podíamos imaginar a necessidade de ter um computador em nossa casa, e não podíamos imaginar os milhões de novos empregos criados pelo computador pessoal. Há cerca de cem anos, não podíamos imaginar a necessidade de um automóvel pessoal e, portanto, não podíamos imaginar Detroit, Ford, GM, Toyota e até coisas como o guia de restaurantes Michelin. Em torno de duzentos anos atrás, Jean-Baptiste Say, um dos primeiros economistas de renome, afirmou que "nenhuma máquina será capaz de executar o que até os piores cavalos conseguem — o serviço de transportar pessoas e mercadorias em meio à agitação e à multidão de uma grande cidade".[27]

Outros economistas famosos, como David Ricardo e John Maynard Keynes (em "As possibilidades econômicas para nossos netos"), pensavam que as necessidades humanas eram limitadas. Deveríamos saber melhor hoje: nossas necessidades são ilimitadas, e, como não podemos prever movimentos exatos em tecnologia, não podemos prever que forma específica essas novas necessidades assumirão.

A terceira falácia da "massa fixa" é a da "massa fixa de matérias-primas e energia", a ideia da assim chamada capacidade de carga da Terra. É claro que existem limites geológicos para o suprimento de matérias-primas, simplesmente porque a Terra é finita. (Observe, no entanto, que o cosmos, pelo menos da nossa pequena perspectiva humana, é de fato ilimitado.) Mas a experiência nos ensina que os limites terrestres são muito mais amplos do que em geral pensamos em um dado momento, porque nosso conhecimento do que a Terra contém e de como isso pode ser usado para nossas necessidades é limitado pelo nosso nível tecnológico do momento. Quanto melhor for a nossa tecnologia, mais reservas descobriremos de qualquer coisa e mais eficientes seremos em usá-las. Aceitar que X é uma fonte de energia ou matéria-prima esgotável e que, na atual taxa de utilização, se esgotará em Y anos, é apenas parte da história. Omite-se o fato de que, à medida que X se torna escasso e aumenta de preço, crescem os incentivos para criar substitutos (como mostram as invenções do açúcar de beterraba, da borracha sintética e do fraturamento hidráulico) ou usar combinações diferentes de insumos para produzir os bens que agora exigem X como input. O custo do bem final pode subir, mas isso é apenas uma mudança no preço relativo, não um evento cataclísmico. O conceito de capacidade de carga, que não inclui o desenvolvimento de tecnologia e a precificação em sua equação, é apenas mais uma falácia da "massa fixa".

Alguns proeminentes economistas, como Stanley Jevons, que fez para si uma reserva com toneladas de papel no século XIX por achar que as árvores acabariam, alimentaram os mesmos temores ilógicos.[28] Não só isso não aconteceu, apesar do uso de muitos milhares (ou milhões?) de vezes de papel a mais sem que o mundo ficasse sem árvores, como Jevons, compreensivelmente, não conseguiu imaginar que a tecnologia permitiria a reciclagem de papel e o reflorestamento eficiente, ou que as comunicações eletrônicas reduziriam nossa necessidade de papel. Não somos mais espertos que Jevons. Nós também não podemos imaginar o que poderá substituir o óleo combustível, o magnésio ou o minério de ferro. Mas devemos ser capazes de entender o processo pelo qual as substituições ocorrem e raciocinar por analogia.

Penso que os receios em relação à robótica e à tecnologia derivam de duas fragilidades humanas. Uma é cognitiva: simplesmente não sabemos quais serão as futuras mudanças tecnológicas e, portanto, não podemos dizer quais novos empregos serão criados, quais serão nossas necessidades futuras ou como as matérias-primas serão usadas. A segunda é psicológica: ficamos excitados com o medo do desconhecido — nesse caso, a perspectiva assustadora e, contudo, sedutora de robôs metálicos substituindo trabalhadores de carne e osso no chão de fábrica. Esse anseio pela excitação responde à mesma necessidade que nos faz assistir a filmes de terror e também ao que Keynes chamou de nossa "disposição para ficar alarmado e excitado". Gostamos de nos assustar com a ideia do esgotamento dos recursos naturais, dos limites para o crescimento e da substituição de pessoas por robôs. Pode ser divertido, ou talvez nos faça sentir que somos virtuosos por não sermos ingênuos e prevermos o pior, mas a história nos ensina que o mundo dos trabalhadores robóticos não é algo que devemos racionalmente temer.

5.3b. Problemas com a renda básica universal

A reação a esses temores do desemprego maciço proporcionou uma relevância repentina ao conceito de renda básica universal (RBU).[29] A RBU tem quatro características: é universal, isto é, proporcionaria uma renda a todo cidadão; é incondicional, ou seja, dada a todos sem requisitos; é paga em dinheiro; e é uma fonte de renda, ou seja, um fluxo constante, não um subsídio único. (Um subsídio também pode ter as três primeiras características, mas seria pago a um indivíduo apenas uma vez.) A ideia da RBU tornou-se popular na esquerda porque parece generosa e, se definida num nível suficientemente alto, reduziria a pobreza e possivelmente a desigualdade. Ela parece abordar o problema da desigualdade de baixo para cima: em vez de limitar as rendas mais altas, aumentam-se as rendas mais baixas. E se as rendas mais baixas são suficientemente altas, isso implica também uma tributação relativamente alta dos ricos (para financiar a RBU), o que, de maneira indireta, reduz a desigualdade de renda. O conceito também atrai a direita, exatamente pelas razões opostas. Parece ser uma maneira de se livrar das intermináveis reclamações sobre rendas excessivamente altas e das tentativas de limitá-las, acabando de uma vez por todas com os remendos incessantes no sistema de tributação e transferências. Uma vez que os ricos concordam em prover a todos, independentemente de seus méritos ou deméritos, de uma renda suficiente para uma vida decente, a desigualdade subsequente pode ser o que o mercado e a concorrência monopolística permitirem. Desse modo, a direita vê a RBU como um dispositivo para maximizar as altas rendas, dando-lhes uma aura de aceitabilidade social.

É óbvio que algo que atrai dois grupos cujos objetivos são exatamente opostos decerto decepcionará pelo menos um dos dois, ou talvez ambos. Mas, enquanto a RBU está sendo debatida, cada lado pode acreditar que, em última análise, terá razão, o que significa que a atratividade política do conceito pode não diminuir para nenhum dos lados. Essa é precisamente a situação em que estamos agora.

Porém, qualquer que seja seu apelo político, a RBU tem problemas significativos que dificultam sua aplicação.

Primeiro, quase não temos experiência com ela. O Relatório de Desenvolvimento Mundial do Banco Mundial de 2019, que é, em grande medida, dedicado a questões de automação e RBU, lista apenas duas experiências nacionais com a renda universal. Uma delas aconteceu na Mongólia, onde uma RBU equivalente a US$ 16,50 por mês durou dois anos, até que o dinheiro com o qual era financiada (um preço mundial elevado por minerais raros) se esgotou. A outra ocorreu no Irã, onde os subsídios à energia foram substituídos por uma transferência monetária paga a 96% da população. O valor era de US$ 45 por mês, por pessoa, e o programa durou um ano.[30] Isso é tudo.

Outros programas similares são pateticamente pequenos. A Finlândia teve um ensaio que envolveu 2 mil cidadãos desempregados, e Oakland, na Califórnia, experimentou com apenas cem famílias. Ademais, observe que, no caso finlandês, o dinheiro foi desembolsado apenas para os desempregados; assim, o programa não era universal nem incondicional. O estado do Alasca distribui a todos os cidadãos subsídios anuais que provêm da receita de um fundo de recursos naturais. Mas trata-se de um subsídio extraordinário que varia de acordo com a sorte do fundo, e não é uma renda mensal garantida que, em princípio, deveria custear as despesas básicas. Quando reunimos todas essas experiências, elas equivalem a praticamente nada — e não chegam nem perto do que deveria ser uma verdadeira RBU, de acordo com seus defensores, ou seja, um programa universal e sustentável que, por si só, fornecesse uma renda mínima "aceitável" e que fosse paga mensalmente ad infinitum (do ponto de vista da sociedade) ou até a morte (do ponto de vista do indivíduo).

É possível argumentar que só o fato de algo não ter sido tentado não significa que não possa funcionar. Trata-se de um argumento válido — mas também é verdade que não temos até agora nenhuma experiência que mostre como a RBU funcionaria de fato.

O segundo problema é o custo. Aqui a situação é um pouco mais complexa. É óbvio que, por razões financeiras, não se pode presumir que a RBU seja implantada ao lado de todos os outros programas existentes, dos benefícios à infância aos seguros por invalidez. Assim, a pergunta é: se a RBU for neutra do ponto de vista fiscal, quais outros programas seriam cortados e em quanto? É claramente possível tornar a RBU fiscalmente neutra, eliminando ou restringindo os programas existentes e definindo o valor em dinheiro pago pela RBU em um nível equivalente apropriado. A questão é, então, se esse nível seria considerado satisfatório para um padrão de vida "decente". Se não o fosse, a esquerda não ficaria satisfeita; ela simplesmente defenderia impostos maiores. A neutralidade fiscal não é necessariamente uma coisa com que ela se preocupe. Não é óbvio, no entanto, que a direita se sentiria confortável com um programa tão caro e com os altos impostos que ele implicaria.

A RBU teria de ter um mecanismo embutido pelo qual não só seu valor aumentasse com a inflação como precisaria haver alguma conexão entre seu nível e o crescimento real do PIB. Por exemplo, a cada dois ou três anos, a RBU poderia ser aumentada na mesma (ou talvez mais baixa?) porcentagem do crescimento do PIB per capita. Ou poderia ser reduzida quando o PIB per capita caísse.

O terceiro problema é filosófico. O sistema de assistência social, como o existente nos países ricos, foi criado em torno da ideia de seguridade social. Offer e Söderberg (2016) sustentam que o princípio da seguridade social é a espinha dorsal da social-democracia. Ela protege os indivíduos (e, em alguns casos, apenas aqueles que estão empregados) contra contingências previsíveis que resultem na incapacidade de trabalhar e manter o padrão de vida de alguém. Protege pessoas contra doença e invalidez, contra perda de renda devido à gravidez, contra a velhice e contra o desemprego. Precisa ser "social", isto é, universal, para evitar o tipo de autoescolha que tornaria o sistema financeiramente incontrolável: se aqueles que pensassem que seu risco de desemprego fosse baixo pudessem decidir pela não contribuição, restariam apenas os casos de alto risco e os prêmios seriam excessivamente altos. É por isso que o universalismo e a redistribuição são partes do sistema. Além disso, para aqueles que ficam à margem e ainda não têm renda aceitável, apesar desses programas de seguridade social, o sistema introduz benefícios de assistência social com respaldo financeiro e cujo objetivo, diferente da seguridade social, é a prevenção direta da pobreza.

Com a instituição de um sistema de renda básica universal, a filosofia subjacente ao estado de bem-estar social seria reformulada. A RBU não garante contra riscos: ignora-os por completo. Ela distribui dinheiro para todos igualmente, embora o dinheiro recebido por pessoas abastadas seja recuperado mais tarde por meio de impostos. Não se trata necessariamente de um argumento contra a RBU. A filosofia na qual um sistema de bem-estar se baseia pode e, talvez, deva ser alterada. Não obstante, ela nos lembra que a mudança do sistema atual para a RBU não seria apenas uma mudança técnica e financeira: implicaria uma mudança geral na filosofia que rege o estado de bem-estar social há mais de um século.

O quarto problema também é filosófico, mas diz respeito à questão mais ampla de que tipo de sociedade a instituição da RBU estimularia. A esquerda e a direita, como vimos, parecem visualizar duas sociedades resultantes muito diferentes: a esquerda acredita que a RBU introduziria limites para as rendas mais altas e reduziria a desigualdade; a direita acredita que ela faria o oposto. Além disso, não sabemos qual o efeito que a RBU teria sobre a propensão das pessoas a procurar emprego e trabalhar. Por um lado, uma transferência regular de um montante fixo como a RBU não deveria afetar as decisões sobre trabalho (o efeito de substituição de trabalho por lazer deveria ser zero, uma vez que a RBU seria recebida de qualquer maneira e não seria recuperada via tributação nos casos das pessoas com níveis de renda inferiores). Por outro lado, a maior renda que as pessoas ganhariam, em comparação com nenhuma renda ou assistência social em níveis muito mais baixos, poderia predispô-las a consumir mais lazer, ou seja, trabalhar menos.

É possível que, no fim das contas, o efeito da RBU no trabalho seja pequeno; mas também é possível que a sociedade se torne muito polarizada, com, digamos, cerca de 20% da população em idade ativa escolhendo não trabalhar de forma alguma. Àqueles que optariam por não trabalhar porque consideram a RBU suficiente, devemos acrescentar os que talvez não precisassem trabalhar devido às altas rendas de capital que herdaram (conforme discutido na seção 2.4). Isso nos daria uma sociedade tripartida, em que aqueles que estivessem na base e muitos que estivessem no topo não trabalhariam, enquanto a classe média trabalharia. Uma sociedade assim, em que o trabalho não fosse tratado como algo intrinsecamente bom e desejável, e onde talvez um terço dos jovens estivesse rotineiramente fora da força de trabalho, seria considerada uma sociedade boa?

Essas são as questões que devem ser resolvidas antes de decidirmos a favor ou contra a RBU. Nenhuma das objeções que levantei é suficiente para derrubar a ideia; cada uma delas poderia ser resolvida, refinada ou talvez julgada improvável. Mas todas elas, tomadas em conjunto, levantam questões sobre a conveniência de se avançar com rapidez em direção à RBU.

5.4. *Luxe et Volupté*

5.4a. *Dois cenários: Guerra e paz*

Ao traçarmos a evolução futura do capitalismo global, temos de levar a sério a possibilidade de uma guerra nuclear global que, se não destruiria toda a vida no planeta, mudaria radicalmente o futuro do mundo em relação ao que ele seria em circunstâncias mais pacíficas. Haveria, para dizer o mínimo, uma acentuada descontinuidade no desenvolvimento — embora não devamos conceber a guerra como algo exógeno ao sistema capitalista. Uma analogia com a Primeira Guerra Mundial seria útil. A Grande Guerra mudou significativamente a trajetória da história mundial em comparação com qualquer alternativa razoável. Causou diretamente a revolução comunista de 1917 e, assim, levou ao estabelecimento de um sistema socioeconômico alternativo que representou, durante grande parte do século XX, um desafio sério e plausível ao capitalismo. Também produziu — com um atraso de cerca de vinte anos, em sua continuação conhecida como Segunda Guerra Mundial — uma diminuição da importância global da Europa e a ascensão dos Estados Unidos à posição hegemônica mundial. E quase certamente acelerou o processo de descolonização, em parte por enfraquecer as potências coloniais europeias e, em parte, por deslegitimar seu domínio.

A Primeira Guerra Mundial não veio do nada: suas sementes já estavam nas condições que prevaleciam antes de sua eclosão. Como John Hobson (1902) sustentou originalmente, o imperialismo europeu que, em última análise, levou à guerra surgiu em virtude da grande desigualdade interna de renda e riqueza gerada pelo capitalismo globalizado. O excesso de renda nas mãos dos ricos (cuja propensão média ao consumo é baixa) causou uma desproporção entre a (alta) quantidade de poupança e a disponibilidade de investimentos internos lucrativos. Assim, os ricos se voltaram para investimentos no exterior para dar um uso melhor a suas economias. Esses novos campos de ação para o capitalismo global podiam se tornar seguros para o capital graças ora à conquista colonial, ora ao controle político de fato. Vários Estados importantes procuraram expandir seu alcance dessa maneira, resultando numa competição imperialista. Essa situação, quando traduzida para a política europeia, produziu a guerra.[31]

Havia, portanto, um forte vínculo entre as condições econômicas que prevaleciam antes da guerra e a "necessidade" da guerra. Como argumentei no capítulo 3, a Primeira Guerra Mundial talvez represente a mais forte refutação à tese de que o capitalismo precisa de paz (ou promove a paz) devido à forte interdependência econômica que cria entre as nações. Todos pensavam assim antes de 1914: era de conhecimento geral que uma guerra teria efeitos devastadores em todas as partes e, no entanto, quando as decisões finais tiveram de ser tomadas, todos se lançaram ao abismo de olhos fechados.

A mesma lógica se aplica hoje. Todo mundo está ciente de que uma guerra entre as principais potências teria um efeito catastrófico sobre todos os Estados envolvidos, com efeitos apenas levemente inferiores sobre os outros países. Durante o século XX, o mais letal da história, estima-se que 231 milhões de pessoas morreram em consequência de guerras; isso representa cerca de 2,6% dos cerca de 8,9 bilhões de pessoas que nasceram ao longo do século.[32] Uma guerra no século XXI poderia ser muito mais letal em números absolutos, e possivelmente em números relativos também. A visão melancólica é que o capitalismo, em seu estágio anterior mais elevado de expansão e poder globais, gerou o conflito mais devastador da história até então; e há uma chance não tão insignificante de que mecanismos internos semelhantes possam levar a outro conflito daquele tipo.

Essa guerra, caso não levasse à extinção da humanidade, não anularia todos os avanços tecnológicos realizados nos últimos cem anos. A razão é que a globalização espalhou o conhecimento da tecnologia por toda parte. Mesmo que a América do Norte, a Europa e a Rússia fossem mais ou menos obliteradas e se tornassem inabitáveis (com a resultante redução drástica na renda per capita e a provável emigração maciça da população sobrevivente para a América Latina, África e Ásia), o conhecimento tecnológico — da produção de veículos e computadores à de alimentos geneticamente modificados — não seria perdido. Os poderes relativos de diferentes Estados seriam em essência alterados (como após as duas guerras mundiais do século XX), mas, mesmo vindo a sofrer um enorme revés, o progresso tecnológico não seria interrompido. É graças ao capitalismo globalizado que os desenvolvimentos tecnológicos se espalharam por todo o mundo, e seria (ironicamente) graças ao capitalismo globalizado que eles seriam preservados mesmo depois de um imenso holocausto.[33] Nesse cenário sombrio, o capitalismo global seria ao mesmo tempo causa da devastação e salvador da civilização. Em outras palavras, a suposta piada de Einstein de que a Quarta Guerra Mundial seria travada com pedras não se comprovaria. Mesmo que metade da humanidade fosse destruída, o conhecimento tecnológico não seria eliminado da face da Terra.

Enfim, o problema de uma guerra global gira em torno da questão de saber se a humanidade alcançou maturidade suficiente para perceber que essa calamidade simplesmente poria abaixo a ideia de "vencedores" e "perdedores" ou se seria necessária uma demonstração prática para que os seres humanos chegassem a essa conclusão.

Se uma guerra global não acontecer, que trajetória o capitalismo global poderá seguir nas próximas décadas? Essa pergunta nos leva a considerar a competição entre os dois tipos de capitalismo que examinei ao longo deste livro.

5.4b. Capitalismo político versus capitalismo liberal

Discuti nos capítulos 2 e 3 os papéis que os Estados Unidos e a China desempenham como principais expoentes, respectivamente, dos capitalismos liberal e político. No nível mais abstrato, devemos considerar as vantagens dos dois tipos de capitalismo independentemente de seus principais promotores.

A vantagem do capitalismo liberal reside em seu sistema político democrático. Muitas pessoas (mas não todas) consideram a democracia um "bem primário" — desejável em si mesmo e que, portanto, não precisa de justificativa graças a seus efeitos sobre, digamos, o crescimento econômico ou a expectativa de vida. Essa é uma vantagem. Mas há também uma vantagem instrumental da democracia. Ao exigir consulta constante à população, a democracia também proporciona uma correção muito poderosa das tendências econômicas e sociais que podem ser prejudiciais ao bem-estar dos cidadãos. Mesmo que as decisões da população resultem às vezes em políticas que reduzem a taxa de crescimento econômico, aumentam a poluição ou diminuem a expectativa de vida, a tomada de decisões democrática deveria, em um período relativamente limitado, revertê-las. Para achar que a democracia não importa como uma forma de controle contra ações prejudiciais seria preciso demonstrar que a maioria da população sempre fará escolhas erradas (ou irracionais), por um longo tempo. Isso parece improvável.

Ante essas vantagens do capitalismo liberal, o capitalismo político, de seu lado, promete uma administração muito mais eficiente da economia e taxas maiores de crescimento. Não é uma vantagem pequena, especialmente se renda e riqueza altas forem classificadas como os objetivos finais — uma classificação não só ideologicamente enraizada na própria ideia do capitalismo global, mas também expressa todo dia nas ações de virtualmente todos os participantes da globalização econômica (o que significa praticamente o mundo inteiro). Rawls afirma que os bens primários (liberdades básicas e renda) são ordenados lexicograficamente: as pessoas dão prioridade absoluta às liberdades básicas em relação à riqueza e à renda e, portanto, não aceitam uma troca.[34] Mas a experiência cotidiana parece mostrar que muitas pessoas estão dispostas, sim, a trocar partes da tomada de decisão democrática por uma renda maior. Basta observar que, dentro das empresas, a produção é em geral organizada da maneira mais hierárquica, e não mais democrática. Os trabalhadores não votam nos produtos que gostariam de produzir ou em como gostariam de produzi-los (digamos, com ou sem máquinas). A razão parece ser que a hierarquia resulta em maior eficiência e salários mais altos. Como Jacques Ellul (1963, p. 209) disse há mais de meio século, "a técnica é a fronteira da democracia. O que a técnica vence, a democracia perde. Se tivéssemos engenheiros que fossem populares junto aos trabalhadores, eles ignorariam o maquinário". A mesma analogia pode ser estendida à sociedade como um todo: direitos democráticos podem ser (e foram) abandonados voluntariamente em troca de rendas mais altas. É com base nisso que o capitalismo político assevera sua superioridade.

O problema, no entanto, é que, para provar sua superioridade e repelir o desafio liberal (isto é, ser preferido pela população em detrimento do capitalismo liberal), o capitalismo político precisa proporcionar taxas elevadas de crescimento constantemente. Desse modo, enquanto as vantagens do capitalismo liberal são "naturais", ou, em outras palavras, incorporadas à configuração do sistema, as vantagens do capitalismo político são operacionais: precisam ser demonstradas permanentemente. O capitalismo político começa, assim, com uma desvantagem: precisa provar sua superioridade empiricamente. Além disso, enfrenta dois problemas: (1) dificuldade de mudar de rumo se uma direção errada foi escolhida devido à ausência de controles democráticos; e (2) uma tendência inerente à corrupção devido à ausência do império da lei. Em relação ao capitalismo liberal, o capitalismo político tem uma tendência maior a gerar políticas públicas ruins e resultados sociais ruins que não podem ser revertidos porque os que estão no poder não têm estímulos para mudar de rumo. Ele também pode, com muita facilidade, gerar insatisfação popular devido à sua corrupção sistêmica. Ambos os "flagelos" são menos importantes no capitalismo liberal.

O capitalismo político precisa, portanto, se vender com base numa melhor gestão da sociedade, taxas mais altas de crescimento e administração mais eficiente (inclusive a administração da justiça). Ao contrário do capitalismo liberal, que pode ter uma atitude mais relaxada em relação a problemas temporários, o capitalismo político, para ter sucesso, deve estar permanentemente alerta. Isso pode, no entanto, ser visto como uma vantagem do ponto de vista do darwinismo social: devido à pressão constante para prover mais a suas populações, o capitalismo político pode aprimorar sua capacidade de gerenciar bem a esfera econômica e continuar proporcionando, entra ano e sai ano, mais bens e serviços do que seu equivalente liberal. Assim, o que aparece a princípio como um defeito pode ser uma vantagem.

Em *Democracy and Capitalism*, livro publicado em 1986, Samuel Bowles e Herbert Gintis previam três direções possíveis para as quais a globalização poderia evoluir. A primeira é neoliberal, ditada pelo Ocidente e centrada no capitalismo meritocrático liberal. A segunda é neo-hobbesiana, definida como "expansão do terreno sobre o qual reinam os direitos de propriedade, pela contração do domínio dos direitos pessoais e pela construção de instituições estatais sem responsabilidades perante ninguém" (pp. 198-9). Essa variante é muito parecida com o que eu chamo de capitalismo político. Além disso, Bowles e Gintis descreveram essa variante como "burkiana em sua aceitação de valores tradicionais, [mas também] mais semelhante à engenharia social com visão de futuro de [Henri de] Saint-Simon" (p. 198). O capitalismo neo-hobbesiano combina valores sociais relativamente conservadores, a expansão dos direitos de propriedade em muitos domínios (o que eu chamo de aumento da comoditização) e tentativas de "aperfeiçoar" a sociedade por meio da engenharia social. Todas essas são características do capitalismo político bem-sucedido.

A terceira variante que Bowles e Gintis consideram consiste em uma sociedade de rentistas que arrendam ou emprestam seu capital a empresas organizadas democraticamente. Atualmente, esse tipo de capitalismo não existe em nenhum lugar, embora não seja impossível imaginar que, com maior abundância de capital e uma pausa no aumento da população, pudéssemos ver sociedades em que o processo de contratação entre os fatores de produção poderia ser invertido, isto é, onde o trabalho contrataria o capital, e não o contrário. Essa reversão não aconteceu até agora, não apenas devido à posição de negociação mais forte dos donos do capital (isto é, a escassez relativa de capital em comparação com o trabalho), mas também em virtude de problemas de coordenação entre os trabalhadores. É mais fácil coordenar os interesses de alguns capitalistas do que de milhares de trabalhadores — fato que Adam Smith já havia observado. Outro obstáculo é a ausência de garantias entre os trabalhadores, o que deixa os capitalistas receosos ao lhes emprestar dinheiro. Ademais, uma empresa organizada democraticamente não estaria, por definição, sob o controle dos provedores de capital, o que é outra razão pela qual os capitalistas hesitariam em emprestar seus fundos.[35] Mas, apesar de todos esses problemas, não se pode descartar que uma mudança no poder de negociação relativo entre trabalho e capital possa ocorrer durante o século XXI (à medida que mais capital for acumulado e a população global parar de crescer) e que um local de trabalho organizado democraticamente possa surgir como alternativa aos capitalismos político e liberal. Continuaria capitalista no sentido de que a propriedade privada dos meios de produção seria mantida, mas não haveria trabalho assalariado. Usando a definição padrão de capitalismo que exige a presença de ambos, não é óbvio que ainda poderíamos chamar essa sociedade de "capitalista".

5.4c. Desigualdade global e mudanças geopolíticas

Nos capítulos anteriores, mostrei os efeitos das mudanças econômicas e geopolíticas que reduziram drasticamente as disparidades de renda entre uma Ásia ressurgente e o Ocidente. Se essas tendências continuarem, o que podemos razoavelmente esperar, elas farão com que os níveis de renda da China e, mais tarde, de outros países asiáticos, como Tailândia, Indonésia, Vietnã e Índia, se aproximem daqueles dos países ocidentais. Essa convergência fará o mundo retornar à relativa paridade dos níveis de renda que existia antes da Revolução Industrial, quando a renda da China e da Índia era semelhante à da Europa Ocidental. Esse padrão pode ser visto na Figura 5.1, que mostra o PIB per capita chinês e indiano como uma porcentagem do PIB per capita britânico, a partir de 1820 para a China e 1870 para a Índia e, em seguida, concentrando-se em quatro pontos cruciais no tempo: (1) o início da década de 1910, logo antes da Primeira Guerra Mundial; (2) fim da década de 1940, na época da revolução comunista na China e da independência da Índia; (3) final da década de 1970, quando começaram as reformas chinesas; e, por fim, (4) hoje. O gráfico também mostra a Indonésia comparada com a Holanda da mesma maneira e em momentos semelhantes no tempo. Nos três casos, o padrão é o mesmo. Na época da Revolução Industrial, a renda per capita nos países asiáticos era cerca de 40% daquela da Grã-Bretanha (na época o país mais desenvolvido da Europa). Depois, os níveis de renda relativa da Ásia caíram rapidamente, tanto que, de meados do século XX até o fim da década de 1970 e início da década de 1980, a renda per capita dos países asiáticos era menos de um décimo da britânica ou holandesa. Mas nos últimos quarenta anos a situação mudou drasticamente, sobretudo na China, que agora está quase no mesmo nível de renda relativa que tinha no início do século XIX. Em certo sentido, estamos testemunhando a destruição dos efeitos da primeira Revolução Industrial. A Figura 5.1 resume a história dos últimos dois séculos.

Figura 5.1. PIB per capita da China e da Índia como porcentagem do PIB britânico, e da Indonésia como porcentagem do PIB holandês, da Revolução Industrial até hoje

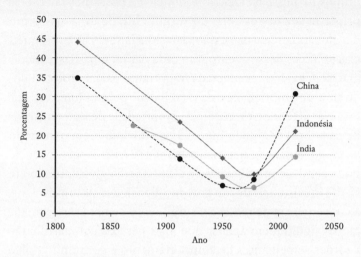

FONTES: Calculados com base no Maddison Project (2018); todos os dados de PIB per capita em PPCs de 2011 (variável cgdppc, que é a variável do PIB real usada para comparações entre países em um determinado ponto do tempo).

Essa convergência de renda também é responsável pela primeira queda sustentada da desigualdade de renda global desde 1820 (ver Figura 1.1).[36] Nas duas últimas décadas do século XX, o aumento subjacente da desigualdade global foi detido inteiramente graças ao crescimento chinês (Milanović, 2012). Nesse período, o crescimento na China não somente impediu o aumento da desigualdade global, como também representou mais de 95% da redução do número de pessoas que vivem abaixo da linha de pobreza absoluta no mundo (Chen e Ravallion, 2007). Por volta da virada do século XXI, a Índia juntou-se à China nesse papel, e, devido a sua grande população, pobreza relativa e alta taxa de crescimento, agora também contribui significativamente para um declínio da desigualdade de renda e da pobreza no mundo.

A importância da redução da desigualdade global não reside na diminuição de um único número (o coeficiente de Gini de desigualdade), mas na convergência da renda real entre vastos grupos de pessoas. Desse modo, talvez possamos falar, pela primeira vez na história, do surgimento de uma classe média global. Porém, não estão claras quais serão as consequências políticas desse evento. Em cada nação, uma classe média grande tem sido considerada importante para a proteção dos direitos de propriedade e da estabilidade política (uma vez que essa classe tende a proteger sua propriedade de ser confiscada pelos pobres e impedir que os ricos reivindiquem o monopólio da governança); mas não sabemos se esse papel específico pode ser desempenhado pela classe média global, tendo em vista a inexistência de um governo global. É mais provável que a convergência de renda e o surgimento de uma classe média global signifiquem apenas que mais pessoas compartilharão padrões semelhantes de comportamento e consumo — algo que já podemos observar facilmente, mas que se tornará muito mais comum e incluirá muito mais gente, à medida que a renda em outros países asiáticos populosos alcance a da Europa e da América do Norte. Como um indicador de até que ponto essa convergência já progrediu, observe que em 2017, em termos de PIB per capita real (ajustado para as diferenças em níveis de preços), a China estava apenas 10% abaixo da Bulgária, o país mais pobre da União Europeia, e representava 41% do PIB per capita da UE, ponderado pela população. No entanto, com a suposição conservadora de um crescimento do PIB per capita chinês de 6% ao ano, em comparação com um crescimento de 2% em toda a UE, a China levará apenas cerca de uma geração (24 anos) para atingir o PIB per capita médio de toda a UE. Desse modo, até 2040, todo o hemisfério Norte, incluindo América do Norte, Europa (exceto Rússia), Japão, Coreia e China, poderá ter aproximadamente a mesma renda, enquanto o Sul e o Sudeste da Ásia não ficarão muito atrás. Será uma mudança histórica.

Uma grande incógnita em relação à desigualdade global é o que acontecerá na África. Esse continente é importante por dois motivos. Primeiro, ele deu até o momento pouquíssimos sinais de poder iniciar o processo de convergência de maneira sustentada, ou seja, exibir na maioria dos países taxas de crescimento da renda per capita que sejam superiores às taxas de crescimento ocidentais por um longo período (digamos, vinte anos). Em segundo lugar, a África registra de longe o maior aumento esperado de população em comparação com qualquer outro continente. Se a África não conseguir alcançar o mundo rico (em termos per capita, deve-se enfatizar) e se sua população continuar a crescer em números absolutos e a uma taxa mais alta do que no resto do mundo, não é impossível imaginar um cenário em que a tendência de declínio na desigualdade de renda global primeiro se detenha e depois se inverta. Isso seria um desdobramento infeliz. Pode ser que tenhamos de esperar por um terceiro episódio, dessa vez africano, de crescimento regional notável (o primeiro sendo ocidental e o segundo asiático) para que se institua uma convergência mundial da renda média dos países.

Em conclusão, podemos esperar para as próximas décadas a ocorrência de uma convergência de renda em amplas faixas da Eurásia e da América do Norte, regiões que abrangem atualmente mais da metade da população mundial. Ainda não se sabe se a África subsaariana, que hoje representa cerca de 14% da população mundial, mas provavelmente representará 20% em 2040, participará ou não dessa convergência.[37]

É nesse contexto que devemos abordar o papel que a China pode desempenhar no desenvolvimento econômico da África. Se a ajuda chinesa, que enfatiza o investimento em infraestrutura, o desenvolvimento agrário e o aumento da produção de alimentos e recursos naturais, levar a um crescimento mais rápido em importantes países africanos, a convergência mundial de rendas se acelerará. Além disso, um crescimento mais rápido nos países africanos poderia reduzir a emigração de africanos cujo destino almejado são os países ricos da Europa. O sucesso da estratégia econômica da China na África ajudaria significativamente a Europa, que é, como apontei no capítulo 4, a região do mundo com maior necessidade de mão de obra estrangeira e ainda a mais relutante em se abrir para grandes fluxos adicionais de migrantes. Desse modo, vemos empiricamente a crescente interdependência das várias partes do mundo: o sucesso da China e da Índia não é bom apenas para suas populações e para a classe média global, mas também pode impulsionar o desenvolvimento da África e aliviar as pressões migratórias imediatas sobre a Europa.

A convergência de renda mundial também poderia reduzir o risco de uma guerra global desastrosa. Tendo notado que a força superior dos europeus no século XVIII lhes permitia cometer todo tipo de injustiças, Adam Smith pensava que uma maior igualdade de riqueza e de poder entre diferentes partes do mundo poderia, por medo mútuo, preservar a paz: "Os nativos desses países poderão ficar mais fortes, ou os da Europa mais fracos, e os habitantes de todos os quadrantes do mundo poderão chegar àquela igualdade de coragem e força que, inspirando temor mútuo, sozinha poderá sobrepujar a injustiça de nações independentes com alguma espécie de respeito pelos direitos umas das outras".[38]

5.4d. Notas finais sobre o sistema social para o qual este livro pode levar

Permitam-me concluir resumindo a evolução passada das sociedades capitalistas ocidentais e especulando sobre o que o futuro nos reserva. Em primeiro lugar, caracterizo os três tipos de capitalismo liberal existentes (definidos no capítulo 2) e outros dois tipos hipotéticos, o capitalismo popular e o capitalismo igualitário, que nunca existiram na realidade. Em seguida, defino políticas que podem nos ajudar a atingir um desses dois tipos.

- *Capitalismo clássico*. Os trabalhadores têm renda apenas do trabalho, os capitalistas têm renda apenas do capital, e todos os capitalistas são mais ricos do que todos os trabalhadores, ou seja, as distribuições de renda dos trabalhadores e dos capitalistas não se sobrepõem. Existe apenas uma redistribuição muito mínima via impostos e transferências. A desigualdade interpessoal é alta. As vantagens da riqueza são transmitidas através das gerações. Essa forma é também chamada de capitalismo de Ricardo-Marx.
- *Capitalismo social-democrata*. Os trabalhadores têm renda apenas do trabalho e os capitalistas têm renda apenas do capital, mas nem todos os capitalistas são mais ricos que todos os trabalhadores. Há uma redistribuição significativa por meio do sistema de tributação e transferências, inclusive assistência médica pública e educação gratuitas ou acessíveis. A desigualdade interpessoal é moderada. O acesso relativamente igual à educação permite mobilidade intergeracional de renda.
- *Capitalismo meritocrático liberal*. A maioria das pessoas tem alguma renda do trabalho e do capital. A parcela da renda de capital aumenta com o nível de renda, de modo que os extremamente ricos têm sobretudo renda de capital. Mas os mais ricos (digamos, os 5% mais bem-sucedidos) também têm renda substancial do trabalho. O aumento da fatia do capital à medida que as sociedades ficam mais ricas e a associação de altas rendas de capital e trabalho nos mesmos indivíduos se traduzem numa maior desigualdade interpessoal. O sistema de tributação e transferências redistribui uma parte significativa da renda total, mas o separatismo social, pelo qual os ricos preferem investir em educação e sistemas de saúde privados, se torna mais importante. A mobilidade intergeracional é menor do que no capitalismo social-democrata.

- *Capitalismo popular.* Todo mundo tem aproximadamente *partes* iguais de renda do capital e do trabalho. A renda das pessoas ainda é diferente; alguns têm mais renda de capital e trabalho. O aumento da fatia do capital não se traduz em maior desigualdade interpessoal; assim, a desigualdade não tem tendência a aumentar. A redistribuição direta é limitada, mas a assistência médica e a educação gratuitas ajudam na mobilidade intergeracional de renda.
- *Capitalismo igualitário.* Todos têm *quantias* aproximadamente iguais de renda de capital e de trabalho, de tal modo que um grande aumento na parte do capital não se traduz em maior desigualdade. A desigualdade interpessoal é baixa. O papel do Estado na redistribuição é limitado à seguridade social. A igualdade relativa de renda assegura a igualdade de oportunidades. Libertarianismo, capitalismo e socialismo se aproximam.

De uma maneira muito abstrata, a questão de como o capitalismo evoluirá depende da capacidade do capitalismo meritocrático liberal de dar passos na direção de um estágio mais avançado, o do capitalismo popular, onde (1) a concentração da renda do capital (e a concentração de propriedade da riqueza) seria menor, (2) a desigualdade de renda seria menor e (3) a mobilidade de renda intergeracional seria maior. O último ponto também impediria a formação de uma elite durável. Para avançar nesse sentido — se isso for considerado desejável —, não basta haver políticas graduais, por mais bem-intencionadas e bem projetadas que sejam. É importante ter em mente um objetivo claro e mensurável. Se o capitalismo popular ou o igualitário for o objetivo, a medida do progresso em direção a esse objetivo se torna relativamente simples e pode ser feita usando o conhecimento e as técnicas que possuímos hoje. As duas balizas mais importantes para monitorar o progresso são se a concentração de riqueza e renda do capital está sendo reduzida e se a mobilidade intergeracional (relativa) da renda está melhorando. Ambas são indicadores de longo prazo, portanto as mudanças anuais podem não significar muito. Mas seria possível estabelecer uma meta dessa maneira e medir em intervalos de vários anos se está havendo progresso ou não.

As políticas que levariam ao avanço em direção a esse objetivo, todas elas discutidas nos capítulos anteriores, são relativamente simples e podem ser resumidas em quatro pontos:

1. Vantagens tributárias para a classe média, especialmente nas áreas de acesso à riqueza financeira e habitacional, e um aumento correspondente na tributação dos ricos; além disso, o retorno à alta tributação da herança. O objetivo é reduzir a concentração de riqueza nas mãos dos ricos.
2. Aumento significativo no financiamento e na melhoria da qualidade das escolas públicas, cujo custo deve ser baixo o suficiente para ser acessível não apenas à classe média, mas também aos que estão nos três últimos decis da distribuição de renda. O objetivo é reduzir a transmissão de vantagens entre gerações e tornar a igualdade de oportunidades mais real.
3. "Cidadania light", o que implicaria o fim de uma divisão estritamente binária entre cidadãos e não cidadãos. O objetivo é permitir a migração sem provocar reação nacionalista.
4. Financiamento estritamente limitado e exclusivamente público de campanhas políticas. O objetivo é reduzir a capacidade dos ricos de controlar o processo político e formar uma classe alta durável.

Ou convergência dos capitalismos liberal e político? Uma evolução completamente diferente do capitalismo liberal seria um movimento em direção a um capitalismo plutocrático e, por fim, político. Essa hipótese também é possível — e quanto mais fortes ficarem as características plutocráticas do capitalismo liberal de hoje, maior a probabilidade dessa evolução. Seria uma evolução em grande medida compatível com os interesses da nova elite que está se formando sob o capitalismo liberal. Isso permitiria à elite ser muito mais autônoma em relação ao restante da sociedade. Com efeito, como mostra o capítulo 2, a preservação da elite pressupõe seu controle sobre o campo político, o que chamei de "estreitar os laços entre riqueza e poder". No capitalismo liberal, quanto mais o poder econômico e o político se unem, mais ele se torna plutocrático e se assemelha ao capitalismo político. Neste último, o controle político é o caminho para obter benefícios econômicos; no capitalismo plutocrático, anteriormente liberal, o poder econômico é usado para conquistar a política. O ponto-final dos dois sistemas se torna o mesmo: unificação e persistência das elites.

As elites também podem acreditar que são capazes de administrar a sociedade de maneira mais eficaz usando o conjunto de ferramentas tecnocráticas do capitalismo político. Uma transição para o capitalismo político poderia ser impulsionada se os jovens ficassem cada vez mais desencantados com os partidos dominantes que seguem mais ou menos as mesmas políticas e, consequentemente, perdessem a esperança de que os processos democráticos pudessem levar a mudanças significativas. O objetivo do capitalismo político é tirar a política da cabeça das pessoas, o que pode ser feito com mais facilidade quando o desencanto e a falta de interesse pela política democrática são altos.

Se evoluísse para o capitalismo político, o capitalismo liberal exibiria todas ou quase todas as características que discuti no capítulo 3. Uma gestão muito eficaz da economia seria necessária para produzir as taxas de crescimento relativamente altas que manteriam a população satisfeita; seria necessária uma burocracia eficiente para implementar essas medidas; e haveria um aumento da corrupção intrínseca que sempre pode representar, a longo prazo, uma ameaça à sobrevivência de um regime.

Apêndice A
O lugar do comunismo na história mundial

A visão que exponho no capítulo 3 sobre o lugar do comunismo na história mundial tem duas implicações maiores na maneira de interpretar a história do século XX e, talvez, também do século XXI.

Ponto 1. Minha conclusão implica, de diferentes formas, uma ratificação da visão marxista de que o capitalismo leva a uma disputa imperialista que provoca a guerra. A Primeira Guerra Mundial é uma prova disso. A visão de que a ação autônoma do Estado é muitas vezes bastante limitada e que, em termos domésticos, os capitalistas costumam controlar o processo político também foi ratificada.

Ponto 2. Expliquei também que a visão marxista se mostrou seriamente deficiente em dois aspectos importantes. Primeiro, ela não levou em conta de forma suficiente a capacidade do capitalismo de se transformar e criar a própria variante social--democrata, que, como descrevi no capítulo 2, é uma das três variantes do capitalismo moderno nos séculos XX e XXI. Essa variante proporcionou aumentos substanciais de renda para as classes baixa e média, possibilitou a expansão do ensino e da rede de proteção social e em termos gerais permitiu que os países que a adotaram alcançassem os mais altos níveis de prosperidade e de liberdade política jamais usufruídos por nenhum grupo de pessoas em toda a história.

Segundo, a teoria marxista avaliou de modo totalmente equivocado o papel histórico do comunismo, ou, para ficar estritamente na terminologia marxista, do socialismo. Em vez de suceder o capitalismo depois de crises e guerras, como se supunha que aconteceria, o socialismo, ao contrário, acabou por pavimentar o caminho para o desenvolvimento do capitalismo no Terceiro Mundo. Em alguns lugares do Terceiro Mundo, a ideologia comunista e os partidos comunistas facilitaram o desenvolvimento do capitalismo. Nesse sentido, o comunismo no Terceiro Mundo cumpriu a mesma função que a burguesia exerceu no Ocidente. Assim, em vez de se constituir em uma etapa transitória entre o capitalismo e a utopia do comunismo, o socialismo foi, na verdade, um sistema transitório entre o feudalismo e o capitalismo em alguns países do Terceiro Mundo.

Esse resultado expressa de alguma forma a justeza de uma posição aparentemente paradoxal assumida pelos "marxistas legais" na Rússia, segundo os quais o papel das organizações comunistas nos países menos desenvolvidos deveria ser ajudar no desenvolvimento do capitalismo.

Como é que a história conseguiu pregar essa peça? Por que somente agora podemos ver com clareza qual foi o verdadeiro papel do comunismo?

A resposta está no pressuposto de que o caminho ocidental de desenvolvimento (COD) era universal, o que se mostrou um equívoco. Assim, esse pressuposto nos impossibilitou de enxergar a notável diferença de condições entre a parcela do mundo onde as revoluções burguesas foram autóctones e aquela onde o capital estrangeiro surgiu principalmente para dominar e apenas como uma forma secundária e acessória de implementar ou transplantar as instituições do capitalismo tal como haviam sido criadas no Ocidente. Aliás, se o imperialismo e o colonialismo ocidentais tivessem sido mais fortes, e se seu objetivo tivesse sido prioritariamente criar instituições capitalistas e não explorar os demais países (o que teria sido muitas vezes facilitado, como defendeu Rosa Luxemburgo, por meio do intercâmbio com formações sociais pré-capitalistas), é possível que o COD tivesse sido seguido pelo Terceiro Mundo e que o colonialismo o tivesse transformado à imagem do próprio Ocidente. A *mission civilisatrice* teria sido, assim, bem-sucedida. E, de fato, estabeleceram-se economias capitalistas em áreas pequenas e autocontroladas (como Hong Kong e Singapura), e em regiões do mundo onde a população local era esparsa ou foi exterminada, e onde os europeus, fazendo arranjos com outros europeus, conseguiram transplantar suas instituições (como Argentina, Uruguai, Austrália e Nova Zelândia).[1] Mas para onde os europeus não conseguiram transplantar essas instituições, ou onde a exploração era mais lucrativa e a melhor opção era manter as antigas instituições feudais, as instituições capitalistas floresceram apenas nas margens (em alguns casos, literalmente, como ao longo da costa da África), enquanto o restante da população continuava a viver sob a ordem anterior. O Vietnã, a Índia e a Indonésia, conquistados por três diferentes impérios europeus, são exemplos dessa convivência em que uma fina camada de capitalismo ficava sobreposta a um sistema social não modificado, sob o qual continuavam a viver 90% ou mais da população.

A historiografia marxista, a começar por ninguém menos que o próprio Marx em seus textos sobre a Índia, superestimou a disposição e a capacidade dos colonialistas britânicos de transformar a Índia em uma sociedade capitalista. Como escreveu Marx em junho de 1853:

> A Inglaterra, é bem verdade, está provocando uma revolução social no Hindustão, tendo atuado apenas pelos interesses mais desprezíveis e sendo estúpida na maneira de impô-los. Mas a questão não é essa. A questão é: poderá a humanidade cumprir o seu destino sem uma revolução nos fundamentos da situação social na Ásia? Se a resposta é negativa, quaisquer que tenham sido os crimes cometidos pela Inglaterra, ela atuou como um instrumento inconsciente da história ao promover essa revolução.[2]

Em outro texto, escrito poucos meses depois, ele afirma: "A Inglaterra tem uma dupla missão a cumprir na Índia: uma destrutiva e a outra regenerativa — a aniquilação da velha sociedade asiática e a instalação dos alicerces materiais de uma sociedade ocidental na Ásia".[3] Mas os capitalistas britânicos fracassaram nessa missão. A Índia era simplesmente grande demais. De forma semelhante, Bill Warren, em seu livro *Imperialism* (1980), adota uma posição bastante firme em favor do COD, consistente com a visão marxista, argumentando que o erro principal, a saber, o abandono do COD, remonta aos bolcheviques, que fundiram a luta do proletariado com a luta anti-imperialista. Para Warren, somente a primeira era legítima do ponto de vista do marxismo, e ela deveria ter sido impulsionada da mesma forma tanto no Ocidente quanto no Terceiro Mundo. Esse erro, na sua visão, levou os movimentos dos trabalhadores no Terceiro Mundo a se alinharem com os setores anticolonialistas das burguesias locais, atenuando, dessa forma, os conflitos sociais.

E, de fato, a combinação das duas lutas foi uma decisão crucial — decisão que tomou forma nas reuniões de Baku, no Primeiro Congresso dos Povos do Leste, e se consolidou no Segundo Congresso da Internacional Comunista (Comintern), ambos em 1920; essas decisões romperam com a visão eurocêntrica do COD que vigorava até então no Comintern. Mas não se tratou de um erro, como acreditava Warren. Essa decisão significava que os movimentos de esquerda e comunistas no Terceiro Mundo poderiam, legitimamente, combinar a revolução social com a libertação nacional em uma única direção, vendo-a, como já afirmei, como o fator-chave que lhes possibilitaria assumir o poder. A peça que a história pregou, porém, foi não lhes ter "mostrado" que, mais do que germinar uma sociedade sem classes comunista e internacionalista — como acreditavam estar fazendo —, eles estavam, na verdade, como que "levados por uma mão invisível", estabelecendo as bases para a ascensão do capitalismo nacional em seus países. Nesse contexto, é possível ver que a virada de Lênin e do Comintern para os "trabalhadores do Leste", somada à divisão do mundo em dois campos que ela implicava — os países imperialistas e os países colonizados —, foi absolutamente decisiva para o que acabou acontecendo depois: não a implantação do comunismo, mas a do capitalismo.[4] Essa interpretação nos leva a defender a tese — paradoxal, à primeira vista — de que Lênin talvez tenha sido o mais importante "abridor de caminhos para o capitalismo" da história, já que a sua ideia de conectar a luta do proletariado do Ocidente com o movimento de libertação nacional na África e na Ásia não só divergia do marxismo ortodoxo ocidental como também liberou as forças que cinquenta ou sessenta anos mais tarde estariam implementando um capitalismo nativo em países tão diversos como Vietnã, China, Angola e Argélia. Sem aquela decisão, não teria havido esse espraiamento do capitalismo pelo mundo, ou então isso aconteceria muito mais lentamente.

Esse desfecho invalida totalmente a visão marxista da história? Creio que não. A ideia de uma sucessão de etapas de desenvolvimento econômico, que teve um papel tão grande no marxismo, foi definida brevemente por Marx no prefácio à *Crítica da economia política* e permaneceu válida até o fim da vida de Marx e Engels. Mas essa sucessão específica de etapas, que, como defendi neste livro, estava equivocada, não foi a parte mais importante da teoria do materialismo histórico de Marx. Como observou Eric Hobsbawm, "a teoria geral do materialismo histórico pressupõe apenas que haverá uma sucessão de modos de produção, embora não necessariamente [...] em alguma ordem específica preestabelecida [...]. Se [Marx] se enganou em suas observações [sobre a ordem em que se sucederiam as formações socioeconômicas], ou se elas se basearam em informações parciais e por isso enganosas, a teoria geral do materialismo histórico continuou intacta".[5]

Como essa interpretação pode nos ajudar a enxergar o futuro? A primeira coisa a constatar é que não existe um sistema que seja um sucessor óbvio do capitalismo. Minhas colocações sobre o verdadeiro papel desempenhado pelo comunismo deixam claro que esse papel já foi cumprido. O comunismo cumpriu sua função, e é improvável que venha a ter algum papel no futuro da história humana. Não é um sistema do futuro, mas um sistema do passado.

Mas a grande vantagem da análise marxista é que ela nos incita a pensar em cada sistema socioeconômico como algo obrigatoriamente limitado no tempo. Nada permanece inalterado quando as condições de produção subjacentes evoluem. Nas palavras de Marx, "um modo de produção determinado, ou uma etapa industrial, estará sempre combinado com um determinado modo de cooperação, ou etapa social, e esse modo de cooperação é em si uma força produtiva".[6] Nós sabemos que o capitalismo também vai evoluir. Se ele mudará de uma forma radical, com a propriedade privada do capital deixando de ser dominante, ou com a remuneração do trabalho perdendo sua relevância, não sabemos. Pode acontecer que, graças a novos tipos de avanços tecnológicos, a produção em pequena escala organizada por indivíduos autônomos ou por pequenos grupos de pessoas que trabalhem com o seu próprio capital e tomem empréstimos de bancos estatais com taxas baixas se tornem o padrão de organização da produção. Ou poderão existir outras combinações que levariam a uma redefinição do capitalismo tal como descrito por Marx e Max Weber. No presente momento, nada nos autoriza a fazer tais prognósticos, porque o capitalismo hoje parece estar mais poderoso e onipresente do que jamais esteve na história nas duas variantes hipercomerciais e hiperglobalizadas que descrevi: o meritocrático liberal e o político. Como afirmei no capítulo 5, o capitalismo adentrou a esfera privada, incluindo nossas casas, e afeta o uso que fazemos do nosso tempo livre e da propriedade pessoal (que agora se transformou em capital), nossas relações com os parentes, nossos modelos de casamento, e assim por diante. Então, sabemos que o capitalismo está mais forte do que nunca, mas não sabemos se ele já atingiu o seu pico, ou apenas um pico pontual, com a possibilidade de novas expansões de relações capitalistas no futuro.

Apêndice B
Hipercomercialização e a "mão invisível" de Adam Smith

No capítulo 5, abordei a interação entre a globalização hipercomercializada e os nossos valores e comportamentos. Aqui, concentro-me na maneira como esse mesmo tipo de questão foi tratado, no começo do capitalismo, por Adam Smith, e o lugar da "mão invisível" na argumentação de Smith.

O argumento da mão invisível parte da aceitação daquilo que no tempo do pré-Iluminismo se considerava serem as paixões destrutivas e insaciáveis do poder, do prazer e do lucro (para usar a classificação de David Wooton [2018]), quando, uma vez controladas, podiam se transformar em algum benefício social. Em clara divergência com a ética aristotélica e com a moralidade cristã, que enfatizavam virtudes pessoais como a coragem, o autocontrole e as boas intenções, David Hume, Adam Smith e outros acreditavam que, se se conseguisse atribuir uma função àqueles atributos tidos convencionalmente como vícios humanos, como o interesse em si mesmo e a ambição, seria possível explorá-los dentro de um projeto de melhoria da sociedade. Se uma pessoa só consegue ficar rica fazendo com que outra passe a viver melhor, ou se só consegue ter mais poder se esse poder lhe for delegado, livre e temporariamente, então os vícios convencionais podem ser usados como motores para incrementar a felicidade social, a riqueza e a segurança. A "mágica" que transforma vícios individuais em virtudes sociais é a "mão invisível" de Smith.

O *summum bonum* só pode ser alcançado se levar em conta também os interesses individuais, que em si mesmos nem sempre são dignos de louvor. Da mesma forma, nem sempre as recompensas obtidas se devem às virtudes. Esse contraste entre os níveis individual e social foi estudado bastante por Mandeville e de forma ainda mais profunda por Maquiavel, mas foi apresentado de uma maneira mais nuançada por Smith, talvez por causa de seu teísmo. Parece ser assim especialmente em *Teoria dos sentimentos morais*, em que Smith se aproxima de Leibniz e da posição que foi ridicularizada por Voltaire, ao ironizar, em *Cândido*, a ideia do "melhor dos mundos possíveis":

> A felicidade dos homens, assim como de todas as outras criaturas racionais, parece ter sido o propósito original do Autor da Natureza quando os criou. Nenhuma outra finalidade parece digna da suprema sabedoria e divina benignidade que necessariamente lhe atribuímos; e essa opinião, a que chegamos pela abstrata consideração de Suas infinitas perfeições, confirma-a mais ainda o exame das obras da Natureza, que parecem, todas, designadas a promover felicidade e proteger contra a desgraça. (*Teoria dos sentimentos morais*, terceira parte, cap. 5, § 7)

Não há contradição entre o que uma pessoa obtém e aquilo que ela merece, continua Smith:

> Se considerarmos as regras gerais segundo as quais a prosperidade e adversidade exteriores são comumente distribuídas nesta vida, descobriremos que, malgrado a desordem em que tudo parece estar neste mundo, mesmo aqui toda virtude naturalmente encontra sua recompensa apropriada. (*Teoria dos sentimentos morais*, terceira parte, cap. 5, § 8)

E, se existe essa contradição entre mérito e recompensa, trata-se de um acidente similar a um terremoto ou a uma inundação (embora não saibamos por que o Autor da Natureza permite que tais acidentes ocorram):

> Por alguma circunstância extraordinária e muito infeliz, um homem bom pode se tornar suspeito de um crime que seria totalmente incapaz de cometer, e por essa razão ser injustamente exposto, pelo resto de sua vida, ao horror e à aversão dos homens. Pode-se dizer que isso o faria perder tudo, a despeito de sua integridade e justiça, do mesmo modo como um homem cauteloso, a despeito de sua extrema circunspecção, pode ser arruinado por um terremoto ou uma inundação. (*Teoria dos sentimentos morais*, terceira parte, cap. 5, § 8)

Os argumentos que levanto no capítulo 5 sobre como a globalização hipercomercializada afeta nossos valores e comportamentos e como, reciprocamente, nossos valores moldam as sociedades comercializadas existentes hoje em dia estão de acordo com a visão de Smith de como o interesse pessoal se transforma em benefício social. Mas esse acordo não é pleno nem incondicional.

Minhas opiniões partem da conclusão, em última instância, otimista de Smith em dois sentidos. Primeiro, defendo a tese de que a crescente comoditização de nossa vida leva a uma adoção mais ampla da paixão pelo poder, pelo prazer e pelo lucro — e com frequência com uma confiança sem quaisquer constrangimentos nessas paixões. Para que essas paixões produzam efeitos sociais favoráveis, então é preciso que sejam impostas pelos governos barreiras cada vez maiores, por meio de leis e restrições legais, tentando estar sempre um passo à frente de possíveis abusos. Se já não é fácil chegar a isso mesmo sob circunstâncias favoráveis, mais difícil ainda será quando aqueles que detêm o poder não têm nenhum incentivo para permitir que tais restrições sejam introduzidas. Em segundo lugar, algumas das formas mais radicais que essas paixões adquirem não podem ser controladas por nenhum método. Isso se aplica àquelas atividades que são antiéticas ou ilegais desde o início, e cuja relevância é provavelmente maior em sociedades com uma mentalidade comercial mais pronunciada. Esses são dois exemplos em que a transmutação smithiana de vício em virtude se torna difícil de acontecer em sociedades hipercomercializadas.

Podemos nos perguntar, então, em que medida os principais postulados da transmutação smithiana são válidos atualmente. Se chegarmos a um ponto em que nenhum controle interno ou externo tenha força suficiente para conter e canalizar as paixões individuais de uma forma socialmente produtiva, o livre exercício dessas paixões poderá levar a resultados de fato destrutivos.

Apêndice C
Algumas questões metodológicas e definições

Neste apêndice, reúno mais detalhes sobre vários itens discutidos no livro: como se mede a desigualdade global (seção 1.2 e Figura 1.1), como é estimada a fração do capital na renda total líquida (seção 2.2a) e por que a convergência de renda entre países ricos e países pobres é algo a ser esperado (seção 3.2b e Figura.2).

A medição da desigualdade global

Desigualdade global se refere à desigualdade de renda entre os habitantes do mundo todo aferida em um determinado momento. Não é diferente, em termos metodológicos, da desigualdade de renda existente, digamos, nos Estados Unidos. A única diferença é que a área na qual calculamos a desigualdade global é maior. Mas a metodologia e as ferramentas de medição (por exemplo, o uso do coeficiente de Gini, índice mais conhecido de desigualdade) são as mesmas.[1]

Os dados sobre a desigualdade global provêm normalmente das pesquisas domiciliares representativas de cada país, as quais são depois reunidas para se obter uma visão global da distribuição da renda. (Obviamente, se tivéssemos uma pesquisa domiciliar global, seria mais fácil aferir a distribuição global da renda.) Os levantamentos nacionais apontam as rendas domiciliares expressas nas moedas de cada país. Essas quantias são convertidas em dólares internacionais (os chamados dólares de Paridade do Poder de Compra, ou PPC), que, em princípio, têm o mesmo poder de compra em todos os países. Isso é feito para adaptar as rendas recebidas nos países mais pobres, cujos níveis de preços são em geral inferiores em relação aos dos países mais ricos (por exemplo, uma mesma quantidade de comida sai mais barata na Índia do que na Noruega). Esse procedimento torna os dados nacionais de renda comparáveis uns com os outros.

Essa metodologia que acabamos de descrever só pode ser utilizada para o período posterior a meados dos anos 1980, pois em partes importantes do planeta não existiam pesquisas domiciliares antes disso. Em muitos países da África, essas pesquisas domiciliares só começaram a ser feitas depois de 1980. No caso da China, as pesquisas só se tornaram acessíveis a partir de 1984, e as realizadas na União Soviética só foram divulgadas no fim dos anos 1980. Assim, para os períodos anteriores, que remontam a 1820, temos de usar estimativas muito grosseiras. Em seu trabalho pioneiro, François Bourguignon e Christian Morrisson (2002) dividiram o mundo em 33 blocos regionais, e dentro de cada bloco aplicaram a mesma estimativa de distribuição de renda em todos os países, em intervalos de aproximadamente trinta anos. Assim, todos os países que estavam dentro de um determinado bloco regional (em um ano determinado) tinham, em tese, a mesma distribuição de renda. Isso levava a uma simplificação significativa, mas era o melhor que se podia fazer diante da ausência generalizada de dados históricos sobre a distribuição de renda. Alguns trabalhos mais recentes, apesar de usarem outros dados históricos de distribuição, confirmaram os principais resultados obtidos por Bourguignon e Morrisson (Van Zanden et al., 2014; Milanović, 2011).

Para a renda média dos países (item necessário como referência para uma determinada distribuição), Bourguignon e Morrisson usaram as estimativas do PIB per capita da maioria dos países entre 1820 e o fim do século XX levantadas em 1990 por Angus Maddison (2007).

Na minha Figura 1.1, para o período que vai até 1988, utilizei as distribuições e definições dos blocos regionais adotadas originalmente por Bourguignon e Morrisson, mas substituí os PIBs per capita de 1990 de Maddison pelas novas estimativas de PIB per capita produzidas pelo Maddison Database Project com base nas estimativas de PPC de 2011, que são as mais recentes disponíveis.[2] Esse novo cálculo insere as distribuições de renda originais dentro de estimativas históricas de PIBs per capita mais consistentes. Para o período posterior a 1988, utilizo as pesquisas domiciliares nacionais (como expliquei anteriormente) e converto as unidades das moedas nacionais em dólares internacionais (PPC) de 2011.

É importante observar que a desigualdade é calculada com base na renda líquida disponível (depois dos impostos) e abrange todos os indivíduos, sendo atribuída a cada indivíduo a renda per capita média de seu domicílio (por exemplo, se a renda total, depois dos impostos, de um domicílio é quatrocentos e há quatro pessoas nesse domicílio, a cada uma será atribuída uma renda de cem). Essa abordagem é aplicada em todos os cálculos, de 1820 a 2013.

Medição da fração do capital na renda líquida total

A renda nacional é dividida entre os detentores de propriedades ou capital (capitalistas) e os fornecedores de mão de obra (trabalhadores). A distribuição da renda nacional entre capital e trabalho é chamada de distribuição funcional de renda, para distinguir da distribuição interpessoal, discutida, por exemplo, na seção anterior a respeito da distribuição global de renda. A renda do capital é composta de todas as rendas recebidas por conta das propriedades que uma pessoa tenha: dividendos, juros e rendimentos. A renda nacional pode ser expressa em termos brutos (incluindo a depreciação do capital) ou em termos líquidos (excluindo a depreciação). Por isso a fração do capital na renda nacional também pode ser bruta ou líquida. Estudos empíricos geralmente utilizam a fração de capital bruto, o que foi visto recentemente na divulgação de um crescimento muito maior da fração do capital bruto do que na do líquido nos Estados Unidos (Rognlie, 2015). Nas últimas duas décadas, porém, tanto num critério quanto no outro a fração do capital tem sido crescente (como vimos na seção 2.2a). Isso vale tanto para as economias de mercado avançadas quanto para as emergentes, embora o efeito seja mais intenso no caso das primeiras (Dao et al., 2017).

Há três questões que dificultam a medição ou a contabilização e que precisam ser resolvidas quando se calcula a fração do capital. A primeira é a divisão entre capital e trabalho no caso de pequenos negócios. A pessoa que emprega a si mesma realiza uma renda líquida, mas, como ela é ao mesmo tempo provedora de capital e de trabalho, não fica claro de que modo a sua renda deveria ser distribuída entre esses dois fatores de produção. Essa divisão costuma ser meio a meio ou dois terços de trabalho e um terço de capital. É claro que essa divisão é arbitrária, ou convencionada, mas é também provável que, se a fração da renda do pequeno negócio não varia muito, a regra de distribuição tenha impacto mínimo nas mudanças quando se calculam as frações de capital e trabalho. O problema surge mais quando a própria renda do pequeno negócio se altera. Então, a regra da divisão pode influenciar a evolução da fração do capital calculada.

A segunda questão é um problema mais recente e tem a ver com os elevadíssimos salários e rendimentos de ações ou semelhantes recebidos pelos grandes executivos. Como os CEOs ou outros executivos, mesmo sendo muito bem pagos, nem por isso deixam de ser trabalhadores, parece claro que sua renda deveria estar incluída na fração do trabalho. Não existe unanimidade, porém, em relação a esse ponto, já que alguns economistas defendem a ideia de que, devido ao fato de as rendas dos altos executivos estarem atreladas ao desempenho de suas empresas no mercado de ações (digamos, quando os salários ou os bônus dependem do preço das ações), elas deveriam ser tratadas como renda do capital. É uma questão em aberto. O argumento oposto, favorável a que esses salários sejam tratados como renda do trabalho, é consistente, já que esses salários só são pagos no caso de a pessoa estar presente fisicamente e trabalhando. O fato de essas rendas serem altas é imaterial: elas podem ser altas por causa do poder de um monopólio ou de outras infrações contra a concorrência, mas essa é uma questão à parte, que não tem a ver com as regras de distribuição das frações.

A terceira questão é o tratamento a ser dado à renda de imóveis. Trata-se de um ponto especialmente relevante, pois os imóveis representam uma grande parcela da riqueza total (nos Estados Unidos, ela está entre 25% e 30% [Wolff, 2017]), e, para muitas famílias de classe média, os imóveis são o único ativo mais significativo que elas possuem (Kuhn, Schularick e Steins, 2017, p. 37). A renda atribuída a imóveis, isto é, a renda que os proprietários "pagam" a si mesmos por um apartamento ou uma casa, é uma renda vinda claramente da propriedade, e está incluída na renda do capital. No entanto, nem todos os países registram esses valores atribuídos a imóveis. Além disso, o valor atribuído a imóveis é difícil de comprovar: os proprietários podem tender a subestimá-los, e as quantias decorrentes da aplicação do modelo de preços hedônicos, baseado na observação de alguns parâmetros-chave dos imóveis, nem sempre são confiáveis. Mas se a fração do capital for calculada somente com base no setor produtivo (ou seja, baseada na distribuição das rendas líquidas financeiras e não financeiras das corporações entre capital e trabalho), a renda atribuída a imóveis pode ser deixada de fora.

Convergência de renda

Um dos resultados padrão teóricos e empíricos referentes ao crescimento econômico é que a taxa de crescimento de uma economia tem uma correlação negativa com o seu nível de renda.³ Isso significa que é de esperar que, num determinado período de tempo, digamos de um a cinco anos, essas economias ricas tenderão a crescer mais lentamente do que as pobres. Esse resultado é conhecido também, na economia empírica, como convergência absoluta. Quando as taxas de crescimento dos países regridem em um certo número de variáveis que afetam o crescimento, como a relação capital-trabalho, o nível educacional da população, as instituições (democracia, predomínio da lei, sistema político-eleitoral majoritário ou proporcional) e a participação das mulheres na força de trabalho, o coeficiente do nível de renda é quase sempre negativo — implicando que os países mais ricos tenderão, *ceteris paribus*, a crescer mais lentamente. A conclusão é que se dois países possuem as mesmas condições e se diferenciam apenas pelo seu nível de renda, o mais pobre crescerá mais rapidamente. Isso é a chamada convergência condicional.

O resultado da compreensão meramente intuitiva desse ponto é que, quanto mais os países se aproximam da fronteira tecnológica definida pela melhor tecnologia existente num certo momento, mais o seu crescimento dependerá de outras invenções tecnológicas e inovações na organização da produção. Inovações e invenções, em geral, são difíceis de produzir, e considera-se que esses incrementadores de produtividade decorrentes de novas invenções não podem gerar mais do que 1% a 1,5% de crescimento anual. Mas os países mais pobres têm muito mais espaço para crescer, porque podem usar, copiar ou imitar tecnologias já existentes.

Essa relação entre a taxa de crescimento e o nível de renda pesa diretamente em nossa forma de enxergar as taxas de crescimento aceleradas de países como China e Vietnã em comparação com as taxas de crescimento lento dos Estados Unidos e do Japão (como mostra a Figura 3.2). Pode-se afirmar, com efeito, que, à medida que China e Vietnã forem enriquecendo e se tornando economias mais maduras, seu desempenho em termos de crescimento se desacelerará. Os exemplos históricos do Japão e da Coreia do Sul fornecem elementos adicionais em apoio a essa hipótese. Isso leva a que comparações diretas entre taxas de crescimento de economias asiáticas mais pobres e de economias ocidentais mais ricas sejam tendenciosas em favor das primeiras.

Por outro lado, seria possível afirmar que o que interessa politicamente é a comparação entre as taxas de crescimento no tempo presente, e não o que poderia ocorrer, hipoteticamente, no futuro. Além disso, mesmo que daqui a vinte ou quarenta anos o crescimento atualmente acelerado das economias asiáticas venha a diminuir seu ritmo, de modo a atingir taxas semelhantes às exibidas hoje pelo Ocidente, isso não afetará a atratividade exercida por essas economias junto a outros países que podem querer eliminar a defasagem de renda que os separa do mundo rico de forma tão rápida como terão feito China, Vietnã, Singapura e outros países. Em conclusão, as economias asiáticas, mesmo que venham a conhecer uma desaceleração em seu crescimento no futuro, podem representar o melhor modelo para outros países que queiram sair do atraso.

Notas

1. Os contornos do mundo pós-Guerra Fria [pp. 7-20]

1. Entre 1970 e 2016, o PIB global cresceu quase cinco vezes em termos reais [de 22 trilhões para 105 trilhões de dólares PPC (Paridade do Poder de Compra)], enquanto a população mundial dobrou (de 3,5 bilhões para 7 bilhões de habitantes).
2. Os resultados foram divulgados por YouGov em 2016. Ver Jeff Desjardins, "What People Think of Globalization, by Country", Visual Capitalist, 9 nov. 2017. Disponível em: <www.visualcapitalist.com/globalization-by-country>.

2. Capitalismo meritocrático liberal [pp. 21-92]

1. André Orléan (2011, p. 23) adota uma definição semelhante, distinguindo economia capitalista de economia de mercado (*économie merchande*) pela presença de mão de obra assalariada no primeiro caso. Peer Vries (2013) faz o mesmo, mas acrescenta a "projeção do poder no exterior" como uma característica central do capitalismo (questão que abordaremos no capítulo 3).
2. Introduzi uma classificação semelhante do capitalismo em Milanović (2017).
3. O que pressupõe que a poupança oriunda da renda do trabalho seja insignificante.
4. O que assumimos aqui é que as frações da renda do capital e do trabalho, não a quantia absoluta da renda, são constantes dentro da distribuição de renda total. Assim, uma pessoa terá uma renda de 7 unidades vinda do trabalho e uma de 3 unidades vinda do capital; outra pessoa terá, respectivamente, 14 e 6. Suas rendas totais são diferentes, mas as frações dos dois fatores são as mesmas.
5. Considerando que pessoas ricas poupam mais e indivíduos com abundância de capital tendem a ser ricos, há um impulso dinâmico adicional para uma desigualdade maior.
6. Teoricamente, porém, não é obrigatório que seja assim. Um sistema capitalista, e mesmo uma parcela crescente da renda líquida do capital,

é compatível com proporções iguais das rendas de capital e trabalho recebidas por todos os estratos sociais. Isso romperia a conexão entre a "abundância de capital" individual e o ranking da distribuição de renda.
7. Trabalhadores também não poupavam, o que decerto era o caso historicamente quando os salários se aproximavam, ou se mantinham ligeiramente acima, do nível de subsistência.
8. Há divergências sobre até que ponto eles podem ser chamados de trabalhadores, pois parte de sua renda é definida pelos retornos obtidos com os ativos (como no caso, por exemplo, de indivíduos cujos salários estão vinculados ao desempenho das ações de suas empresas), mas continua sendo válido chamar essa renda de salário ou remuneração, pois ela só é recebida se a pessoa exerce uma função de trabalho. Observe que isso é diferente de ser pago em ações; a renda auferida dessas participações ou os ganhos de capital obtidos a partir dessas ações constituem, aí sim, renda de capital.
9. Ver Piketty (2014), cap. 8, especialmente as figuras 8.3 e 8.4; Piketty e Saez (2003); Atkinson, Piketty e Saez (2011); e Bakija, Cole e Heim (2010), entre outros.
10. Dahrendorf ([1963] 1978, p. 113) concluiu que a mobilidade social intergeracional era relativamente alta nos Estados Unidos, Grã-Bretanha e Alemanha, e que "a taxa de mobilidade parece corresponder, grosso modo, ao grau de industrialização de um país".
11. Não creio que esse ponto de vista deveria suscitar controvérsias. A "preferência pura" é bem diferente em uma sociedade aristocrática, onde os estratos sociais são bem mais estabelecidos hierarquicamente do que em uma sociedade mais democrática.
12. Para algumas questões relativas à mensuração da fração do capital, ver Apêndice C.
13. Nem sempre fica claro o que deveria ser incluído na fração do capital. A questão é tratada com mais profundidade no Apêndice C.
14. Sobre monopólio do poder e crescimento da fatia do capital, ver Kurz (2018). Segundo ele, a "renda excedente" (fração do lucro do monopólio em valor de produção) cresceu nos Estados Unidos de virtualmente 0% em 1986 para 22% em 2015 (Tabela 7). Sobre o poder do monopólio, ver Azar, Marinescu e Steinbaum (2017).
15. Ver Branko Milanović, "Bob Solow on Rents and Decoupling of Productivity and Wages", no blog Global Inequality, 2 maio 2015. Disponível em: <glineq. blogspot. com/2015/05/ bob-solow-on-rents-and-decoupling-of.html>.
16. Argumentos com base no poder de mercado ou em manipulações para explicar o aumento da parcela do capital em relação à do trabalho foram utilizados por vários economistas, incluindo Angus Deaton, em uma entrevista a editores do blog ProMarket, em 8 fev. 2018. Disponível em:

<promarket.org/angus-deaton-discussed-driver-inequality-america-easier-rent-seekers-afect-policy-mucheurope>.

17. A taxa de lucro corporativo de 2015 atingiu o patamar mais alto dos últimos cinquenta anos (Wolff, 2017, p. 27).
18. Segundo Pesquisa do Goldman Sachs, "estimamos que o aumento da concentração no mercado de produtos e de trabalho fez o crescimento anual dos salários cair 0,25 ponto percentual por ano desde o começo dos anos 2000" (apud Alexandra Scaggs, "On Juggernaut Companies and Wage Growth", *Financial Times*, versão de 4 fev. 2018).
19. A hiperinflação antecipada ou crônica, como aconteceu no Brasil nos anos 1970, não afeta muito os detentores do capital, pois eles têm condições de se prevenir e até mesmo ganhar mais do que as famílias mais pobres, que, para suas necessidades cotidianas, têm de usar dinheiro em espécie, cujo valor evapora a cada dia.
20. Observe que as pessoas do decil mais elevado de riqueza não são obrigatoriamente as mesmas que estão no decil mais elevado de renda.
21. A constatação implícita aqui e corroborada empiricamente é a de que os rankings de riqueza e de renda possuem uma correlação positiva muito forte. Ou seja: pessoas com renda elevada são também pessoas com riqueza elevada.
22. Os coeficientes de Gini são calculados a partir de dados individuais de pesquisas domiciliares, dividindo-se o total da renda pelo número de pessoas do domicílio e, a partir daí, calculando-se o Gini individual e definindo-se os valores. O método é o mesmo no caso da renda do capital. Cabe observar que esse cálculo mostra qual é a importância das rendas do capital e do trabalho por domicílio e as relaciona diretamente aos dados nacionais. É diferente do cálculo da desigualdade salarial baseado somente nas pessoas remuneradas. Por exemplo, neste último cálculo, dois indivíduos com remuneração alta e que sejam casados um com o outro são tratados como pessoas independentes, enquanto no cálculo baseado no domicílio suas rendas são somadas.
23. As rendas do capital incluem dividendos, juros, rendimentos, assim por diante, mas não os ganhos de capital realizados (ou as perdas de capital).
24. Os resultados sobre concentração de renda mostrados aqui são na verdade subestimados, pois as pesquisas domiciliares das quais provêm tendem a não incluir os indivíduos mais abastados e ricos em capital, ou, para evitar alguns possíveis danos à confidencialidade, fazem o "corte pelo alto" (deixando de registrar rendas acima de um determinado teto) ou "trocas" (trocando rendas altas de capital e de trabalho entre indivíduos mais ricos, para que não possam ser identificados individualmente). Os dados fiscais tendem de alguma forma a revelar uma concentração maior da renda do capital, mas têm também as suas lacunas: as unidades podem ser às vezes famílias e às vezes indivíduos,

simplesmente por causa de mudanças nas regras tributárias, ou podem acontecer movimentações súbitas entre a renda de capital registrada para a tributação dos rendimentos e os lucros corporativos (usando uma coisa ou outra, dependendo de onde a tributação fique mais baixa, como acontece no caso dos Estados Unidos desde a Reforma Fiscal de 1986).
25. A existência de parcelas significativas da população que não possuem ativos nos países ricos não é exclusividade dos Estados Unidos. Grabka e Westermeier (2014) estimam que 28% dos adultos na Alemanha não possuem nenhuma riqueza líquida, enquanto os 50% situados na parte inferior da pirâmide na Suécia possuem riqueza negativa (Lundberg e Walderström, 2016, Tabela 1).
26. O bônus pago por desempenho é tributado como rendimento de capital, a uma taxa de cerca de 20%. Juros de poupança são taxados como rendas comuns, em que a taxa mais alta é de aproximadamente 40%.
27. Bas van Bavel (comunicação pessoal) me deu o exemplo do fundo de gestão de riqueza do BNP Paribas Fortis, que diferencia entre serviços de varejo, serviços bancários, clientes especiais e gestão de fortunas. No caso deste último grupo, cujos investimentos têm de ser de pelo menos 4 milhões de euros, o número de opções de investimentos é muito maior, e a remuneração da gestão (em termos de percentual do total de ativos investidos) é mais baixa.
28. Essa análise diz respeito apenas a casamentos entre homem e mulher, pois naquele período o número de casamentos entre pessoas do mesmo sexo era insignificante.
29. Esse resultado não pode ser explicado a partir da participação maior das mulheres no mercado de trabalho porque a amostra é, em ambos os casos, composta apenas de pessoas com ganhos acima de zero. Assim, a possibilidade de que em 1970 mais homens se casassem com mulheres que não estivessem trabalhando não afeta as frações relativas do decil mais elevado de homens remunerados que se casavam com o decil superior ou inferior das mulheres remuneradas.
30. Decancq, Peichl e Van Kerm (2013) registram que o Gini dos Estados Unidos cresceu de 0,349 para 0,415 entre 1967 e 2007, mas, se o padrão de casamento em 2007 fosse o mesmo de 1967, o Gini de 2007 seria de apenas 0,394. O crescimento da homogamia, portanto, terá acrescentado mais de 2 pontos Gini à desigualdade (0,415 menos 0,394). Embora seja positiva, não é totalmente clara a dimensão da contribuição da homogamia para o crescimento da desigualdade. Em uma estimativa anterior, Greenwood et al. (2014a) registraram que o acasalamento preferencial explicava a parte mais importante do crescimento da desigualdade nos Estados Unidos entre 1960 e 2005. Eles revisaram esses dados posteriormente e, em um texto no qual os corrigiram (Greenwood et al.,

2014b), estimavam os efeitos da homogamia em algo entre 0,1 e 1 ponto Gini dos 9 pontos Gini de crescimento observados na desigualdade.
31. Fiorio e Verzillo (2018) registram que o acasalamento preferencial na Itália é muito forte entre homens e mulheres pertencentes, individualmente, ao centésimo mais rico. Mulheres situadas no centésimo das mulheres com renda mais elevada têm uma probabilidade 25 vezes maior do que as mulheres de renda média de se casar com homens que estão no centésimo mais alto da distribuição de renda entre homens. Eles defendem, no entanto, a tese de que o impacto disso na desigualdade total é pequeno, e que na Itália a homogamia se limita ao topo do topo da pirâmide.
32. Numa discussão reveladora escondida em uma nota de rodapé de *Law, Legislation and Liberty* (v. 2, pp. 188-9), Hayek menciona a percepção de uma maior igualdade de oportunidades nos Estados Unidos usando o seu próprio exemplo (ou melhor, o de seu filho). Quando estava em Londres, depois de fugir do nazismo, Hayek decidiu enviar o filho para fora da Inglaterra para viver com a família. Escolheu os Estados Unidos em vez da Suécia ou da Argentina por acreditar que o país proporcionava uma igualdade maior de oportunidades para um estrangeiro: o sucesso era menos influenciado pelo passado familiar. De forma intrigante, Hayek observa, então, que seu status social elevado seria uma vantagem para ele no Reino Unido, mas que não seria assim nos Estados Unidos, onde ele era relativamente desconhecido. E que seu filho, começando do nada, teria muito mais chances nos Estados Unidos do que na Argentina. Hayek também observa que isso se baseava em um entendimento tácito de que seu filho não seria locado junto a uma família de negros, pois, nesse caso, todas as vantagens de uma maior mobilidade nos Estados Unidos se tornariam o seu oposto.
33. A mesma ideia foi recentemente retomada por Nassim Taleb em *Skin in the Game* (2018). Ele chama isso de "ergocidade", o que significa que durante a vida de uma pessoa ou, no caso intergeracional, ao longo de várias gerações, as pessoas deverão — se houver mobilidade plena — passar tempos semelhantes em diferentes estratos da distribuição de renda. Isto é, todos terão 20% de chance (nesse horizonte de tempo mais longo) de estar no quintil mais baixo e 20% de chance de estar no quintil mais alto da pirâmide.
34. Mobilidade relativa é a mensuração das mudanças de posição dentro da distribuição de renda ao longo de gerações: digamos, se a posição do pai estava na faixa dos 50% e a do filho na dos 60%, então houve uma mobilidade ascendente. Cabe observar que, pelo fato de a mobilidade relativa lidar com posições, cada movimento para cima deve corresponder a um movimento igual para baixo. A situação "ideal" seria uma figura ortogonal plena, ou seja, sem relação entre as posições de pais e filhos na distribuição de renda.

35. Em suas análises, Chetty et al. (2017b) exageram em relação ao declínio da mobilidade absoluta nos Estados Unidos. Seu cenário básico mostra 92% das crianças em seu período inicial (o grupo nascido em 1940) com rendas maiores do que seus pais, e somente 50% na mesma situação no final do período (as nascidas em 1984). Esses cálculos, no entanto, se baseiam em comparações de rendas domiciliares totais, o que é inadequado quando se sabe que o tamanho das famílias diminuiu. Depois de se fazer uma adaptação por causa disso, considerando a renda per capita, o declínio se torna muito menor; vai de 92% para 62%. Além disso, eles usam a renda bruta em vez da renda líquida. Com o crescimento das transferências sociais redistributivas e da tributação no período, provavelmente a mobilidade absoluta de renda diminuiu menos ainda. Davis e Mazumder (2017, p. 12) detectaram um declínio da mobilidade intergeracional nos Estados Unidos menor ainda, insignificante em termos estatísticos.
36. Algumas partes dos textos desta seção se baseiam em posts que publiquei em meu blog Global Inequality em 2017 (glineq.blogspot.com).
37. Tinbergen previa para os Estados Unidos dos anos 1990 que a razão entre a renda dos diplomados nas universidades e a renda média geral estaria entre 0,83 (isto é, a universidade representaria um prêmio negativo de 17%) e 1,07. Para os Países Baixos, o prêmio ainda seria substancial (de cerca de 2 para 1), mas cairia pela metade se comparado ao seu nível em 1970 (Tinbergen, 1975, Tabela 6.7).
38. O fato de que os países deveriam tratar diferentemente os cidadãos que detêm propriedades móveis ou que podem se mudar com mais facilidade para o exterior e aqueles que não podem fazê-lo foi observado por Montesquieu (como nos faz lembrar Hirschman em *The Passions and the Interests* [1977, p. 94]). Adam Smith tinha a mesma opinião. Para ele, "o proprietário do capital é propriamente um cidadão do mundo e não está necessariamente ligado a qualquer país em particular. Estaria apto a abandonar o país em que estivesse exposto a uma inquisição vexatória, para ser sujeito a uma taxa onerosa, e removeria seu capital para algum outro país onde poderia exercer seus negócios ou gozar sua fortuna mais à vontade" (*A riqueza das nações*, livro V, cap. 2.).
39. Em um mundo utópico como esse, o seguro social obrigatório ainda poderia existir. Impostos e transferências não seriam iguais a zero, mas poderiam ser relativamente menores, e seu objetivo seria homogeneizar a renda mais do que a redistribuição ou a mitigação da pobreza.
40. Seja por causa do aumento dos anos obrigatórios de ensino, seja pelo teto natural do número máximo de anos de escolaridade, podemos esperar que as diferenças individuais de reserva de escolarização (anos de ensino) sejam cada vez menores. Já é assim nos países ricos. Por exemplo, em torno do ano 2000, o coeficiente de Gini de anos de escolaridade era

0,6 na Índia, 0,43 no Brasil (que está na transição de um nível baixo para um nível médio de escolaridade) e apenas 0,16-0,18 nos mais educados Estados Unidos e Suécia (Thomas, Wang e Fan, 2001).

41. Por exemplo, um investidor cujo investimento total anual ficasse abaixo de um determinado patamar poderia ser protegido contra quaisquer perdas líquidas. (Se houvesse perdas, elas poderiam ser transformadas em crédito fiscal.) Alguém poderia dizer que essa garantia poderia levar pequenos investidores a assumir riscos não razoáveis porque ganhariam, na melhor das hipóteses, ao mesmo tempo que estariam garantidos pelo governo em caso de rendimento negativo. Isso poderia ser ajustado fazendo com que a garantia fosse válida somente para perdas que não ultrapassassem, digamos, 30%, e essa política seria aplicada apenas no caso de investidores realmente pequenos. Isso limitaria os riscos do próprio governo e desencorajaria comportamentos excessivamente arriscados.

42. Isabel Sawhill (2017) sugere que o tratamento da alta remuneração dos CEOs como salário (com eles, portanto, usufruindo das taxações menores sobre lucros corporativos) seja limitado a empresas que realizem programas de distribuição de lucros ou ações. É uma ideia a ser levada em conta, pois vincularia os interesses da alta gestão aos dos trabalhadores. O Partido Trabalhista britânico propõe um sistema em que empresas com mais de 250 funcionários seriam obrigadas a ceder de 1% a 10% de suas ações a esses funcionários.

43. A ideia de diminuir a pobreza e a desigualdade por meio de subsídios pontuais para preservar a democracia remete a Aristóteles: "Pois o dever do político verdadeiramente democrático é apenas zelar para que o povo não viva na miséria; pois a miséria é uma das causas da deterioração da democracia. Todos os esforços devem ser feitos, assim, para perpetuar a prosperidade. E, visto que se trata de algo vantajoso tanto para o rico quanto para o pobre, tudo o que puder ser obtido dos rendimentos deveria ser reunido em um fundo único e distribuído para aqueles que passam necessidade, se possível o suficiente para possibilitar a compra de um pedaço de terra, mas, se não for possível, que seja o bastante para poder iniciar um negócio ou para trabalhar na terra" (*Política*, livro 6, cap. 5 [1976, p. 246]). Proposta muito semelhante foi feita por Thomas Paine em *Agrarian Justice*, publicado em 1797.

44. A persuasão moral pode ser outro caminho para (possivelmente) se chegar a isso. Poderia ser solicitado às universidades mais ricas que assinassem uma espécie de Giving Pledge [Promessa de doação], por meio do qual uma porcentagem da renda obtida com ganhos não tributados de suas dotações fosse destinada a um fundo a ser usado em prol do ensino público. Observe-se que a isenção de impostos sobre as dotações das faculdades particulares corresponde a valores que frequentemente superam os valores pagos pela via fiscal para as faculdades públicas.

45. Ver, entre outras fontes, Milanović (2016, pp. 194-9).
46. Um exemplo é o das pensões britânicas. No fim dos anos 1970, as pensões públicas correspondiam a 90% das pensões recebidas, e as pensões privadas, por profissão, a apenas 10%. Em 2013, as pensões por profissão já eram mais relevantes do que as pensões públicas (cálculo feito a partir de dados britânicos disponíveis no banco de dados do Luxembourg Income Study: <www.lisdatacenter.org>).
47. Um caso interessante é do relativo insucesso do sistema do "green card" alemão no sentido de atrair de modo permanente imigrantes altamente especializados. Se raciocinarem apenas em termos de sua própria renda, esses migrantes podem preferir o sistema americano, bem mais desigual, a um sistema mais benéfico e equilibrado da Europa Ocidental.
48. Aristóteles, *Política*, livro 3, cap. 8 (1976, p. 117).
49. Por exemplo, se 90% dos ricos apoiam uma determinada mudança, ela tem quase 50% de chance de ser apreciada; se 90% das pessoas de renda média se preocupam com uma determinada questão, a chance de ela ser apreciada é de 30% (Gilens, 2015).
50. As doações de integrantes desse grupo de ricos são, assim, 4 mil vezes superiores às dos cidadãos médios. Ver Thomas B. Edsall, "Why Is It So Hard for Democracy to Deal with Inequality?", *The New York Times*, 15 fev. 2019, com base em dados de Bonica et al. (2013).
51. Seria interessante estudar conjuntamente a distribuição da renda do capital e as doações políticas entre os mesmos indivíduos. Os dados sobre esses dois itens existem, mas provêm de pesquisas distintas, e a ligação entre os grandes doadores e os grandes detentores de riqueza ainda não foi, que eu saiba, muito bem estudada, com exceção da lista dos quatrocentos americanos mais ricos da *Forbes*. Sobre estes últimos, Bonica e Rosenthal (2016) detectaram que, entre 1984 e 2012, a parcela de doadores entre os quatrocentos mais ricos dos Estados Unidos esteve sempre acima dos 70% e subiu para 81% em 2012, e a elasticidade dos valores das doações políticas foi pouco superior a 1% (o que significa que cada ponto percentual de crescimento da riqueza foi acompanhado por cerca de 1% no crescimento das doações).
52. Trevor Timm, "Money Influences Everybody. That Includes Hillary Clinton", *The Guardian*, 14 abr. 2016.
53. Isso não significa, como às vezes se costuma grosseiramente interpretar, que os políticos sejam meras folhas em branco nas quais os ricos podem rascunhar as políticas que bem entendem. A questão é que existe um processo de seleção por meio do qual os ricos "selecionam" os candidatos simpáticos aos seus interesses e sobre os quais poderão posteriormente exercer uma influência no sentido daquilo que lhes for mais "desejável".

54. O custo real (descontada a inflação) das taxas e despesas nas universidades particulares cresceu 2,3 vezes entre 1988 e 2018. Ver Emmie Martin, "Here's How Much More Expensive It Is For You to Go to College That It Was for Your Parents", CNBC, 29 nov. 2017. Disponível em: <www.cnbc.com/2017/11/29/how-much-college-tuition-has-increased-from-1988-to-2018.html>. Nesse mesmo período, a renda média per capita dos Estados Unidos cresceu cerca de 20% (cálculo feito com base no banco de dados do Luxembourg Income Study: <lisdatacenter.org>).
55. "Some Colleges Have More Students from the Top 1 Percent Than the Bottom 60", The Upshot, *The New York Times*, 18 jan. 2017. Sobre o estudo de onde esse texto foi tirado, ver Chetty et al. (2017a).
56. Se as famílias pobres e de classe média têm mais filhos, a vantagem dos ricos é ainda maior do que de 60 para 1.
57. Para discussões sobre o papel do sistema educacional na reprodução do sistema de classes, ver Bowles e Gintis (1976).
58. Este texto foi redigido antes da eclosão, em fevereiro de 2019, do escândalo dos subornos pagos por pais para que seus filhos fossem admitidos em faculdades de elite. Ver Jennifer Medina, Katie Benner e Kate Taylor, "Actresses, Business Leaders and Wealthy Parents Charged in U.S. College Entry Fraud", *The New York Times*, 12 mar. 2019.
59. As coisas não são muito diferentes na França: em 2017, apenas 2,7% dos alunos das principais faculdades do país (as chamadas *grandes écoles*) tinham pais pertencentes à base da pirâmide social; ver Philippe Aghion e Benedicte Berner, "Macron's Education Revolution", Project Syndicate, 7 maio 2018. Disponível em: <www.project-syndicate.org/commentary/macron-education-reforms-by-philippe-aghion-and-benedicte-berner-2018-03>.
60. Até pouco tempo atrás era muito difícil obter das principais universidades dos Estados Unidos informações sobre a renda ou a riqueza dos pais de seus alunos. Essa lacuna nas informações contrasta fortemente com o fato de que todas as faculdades de elite dos Estados Unidos possuem departamentos bastante bem equipados cujo único papel é justamente estudar o máximo possível a situação financeira dos pais e de ex-alunos, a fim de calibrar corretamente a quantia que pedem a seus doadores.
61. O outro único país onde essas estimativas estão disponíveis é o Reino Unido. Atkinson (2018) registra que a taxa de riqueza herdada em relação ao PIB caiu de 20% no início do século XX para cerca de 5% ao longo dos anos 1980, subindo para cerca de 8% desde então. Isso ainda coloca o país em um nível abaixo da França. Atkinson também confirma o achado de Piketty em relação ao crescimento de μ, isto é, da riqueza relativa dos que já estão mortos.

62. O percentual de bilionários que herdaram suas fortunas nas economias avançadas (em que os Estados Unidos têm um peso determinante) também caiu no mesmo período, de 42% para 37% (Freund, 2016, p. 22).
63. "A classe governante tenta [...] defender o seu poder e evitar o risco de rebeliões [...] de várias maneiras [...]. [As classes governantes] usam o discurso [ideológico] para manter [os oprimidos] em silêncio, dizendo-lhes que 'todo o poder vem de Deus', que recorrer à violência seria um 'crime', que não há motivo para fazer uso da força a fim de obter aquilo que, se for 'justo', pode ser obtido por meio da 'razão'. O objetivo principal desses discursos é impedir [os oprimidos] de batalharem no seu próprio terreno, o terreno da força, e levá-los a outro terreno — o campo da astúcia —, onde sua derrota é certa" (Pareto, 1935, cap. 12, p. 1534).

3. Capitalismo político [pp. 93-172]

1. Trato aqui do comunismo-no-poder, ou seja, de um sistema socioeconômico real, não do comunismo como ideologia.
2. Berdyaev, 2006 (baseado em conferências ministradas em Moscou em 1924).
3. Esse *locus classicus* sobre a crítica daquilo que ele chama de "doutrina das leis históricas de sucessão" está em *The Poverty of Historicism*, de Karl Popper: "O historicismo é [...] uma abordagem das ciências sociais que assume que o seu principal objetivo é a previsão histórica, e que assume que esse objetivo pode ser atingido por meio da descoberta dos 'ritmos' ou dos 'padrões', das 'leis' ou das 'tendências' subjacentes à evolução da história" ([1957] 1964, p. 3).
4. Observe que esse uso da palavra "socialismo" é muito diferente do uso mais coloquial de "socialista" para se referir a economias capitalistas que possuem um estado de bem-estar social muito abrangente. Creio que se trata de uma qualificação enganosa; por isso não a utilizo aqui.
5. O comércio e, em decorrência, o capitalismo foram associados à paz desde os tempos de Montesquieu.
6. A carta de Marx para Vera Zasulich está disponível em: <www.marxists.org/archive/marx/works/1881/zasulich/zasulich.htm>. Ver também a carta de Marx de 1877 aos editores do *Otechestvennye Zapiski*: "Cheguei ao seguinte resultado: se a Rússia continuar no caminho seguido até 1861 [abolição da servidão], perderá a mais bela oportunidade jamais oferecida a um povo, apenas para sucumbir a todas as vicissitudes do regime capitalista". Disponível em: <www.marxists.org/history/etol/newspape/ni/vol01/no04/marx.htm>. Ver ainda Avineri (1968).
7. Além disso, o conceito do "modo de produção asiático" é inaplicável em várias sociedades da Ásia, incluindo a China, que possuía uma

produção rural de mercadorias em pequena escala combinada com um Estado que exercia uma pressão fiscal muito menor (enquanto parcela do PIB) do que os Estados ocidentais no mesmo período (ver Ma, 2011, pp. 9-21). Em outras palavras, não havia alienação dos produtores em relação a seus meios de produção, o Estado não era um latifundiário de facto, não havia pressão fiscal insustentável nem trabalho forçado por toda parte — características essas que seriam associadas ao "modo de produção asiático". Como observa Peer Vries (2013, p. 354), a China de Qing se aproximava muito mais da ideia de Adam Smith de uma economia de mercado com livre concorrência do que a Europa do mesmo período.

8. Em 1885, Jules Ferry, político de esquerda que estava entre os defensores mais fervorosos do colonialismo francês, definiu três objetivos da política colonial da França; o terceiro era que "as raças superiores têm o dever de civilizar as inferiores" (Wesseling, 1996, p. 17).

9. O restante do Terceiro Mundo, que foi colonizado mas não passou por revoluções comunistas, poderia ser considerado como tendo seguido o caminho do desenvolvimento liberal padrão rumo a uma economia capitalista desenvolvida. Os exemplos da Índia, Nigéria e Indonésia são consistentes com essa visão.

10. Em "The British Rule in India" (1853), Marx escreveu: "Não devemos esquecer que essas comunidades de vilarejos idílicos [que estão sendo destruídas pelo imperialismo britânico], por mais inofensivas que possam parecer, sempre constituíram uma base sólida para o despotismo oriental, restringiram a mente humana dentro de limites mínimos, transformando-a em instrumento submisso de superstições [...] desprovendo-a de qualquer grandeza e de energia histórica" (Marx, 2007, p. 218).

11. Há um interessante paralelismo entre essa visão da transição ao socialismo induzida externamente e a visão de Lênin, segundo a qual a consciência proletária pode ser introduzida nos trabalhadores a partir de fora, por meio da ação de revolucionários profissionais. Em ambos os casos, não existem forças autônomas e endógenas que levariam esses entes (os países do Terceiro Mundo ou os trabalhadores) à revolução.

12. Warren (1980, p. 105). Mao Tsé-tung endossou esse ponto de vista abertamente em *On New Democracy*, publicado em 1940: "Não importa quais classes, partidos ou indivíduos de uma nação oprimida se juntem à revolução, e não importa se eles próprios têm consciência ou entendem isso; desde que se oponham ao imperialismo, sua revolução se torna parte da revolução proletária-socialista internacional" (apud Chi Hsin, 1978, p. 223).

13. Cabe observar que o subdesenvolvimento do Terceiro Mundo do qual tratamos aqui se refere ao Ocidente. É isso que importa, e não que o Terceiro Mundo era tão pobre quanto era o Ocidente em algum momento de sua história. A pobreza relativa implica atraso tecnológico e fragilidade militar, e, a partir daí, vulnerabilidade a conquistas externas.

14. "The Foolish Old Man Who Removed the Mountains", em *Selected Works of Mao Tse-Tung*, v. 3 (Pequim: Foreign Languages, 1969), p. 272 (apud Kissinger, 2011, p. 111).
15. Apud Tooze (2014, p. 104).
16. A taxa de desigualdade de procedência (desigualdade real como uma proporção da desigualdade máxima que poderia existir em circunstâncias nas quais apenas uma pequena elite deixasse de viver em condições de subsistência) era, de acordo com cálculos de Sarah Merette (2013), entre 75% e 80%, respectivamente, em Tonkin (Norte) e na Conchinchina (Sul) em 1929. (Uma taxa de desigualdade de procedência de 100% indicaria que toda a população local estaria vivendo em nível de subsistência, com os colonizadores se apropriando de todo o excedente.) Observe que o percentual de colonizadores era extremamente baixo nessas duas regiões do Vietnã: 0,2% em Tonkin e 0,4% na Conchinchina. Os franceses, no entanto, não mexeram com os grandes proprietários de terras vietnamitas. De modo que as relações feudais de produção ficaram intactas e a exploração externa atingiu o auge, com a maioria da população local vivendo em nível de subsistência.
17. Chris Bramall (2000) descreveu como tendo sido a maior realização da era maoista a "supressão dos interesses de grupo que retardavam o crescimento" (apud Gabriel, 2006, p. 171).
18. Wang (1991, p. 269). Ver minha resenha em: <glineq.blogspot.com/2018-/02/i-wont-go-to-moscow-until-revolution.html>.
19. O uso desse termo foi atribuído a Chen Dixiu, o primeiro secretário-geral do Partido Comunista da China (1921-2). Ver Wang (1991, p. 174).
20. Há similaridades com o papel do Estado na Alemanha e no Japão — mas esses países não estavam sob dominação estrangeira, razão pela qual o nacionalismo se expressava de outro modo, por meio do imperialismo, e não pela via da libertação nacional.
21. Isso se baseia no fato de que a indústria representa cerca de um terço do PIB chinês e, assim, a parcela das estatais se traduz em pouco menos de 7% do PIB total. O restante da parcela do setor estatal provém de transportes e serviços como bancos e comunicação. Em outubro de 2018, o vice-premiê chinês, Liu He, declarou que o setor privado respondia por 60% do PIB da China ("Xi Reafirms Support for Private Firms", *China Daily*, 22 out. 2018). Isso é consistente com o dado sobre a parcela de cerca de 20% das estatais, porque os 20% "faltantes" são representados por empresas cooperativas ou coletivas (incluindo empresas municipais e regionais), firmas fundadas por estrangeiros e aquelas criadas por fundos de Hong Kong e Macau.
22. Nos anos 1980, o setor estatal respondia por 85% dos investimentos fixos, com o restante sendo feito por empresas coletivas frequentemente controladas por governos locais (Banco Mundial, 2017, p. 8).

23. Ainda que centrado demais no Ocidente segundo seus próprios objetivos explícitos, um bom panorama das discussões ideológicas que levaram à adoção dos programas de reformas na China pode ser encontrado em Gervitz (2017). Ver minha resenha em: <glineq.blogspot.com/2017/09/how-china-became-market-economy-review.html>.
24. É fácil perceber que essa contradição decorre do choque entre as duas primeiras características sistêmicas.
25. O Congresso do Povo é o Parlamento mais rico do mundo, sendo a fortuna de seus membros estimada em 4,12 trilhões de yuans, ou 660 bilhões de dólares na taxa de câmbio do começo de 2018. Ver "Wealth of China's Richest Lawmakers Rises by a Third: Hurun", Reuters, 1 mar. 2018. Disponível em: <www.reuters.com/article/us-china-parliament-wealth/wealth-of-chinas-richest-lawmakers-rises-by-a-third-hurun-idUSKCN1GD6MJ>.
26. Até mesmo a China tem, formalmente, um sistema multipartidário, com os partidos não comunistas desempenhando um papel fortemente circunscrito e essencialmente protocolar.
27. A luta pela independência na Malásia em relação ao Reino Unido foi, de fato, violenta, com traços de guerra civil entre a guerrilha liderada pelos comunistas e por outras forças. Nesse sentido, a experiência de Singapura, então parte da Malásia, não foi diferente. Mas sua própria separação da Malásia, depois, deu-se pacificamente.
28. Os países que faziam parte da União Soviética não se encaixam nesse esquema, não só porque seu estatuto como colônia não era claro (para dizer o mínimo) como também porque depois de 1991 eles transitaram para o capitalismo liberal, ainda que em alguns deles (incluindo Bielorrússia, Rússia, Uzbequistão, Cazaquistão e Azerbaijão) tenha se preservado, mais ou menos integralmente, um sistema de partido único.
29. Mesmo se excluirmos a China, sua parcela da produção mundial cresceu fortemente, de 1,7% em 1990 para 2,7% em 2016.
30. Estima-se que 16% da população chinesa são pessoas sem *hukou* que, apesar disso, habitam em áreas urbanas (dado apresentado em uma conferência do Fórum de Desenvolvimento da China, em Pequim, em set. 2018).
31. Análises muito boas a respeito das fontes utilizadas nos estudos sobre as rendas e sobre a desigualdade na China podem ser encontradas em Gustafsson, Li e Sato (2014) e em Xie e Zhou (2014). Zhang e Wang (2011) apresentam um excelente panorama das pesquisas oficiais do Escritório Nacional de Estatísticas, desde os primeiros levantamentos, nos anos 1950, até 2013.
32. Há outras evidências de que a defasagem salarial tem diminuído. Zhuang e Li (2016, p. 7) mostram que desde 2010 os salários nos setores menos especializados têm subido mais do que os dos setores mais especializados.

33. Esse resultado é confirmado por aquela que parece ter sido a pesquisa domiciliar mais abrangente jamais realizada na China, o minicenso de 2005, que visitou quase 1 milhão de domicílios. Ela apurou um Gini de 48,3 (ver Xie e Zhou, 2014, Tabela 1).
34. No entanto, o Congressional Budget Office (2014, Tabela 2) registra que a fração da renda de capital e dos ganhos de capital e com negócios no total da renda do centésimo mais alto da pirâmide é de 58% (ano fiscal de 2011).
35. Um estudo realizado por Gong, Leigh e Meng (2012), baseado em microdados parciais de pesquisas domiciliares urbanas, detectou que a correlação intergeracional das rendas de pais e filhos é de 0,64, nível semelhante aos mais elevados encontrados em estudos do mesmo tipo nos Estados Unidos. Van der Weide e Narayan (2019) confirmam o declínio da mobilidade educacional entre gerações na China e estimam que esteja próxima daquela registrada nos Estados Unidos. Esses resultados, porém, devem ser vistos com cautela, pois os cálculos de estudos similares feitos em outros países não produziram coeficientes estáveis. Com relação à desigualdade de riqueza, Ding e He (2018) mostraram, com base na fonte mais confiável sobre riqueza domiciliar, o Projeto de Renda Domiciliar da China, que, em 2002 (ano mais recente de que dispõem), o Gini de patrimônio financeiro líquido foi 0,81; isso é comparável ao Gini de riqueza financeira líquida dos Estados Unidos, de cerca de 0,9, no mesmo período (ver Wolff, 2017, tabela 2.0).
36. No que se refere à "nova" classe média, o setor público ainda predomina: em 2006, mais de 60% dos gerentes e profissionais trabalhavam no setor público (Li, [s.d.], tabela 3). A "velha" classe média é velha no sentido de que seus equivalentes (os pequenos proprietários) já existiam na China pré-revolucionária e até mesmo nos anos 1960.
37. Desde 2017, 66 dos 100 maiores fugitivos da Justiça chinesa estavam nos Estados Unidos e no Canadá. O desaparecimento de um deles provoca recentemente um aumento da tensão nas relações Estados Unidos-China, até que o FBI finalmente concordou em cooperar com as autoridades chinesas, prendendo e entregando os responsáveis por infrações mais graves. Ver Mimi Lau, "China's Graft-Busters Release List of 100 Wanted Fugitives in Operation Sky Net", *South China Morning Post*, 23 abr. 2015. Disponível em: <www.scmp.com/news/china/policies-politics/article/1773872/chinas-graft-busters-release-list-100-wanted-fugitives>.
38. Apud Arrighi (2007, p. 15).
39. Essa abordagem foi aconselhada por Zhao Ziyang, ex-secretário-geral do Partido Comunista da China, que escreveu em suas memórias "secretas" (publicadas depois de sua morte): "Sem um Judiciário independente, a Corte não teria como julgar um caso de modo imparcial" e

"sem uma reforma política que imponha o controle sobre a dominação do Partido Comunista, o problema da corrupção não poderá ser resolvido" (2009, pp. 265, 267).

40. "Is China Suceeding in the War against Corruption", entrevista com Bernard Yeung, blog ProMarket, 1 abr. 2017. Disponível em: <promarket.org/china-succeeding-war-corruption-qa-bernard-yeung>.
41. Os próprios familiares de Xi, segundo relato publicado em *Bloomberg News* em 2012, parecem gozar de um estilo de vida que não combina com aquilo que defendem nem com a renda oficial que têm. Mas é improvável que as investigações sobre a corrupção cheguem a essas camadas tão altas, pelo menos enquanto Xi estiver no poder. Ver "Xi Jinping Millionaire Relations Reveal Fortunes of Elite", *Bloomberg*, 29 jun. 2012. Disponível em: <www.bloomberg.com/news/articles/2012-06-29/xi-jinping-millionaire-relations-reveal-fortunes-of-elite>.
42. Como afirma um livro publicado pelo governo sobre a corrupção, "punições severas não necessariamente levam a um governo limpo, mas sem essas punições severas a corrupção não acabará" (Xie, 2016, p. 23).
43. Os dados são públicos e foram divulgados pelas autoridades chinesas.
44. Ou, como afirma Pei (2016), eles podem vender postos a pessoas que lhes seriam leais, criando assim uma rede potencialmente útil na geração futura de renda proveniente de corrupção.
45. Smith elogia o Ato da Navegação na seção que trata de casos especiais em que a proteção pode ser aceitável (livro 4, cap. 2), chegando a ponto de afirmar que "o Ato de Navegação talvez seja a mais sábia de todas as regulamentações existentes na Inglaterra".
46. Na opinião de Smith, esse sistema existia, na sua época, apenas na Holanda.
47. O termo foi criado por Kees van de Pijl (2012).
48. Li ([s.d.], tabela 2) estima o tamanho da classe média chinesa em menos de 20% da população urbana do país.
49. Esses termos eram aparentemente usados pelos chineses para se referir a estrangeiros, dependendo se estes eram mais ou menos avançados (o que, na prática, significa se aceitavam ou não a suserania chinesa); ver Jacques (2012).
50. Sobre o caminho europeu da "coerção intensiva", ver também Pomeranz (2000, pp. 195, 202-3).
51. "*China is a civilization pretending to be a state*" (Lucien Pye, apud Jacques, 2012, p. 245).
52. Ver, por exemplo, o longo artigo panorâmico de Xu (2011) sobre as instituições chinesas.
53. O início do sistema de responsabilidade, que acabaria por abranger a China inteira, remonta a vinte fazendeiros do vilarejo de Fengyang Xiaogang, na província de Anhui, que, agindo como conspiradores

medievais, juraram lealdade entre si e assinaram um documento secreto pelo qual concordavam em dividir as terras em lotes individuais e entregar as devidas cotas de cereais para o governo, mantendo o restante para eles mesmos. A possibilidade de que esses "sinalizadores do capitalismo" fossem severamente punidos não era nada negligenciável. Assim, todos concordaram que "não se arrependerão [de sua decisão] mesmo que tiverem de enfrentar a pena de morte. Todos os demais membros prometem cuidar dos filhos dos outros até os dezoito anos de idade" (Wu, 2015, p. 32). A versão original desse contrato está no Museu Nacional da China.

54. Ou, como disse um amigo chinês, "os governos ocidentais são como cientistas, enquanto o governo chinês é como um artesão muito experiente e sofisticado; isso torna a produção em massa, ou seja, a transferência de seu conhecimento, mais difícil" (Li Yang, comentário pessoal).

55. A China é hoje o país com maior número de turistas estrangeiros e o que mais gasta com turismo (superando em mais de duas vezes o segundo colocado, que são os Estados Unidos). Os dados são da Organização Mundial do Turismo para 2016.

56. O tempo de viagem por terra entre Chongqing e Duisburg, na Alemanha, é de dezesseis dias, comparados com o período de 36 a 40 dias por via marítima de Xangai a Rotterdam, na Holanda (Pomfret, 2018).

57. A não ser quando as coisas saíram demais do controle, como aconteceu no Zimbábue.

58. Afirmação feita durante palestra no Lowell Institute em março de 1941 e reproduzida em Swedberg (1991, p. 387).

59. Ver Jacques (2012, p. 480). Ver também minha resenha sobre o livro de Jacques, disponível em: <glineq.blogspot.com/2018/01/the-aloofness-of-pax-sinica.html>.

60. Ver excelente discussão sobre como as instituições internacionais, da União Postal à Organização Mundial do Comércio, foram criadas pelo Ocidente, em *Governing the World*, de Mark Mazower (2012).

4. Interação entre capitalismo e globalização [pp. 173-235]

1. Uma definição de renda um pouco diferente, mas igualmente apropriada, é a de Marx: "[uma renda] jamais é definida pelas ações de quem a recebe, mas [...] por eventos independentes [...] dos quais o recebedor não participa" (*O Capital*, v. 3 parte 6, cap. 37; ver: <www.marxists.org/archive/marx/works/1894-c3/ch37.htm>).

2. Além do lucro, em alguns casos, de qualquer coisa que seja produzida em outro território usando capital de propriedade de pessoas com a mesma cidadania.

3. Ver Milanović (2015), em que o valor da cidadania é comparado não apenas de país para país, mas também em combinações entre países e conforme os decis de renda (por exemplo, o valor da cidadania sueca para um brasileiro depende se ele pertence à base ou ao topo da pirâmide de distribuição de renda no Brasil).
4. Embora uma cidadania "melhor" possa às vezes ser mais necessária em termos de urgência para uma pessoa mais velha, no caso de essa cidadania, por exemplo, dar direito à assistência médica gratuita ou a casas de saúde gratuitas para idosos.
5. Os escravos também eram subcidadãos. Sob o Império Romano, a escravidão era uma categoria jurídica, não econômica (ver Veyne, 2001), mas os direitos dos escravos eram mínimos em comparação com os dos homens livres, mesmo nos casos em que fossem ricos. Até os direitos dos homens libertos nem sempre eram iguais aos dos que já tinham nascido como cidadãos livres.
6. O Reino Unido é uma exceção no que se refere a essa falta de preocupação geral — por razões óbvias, já que controlava uma quantidade enorme de territórios ocupados por populações com rendas muito inferiores. Em 1948, a livre movimentação de pessoas dentro da Commonwealth (que em princípio já existia desde antes da Primeira Guerra Mundial) foi reconfirmada. Vinte anos depois, porém, ela foi anulada com o Commonwealth Immigration Act. Avner Offer (1989) observou a atitude com frequência ambígua e complexa da Grã-Bretanha quanto à movimentação da população "de cor" em territórios "autogovernados" como Austrália e Canadá, que eram formalmente iguais à Índia mas costumavam rejeitar a movimentação livre de mão de obra. Os territórios autogovernados eram os mais preocupados com a questão da aceitação de mão de obra não branca, talvez porque uma chegada muito grande de indianos pudesse alterar a balança do poder político em detrimento da população branca.
7. Zygmant Bauman (em "Le Coût humain de la globalisation", apud Wihtol de Wenden [2010, p. 70]) observa corretamente que o direito à mobilidade é um novo bem de ordem superior. Pessoas de países ricos podem se mover livremente, enquanto pessoas de países pobres se tornam alvos por onde quer que passem.
8. Inicialmente, porém, isso pode incrementar a migração ao eliminar a falta de dinheiro como elemento que restringe uma mudança para o exterior.
9. Segundo alguns cálculos, a suspensão das barreiras existentes hoje em dia à livre circulação de mão de obra pelo mundo elevaria a mais que o dobro a renda global (Kennan, 2014). De acordo com Borjas (2015, tabela 1), o ganho no caso do cenário intermediário (nem otimista nem pessimista) é de quase 60% do PIB mundial. Em todos esses cálculos,

os ganhos provêm do aumento da produção suplementar da força de trabalho migrante, que pode se beneficiar de uma infraestrutura muito melhor e de uma reserva de capital muito mais alta quando está em um país mais rico.

10. Estudos sobre os empréstimos feitos pelo Banco Mundial e pelo Fundo Monetário Internacional detectam invariavelmente um efeito líquido praticamente nulo sobre o crescimento do país que os recebe (Rajan e Subramanian, 2005). Isso, a despeito do fato de que as taxas de retorno sobre projetos individuais financiados com a ajuda externa ou com empréstimos subsidiados costumam ser positivas (Dalgaard e Hansen, 2001).

11. Ver, por exemplo, um debate sobre a redução do risco-país, o assim chamado efeito império, em Ferguson e Schularick (2006).

12. Algumas dessas ferramentas podem ser anacrônicas (por exemplo, o balanço nacional de pagamentos e em especial os balanços comerciais bilaterais) porque a atual globalização é substancialmente diferente da primeira. Muitas das nossas formas de pensar a economia ainda vêm da globalização tal como ela se deu no passado.

13. É por isso que também se utiliza a expressão "fragmentação global" da produção (Los, Timmer e De Vries, 2015).

14. As instituições eram importantes, porém, para os exportadores de capital.

15. A presença física da mão de obra ainda pode ser necessária em algumas funções, mas a questão central é saber se não haverá cada vez menos dessas funções.

16. Assumimos, aqui, como antes, que uma redução significativa da defasagem entre as rendas de diferentes países não é uma opção realista a curto e a médio prazos.

17. Aristóteles, *Nicomachean Ethics* (livro 8), afirma que dentro de cada comunidade há uma *philia* (afeição; bondade), mas que essa *philia* diminui como em círculos concêntricos quanto mais nos afastamos de uma comunidade muito estrita.

18. Infelizmente, não há estudos empíricos que procurem identificar a conexão entre globalização e corrupção. O mais próximo disso, que eu conheça, é um estudo apresentado por Benno Torgler e Marco Piatti (2013), que, analisando dados de vários países, encontraram uma correlação positiva entre o número de bilionários de um país e os níveis tanto de globalização quanto de corrupção desse país.

19. Essas pesquisas são diferentes daquelas de "corrupção vivenciada", que são, na minha opinião, melhores, mas também menos disponíveis ainda.

20. O resultado de uma experiência concreta revela por que se preserva a maioria das contas em paraísos fiscais (Johannesen, 2014). Em 2005, quando a União Europeia convenceu o governo da Suíça a descontar na fonte os impostos sobre os rendimentos obtidos em contas de bancos

suíços por residentes na UE, o número dessas contas caiu em cerca de 40% em apenas quatro meses.
21. Outras estimativas da quantia mantida em paraísos fiscais têm sido um pouco mais altas; Becerra et al. (2009), por exemplo, estimam esse dinheiro em US$ 6,7 trilhões, ante US$ 5,9 trilhões segundo Zucman. Para estimativas até 2015, ver Alstadsaeter, Johannesen e Zucman (2017).
22. Fundo Monetário Internacional, *Balance of Payment Statistics Yearbook 2017*, tabela A-1; Comitê de Estatísticas de Balanço de Pagamentos do FMI, *Annual Repport 2010*, tabela 2.
23. Freund classificou bilionários como tendo conexões políticas desde que "haja notícias ligando sua riqueza a um posto ocupado antes em algum governo, parentes próximos no governo ou obtenção duvidosa de licenças" (2016, p. 24). O grupo inclui também bilionários cujas empresas são estatais que foram privatizadas (dada a óbvia necessidade do governo de dar seu aval a essas privatizações) e bilionários cuja riqueza provém do petróleo, gás natural, carvão e outros recursos naturais. Aqui, também, o controle sobre essas áreas onde existem tais recursos depende frequentemente de uma concessão por parte dos governos.
24. Calculado a partir de dados fornecidos gentilmente por Caroline Freund e Sarah Oliver.
25. Esta é a visão de Maquiavel. Enquanto a liberdade leva à riqueza ("pois a experiência mostra que as cidades nunca cresceram em área nem em número de ricos a não ser quando viveram em liberdade", afirmou em carta a Francesco Vettori [apud Wootton, 2018, p. 40]), a riqueza é fonte de corrupção. É por isso que a liberdade republicana (que chamaríamos de democracia) só pode ser encontrada em sociedades rurais pobres, como a Roma Republicana e as cidades medievais alemãs, mas não em uma sociedade comercial como a Florença de Maquiavel.
26. Jack Abramoff acabou se tornando um caso vergonhoso de lobista que, devido a suas múltiplas negociatas à sombra e prestação de serviços a clientes duvidosos, foi julgado, condenado e preso por seis anos. Pessoas que já trabalharam na mesma "indústria" me contam, no entanto, que o caso de Abramoff não era nada excepcional. Deve ter sido apenas o mais ruidoso.
27. Esse tipo de corrupção, limitada a poucos grandes líderes, não é algo que possa ser considerado como uma corrupção generalizada. Além disso, essas vantagens não eram transferíveis para as gerações seguintes.
28. Em um livro sobre a corrupção na Nigéria, Ngozi Okonjo-Iweala (2018) traz o exemplo de transações eletrônicas entre diferentes órgãos oficiais como uma das medidas adotadas para combater a corrupção.
29. O controle exercido sobre o capital na Grã-Bretanha nos anos 1960 e 1970 é tido como responsável pela criação de áreas de offshores financeiras como as Ilhas do Canal, onde era possível driblar o monitoramento do dinheiro.

30. José Piñera, "President Clinton and the Chilean Model", Cato Policy Report, jan.-fev. 2016. Disponível em: <www.cato.org/policy-report/januaryfebruary-2016/president-clinton-chilean-model>.
31. Ver "Mauritius Largest Source of FDI in India, Says RBI", *Economic Times*, 19 jan. 2018. Disponível em: <economictimes.indiatimes.com/articleshow/62571323.cms>.
32. Em uma resenha sobre o livro de Oliver, *Bullogh Moneyland: Why Thieves and Crooks Now Rule the World and How to Take it Back* (2018), Vadim Nikitin (*London Review of Books*, 21 fev. 2019) cita um trecho da obra em que um relações-públicas de Londres define seu objetivo em relação a clientes estrangeiros corruptos para quem trabalha como sendo o de torná-los "inatingíveis", fazendo com que se transformem em "filantropos" ou em "pessoas sobre as quais nada se escreve" e ameaçando com processos de valores altíssimos contra difamação quem pense em fazê-lo. O método funciona bem.
33. Black, Kraakman e Tarassova (2000, p. 26) relatam que "depois que o banco Menatep faliu, em meados de 1998, Khodorkovski transferiu seus ativos patrimoniais para um novo banco, o Menatep-São Petersburgo, e deixou correntistas e credores tentando recuperar algo da carcaça do banco antigo. Para garantir que essas transações não fossem rastreadas, Khodorkovski contratou um caminhão, no qual colocou a maior parte dos registros de vários anos do banco Menatep e mandou que fosse levado para uma ponte e jogado no rio Dybna, onde, presume-se, permanecerão". Eles registram também a compra de ações da Yukos e a suspeição de que cerca de US$ 4,4 bilhões de fundos governamentais mantidos pelo banco de Khodorkovski "jamais chegaram ao seu devido destino" (p. 14).
34. Até 2018, Leonid Blavatnik era a terceira pessoa mais rica do Reino Unido; recebeu a Ordem de Cavaleiro por suas atividades filantrópicas.
35. A hipótese da renda relativa proposta por James Duesenberry em 1949 baseava-se em um raciocínio semelhante: nosso consumo corresponde ao consumo que consideramos normal ou desejável dentro de nossa comunidade.
36. Um amigo sérvio que trabalhou em uma empresa de fornecimento de refeições para os militares dos Estados Unidos no Iraque contou-me, provavelmente exagerando um pouco, que corria entre os fornecedores a história de que pelo mesmo trabalho um americano ganharia US$ 100, um europeu do Leste, US$ 10 e um africano, US$ 1.
37. Certa vez, pouco antes de uma final da Copa do Mundo de futebol, comprei de uma autoridade do futebol de um país africano um ingresso que provavelmente ela obtivera de graça, e paguei por ele um preço absurdo. Essa autoridade não teve o menor pudor ao me vender o ingresso, tampouco tive constrangimento algum ao comprá-lo. Raciocinei

que essa pessoa devia ter (legitimamente) comparado seu baixo salário com o de uma autoridade do mesmo nível do futebol, digamos da Suíça, e concluído que tinha o direito de ganhar algum dinheiro por fora com aquilo. É difícil defender que ela não tinha esse direito.

5. O futuro do capitalismo global [pp. 237-90]

1. Em *O espírito das leis* (livro 20, cap. 1), Montesquieu escreveu: "*Le commerce guérit des préjugés destructeurs: et c'est presque une règle générale que, partout où il y a des moeurs douces, il y a du commerce; et que, partout où il y a du commerce, il y a des moeurs douces*" [O comércio cura os preconceitos destrutivos; e é quase uma regra geral aquela que ensina que em toda parte, onde imperam os costumes brandos, existe comércio, e que em toda parte, onde existe comércio, existem costumes brandos]. Michael Doyle, um dos principais autores da hipótese da paz liberal, discute o pacifismo comercial de Adam Smith e de Schumpeter em *Ways of War and Peace* (1997).

2. Em qualquer período que se considere, estudos sobre vários países registram haver uma correlação positiva muito forte entre o PIB per capita e o grau médio de felicidade declarado (Helliwel, Huang e Wang, 2017, p. 10) e também, no nível individual, em cada país, entre a renda individual e o grau de felicidade individual declarado (Clark et al., 2017, tabela 5.2). De todos os correlatos do nível de satisfação na vida, calculados em vários países, a renda é o mais forte (Graham, Laffan e Pinto, 2018, figura 1).

3. "Porém, por mais destrutivo que esse sistema possa parecer, jamais poderia ter ludibriado um número tão grande de pessoas nem provocado um alarme tão generalizado entre os amigos dos melhores princípios se não tivesse em alguns aspectos bordejado a verdade" (*Teoria dos sentimentos morais*, parte 7, seção 2, cap. 4).

4. David Wootton escreve: "As duas obras [*Teoria dos sentimentos morais* e *A riqueza das nações*] não se aproximam tanto uma da outra, pois uma é sobre como devemos nos comportar em relação a nossa família, amigos e vizinhos (que evocam os nossos sentimentos benignos), enquanto a outra é sobre como deveríamos interagir com estranhos que encontramos no mercado (dos quais não temos nenhum dever de cuidar... andar sempre desconfiado é uma atitude que podemos adotar legitimamente com estranhos, mas não com a família, os amigos ou os vizinhos). [Há uma] tensão entre o mundo *amoral* das forças de mercado e o mundo moral das relações humanas. *A riqueza das nações* mostra o quanto nossas escolhas são delimitadas por forças do mercado, e essa delimitação reduz as oportunidades de adoção de comportamentos morais elogiáveis" (Wootton, 2018, pp. 174-5; o grifo é meu).

5. "Os negócios e o trabalho contínuo que eles exigem se tornaram uma parte obrigatória de sua vida [como capitalistas]. Essa é, na verdade, a única possível motivação, mas isso, ao mesmo tempo, expressa aquilo que, do ponto de vista da felicidade pessoal, é tão irracional numa situação como essa, em que o homem existe em função de seu trabalho, e não o contrário" (Weber, 1992, p. 79).
6. Talvez seja útil esclarecer que Weber não via o protestantismo como algo que surgiu ex post para amenizar a ganância dos capitalistas, mas sim que os seus valores religiosos é que propiciaram esse tipo de contenção. Desse modo, para Weber, a relação de causa e efeito é da religião para os valores capitalistas; os valores não floresceriam por conta própria a partir de razões de ordem prática.
7. "Aqui está, na verdade, a principal justificativa do Sistema Capitalista. Se os ricos gastassem suas novas riquezas apenas para o seu próprio deleite, o mundo há muito já teria considerado intolerável esse regime. Mas, tal como as abelhas, eles pouparam e acumularam para o bem, inclusive, de toda a comunidade, já que eles próprios alimentam objetivos mais limitados a longo prazo" (*The Economic Consequences of the Peace*, cap. 2, seção 3).
8. "Quando a limitação do consumo se combina com essa desobrigação de uma atividade aquisitiva, o resultado prático inevitável é óbvio: acumulação de capital por meio de uma compulsão ascética de poupança" (Weber, 1992, p. 172).
9. Um exemplo mais contemporâneo de acordo tácito, atualmente sob a ameaça de se desfazer, pode ser encontrado nos países nórdicos, onde a compressão salarial foi combinada com uma elevação da parcela do capital na renda líquida — mas com o entendimento de que os lucros seriam reinvestidos para manter elevada a demanda agregada e o pleno emprego (Moene, 2016).
10. Harriet Sherwood, "'Christianity as Default Is Gone': The Rise of a Non-Christian Europe", *The Guardian*, 21 mar. 2018.
11. Uma exceção podem ser as recentes tentativas da Igreja católica, sob o comando do papa Francisco, de reforçar os aspectos éticos no dia a dia dos negócios. Ver, por exemplo, Hannah Brockhaus, "Pope Francis: The Church Cannot Be Silent about Economic Suffering", *Crux*, 12 abr. 2018. Disponível em: <cruxnow.com/vatican/2018/04/12/pope-francis-the-church-cannot-be-silent-about-economic-sufering/>.
12. Apud Tara Isabella Burton, "Prominent Evangelical Leader on Khashoggi Crisis", *Vox*, 17 out. 2018. Disponível em: <www.vox.com/2018/10/17/17990268/pat-robertson-khashoggi-saudi-arabia-trump-crisis>.
13. Rawls considerava que a não ostentação por parte dos mais abonados era importante para que as inevitáveis desigualdades de renda e de

riqueza fossem aceitas pelos mais pobres sem provocar inveja ou ressentimento injustificados. "Na vida cotidiana, as obrigações normais devem ser cumpridas de uma forma que os privilegiados não ostentem seu status superior de modo a menosprezar as condições daqueles que possuem menos" (1971, p. 470).

14. São dados de pesquisas domiciliares realizadas no começo dos anos 2000. Esse mesmo achado se reflete no percentual de filhos com mais de 25 anos que ainda vivem com os pais: ele é inferior a 10% na Dinamarca, abaixo de 20% em outros países nórdicos (muito ricos), cerca de 30% nos Estados Unidos, Reino Unido e Alemanha, aumentando à medida que se avança para o sul e o leste. Na Itália, Espanha, Taiwan e Grécia, a taxa está entre 70% e 80% (cálculos feitos a partir dos dados do Luxembourg Income Study, em torno de 2013, disponíveis em: <www.lisdatacenter.org>).

15. A internalização dessas atividades costuma colocar a maior parte do peso sobre os ombros das mulheres.

16. Outra maneira de ver como compartilhamento e exclusão estão interconectados é recordando o dito espirituoso de Montesquieu, segundo o qual um homem que fosse absolutamente virtuoso com todos poderia acabar não tendo amigo nenhum, porque a amizade, como o compartilhamento, implica dar preferência especial a alguém, preferência que, portanto, não pode se estender a toda a comunidade.

17. Estima-se que em meados do século XIX apenas 5% a 15% dos que trabalhavam no Delta do Yangtzé, a região mais desenvolvida da China, eram trabalhadores assalariados, sendo essa taxa de quase 75% no interior da Inglaterra no mesmo período (Vries, 2013, p. 340).

18. Em *Postcapitalism*, Paul Mason explica a ascensão de novas commodities (como a comercialização do lazer) a partir de uma tendência dos lucros de chegar a zero e da incapacidade de proteger integralmente os direitos de propriedade de algumas dessas novas commodities (como os softwares). A única solução, para os capitalistas, segundo Mason, seria a comercialização do dia a dia. Isso lhes proporciona um novo "campo de ação". No final das contas, toda interação humana terá de ser comoditizada; as mães, por exemplo, pagarão umas às outras algum dinheiro para que empurrem seus filhos no gira-gira de algum parquinho. Mas isso não tem como se sustentar, diz Mason. Há um limite natural para aquilo que os seres humanos são capazes de admitir em termos de comoditização de suas atividades cotidianas: "Você teria de tratar uma pessoa que beijasse outra de graça como se tratavam os caçadores clandestinos no século XIX" (Mason, 2016, p. 175). Como ficará claro um pouco mais adiante neste capítulo, não estou tão convencido quanto Mason de que esse tipo de comoditização tenha realmente limites naturais. Atividades que as pessoas achavam fora de qualquer condição de

ser comercializadas acabaram por sê-lo gradualmente, e hoje são vistas como normais. Não há razão para que isso deixe de continuar a acontecer no futuro.
19. Jan de Vries (2008) cunhou a expressão "industriosa" para destacar que a passagem da produção caseira para o trabalho assalariado fez aumentar dramaticamente o número de horas trabalhadas por ano. Assim, a Revolução Industrial se caracterizou não apenas por uma produção maior por hora trabalhada, mas também por uma dedicação muito maior da força de trabalho. Ver também Pomeranz (2000, p. 94) e Allen (2009, 2017).
20. Weber (1992, p. 161).
21. Sou grato a Carla Yumatle por essa observação.
22. Daniel Markovits, "A New Aristocracy", aula inaugural na Yale Law School, maio 2015. Disponível em: <law.yale.edu/sites/default/files/area/department/studentaffairs/document/markovitscommencementrev.pdf>. (grifos do original).
23. Um possível contra-argumento seria enxergar as demandas por softwares de fontes abertas e por assistência médica gratuita (individual) nos Estados Unidos — tendências que podem se tornar mais importantes no futuro — como reflexos de forças favoráveis a uma descomoditização. No entanto, creio que os argumentos aqui apresentados, baseados na lógica interna do sistema (assim como no conjunto de valores que ele promove), apontam na direção oposta.
24. Testemunhei em primeira mão o efeito da riqueza sobre a comoditização quando trabalhei com pesquisas domiciliares na África, onde um bom número de atividades normalmente remuneradas nas economias ricas é realizado "de graça" dentro de casa, com seus valores tendo de ser, então, atribuídos; não fosse assim, estaríamos subestimando enormemente o nível de consumo das famílias em vários países africanos.
25. Nas palavras de Nassim Taleb: "Se você é um pensador da história vivendo na Idade de Pedra e lhe pedem para prever o futuro no quadro de um relatório abrangente a ser produzido para o planejador do chefe da tribo, você terá de projetar a invenção da roda, caso contrário perderá muito de sua influência. Agora, se você pode profetizar a invenção da roda, então já sabe mais ou menos com o que uma roda se parece e, portanto, também já sabe como construir uma roda" (Taleb, 2007, p. 172).
26. Banco Mundial (2019, p. 22, figura 1.1). As funções são classificadas como "em risco" se a probabilidade de elas virem a ser automatizadas é estimada em mais de 70%.
27. Jean-Baptiste Say, *Cours complet d'économie politique* (v. 2, p. 170), apud Braudel (1979, p. 539).
28. Ver a descrição de Keynes sobre Jevons em seu *Essays in Biography* (1972, p. 266): "[As conclusões de] Jevons foram influenciadas [...] por um traço psicológico que outras pessoas compartilham mas que é nele

excepcionalmente forte, um certo instinto acumulador, uma certa propensão a se alarmar e se agitar diante da ideia de exaustão de recursos. O sr. H.S. Jevons [seu filho] me contou algo que ilustra isso de uma forma engraçada. Jevons tinha ideias desse tipo com relação à proximidade de uma escassez de papel [...] coerente com esse temor, foi a uma grande loja e comprou tamanha quantidade não só de papel para escrever mas também de papel pardo para embalagem, que até hoje, passados mais de cinquenta anos de sua morte, os filhos não conseguiram esgotar o estoque que ele deixou".

29. Ver Van Parijs e Vanderborgth (2017) e Standing (2017).
30. Banco Mundial (2019, p. 110). Para os valores da RBU na Mongólia e no Irã, ver Banco Mundial, World Development Report 2019, "The Changing Nature of Work", esboço, 20 abr. 2018, p. 89. Disponível em: <mronline.org/wp-content/uploads/2018/04/2019-WDR-Draft-Report.pdf>. A Arábia Saudita, como vários outros reinos do Golfo, distribui a seus cidadãos parte de sua renda com o petróleo usando diversos esquemas de transferência em espécie. Não estou convencido de que essa generosidade caída do céu e dependente tanto do preço do petróleo quanto da benevolência dos governantes possa ser integralmente vista como algo equivalente às transferências mais regulares e não condicionais que um sistema de RBU implica.
31. Em um estudo recente, Hauner, Milanović e Naidu (2017) encontraram fortes evidências de que todos os componentes mencionados pelos autores da teoria do imperialismo neomarxista de Hobson (John Hobson, Rosa Luxemburgo e Vladimir I. Lênin) estavam de fato presentes à véspera da Primeira Guerra Mundial: a desigualdade de riqueza e de renda nos principais países beligerantes estava no seu auge histórico; os países imperialistas "centrais" adquiriram ativos estrangeiros com rapidez, os quais eram quase totalmente propriedade da parcela de 1% a 5% mais rica da população; esses ativos davam retornos maiores do que os ativos internos; e os países que possuíam as maiores quantidades deles tinham também os maiores poderes militares (em relação à sua população). Assim, todos os ingredientes para a eclosão de uma guerra estavam presentes.
32. O número de mortes relacionadas à guerra foi calculado com base nos dados do projeto Correlates of War (COW), <correlatesofwar.org>. Entre 1901 e 2000, cerca de 166,5 milhões de pessoas morreram em guerras entre países, quase 64 milhões em guerras civis e menos de 1 milhão em guerras imperialistas ou coloniais. O projeto COW chama estas últimas de "guerras extrassistêmicas", por envolverem um ator sistêmico reconhecido (digamos, Reino Unido ou Rússia) enfrentando um ator não sistêmico (digamos, os rebeldes siks ou poloneses). No caso das "sistêmicas", os dois atores são Estados internacionalmente reconhecidos.

O número aproximado de nascimentos no século XX é calculado a partir de uma estimativa feita pelo US Population Reference Bureau; ver tabela 1 em "How Many People Have Ever Lived on Earth". Disponível em: <www.prb.org/howmanypeoplehaveeverlivedonearth>.

33. Se isso acontecesse, a observação feita por Marx que aparece na epígrafe do capítulo 4 se confirmaria.
34. Rawls escreve: "Imagine [...] que as pessoas parecessem dispostas a abrir mão de certos direitos políticos em um momento de ganhos econômicos significativos. É esse tipo de troca que os dois princípios [liberdade individual abrangente compatível com a mesma liberdade para todos e desigualdade econômica aceitável somente se for em favor dos mais pobres] desconsideram; organizados em ordem sequencial, eles não permitem que haja trocas de liberdades básicas por ganhos econômicos e sociais" (1971, p. 55).
35. Baseado em Leijonhufvud (1985) e Bowles e Gintis (1986).
36. Essa queda da desigualdade é evidente não só quando utilizamos indicadores de desigualdade sintéticos, como o coeficiente de Gini, que foca os níveis de renda a partir da distribuição de renda de todo o planeta (como mostra a Figura 1.1), mas até mesmo quando focamos a fração do 1% do topo da pirâmide mundial. A despeito do fato de essa fatia do 1% do topo mundial ter mostrado uma tendência de crescimento, enquanto a desigualdade global de renda decaía, mais recentemente até mesmo essa fração do 1% do topo mundial tem se reduzido (ver *World Inequality Report 2018*, p. 56, figura 2.1.9).
37. O peso da África na desigualdade global tem sido até agora limitado porque sua população é bastante inferior à da Ásia. Em torno de 2005, a contribuição da África para a desigualdade global era de cerca de 10%. Esse número tende a crescer com o aumento da população, de modo que a desigualdade global dependerá cada vez mais daquilo que estiver acontecendo nesse continente.
38. Adam Smith, *A riqueza das nações*, livro 4, cap. 7.

Apêndice A:
O lugar do comunismo na história mundial [pp. 291-7]

1. "A colônia de uma nação civilizada que toma posse de uma terra desocupada, ou de uma tão pouco habitada que os nativos facilmente dão lugar aos novos ocupantes, avança mais rapidamente para a riqueza e a grandeza do que qualquer outra sociedade humana" (Adam Smith, *A riqueza das nações*, livro 4, cap. 7).
2. "The British Rule in India", *New York Tribune*, 25 jun. 1853, em Marx (2007, pp. 218-9).

3. "The Future Results of British Rule in India", *New York Tribune*, 8 ago. 1853, em Marx (2007, p. 220).
4. "O capitalismo se transformou em um sistema mundial de opressão colonial e de estrangulamento financeiro da absoluta maioria dos povos do mundo por um punhado de países 'avançados'" (Lênin, *Collected Works*, v. 19, p. 8, apud Sweezy [1953, p. 24]).
5. Eric Hobsbawm, "Introduction", em Marx (1965, pp. 19-20).
6. Karl Marx, "The German Ideology", em Tucker (1978, p. 157).

Apêndice C:
Algumas questões metodológicas e definições [pp. 303-9]

1. Para mais detalhes metodológicos, ver Milanović (2005).
2. Ver Maddison Project Database 2018. Disponível em: <www.rug.nl/ggdc/historicaldevelopment/maddison/releases/maddison-project-database-2018>.
3. Empiricamente, esse resultado foi apresentado por Baumol (1986), em um dos primeiros estudos a se concentrarem no desempenho do crescimento dos países da OCDE. Inúmeros estudos publicados desde então confirmaram essa convergência (ver, por exemplo, Barro, 1991, 2000).

Referências bibliográficas

ACEMOGLU, Daron; ROBINSON, James A. *Economic Origins of Dictatorship and Democracy*. Cambridge: Cambridge University Press, 2006.

_____. *Why Nations Fail: The Origins of Power, Prosperity, and Poverty*. Nova York: Crown, 2012.

ACHEN, Christopher; BARTELS, Larry. *Democracy for Realists: Why Elections Do Not Produce Responsive Government*. Princeton, NJ: Princeton University Press, 2017.

AKCIGIT, Ufuk; BASLANDZE, Salomé; STANTCHEVA, Stefanie. "Taxation and the International Mobility of Inventors". NBER Working Paper, n. 21 024, National Bureau of Economic Research, Cambridge, MA, mar. 2015. Publicado em *American Economic Review*, v. 106, n. 10, pp. 2930-81, 2016.

ALLEN, Robert C. *The British Industrial Revolution in Global Perspective*. Cambridge: Cambridge University Press, 2009.

_____. "Technology and the Great Divergence". Discussion Paper Series, n. 548, Department of Economics, University of Oxford, 2011. Disponível em: <www.economics.ox.ac.uk/materials/papers/5001/paper548.pdf>. Publicado como "Technology and the Great Divergence: Global Economic Development since 1820", *Explorations in Economic History*, v. 49, n. 1, pp. 1-16, 2012.

_____. *The Industrial Revolution: A Very Short Introduction*. Oxford: Oxford University Press, 2017.

ALSTADSAETER, Annette; JOHANNESEN, Niels; ZUCMAN, Gabriel. "Who Owns the Wealth in Tax Havens?: Macro Evidence and Implications for Global Inequality". NBER Working Paper, n. 23 805, National Bureau of Economic Research, Cambridge, MA, set. 2017.

ALVAREDO, Facundo; ARKINSON, Anthony B.; MORELLI, Salvatore. "Top Wealth Shares in the UK Over More Than a Century", *Journal of Public Economics*, v. 162, pp. 26-47, jun. 2018.

ARISTÓTELES. *The Politics*. Trad. e introd. de T. A. Sinclair. Harmondsworch, Reino Unido: Penguin Classics, 1976. [Ed. bras.: *Política*. Trad. e notas de Maria Aparecida de Oliveira Silva. São Paulo: Edipro, 2019.]

ARRIGHI, Giovanni. *Adam Smith in Beijing: Lineages of the Twenty-First Century*. Londres: Verso, 2007. [Ed. bras.: *Adam Smith em Pequim: Origens e fundamentos do século XXI*. Trad. de Beatriz Medina. São Paulo: Boitempo, 2008.]

ATKINSON, Anthony B. *Inequality: What Can Be Done?*. Cambridge, MA: Harvard University Press, 2015. [Ed. bras.: *Desigualdade: O que pode ser feito?*. Trad. de Elisa Câmara. São Paulo: LeYa Brasil, 2016.]

_____. "Wealth and Inheritance in Britain from 1896 to the Present", *Journal of Economic Inequality*, v. 16, n. 2, pp. 137-69, 2018.

ATKINSON, Anthony B.; PIKETTY, Thomas; SAEZ, Emmanuel. "Top Incomes in the Long Run of History", *Journal of Economic Literature*, v. 49, n. 1, pp. 3-71, 2011.

AVINERI, Shlomo (Org.). *Karl Marx on Colonialism and Modernization*. Nova York: Doubleday, 1968.

azar, José; marinescu, Ioana; steinbaum, Marshall. "Labor Market Concentration". nber Working Paper, n. 24147, National Bureau of Economic Research. Cambridge, ma, dez. 2017.

BAI, Chong-En; HSICH, Chang-Tai; SONG, Zheng (Michael). "Crony Capitalism with Chinese Characteristics". Manuscrito não publicado, maio 2014. Disponível em: <cowles.yale.edu/sites/default/files/files/conf/2014/ma_song.pdf>. Acesso em: 9 jan. 2020.

BAKIJA, Jon; COLE, Adam; HEIM, Bradley T. "Jobs and Income Growth of Top Earners and the Causes of Changing Income Inequality: Evidence from U.S. Tax Return Data". Manuscrito não publicado, 2010. Disponível em: <web.williams.edu/Economics/wp/BakijaColeHeimJobsIncomeGrowthTopEarners.pdf>. Acesso em: 9 jan. 2020.

BALDWIN, Richard. *The Great Convergence: Information Technology and the New Globalization*. Cambridge, MA: Belknap Press of Harvard University Press, 2016.

BANCO MUNDIAL. *Inside Inequality in the Arab Republic of Egypt: Facts and Perceptions across People, Time, and Space*. Relatório n. 86473. Washington, DC, 2011. Disponível em: <documents.worldbank.org/curated/en/707671468247494406/Inside-inequality-in-the-Arab-Republic-of-Egypt-facts-and-perceptions-across-people-time-and-space>. Acesso em: 9 jan. 2020.

_____. *China: Systematic Country Diagnostic: Towards a More Inclusive and Sustainable Development*. Relatório n. 113092, Washington, DC, 2017. Disponível em: <documents.worldbank.org/curated/en/147231519162198351/pdf/China-SCD-publishing-version-final-for-submission-02142018.pdf>. Acesso em: 9 jan. 2020.

_____. *The Changing Nature of Work*. World Development Report, 2019. Disponível em: <pubdocs.worldbank.org/en/816281518818814423/2019-WDR-Concept-Note.pdf>. Acesso em: 9 jan. 2020.

BARKAI, Simcha. "Declining Labor and Capital Shares". Manuscrito não publicado, 2016. Disponível em: <www.gsb.stanford.edu/sites/gsb/files/jmp_simcha-barkai.pdf>. Acesso em: 9 jan. 2020.

BARRO, Robert J. "Economic Growth in a Cross Section of Countries", *Quarterly Journal of Economics*, v. 106, n. 2, pp. 407-43, maio 1991.

_____. "Inequality and Growth in a Panel of Countries", *Journal of Economic Growth*, v. 5, n. 1, pp. 5-32, mar. 2000.

BAUMOL, William J. "Productivity Growth, Convergence, and Welfare: What the Long-Run Data Show", *American Economic Review*, v. 76, n. 5, pp. 1072-85, dez. 1986.

BECERRA, Jorge; DAMISCH, Peter; HOLLEY, Bruce et al. "Delivering on the Client Promise". Global Wealth 2009, Boston Consulting Group, set. 2009. Disponível em: <www.bcg.com/documents/file29101.pdf>. Acesso em: 9 jan. 2020.

BEKKOUCHE, Yasmine; CAGÉ, Julia. "The Price of a Vote: Evidence from France 1993-2014". CEPR Discussion Paper, n. 12 614, Centre for Economic Policy Research, Londres, jan. 2018. Disponível em: <pdfs.semanticscholar.org/0e5d/9878cf61bdc45d4b05c09521080784f6d907.pdf?_ga=2.117262531.412613546.1578622860-889760653.1578622860>. Acesso em: 9 jan. 2020.

BERDYAEV, Nikolai. *The Meaning of History*. New Brunswick, NJ: Transaction, 2006.

BLACK, Bernard; KRAAKMAN, Reinier; TARASSOVA, Anna. "Russian Privatization and Corporate Governance: What Went Wrong?". Stanford Law School John M. Olin Program in Law and Economics, Working Paper, n. 178, 2000. Publicado em *Stanford Law Review*, v. 52, n. 6, pp. 1731-808, 2000.

BONICA, Adam; MCCARTY, Nolan; POOLE, Keith T.; ROSENTHAL, Howard. "Why Hasn't Democracy Slowed Rising Inequality?", *Journal of Economic Perspectives*, v. 27, n. 3, pp. 103-23, verão 2013.

BONICA, Adam; ROSENTHAL, Howard. "Increasing Inequality in Wealth and the Political Expenditures of Billionaires". Manuscrito não publicado, 2016.

BORJAS, George J. "Self-Selection and the Earnings of Immigrants", *American Economic Review*, v. 77, n. 4, pp. 531-53, 1987.

_____. "Immigration and Globalization: A Review Essay", *Journal of Economic Literature*, v. 53, n. 4, pp. 961-74, 2015.

BOURGUIGNON, François; MORRISSON, Christian. "Inequality among World Citizens: 1820-1992", *American Economic Review*, v. 92, n. 4, pp. 727-44, set. 2002.

BOURNAKIS, Ionnis; VECCHI, Michela; VENTURINI, Francesco. "Off-Shoring, Specialization and R&D", *Review of Income and Wealth*, v. 64, n. 1, pp. 26--51, 2018.

BOWLES, Samuel; GINTIS, Herbert. *Schooling in Capitalist America: Education Reform and the Contradictions of Economic Life*. Nova York: Basic Books, 1976.

BOWLES, Samuel; GINTIS, Herbert. *Democracy and Capitalism: Property, Community and the Contradiction of Modern Social Thought*. Nova York: Basic Books, 1986.

BOWLEY, Arthur. *The Change in the Distribution of National Income, 1880--1913*. Oxford: Clarendon, 1920.

BRAMALL, Chris. *Sources of Chinese Economic Growth: 1978-1996*. Oxford: Oxford University Press, 2000.

BRAUDEL, Fernand. *Civilization and Capitalism 15th-18th Century*, v. 3: *The Perspective of the World*. Trad. de Sian Reynolds. Nova York: Harper and Row, 1979. [Ed. bras.: *Civilização material, economia e capitalismo*, v. 3: *Séculos XV-XVIII: O tempo do mundo*. Trad. de Telma Costa. São Paulo: WMF Martins Fontes, 1996.]

BREGMAN, Rutger. *Utopia for Realists: How We Can Build the Ideal World*. Nova York: Little, Brown, 2017. [Ed. bras.: *Utopia para realistas: Como construir um mundo melhor*. Trad. de Leila Couceiro. Rio de Janeiro: Sextante, 2018.]

BROADBERRY, Stephen; KLEIN, Alexander. "Aggregate and Per Capita GDP in Europe, 1870-2000: Continental, Regional and National Data with Changing Boundaries". Manuscrito não publicado, 2008. Publicado em *Scandinavian Economic History Review*, v. 60, n. 1, pp. 79-107, 2012.

_____. "When and Why Did Eastern European Economies Begin to Fail?: Lessons from a Czechoslovak/ UK Productivity Comparison, 1921-1991", *Explorations in Economic History*, v. 48, n. 1, pp. 37-52, 2011.

BRUNORI, Paolo; FERREIRA, Francisco H. G.; PERAGINE, Vito. "Inequality of Opportunity, Income Inequality and Economic Mobility: Some International Comparisons". IZA Working Paper, n. 7155, IZA Institute of Labor Economics, Bonn, jan. 2013. Disponível em: <ftp.iza.org/dp7155.pdf>. Acesso em: 9 jan. 2020.

CALVINO, Italo. "Apologo sull'onestà nel paese dei corrotti". In: _____. *Romanzi e racconti*. v. 3. Org. de Mario Berenghi e Bruno Falcetto. Milão: Mondadori, 1994, pp. 290-3.

CAPUSSELA, Andrea Lorenzo. *The Political Economy of Italy's Decline*. Oxford: Oxford University Press, 2018.

CARLIN, Wendy; SCHAFFER, Mark; SEABRIGHT, Paul. "Soviet Power Plus Electrification: What Is the Long-Term Legacy of Communism?". Working Paper 43-212, Department of Studies on Economic Development, Università degli Studi di Macerata, jun. 2012. Publicado em *Explorations in Economic History*, v. 50, n. 1, pp. 116-67, 2013.

CHEN, Shaohua; Ravallion, Martin. "Absolute Poverty Measures for the Developing World, 1981-2004". Atas da Academia Nacional de Ciências dos Estados Unidos, v. 104, n. 43, pp. 16757-62, 2007.

CHETTY, Raj; FRIEDMAN, John N.; SAEZ, Emmanuel; TURNER, Nicholas; YAGAN, Danny. "Mobility Report Cards: The Role of Colleges in

Intergenerational Mobility". NBER Working Paper, n. 23 618, National Bureau of Economic Research. Cambridge, MA, rev. jul. 2017a.

CHETTY, Raj; GRUSKY, David; HELL, Maximilian; HENDREN, Nathaniel; MANDUEA, Robert; NARANG, Jimmy. "The Fading American Dream: Trends in Absolute Income Mobility since 1940", *Science*, v. 356, n. 6336, pp. 398-406, 2017b.

CHI, Wei. "Capital Income and Income Inequality: Evidence from Urban China", *Journal of Comparative Economics*, v. 40, n. 2, pp. 228-39, 2012.

CHIAPPORI, Pierre-André; SALANIE, Bernard; WEISS, Yoram. "Partner Choice, Investment in Children and the Marital College Premium". *American Economic Review*, v. 107, n. 8, pp. 2109-67, 2017.

CHI HSIN. *Teng Hsiao-Ping: A Political Biography*. Hong Kong: Cosmos, 1978.

CHINA STATISTICAL YEARBOOK. Escritório Nacional de Estatísticas, Pequim: 2017.

CLARK, Andrew; FLÈCHE, Sarah; LAYARD, Richard; POWDTHAVEE, Nattavudh; WARD, George. "The Key Determinants of Happiness and Misery". In: HELLIWELL, John; LAYARD, Richard; SACHS, Jeffrey (Orgs.). *World Happiness Report 2017*. Nova York: Sustainable Development Solutions Network, 2017, pp. 122-43.

CONGRESSIONAL BUDGET OFFICE. "The Distribution of Household Income and Federal Taxes, 2011". CBO Report, Washington, DC, 12 nov. 2014. Disponível em: <www.cbo.gov/publication/49440>. Acesso em: 10 jan. 2020.

CORAK, Miles. "Inequality from Generation to Generation: The United States in Comparison". In: RYCROFT, Robert (Org.). *The Economics of Inequality, Poverty, and Discrimination in the 21st Century*. Santa Barbara, CA: Praeger, 2013.

CRABTREE, James. *A Billionaire Raj: A Journey Through India's New Gilded Age*. Nova York: Tim Duggan Books of Crown Publishing, 2018.

CREDIT SUISSE RESEARCH INSTITUTE. "Global Wealth Report 2013", out. 2013. Disponível em: <www.files.ethz.ch/isn/172470/global_wealth_report_2013.pdf>. Acesso em: 10 jan. 2020.

CREEMERS, Rogier. "Party Ideology and Chinese Law". Manuscrito não publicado, 30 jul. 2018. Disponível em: <papers.ssrn.com/sol3/papers.cfm?abstract_id=3210541>. Acesso em: 10 jan. 2020.

DAHRENDORF, Ralf. "Changes in the Class Structure of Industrial Societies" (1963). In: BÉTEILLE, André (Org.). *Social Inequality*. Harmondsworth, Reino Unido: Penguin, 1978.

DALGAARD, C. J.; HANSEN, H. "On Aid, Growth and Good Policies", *Journal of Development Studies* v. 37, n. 6, pp. 17-41, 2001.

DAO, Mai Chi; DAS, Mitali; KOCZAN, Zoka; LIAN, Weiching. "Why Is Labor Receiving a Smaller Share of Global Income?". IMF Working Paper wp/17/169, FMI, Washington, DC, jul. 2017. Disponível em: <www.imf.org/en/

Publications/WP/Issues/2017/07/24/Why-Is-Labor-Receiving a-Smaller-Share-of-Global-Income-Theory-and-Empirical-Evidence-45102>. Acesso em: 10 jan. 2020.

DASGUPTA, Rana. *Capital: The Eruption of Delhi*, Nova York: Penguin, 2015.

DAVIS, Gerald F. *The Vanishing American Corporation: Navigating the Hasards of a New Economy*. Oakland, CA: Berrett-Kochler, 2016.

DAVIS, Jonathan; MAZUMDER, Bhashkar. "The Decline in Intergenerational Mobility after 1980". Federal Reserve Bank of Chicago Working Paper, n. 17-21, 2017. Revisado em 29 jan. 2019. Disponível em: <www.chicagofed.org/publications/working-papers/2017/wp2017-05>. Acesso em: 10 jan. 2020.

DECANCQ, Koen; PEICHL, Andreas; VAN KERM, Philippe. "Unequal by Marriage? Assortativeness and Household Earnings Inequality: A Copula-Based Decomposition". Manuscrito não publicado, 2013. Disponível em: <economics.mit.edu/files/8479>. Acesso em: 10 jan. 2020.

DE VRIES, Jan. *The Industrious Revolution: Consumer Behavior and the Household Economy, 1650 to the Present*. Cambridge: Cambridge University Press, 2008.

DING, Haiyan; HE, Hui. "A Tale of Transition: An Empirical Analysis of Income Inequality in Urban China, 1986-2009", *Review of Economic Dynamics*, v. 29, pp. 106-37, jul. 2018.

DING, Haiyan; FU, Zhe; HE, Hui. "Transition and Inequality". Manuscrito não publicado. Seminário do FMI, versão de 22 ago. 2018.

DOYLE, Michael W. *Ways of War and Peace: Realism, Liberalism, and Socialism*. Nova York: Norton, 1997.

EASTERLY, Bill; FISCHER, Stanley. "The Soviet Economic Decline", *World Bank Economic Review*, v. 9, n. 3, pp. 341-71, 1995.

ECONOMY, Elizabeth C. "China's New Revolution: The Reign of Xi Jinping", *Foreign Affairs*, v. 97, n. 3, pp. 60-74, 2018.

ELLUL, Jacques. *The Technological Society*. Nova York: Vintage, 1963.

ELSBY, Michael W. L.; HOBIJN, Bart; ŞAHIN, Ayşegül. "The Decline of U.S. Labor Share". Brookings Papers on Economic Activity, Brookings Institution, Washington, DC, versão de 18 out. 2013. Disponível em: <www.brookings.edu/bpea-articles/the-decline-of-the-u-s-labor-share>. Acesso em: 10 jan. 2020.

FELDSTEIN, Martin; YITZHAKI, Shlomo. "Are High-Income Individuals Better Stock Market Investors?". NBER Working Paper, n. 948, National Bureau of Economic Research, Cambridge, MA, jul. 1982.

FERGUSON, Niall; SCHULARICK, Moritz. "The Empire Effecr: The Determinants of Country Risk in the First Age of Globalization, 1880-1913", *Journal of Economic History*, v. 66, n. 2, pp. 283-312, 2006.

FIORIO, Carlo V.; VERZILLO, Stefano. "Looking in Your Partner's Pocket before Saying 'Yes!' Income Assortative Mating and Inequality".

Working Paper 2/2018, Dipartmento di Economia, Università degli Studi di Milano, fev. 2018. Disponível em: <wp.demm.unimi.it/files/wp/2018/demm-2018_02wp.pdf>. Acesso em: 10 jan. 2020.

FISHER, Irving. "Economists in Public Service: Annual Address of the President", *American Economic Review*, v. 9, n. 1, supl., pp. 5-21, 1919.

FRANK, André Günder. "Development of Underdevelopment", *Monthly Review*, v. 18, n. 4, pp. 17-31, 1966.

FRASER, Nancy. "Can Society Be Commodities All the Way Down?: Polanyian Reflections on Capitalist Crisis". FMSH-WP-2012-18, Fondation Maison des Sciences de l'Homme, Paris, ago. 2012. Disponível em: <halshs.archives-ouvertes.fr/halshs-00725060/document>. Acesso em: 1º jan. 2020. Publicado em *Economy and Society*, v. 43, n. 4, pp. 541-58, 2014.

FREEMAN, Richard B. "People Flows in Globalization", *Journal of Economic Perspectives*, v. 20, n. 2, pp. 145-70, 2006.

_____. "Who Owns the Robots Rules the World". IZA *World of Labor*, 5 maio 2014. Disponível em: <www.sole-jole.org/Freeman.pdf>. Acesso em: 10 jan. 2020.

FREUND, Caroline. *Rich People Poor Countries: The Rise of Emerging Market Tycoozs and Their Mega Firms*. Washington, DC: Peterson Institute for International Economics, 2016.

FREUND, Caroline; OLIVER, Sarah. "The Origins of the Superrich: The Billionaire Characteristics Database". PIIE Working Paper 16-1, Peterson Institute for International Economics, fev. 2016. Disponível em: <www.piie.com/publications/working-papers/origins-superrich-billionaire-characteristics-database>. Acesso em: 10 jan. 2020.

FUKUYAMA, Francis. *The End of History and the Last Man*. Nova York: Free Press, 1992.

_____. *The Origins of Political Order*. Nova York: Farrar, Straus and Giroux, 2011.

GABRIEL, Satyananda J. *Chinese Capitalism and the Modernist Vision*. Londres: Routledge, 2006.

GERNET, Jacques. *Daily Life in China on the Eve of Mongol Invasion, 1250-1276*. Nova York: Macmillan; reimpr. Stanford University Press, 1962.

GEWIRTZ, Julian. *Unlikely Partners: Chinese Reformers, Western Economists, and the Making of Global China*. Cambridge, MA: Harvard University Press, 2017.

GILENS, Martin. *Affluence and Influence: Economic Inequality and Political Power in America*. Princeton, NJ: Princeton University Press, 2012.

_____. "Descriptive Representation, Money, and Political Incquality in the United States", *Swiss Political Science Review*, v. 21, n. 2, pp. 222-8, 2015.

GILENS, Martin; PAGE, Benjamin I. "Testing Theories of American Politics: Elites, Interest Groups, and Average Citizens", *Perspectives on Politics*, v. 12, n. 3, pp. 564-81, 2014.

GOLDIN, Claudia; KATZ, Lawrence F. *The Race between Education and Technology*. Cambridge, MA: Belknap Press of Harvard University Press, 2010.

GONG, Honge; LEIGH, Andrew; MENG, Xin. "Intergenerational Income Mobility in Urban China", *Review of Income and Wealth*, v. 58, n. 3, pp. 481-503, 2012.

GRABKA, Markus; WESTERMEIER, Christian. "Anhaltend hohe Vermögensungleichheit in Deutschland", diw *Wochenbericht*, v. 9, pp. 151-64, 2014. Disponível em: <www.diw.de/documents/publikationen/73/diw_01.c.438708.de/14-9.pdf>. Acesso em: 10 jan. 2020.

GRAHAM, Carol; LAFFAN, Kate; PINTO, Sergio. "Well-Being in Metrics and Policy", *Science*, v. 362, n. 6412, pp. 287-8, 2018.

GREENWOOD, Jeremy; GUNER, Nezih; KOCHARKOV, Georgi; SANTOS, Cezar. "Marry Your Like: Assortative Mating and Income Inequality", *American Economic Review*, v. 104, n. 5, pp. 348-53, 2014a.

_____. "Corrigendum to 'Marry Your Like: Assortative Mating and Income Incquality'", 2014b. Disponível em: <pareto.uab.es/nguner/ggks_corrigendum.pdf>. Acesso em: 10 jan. 2020.

GREENWOOD, Jeremy; GUNER, Nezih; VANDENBROUCKE, Guillaume. "Family Economics Writ Large". NBER Working Paper, n. 23103, National Bureau of Economic Research, Cambridge, MA, jan. 2017.

GUSTAFFSON, Björn; LI, Shi; SATO, Hieroshi. "Data for Studying Earnings, the Distribution of Household Income and Poverty in China". IZA Working Paper 8244, IZA Institute of Labor Economics, Bonn, jun. 2014. Publicado em *China Economic Review*, v. 30, pp. 419-31, 2014.

HALLWARD-DRIEMEIER, Mary; NAYYAR, Gaurav. *Trouble in the Making?: The Future of Manufacturing-Led Development*. Washington, DC: World Bank Group, 2018. Disponível em: <www.worldbank.org/en/topic/competitiveness/publication/trouble-in-the-making-the-future-of--manufacturing-led-development>. Acesso em: 10 jan. 2020.

HARRINGTON, Brooke. *Capital without Borders: Wealth Managers and the One Percent*. Cambridge, MA: Harvard University Press, 2016.

HAUNER, Thomas; MILANOVIĆ, Branko; NAIDU, Suresh. "Inequality, Foreign Investment and Imperialism". Munich Personal RePEc Archive (MPRA), Working Paper 83068, 30 nov. 2017. Disponível em: <mpra.ub.uni-muenchen.de/83068/>. Acesso em: 10 jan. 2020.

HELLIWELL, John; HUANG, Haifang; WANG, Shun. "Social Foundations of World Happiness". In: HELLIWELL, John; LAYARD, Richard; SACHS, Jeffrey (Orgs.). *World Happiness Report 2017*. Nova York: Sustainable Development Solutions Network, 2017, pp. 8-47.

HIRSCHMAN, Albert O. *The Passions and the Interests: Political Argument for Capitalism before Its Triumph*. Princeton, NJ: Princeton University Press, 1977.

HOBSON, John. *Imperialism: A Study* (1902). Londres: J. Nisbet; reimpr. Ann Arbor: University of Michigan Press, 1965.

JACQUES, Martin. *When China Rules the World*. 2. ed. Londres: Penguin, 2012.

JOHANNESEN, Niels. "Tax Evasion and Swiss Bank Deposits", *Journal of Public Economics*, v. III, pp. 46-62, mar. 2014.

KARABARBOUNIS, Loukas; NEIMAN, Brent. "The Global Decline of the Labor Share". NBER Working Paper, n. 19 136, National Bureau of Economic Research, Cambridge, MA, jun. (rev. out.) 2013. Publicado em *Quarterly Journal of Economics*, v. 129, n. 1, pp. 61-103, 2014.

KENNAN, John. "Freedom of Movement for Workers". IZA World of Labor 2014, v. 86, set. 2014. Disponível em: <wol.iza.org/uploads/articles/86/pdfs/freedom-of-movement-for-workers.pdf>. Acesso em: 10 jan. 2020.

KEYNES, John Maynard. *The Economic Consequences of the Peace*. Londres: Macmillan, 1919. [Ed. bras.: *As consequências econômicas da paz*. Trad. de Sérgio Bath. São Paulo: Imesp, 2016.]

_____. "The Economic Possibilities for Our Grandchildren", partes 1 e 2. *The Nation and Athenaeum*, v. 48, 11 e 18 out. 1930.

_____. *Essays in Biography*. Londres: Macmillan, 1972.

KISSINGER, Henry. *On China*. Nova York: Penguin, 2011.

KRISTOV, Lorenzo; LINDERT, Peter; MCCLELLAND, Robert. "Pressure Groups and Redistribution", *Journal of Public Economics*, v. 48, n. 2, pp. 135-63, 1992.

KROUSE, Richard W. "Polyarchy and P'articipation: The Changing Democrarie Theory of Robert Dahl", *Polity*, v. 14, n. 3, pp. 441-63, 1982.

KUHN, Moritz; SCHULARICK, Moritz; STEINS, Ulrike. "Income and Wealth Inequality in America, 1949-2016". Discussion Paper 20 547, Centre for Economic Policy Research, Londres, set. 2017.

KURZ, Mordecai. "On the Formation of Capital and Wealth: IT, Monopoly Power and Rising Inequality". Manuscrito não publicado, de 25 jun. 2017, rev. 11 maio 2018. Disponível em: <papers.ssrn.com/sol3/papers.cfm?abstract_id=3014361>. Acesso em: 10 jan. 2020.

LAKNER, Christoph. "Wages, Capital and Top Incomes: The Factor Income Composition of Top Incomes in the USA, 1960-2005". Cap. 2 de *The Determinants of Incomes and Inequality: Evidence from Poor and Rich Countries*, tese de doutorado, Oxford University, 2014.

LAKNER, Christoph; MILANOVIĆ, Branko. "Global Income Distribution: From the Fall of the Berlin Wall to the Great Recession". *World Bank Economic Review*, v. 30, n. 2, pp. 203-32, 2016.

LANDES, David. *The Wealth and Poverty of Nations: Why Some Are So Rich and Some So Poor*. Nova York: Norton, 1998.

LEIJONHUFVUD, Axel. "Capitalism and the Factory System". In: LANGLOIS, Richard N. (Org.). *Economics as a Process: Essays in the New Institutional Economics*. Cambridge: Cambridge University Press, 1985.

LEVY, Harold O.; TYRE, Peg. "How to Level the College Playing Field". *New York Times*, 7 abr. 2018.

LI, Cheng. *Chinese Politics in the Xi Jinping Era*. Washington, DC: Brookings Institution Press, 2016.

LI, Chunling. "Profile of Middle Class in Mainland China". Manuscrito não publicado, [s.d.].

LIN, Justin Yufu; MONGA, Celestin. *Beating the Odds: Jump-starting Developing Countries*. Princeton, NJ: Princeton University Press, 2017.

LOS, Bart; TIMMER, Marcel P.; DE VRIES, Gaaitzen. "How Global Are Global Value Chains?: A New Approach to Measure International Fragmentation", *Journal of Regional Science*, v. 55, n. 1, pp. 66-92, 2015.

LUNDBERG, Jacob; WALDERSTRÖM, Daniel. "Wealth Inequality in Sweden: What Can We Learn from Capitalized Income Tax Data?". Manuscrito não publicado, 22 abr. 2016. Disponível em: <www.uueconomics.se/danielw/Research_files/Capitalized%20Wealth%20Inequality%20in%20Sweden%20160422.pdf>. Publicado em *Review of Income and Wealth*, v. 64, n. 3, pp. 517-41, 2018.

LUO, Xubei; ZHU, Nong. "Rising Income Inequality in China: A Race to the Top". Policy Research, Working Paper, n. 4700, World Bank, Washington, DC, ago. 2008.

MA, Debin. "Rock, Scissors, Paper: The Problem of Incentives and Information in Traditional Chinese State and the Origin of Great Divergence". Economic History Department, Working Papers 152/11, London School of Economics, 2011. Disponível em: <eprints.lse.ac.uk/37569/>. Acesso em: 10 jan. 2020.

MADDISON, Angus. *Contours of the World Economy, 1-2030 ad: Essays in Macro-economic History*. Oxford: Oxford University Press, 2007.

MADDISON PROJECT. Ver Jutta Bolt, Robert Inklaar, Herman de Jong e Jan Luiten van Zanden, "Rebasing 'Maddison': New Income Comparisons and the Shape of Long-Run Economic Development", Maddison Project Working Paper 10, 2018. Disponível em: <irs.princeton.edu/sites/irs/files/Rebasing%20Maddison_May_2017.pdf>. Acesso em: 10 jan. 2020.

MAQUIAVEL, Nicolau. *The Discourses*. Org. e intr. de Bernard Crick, usando a tradução de Leslie J. Walker, S. J., com revisões de Brian Richardson. Londres: Penguin, 1983.

MARKOVITS, Daniel. "A New Aristocracy", aula inaugural na Yale Law School, maio 2015. Disponível em: <law.yale.edu/sites/default/files/area/department/studentaffairs/document/markovitscommencementrev.pdf>. Acesso em: 10 jan. 2020.

MARX, Karl. *Pre-Capitalist Economic Formations*. Trad. de Jack Cohen. Nova York: International Publishers, 1965.

_____. *Grundrisse: Foundations of the Critique of Polirical Economy*. Trad. de Martin Nicolaus. Londres: Penguin, 1973.

_____. *Dispatches for the New York Tribune: Selected Journalism of Karl Marx*. Org. de James Ledbetter. Londres: Penguin, 2007.

MASON, Paul. *Postcapitalism: A Guide to Our Future*. Nova York: Farrar, Straus and Giroux, 2016.

MAZOWER, Mark. *Governing the World: The History of an Idea*. Nova York: Penguin, 2012.

MEADE, James. *Efficiency, Equality, and the Ownership of Property*. Londres: Allen and Unwin, 1964.

MERETTE, Sarah. "Preliminary Analysis of Inequality in Colonial Tonkin and Cochinchina". Manuscrito não publicado, jun. 2013.

MILANOVIĆ, Branko. *Liberalization and Entrepreneurship: Dynamics of Reform in Socialism and Capitalism*. Armonk, NY: M. E. Sharpe, 1989.

_____. *Worlds Apart: Measuring International and Global Inequality*. Princeton, NJ: Princeton University Press, 2005.

_____. "A Short History of Global Inequality: The Past Two Centuries", *Explorations in Economic History*, v. 48, n. 4, pp. 494-506, 2011.

_____. "Global Inequality Recalculated and Updated: The Effect of New PPP Estimates on Global Inequality and 2005 Estimates", *Journal of Economic Inequality*, v. 10, n. 1, pp. 1-18, 2012.

_____. "Global Inequality of Opportunity: How Much of Our Income Is Determined by Where We Live?", *Review of Economics and Statistics*, v. 97, n. 2, pp. 452-60, 2015.

_____. *Global Inequality: A New Approach for the Age of Globalization*. Cambridge, MA: Belknap Press of Harvard University Press, 2016.

_____. "Increasing Capital Income Share and Its Effect on Personal Income Inequality". In: BOUSHEY, Heather; DELONG, J. Bradford; STEINBAUM, Marshall (Orgs.). *After Piketty: The Agenda for Economics and Inequality*. Cambridge, MA: Harvard University Press, 2017.

MILL, John Stuart. *Three Essays*. Oxford: Oxford University Press, 1975.

MOENE, Kalle. "The Social Upper Class under Social Democracy", *Nordic Economic Policy Review*, n. 2, pp. 245-61, 2016.

NOVOKMET, Filip; PIKETTY, Thomas; ZUCMAN, Gabriel. "From Soviets to Oligarchs: Inequality and Property in Russia 1905-2016", WID.world Working Paper Series 2017/9, jul. 2017. Publicado em *Journal of Economic Inequality*, v. 16, n. 2, pp. 189-223, 2018.

OCDE. *Divided We Stand: Why Inequality Keeps Rising*. Paris: OECD Publishing, 2011.

OFFER, Avner. *The First World War: An Agrarian Interpretation*. Oxford: Oxford University Press, 1989.

OFFER, Avner; SÖDERBERG, Daniel. *The Nobel Factor: The Prize in Economics Social Democracy, and the Market Turn*. Princeton, NJ: Princeton University Press, 2016.

OKONJO-IWEALA, Ngozi. *Fighting Corruption Is Dangerous: The Story behind the Headlines*. Cambridge, MA: MIT Press, 2018.

ORLÉAN, André. *L'Empire de la valeur: Refonder l'économie*. Paris: Seuil, 2011.

OVERBEEK, Hans. "Globalizing China: A Critical Political Economy Perspective on China's Rise". In: Cafruny, Alan; TALANI, Leila Simona; POZO-MARTIN, Gonzalo (Orgs.). *Handbook of Critical International Political Economy: Theories Issues and* Regions. Londres: Palgrave Macmillan, 2016, pp. 309-29.

PARETO, Vilfredo. *The Mind and Society*, v. 4 [*Trattato di Sociologia Generale*]. Nova York: Harcourt Brace, 1935.

PEI, Minxin. *China's Trapped Transition*. Cambridge, MA: Harvard University Press, 2006.

_____. *China's Crony Capitalism*. Cambridge, MA: Harvard University Press, 2016.

PIKETTY, Thomas. *Capital in the Twenty-First Century*. Trad. de Arthur Goldhammer. Cambridge, MA: Harvard University Press, 2014. [Ed. bras.: *O capital no século XXI*. Trad. de Monica Baumgarten de Bolle. Rio de Janeiro: Intrínseca, 2014.]

PIKETTY, Thomas; YANG, Li; ZUCMAN, Gabriel. "Capital Accumulation, Private Property and Rising Inequality in China, 1978-2015". WID.world Working Paper Series 2017/6, abr. 2017. Disponível em: <wid.world/document/t-piketty-l-yang-and-g-zucman-capital-accumulation-private-property-and-inequality-in-china-1978-2015-2016>. Acesso em: 10 jan. 2020.

PIKETTY, Thomas; SAEZ, Emmanuel. "Income Inequality in the United States, 1913-1998", *Quarterly Journal of Economics*, v. 118, n. 1, pp. 1-39, 2003.

PIÑERA, José. "President Clinton and the Chilean Model". Cato Policy Report, Cato Institute, Washington, DC, jan.-fev. 2016. Disponível em: <www.cato.org/policy-report/januaryfebruary-2016/president-clinton-chilean-model>. Acesso em: 10 jan. 2020.

POMERANZ, Kenneth. *The Great Divergence: China, Europe and the Making of the Modern World Economy*. Princeton NJ: Princeton University Press, 2000.

POMFRET, Richard. "The Eurasian Landbridge: Linking Regional Value Chains." VoxEU, CEPR Policy Portal, Centre for Economic Policy Research, Londres, 1 maio 2018. Disponível em: <voxeu.org/article/eurasian-landbridge-linking-regional-value-chains>. Acesso em: 10 jan. 2020.

POPPER, Karl. *The Poverty of Historicism* (1957). Nova York: Harper and Kow, 1964. [Ed. port.: *A pobreza do historicismo*. Trad. de Mariana P. Monteiro. Lisboa: Esfera do Caos, 2007.]

RAJAN, Raghuram G.; SUBRAMANIAN, Arvind. "Aid and Growth: What Does the Cross Country Evidence Really Show?". NBER Working Paper 11513, National Bureau of Economic Research, Cambridge, MA, fev. 2005, rev. 2007.

RAWLS, John. *A Theory of Justice*. Cambridge, MA: Belknap Press of Harvard University Press, 1971. [Ed. bras.: *A teoria da justiça*. Trad. de Pablo Camarço de Oliveira. Curitiba: Juruá, 2015.]

_____. *The Law of Peoples*. Cambridge, MA: Harvard University Press, 1999. [Ed. bras.: *O direito dos povos*. Trad. de Luís Carlos Borges. São Paulo: Martins Fontes, 2001.]

RAWORTH, Kate. *Doughnut Economics: Seven Ways to Think Like a 21st Century Economist*. White River Junction, VT: Chelsea Green, 2018.

RAY, Debraj. "Nit-Piketty: A Comment on Thomas Piketty's *Capital in she Twenty-First Century*". Manuscrito não publicado, 25 maio 2014. Disponível em: <www.econ.nyu.edu/user/debraj/Papers/Piketty.pdf>. Acesso em: 10 jan. 2020.

ROGNLIE, Matthew. "Deciphering the Fall and Rise in the Net Capital Share: Accumulation or Scarcity?". Brookings Papers on Economic Activity, primavera 2015. Disponível em: <www.brookings.edu/wp-content/uploads/2016/07/2015a_rognlie.pdf>. Acesso em: 10 jan. 2020.

ROTMAN, David. "Who Will Own the Robots?", *MIT Technology Review*, 16 jun. 2015. Disponível em: <www.technologyreview.com/s/538401/who-will-own-the-robots>. Acesso em: 10 jan. 2020.

SAMUELSON, Paul. *Economics*. Nova York: McGraw Hill, 1976.

SAPIO, Flora. *Sovereign Power and the Law in China*. Leiden: Brill, 2010.

SAPIR, André. "Economic Growth and Factor Substitution: Whar Happened to the Yugoslav Miracle?", *Economic Journal*, v. 90, n. 358, pp. 294-313, 1980.

SAWHILL, Isabel. "Post-Redistribution Liberalism", *Democracy: A Journal of Ideas*, n. 46, outono 2017.

SCHÄFER, Armin. "How Responsive Is the German Parliament?". Blog Politikwissenschaftler, 26 jul. 2017. Disponível em: <www.armin-schaefer.de/en/how-responsive-is-the-german-parliament>. Acesso em: 10 jan. 2020.

SHIROYAMA, Tomoko. *China During the Great Depression: Market, State, and the World Economy, 1929-1937*. Cambridge, MA: Harvard University Asia Center, 2008.

SOLIMANO, Andres. "Global Mobility of the Wealthy and Their Assets in an Era of Growing Inequality". Estudo apresentado no Investment Migration Council (IMC) Forum, Genebra, 4-6 jun. 2018.

STAMP, Josiah. "Inheritance as an Economic Factor". *Economic Journal*, v. 36, n. 143, pp. 339-74, 1926.

STANDING, Guy. *Basic Income: And How We Can Make It Happen*. Nova York: Penguin, 2017.

STEWART, Matthew. "The 9.9% Is the New American Aristocracy", *Atlantic*, jun. 2018. (Publicado com o título de "The Birth of a New American Aristocracy".)

SWEDBERG, Richard (Org.). *The Economics and Sociology of Capitalism*. Princeton, NJ: Princeton University Press, 1991.

SWEEZY, Paul. *The Present as History*. Nova York: Monthly Review Press, 1953.

TALEB, Nassim Nicholas. *The Black Swan: The Impact of the Highty Improbable*. Nova York: Random House, 2007.

_____. *Skin in the Game: Hidden Asymmetries in Daily Life*. Nova York: Random House, 2018.

THOMAS, Vinod; WANG, Yan; FAN, Xibo. "Measuring Education Inequality Gini Coefficients of Education". Policy Research, Working Paper, n. WPS 2525. World Bank, Washington, DC, jan. 2001. Disponível em: <documents.worldbank.org/curated/en/361761468761690314/pdf/multi-page.pdf>. Acesso em: 10 jan. 2020.

TINBERGEN, Jan. *Income Distribution: Analysis and Policies*. Amsterdam: North-Holland, 1975.

TOOZE, Adam. *Deluge: The Great War, America and the Remaking of the Global Order, 1916-1931*. Nova York: Penguin, 2014.

TORGLER, Benno; Piatti, Marco. "Extraordinary Wealth, Globalization, and Corruption", *Review of Income and Wealth*, v. 59, n. 2, pp. 341--59, 2013.

TUCKER, Robert C. (Org.). *The Marx-Engels Reader*. 2. ed. Nova York: Norton, 1978.

VAN DER PIJL, Kees. "Is the East Still Red?: The Contender State and Class Struggles in China". *Globalizations*, v. 9, n. 4, pp. 503-16, 2012.

VAN DER WEIDE, Roy; NARAYAN, Ambar. "China versus the United States: Different Economic Models but Similarly Low Levels of Socio-Economic Mobility". Manuscrito não publicado, 2019.

VAN PARIJS, Philippe; VANDERBORGHT, Yannick. *Basic Income: A Radical Proposal for a Free Society and a Sane Economy*. Cambridge, MA: Harvard University Press, 2017.

VAN ZANDEN, Jan-Luiten; BATEN, Joerg; FOLDVARI, Peter; VAN LEEUWEN, Bas. "The Changing Shape of Global Inequality, 1820-2000: Exploring a New Dataset", *Review of Income and Wealth*, v. 60, n. 2, pp. 279-97, 2014.

VEYNE, PAUL. *La Société romaine*. Paris: Seuil, 2001.

VONYÓ, Tamas. "War and Socialism: Why Eastern Europe Fell Behind between 1950 and 1989", *Economic History Review*, v. 70, n. 1, pp. 248--74, 2017.

VRIES, Peer. *Escaping Poverty: The Origins of Modern Economic Growth*. Göttingen: V & R Unipress, 2013.

WANG FAN-HSI. *Memoirs of a Chinese Revolutionary*. Trad. de Gregor Benton. Nova York: Columbia University Press, 1991.

WANG HUI. "Contemporary Chinese Thought and the Question of Modernity (1997)". In:_____. *China's New Order*. Org. de Theodore Huters. Cambridge, MA: Harvard University Press, 2003.

WARREN, Bill. *Imperialism: Pioneer of Capitalism*. Org. de John Sender. Londres: New Left, 1980.

WEBER, Max. *Economy and Society*. Org. de Guenther Roth and Claus Wittich. Berkeley: University of California Press, 1978. [Ed. bras.: *Economia e sociedade*. v. 2. Brasília: Editora da UnB, 2015.]

_____. *The Protestant Ethic and the Spirit of Capitalism*. Trad. de Talcott Parsons. Londres: Routledge, 1992. [Ed. bras.: *A ética protestante e o "espírito" do capitalismo*. Trad. de José Marcos Mariani de Macedo. São Paulo: Companhia das Letras, 2004.]

WEITZMAN, Martin; XU, Colin. "Chinese Township Village Enterprises as Vaguely Defined Cooperatives". CEP Discussion Paper, n. 155, Centre for Economic Performance, Londres School of Economics and Political Science, jun. 1993. Disponível em: <cep.lse.ac.uk/pubs/download/dp0155.pdf>. Acesso em: 10 jan. 2020.

WESSELING, H. L. *Divide and Rule: The Partition of Africa, 1880-1914*. Trad. de Arnold J. Pomerans. Westport, CT: Praeger, 1996.

WIHTOL DE WENDEN, Catherine. *La Question migratoire au XXI siècle: Migrants, réfugiés et relations internationales*. Paris: Presses de Sciences Po, 2010.

WOLFF, Edward N. *A Century of Wealth in America*. Cambridge, MA: Harvard University Press, 2017.

WOOTTON, David. *Power, Pleasure, and Profit: Insatiable Appetites from Machiavelli to Madison*. Cambridge, MA: Belknap Press of Harvard University Press, 2018.

World Inequality Report 2018, coordenado por Facunto Alvaredo, Lucas Chancel, Thomas Piketty, Emmanuel Saez e Gabriel Zucman. Paris, dez. 2017.

WU, Guoyou. *The Period of Deng Xiaoping's Reformation*. Pequim: Xinhua Publishing House/ Foreign Language Press, 2015.

WU, Ximing; PERLAFF, Jeffrey. "China's Income Distribution, 1985-2001", *Review of Economics and Statistics*, v. 87, n. 4, pp. 763-75, 2005.

XIA, Ming. *The Dual Developmental State: Development Strategy and Institutional Arrangements for China's Transition*. Aldershot, Reino Unido: Ashgate, 2000.

XIE, Chuntao. *Fighting Corruption: How the CPC Works*. Pequim: New World Press, 2016.

XIE, Yu; ZHOU, Xiang. "Income Inequality in Today's China", *Proceedings of the National Academy of Sciences*, v. 111, n. 19, pp. 6928-33, 2014.

XU CHENGGANG. "Ihe Fundamental Institutions of China's Reforms and Development", *Journal of Economic Literature*, v. 49, n. 4, pp. 1076-151, 2011.

YANG, Li; NOVOKMET, Filip; MILANOVIĆ, Branko. "From Workers to Capitalists in Less than Two Generations: A Study of Chinese Urban Elite

Transformation between 1988 and 2013". WID.world Working Paper, n. 2019/10, jul. 2019. Disponível em: <wid.world/document/from-workers-to-capitalists-in-less-than-two-generations-a-study-of-chinese-urban-elite-transformation-between-1988-and-2013-wid-world-working-paper-2019-10>. Acesso em: 10 jan. 2020.

YONZAN, Nishant. "Assortative Mating and Labor Income Inequality: United States 1970-2017". Manuscrito não publicado, 2018.

YONZAN, Nishant; MILANOVIĆ, Branko; MORELLI, Salvatore; GORNICK, Janet. "Comparing Top Incomes between Survey and Tax Data: US Case Study". LIS "Inequality Matters" Newsletter, Edição 6, LIS Cross-National Data Center em Luxemburgo, jun. 2018, pp. 10-1. Disponível em: <www.lisdatacenter.org/newsletter/nl-2018-6-h-4>. Acesso em: 10 jan. 2020.

ZHANG, Yi; WANG, Ran. "The Main Approach of the Proposed Integrated Household Survey of China". Estudo apresentado na quarta reunião do Wye City Group on Statistics of Rural Development and Agriculture Household Income, Rio de Janeiro, 9-11 nov. 2011.

ZHAO ZIYANG. *Prisoner of the State*. Nova York: Simon and Schuster, 2009.

ZHUANG, JUZHONG; LI SHI. "Understanding Recent Trends in Income Inequality in the People's Republic of China". ADB Economics Working Paper Series, n. 489, Asian Development Bank, jul. 2016. Disponível em: <www.adb.org/publications/understanding-recent-trends-income-inequality-prc>. Acesso em: 10 jan. 2020.

ZUCMAN, Gabriel. "The Missing Wealth of Nations: Are Europe and the U.S. Net Debtors or Net Creditors?", *Quarterly Journal of Economics*, v. 128, n. 3, pp. 1321-64, 2013.

_____. *The Hidden Wealth of Nations: The Scourge of Tax Havens*. Trad. de Teresa Lavender Fagan. Chicago: University of Chicago Press, 2015.

Agradecimentos

Como acontece em muitas outras atividades, rememorar todos os detalhes da escrita de um livro é algo difícil quando ele está concluído. Há uma vaga lembrança de quando se teve a ideia inicial, de como essa ideia foi mudando, sendo abandonada ou revisada, como se deu o processo da escrita, o que foi escrito neste ou naquele momento. Sempre que concluo um manuscrito, tenho o mesmo sentimento: o de que o livro foi escrito quase por milagre.

Neste caso, no entanto, lembro-me de ter pescado a primeira ideia da estrutura deste livro durante uma conversa com Ian Malcolm, editor desta obra para a Harvard University Press, no verão de 2017, em Londres. Eu já queria escrever um livro breve sobre o lugar do comunismo na história mundial, mas foi somente durante o nosso almoço em Londres que vi que poderia combinar essa ideia com outros tópicos sobre os quais também desejava escrever. A reinterpretação do papel histórico do comunismo integra, agora, a primeira parte do capítulo 3.

O capítulo 3, que trata do capitalismo político e da China, foi lido e comentado ao longo de sua elaboração por (em ordem alfabética de sobrenome) Misha Arandarenko, Christer Gunnarsson, Ravi Kanbur, Debin Ma, Kalle Moene, Mario Nuti, Henk Overbeek, Marcin Piatkowski, Anthea Roberts, John Roemer, Bas van Bavel, Peer Vries, Li Yang e Carla Yumatle (que também fez comentários sobre o capítulo 5).

O capítulo 2, que trata do capitalismo meritocrático liberal e dos Estados Unidos, foi lido e comentado ao longo de sua escrita por (novamente em ordem alfabética de sobrenome) Misha Arandarenko, Andrea Capussela, Angus Deaton, Salvatore

Morelli, Niels Planel, John Roemer, Paul Segal (que também comentou o capítulo 1) e Marshall Steinbaum.

Beneficiei-me muitíssimo de todos os seus comentários. Em cada caso, busquei adotá-los cuidadosamente, um a um.

Sou igualmente grato, pelo fornecimento de muitos dados e aferições inéditas, a Minxin Pei, Marcin Piatkowski, Nishant Yonzan e Chunlin Zhang. Conversei sobre a estrutura do livro com Glen Weyl também.

O manuscrito completo foi lido por dois revisores anônimos excelentes, cujos comentários incorporei quase integralmente. Foi lido também, é claro, por Ian Malcolm, que fez várias críticas valiosas e ajudou a melhorá-lo. Como em meu livro anterior, Louise Robbins realizou um trabalho que merece destaque na edição e no questionamento de minhas afirmações. Anne McGuire checou todas as referências. Sou muito grato e me sinto devedor a todos.

O manuscrito também foi lido (a pedido deles) por dois eminentes especialistas em desigualdade, Jamie Galbraith e Thomas Piketty. Essa demonstração de interesse da parte deles é muito gratificante para mim.

O livro foi escrito enquanto eu estava dando aulas no Centro de Graduação da Universidade da Cidade de Nova York e trabalhando muito proximamente de Janet Gornick no Centro Stone de Desigualdade Socioeconômica. Como já acontecera antes, o apoio e a ajuda de Janet foram absolutamente cruciais. Sempre que eu viajava, deixava a versão mais recente do manuscrito com Janet: sabia, assim, que, se alguma coisa acontecesse comigo, ela seria publicada. Sou muito grato a Janet e ao Centro de Graduação por ter me permitido tirar um período sabático durante uma parte do tempo em que escrevi o livro.

Como em tantas outras vezes, sou grato a minha mulher e a meus dois (agora já adultos) filhos. Eles testemunharão o desfecho das questões sobre as quais escrevi no final do capítulo 5.

Índice remissivo

A

absoluta, convergência, 308
Academia Chinesa de Ciências Sociais, 133
acasalamento preferencial (homogamia), 23, 29-30, 32, 51, 53, 56, 92, 134, 313*n*; capitalismo meritocrático liberal e, 29-30, 51-2, 54-6; na Itália, 314*n*
Acemoglu, Daron, 100-1
Achen, Christopher, 78
acordos financeiros, amoralidade e, 246
Adam Smith em Pequim (Arrighi), 125, 151
"admissões sucessórias" (matrículas herdadas), 83
Afeganistão, 234
África, 12, 251, 276, 293, 333*n*; desigualdade global e, 17, 285, 335*n*; Norte da, 218; papel da China no desenvolvimento econômico da, 167, 285; Sul da, 105
afro-americanos, 73
Agência Multilateral de Garantia de Investimentos, 199
Agência Nacional de Energia (China), 146
agricultura, 119, 151-2, 256; capitalismo e a agricultura chinesa, 119, 137
Akcigit, Ufuk, 75
Alasca, subsídio anual no, 271
Albânia, China e, 164
Alemanha, 18, 40, 43-4, 63-4, 80, 97-8, 115, 205, 313*n*, 321*n*; desigualdade de renda do capital e do trabalho na, 40, 42; imigração e a, 183, 317*n*; limites da distribuição via tributação-transferências na, 62; participação no PIB global, 17-8; punição à evasão fiscal na, 233; República Democrática Alemã (Alemanha Oriental), 113, 115; subcidadania na, 182

Alexandria, 208, 245
alienação, comoditização e, 259
Allen, Robert, 200-01
alta tecnologia no exterior, 205
Amazon (empresa), 245
América do Norte, 8, 15, 17, 22, 112, 276, 284-5
América Latina, 150, 191, 218, 225, 276; desigualdade na, 137; estruturalismo e Teoria da Dependência, 105, 106, 229
amoralidade: acordos financeiros e, 246; capitalismo hipercomercializado e, 237-51; hiperglobalização e, 219-20
Angola, 227, 295; capitalismo político em, 130-1
antiglobalização, postura dos partidos de esquerda sobre, 211
anti-imigração, políticas, 186-7, 210
Antípatro de Tarso, 245
antropomorfismo, robôs e, 265
aplicação inicial, ricos e, 48
Apple (empresa), 245
árabes, 182
Arábia Saudita, 229, 242
Argélia, 12, 222, 295; capitalismo político na, 130-1
Argentina, 293
aristocracia, 87, 96, 150, 238; sociedades aristocráticas, 99
Aristóteles, 11, 78, 93, 159, 213
Arrighi, Giovanni, 125, 151-3
artesãos, 8
Ásia, 17; apoio à globalização na, 16; Banco Asiático de Investimento em Infraestrutura, 170; capitalismo político na, 11, 13; Central, 12, 145, 217-8; conquista ocidental da, 104; crise financeira (1997), 117;

Ásia (*continuação*); globalização e sucesso econômico da, 8, 12, 14-6, 18-9, 206; "modo asiático de produção", 102-3, 319-20n; Sudeste da, 284
Associação Americana de Economia, 67
Associação Chinesa de Proprietários de Usinas de Algodão, 109
ativos: capitalismo meritocrático liberal e taxa mais alta de retorno para os ricos, 46-8; redução da concentração da posse de, 65
Atkinson, Anthony, 32, 68
Ato de Navegação, Smith sobre o, 152
atomização: capitalismo global e, 251-4; relação com a comoditização, 254, 257
Austrália, 44, 217-8, 293, 326n
Áustria, 98, 113, 115, 157, 211
autarquia, 129; desafiando o mundo comercializado adotando a, 250; limites da corrupção e, 221
automação, temores de seu crescimento, 264-9
autonomia: capitalismo político e autonomia das regras, 162; do estado no capitalismo político, 125, 129
autônomo, renda de, 40, 63
autoridades do partido chinês, corrupção e, 148-50
autoritarismo descentralizado (China), 164, 167
avanço tecnológico *ver* progresso tecnológico; tecnologia da informação e comunicação
Azerbaijão, 322n

B

Bai, Chong-En, 160
balanço de pagamentos, 217
Bálcãs, 189
Baldwin, Richard, 201-3, 207
Banco Asiático de Investimento em Infraestrutura, 170
Banco Mundial, 147, 170; Indicadores de Governança Mundial, 215; Relatório de Desenvolvimento Mundial, 270
bancos: facilitando transferências de dinheiro de origem ilegal, 226-7
Bangladesh, 201

Barkai, Simcha, 38
Bartels, Larry, 78
Baslandze, Salomé, 75
Bauman, Zygmant, 326n
Bélgica, 115
Belt and Road Initiative (BRI), 168
bem-estar social *ver* Estado de bem-estar social
bens primários, 278
Berdyaev, Nikolai, 94
Berlusconi, Silvio, 80
Bielorrússia, 322n
bilionários, 10, 88, 217-8; corrupção e, 327n; fonte de riqueza dos, 217; ligações políticas e, 328n
Blavatnik, Leonid, 229
bolcheviques, 294
bolha imobiliária, 47
"bonificação para o casamento decorrente do nível de formação", 55
Borjas, George, 75, 188-9
Botsuana, capitalismo político em, 131-2
Bourguignon, François, 14, 304-5
Bournakis, Ionnis, 205
Bowles, Samuel, 280-1
Bowley, Arthur, 24
Bowley, Lei de, 24, 36
Brasil, 106, 205; coeficiente de Gini, 316n; distribuição de renda no, 326n; hiperinflação nos anos 1970, 312n
Brejnev, Leonid, 96
"British Rule in India, The" (Marx), 320n
Bulgária, 115-6, 284
burguesia, 7, 18, 96, 99, 104, 151-4, 158, 292; o Estado chinês e, 151-8
burocracia, 124, 127-9, 142, 144, 154, 160, 164, 290; capitalismo político e, 124, 129
Bush, George W, 83

C

cadeias globais de valores, 174, 198-208; desenvolvimento econômico e, 199; direitos de propriedade e, 198-9, 201; globalização como desmembramento da produção, 202; importância crescente das instituições e, 203; "pessimismo da exportação", 200

Calvino, Italo, 162
caminho ocidental de desenvolvimento (COD), 102, 105, 108, 112, 116, 292, 294; Terceiro Mundo e, 292-5
campanhas políticas, 80-1; financiamento público de, 289
camponeses, 8, 109-10, 165, 261
Canadá, 44, 144, 181, 217-8, 326*n*; capitalismo igualitário e, 65; compra de vistos de residência no, 180
Cândido (Voltaire), 300
capacidade de carga da Terra, 268
capital: capitalismo meritocrático liberal e alta concentração de, 39-45; capitalismo meritocrático liberal e crescimento de sua fração na renda nacional, 36-9; donos do, 24, 38, 50, 174, 281; elasticidade unitária de substituição entre capital e trabalho, 36; fuga de capital da China e da Rússia, 226; medição da sua parcela na renda líquida total, 305, 307; mobilidade do, 174-5, 186, 198, *ver também* cadeias globais de valores; por que o trabalho é diferente do, 186-8; posse de, 140; privado, 155; propriedade do, 23, 41, 51, 66, 141; relação capital-trabalho (K/L), 200-1; rendas das pessoas ricas em, 26
Capital, O (Marx), 102
Capital no século xxi, O (Piketty), 28, 41, 86
Capital without Borders (Harrington), 227
Capital: The Eruption of Delhi (Dasgupta), 243
capitalismo, 8; alinhamento de objetivos individuais e sistêmicos e, 10-1; amoralidade do capitalismo hipercomercializado, 237-51; autoritário *ver* capitalismo político; caminho "natural" smithiano de desenvolvimento do, 151; caminho marxiano do desenvolvimento do, 151, 153; "capitalismo popular", 67, 286, 288; capitalismos na história, 22-33; clássico, 22, 25, 27-8, 31-2, 49-50, 287; cognitivo, 261; como o único sistema socioeconômico, 7-12; de "compadrio", 160; de Max Weber, 237, 241; de Ricardo-Marx, 287; definição, 21, 153; democracia liberal e, 17; desempenho das economias socialistas *versus* capitalistas, 115; do laissez-faire, 97; domínio do, 263; financeiro, 123; globalização e, 9; hipocrisia e, 240, 264; hipótese da paz liberal, 319*n*, 330*n*; igualitário, 64, 286, 288; lado de claridade e um lado de escuridão do, 237; meritocrático, 69; mobilidade intergeracional e evolução do, 288; na Rússia, 102; neo-hobbesiano, 280; países capitalistas, 12, 23, 44, 98, 113-6, 222, 224; pico do, 297; plutocrático, 289-90; protestantismo e, 123, 241, 331*n*; sistema capitalista, 24, 38, 61, 151, 225, 275, 310*n*, 331*n*; social-democrático, 22, 25, 31-2, 287; socialização no, 261; transações diárias na sociedade capitalista, 237; vida privada no, 254-63
capitalismo e globalização: cadeias globais de valores, 198-208; cidadania como ativo econômico, 179-80, 182; conciliando preocupações dos nativos e anseios dos imigrantes, 190-8; corrupção mundial e, 214, 235; interação entre, 173-235; liberdade de movimentação dos fatores de produção, 182-90; migração da força de trabalho, 188, 208; mobilidade da força de trabalho, 173-4, 210; prêmio ou renda por cidadania, 176-9, 208-9, 212; sobrevivência do Estado de bem-estar social, 208-14
capitalismo global: a caminho de um capitalismo popular e igualitário, 286-90; amoralidade do capitalismo hipercomercializado, 237-51; atomização e comoditização, 251-4; capitalismo político *versus* capitalismo liberal, 277-81; desigualdade global e mudanças geopolíticas, 282, 286; futuro do, 237-90; globalização e, 205-8; guerra e paz, 274-6; temor do avanço tecnológico e o, 264-9

capitalismo meritocrático liberal, 11, 20-2, 25-35, 41, 49-50, 82, 87, 90-2, 117, 132, 280, 287-8; acasalamento preferencial e, 29-30, 51-2, 54-6; alta concentração da propriedade do capital e, 39-45; ameaça ao, 19; capitalismo históricos e, 22-33; capitalismo político *versus*, 19, 277, 282; causas do crescimento da desigualdade no, 33-5; classe alta se perpetuando no, 78-92; como "ponto-final" da evolução humana, 97; concorrência com o capitalismo político, 19; definição de, 21; desigualdades sistêmicas no, 31; desigualdades sistêmicas no, 36-59; diferença entre capitalismo clássico e, 31; Estado de bem-estar social na era da globalização e o, 71-7; lidando com a desigualdade de renda no século XXI, 60, 70-7; maior transmissão de renda e de riqueza entre gerações e, 57-9; natureza complexa do, 32; novas políticas sociais e, 60-77; participação agregada crescente do capital na renda nacional e, 36-9; possível evolução do, 286-90; principais características do, 22-35; renda do capital e renda do trabalho e, 27; reunião de capital elevado e renda do trabalho elevada numa mesma pessoa, 49-51; taxa de retorno maior para os ativos dos ricos e, 46-8; vantagens do, 19

capitalismo político, 11-2, 20, 22, 35, 93-172, 175, 278-80, 290; ascensão econômica da Ásia e, 11, 13; autonomia das elites políticas no, 19; autonomia das regras, 162; autonomia do estado no, 125, 129; burocracia e, 124, 129; capitalismo liberal *versus*, 277-81; capitalismo plutocrático e, 289; características e contradições sistêmicas do, 123-30; China e, 93, 118-23; concorrência com o capitalismo meritocrático liberal, 19; corrupção e, 127-9, 160; desigualdade na China e, 132-50; efeitos políticos do sucesso econômico da China, 17;

eficiência do Estado, 170; em Angola, 130; em Botsuana, 131, 132; êxito econômico e, 162; "exportação" do modelo chinês de, 158-71, 164-5, 167; lugar do comunismo na história e, 93-107; máfias e, 127; na Argélia, 130-1; na Ásia, 11, 13; na China, 130-2, 151-3, 164-5, 167; no Vietnã, 130-1; países com sistema de, 130-2; papel das revoluções comunistas na implantação do capitalismo no Terceiro Mundo e, 93, 107-23; PIB per capita em países de, 130; possível evolução do, 286-90; principais características do, 123-32; solidez e atratividade global do, 150-1; viabilidade do, 171; Weber sobre o, 123, 127

"capitalistas-funcionários" na China, 155
Cardoso, Fernando Henrique, 106
Caribe, 191, 245
Carlin, Wendy, 116
casamento, padrões no capitalismo meritocrático liberal, 55, 297
castas na Índia, 112
Cazaquistão, 322*n*
Censo americano, 53
censos domiciliares, 312*n*; na China, 132-4, 304, 323*n*; na União Soviética, 304; para mensurar a desigualdade global, 303
centros financeiros mundiais, corrupção e papel dos, 227
Century of Wealth in America, A (Wolf), 39
CEOs e executivos, renda de, 306
Chen Yun, 125
Chi, Wei, 140
Chiang Kai-shek, 143
Chiappori, Pierre-André, 55
Chile, 225
China, 96, 131, 201, 308, 319*n*; Academia Chinesa de Ciências Sociais, 133; Agência Nacional de Energia, 146; agricultura chinesa e capitalismo, 119, 137; Albânia e, 164; Associação Chinesa de Proprietários de Usinas de Algodão, 109; autoritarismo descentralizado, 164, 167; Banco

Asiático de Investimento em Infraestrutura, 170; burguesia e o Estado chinês, 151-8; caminho de desenvolvimento do capitalismo na, 153; campanha anticorrupção na, 145-6; capitalismo na, 118-23; capitalismo político na, 11, 93, 130, 132, 151-3, 164-5, 167; "capitalistas-funcionários" na, 155; censos domiciliares na, 132-4, 304, 323n; classe capitalista na, 140-2, 154; classe média na, 140, 323-4n; Comissão Militar Central, 146; como líder da ascensão econômica da Ásia, 11-2; corrupção na, 143-50, 220; crescimento da riqueza privada na, 139; decisões sobre precificação e produção na, 123; democracia na, 157; desigualdade na, 132-150; desigualdade de renda na, 132-43; desigualdade rural na, 135; desigualdade salarial na, 138; desigualdade urbana na, 135; direitos de propriedade na, 155-6; distanciamento em relação ao mundo, 163; distribuição do poder político na, 154; efeitos políticos do sucesso econômico na, 17; empresas estatais na, 122; empresas privadas na, 120; Escritório Nacional de Estatísticas, 122, 138; explicando o sucesso da, 101; "exportação" do capitalismo político pela, 151, 158-71, 164, 165, 167; Finança Domiciliar da China (levantamento), 134; fuga de capital da, 226; Grande Salto Adiante, 164; guerra civil chinesa, 109; imóveis na, 139; início do capitalismo político na, 124-5; investimentos fixos na, 121-2; Kuomintang (partido nacionalista chinês), 110-1; medieval, 142; mercadores e governo central na China de Song, 142, 153-4; mobilidade educacional entre gerações na, 323n; mobilidade intergeracional na, 141; mudança na diferença de renda na, 15; necessidade de se conectar com o mundo, 167-70; nova estrutura de classes na, 140-2; papel no desenvolvimento econômico da África, 167, 285; participação crescente da renda do capital privado na, 139; participação do setor privado no PIB, 321n; participação no PIB global, 17; Partido Comunista da China (PCC), 108, 110, 124, 143, 145, 154-5, 164-5, 323n; PIB per capita, 118; PIB per capita, 117; PIB per capita, 282; PIB per capita, 283; PIB per capita, 284; Programa de Renda Domiciliar da China (PRDC), 134, 323n; revezamento de quadros na, 166; Revolução Cultural, 133, 141; revolução nacional e social na, 109-12; "sistema de responsabilidade" na, 119, 122, 164, 324n; sobrevivência do capitalismo político na, 151-8; stalinistas e a revolução na, 111; taxa de crescimento na, 308; Universidade Normal de Pequim, 133

Cícero, 245

cidadania: benefícios e direitos dos imigrantes, 190-8; "cidadania light", 289; como ativo financeiro, 179-80, 182; como categoria ideal, 176, 178-9; Estado de bem-estar social e, 208-11; migração do trabalho e, 209; níveis de, 181; prêmio por, 173, 179, 192, 194, 210; "punição por cidadania", 173, 232; renda por, 176-9, 208-9, 212; rendimento pela, 177; "subcidadania", 181-2; valor da, 180, 326n

classe alta/classe dominante, 90-2, 191; abertura para novos integrantes da, 87-91; autoperpetuação da, 78-92; controle do capital financeiro nos Estados Unidos, 91; educação da elite e, 82-5, 91; ética da, 92; gênero e, 92; papel da, 90; poder político da, 78-81; riqueza herdada e, 86-7; *ver também* elite; ricos

classe média, 46-8, 62, 66, 68, 70, 72, 78, 83, 85-6, 140-1, 243, 274, 284, 286, 289, 307; custo da educação e, 82; emergência de uma classe média global, 284, 286; na China, 140, 323n, 324n; poder político da, 78; políticas tributárias para, 289; riqueza da, 46

"classe ociosa", Veblen e a, 27
classes, classificação tripartite de, 27
Clinton, Bill, 79
Clinton, Hillary, 81
cognitivo, capitalismo, 261
Colômbia, 75, 234
Colombo, Cristóvão, 163
colonialismo, 103, 106, 153, 199, 203, 292, 320*n*
comércio internacional, 72, 123, 152
Comintern, 111, 112, 294-5; "virada para o Leste" do, 107
Comissão Militar Central (China), 146
Commonwealth (Reino Unido), 326*n*
comoditização: as pessoas como centros de produção capitalista, 260-2; ascensão de novas commodities, 254-5, 257, 332*n*; capitalismo global e, 254-64; descomoditização, 333*n*; desvantagem da, 258, 260; história da, 256; "jogos repetidos" e, 258; relação com a atomização, 254, 257
"compadrio", capitalismo de, 160
comunismo, 9, 93-104, 107, 112-3, 116, 130, 291-2, 295-6, 319*n*, 335*n*; colapso do comunismo no Leste Europeu, 96, 114, 116; Comunismo de Guerra, 95; esclarecimento sobre o termo, 95; incapacidade das visões de mundo comunista e liberal de explicar o seu lugar na história, 93-101; lugar na história, 93-107; onde foi bem-sucedido, 113-8; papel das narrativas marxista e liberal, 95-100; papel histórico do, 291; papel na história mundial do, 104-6; Partido Comunista da China (PCC), 108, 110, 124, 143, 145, 154-5, 164-5, 323*n*; queda do, 99; revoluções comunistas, 93, 104, 107; situado na história do século XX, 101-7; sociedades comunistas, 9; União Soviética e, 8; versões do, 12
Conchinchina, 321*n*
Consenso de Washington, 100, 156
Consequências econômicas da paz, As (Keynes), 241
Constituição dos Estados Unidos, 150

consumo: imitando padrões de consumo dos países ricos, 229-30, 232
contas de capital aberto, corrupção mundial e, 219
contrato social, 128; o comportamento capitalista e o contrato social tácito, 241-2, 331*n*
controle político, classe alta e, 78-81
convergência de renda, 94, 114, 185, 283-6, 303, 307; absoluta, 308; condicional, 308
Corak, Miles, 31, 58
Coreia do Norte, 164
Coreia do Sul, 69, 112, 174-5, 201, 205-6, 309
Correlates of War (COW), projeto, 334*n*
corrupção: bilionários e, 327*n*; campanha anticorrupção na China, 145-6; capitalismo político e, 127-9, 160; efeitos distributivos da, 147-50; equilíbrio da, 162; globalização e expansão mundial da, 175; Índice de Percepção da Corrupção (Transparência Internacional), 131-2, 215; na China, 143-50, 220; na Itália, 161; paraísos fiscais e, 227
corrupção global, 214-35; ausência de iniciativas de controle sobre a, 232-3, 235; contas de capital aberto e, 219; facilitação pela globalização, 144; facilitadores da, 225-8; globalização e, 214-35; imitação dos padrões de consumo dos países ricos e a, 229-32; limites da, 219-26; papel dos centros financeiros mundiais na, 227
crescimento: capitalismo como sistema de, 35; nível da renda e taxa de, 308
crise financeira na Ásia (1997), 117
crise financeira global (2008), 100, 140, 217
Crítica da economia política (Marx), 295
cultura, 187-8, 190

D

Dahl, Robert, 159
Dao, Mai Chi, 37, 306
Dasgupta, Rana, 243, 252
Davis, Gerald, 38

Davis, Jonathan, 58
Declaração de Independência dos
    Estados Unidos, 239
democracia, 17, 19, 21, 78-9, 95, 97,
    100, 157, 159, 169, 278-9, 308, 328n;
    capitalismo e, 17, 278-9; democracias
    parlamentaristas, 150; movimento
    rumo à oligarquia, 78; na China,
    157; os ricos e o financiamento dos
    processos políticos, 79; técnica e, 279
Democracy and Capitalism (Bowles &
    Gintis), 280
Deng Xiaoping, 124-5, 144, 151, 164
Dependência, Teoria da, 105-6, 199, 204,
    206, 229
"desarticulação", 18
descomoditização, forças da, 333n
desemprego, 63, 71, 73, 264-5, 269, 272
desenvolvimento econômico, 17,
    19, 24, 94, 104, 112, 168, 199, 285,
    295; cadeias globais de valores
    e, 199; "desenvolvimento do
    subdesenvolvimento", 199; papel
    da China no desenvolvimento
    econômico da África, 167, 285;
    Relatório de Desenvolvimento
    Mundial (Banco Mundial), 270
desigualdade: acasalamento preferencial
    e, 56; de oportunidades, 68, 212, 214;
    desigualdade rural na China, 135;
    desigualdade urbana na China, 135;
    intergeracional, 31; interpessoal, 265,
    287-8; mobilidade intergeracional
    e, 88, 90; na China, 132-50; salarial,
    70, 138; taxa de desigualdade de
    procedência, 321n
desigualdade de renda, 334n; do capital
    e do trabalho, 39, 40; imigração e,
    74; inadequação das ferramentas do
    século XX para lidar com o século XXI,
    60-70; na China, 132-43; nos Estados
    Unidos, 137; renda básica universal
    e, 270
desigualdade global: África e, 17, 285,
    335n; história da desigualdade de
    renda, 13-6; medição da, 303, 305;
    mudanças geopolíticas e, 282-6;
    queda da, 335n

Desigualdade global, A (Milanović), 137
desigualdade no capitalismo
    meritocrático liberal: causas
    sistêmicas e não sistêmicas da, 33-5;
    desigualdade da renda do trabalho
    e, 40; globalização e, 35; padrões de
    casamento e, 28-9, 35; participação
    do capital na renda e no crescimento
    da, 25, 33; rendas do capital e
    do trabalho e a, 28; transmissão
    intergeracional da, 30
desigualdades sistêmicas no
    capitalismo meritocrático liberal:
    alta concentração da propriedade
    do capital, 39-45; aumento da
    homogamia (acasalamento
    preferencial), 51-7; maior transmissão
    de renda e de riqueza entre gerações,
    57-9; participação agregada crescente
    do capital na renda nacional, 36-9;
    reunião de capital elevado e renda do
    trabalho elevada numa mesma pessoa,
    49-51; taxa de retorno maior para os
    ricos, 46, 48
deslocamentos, 182, 207, 264
desregulamentação financeira, 245
destruição criadora de Schumpeter, 160
Detroit, 267; Tratado de Detroit (1949),
    38
Dinamarca, 44, 115, 205, 211, 215, 251
Ding, Haiyan, 122, 138
dinheiro, 148-9; como critério de
    sucesso, 247; como equalizador na,
    238; como o objetivo mais importante
    da vida das pessoas, 9; globalização
    capitalista e ideologia de ganhar
    dinheiro, 175; hiperglobalização e, 219-
    26; lavagem "moral" de, 228-9, 233
Diógenes da Babilônia, 245
direitos de propriedade, 202-3, 280, 284;
    cadeias globais de valores e, 198-9,
    201; na China, 155, 156
disrupção cultural, migração e , 187-90
distribuição de renda, 22, 26, 28, 32, 39-
    40, 42, 44, 57, 59, 65, 72, 74, 76, 79,
    83, 86, 133, 289, 304; desigualdade
    interpessoal e, 288; no Brasil, 326n;
    redistribuição, 62, 64-5, 273, 287-8

divisão do trabalho, 151, 256
"*doux commerce*", 237, 260
Doyle, Michael, 330n

E

economia: capitalismo político e êxito econômico, 162; de mercado, 151-3, 258; economias capitalistas, 101, 103, 105-7, 115, 222, 293; economias socialistas, 115-6; Marx sobre as etapas do desenvolvimento econômico, 295; "sem peso", 261
Economia e sociedade (Weber), 123
Economics (Samuelson), 24
educação: "admissões sucessórias" (matrículas herdadas), 83; "bonificação para o casamento decorrente do nível de formação", 55; capitalismo liberal e ensino público, 23, 61; classe média e, 82; coeficiente de Gini por anos de escolaridade, 315n; da elite, 82-5, 91; desigualdade salarial por anos de escolaridade, 70; financiamento e melhoria das escolas públicas, 289; Giving Pledge e ensino público, 316n; mobilidade educacional entre gerações na China, 323n; sistema educacional bifurcado nos Estados Unidos, 85; teto educacional, 62
eficiência do Estado, capitalismo político e, 170
Egito, 103, 199
Einstein, Albert, 277
elite: autonomia das elites políticas no capitalismo político, 19; capitalismo plutocrático e, 290; capitalismo político e, 127; características da elite dominante no capitalismo liberal, 91; controle político e, 78-81; e corrupção na China, 143-50; educação da, 82-5, 91; investimento nos filhos, 56; esportes de, 56, 225; *ver também* classe alta; ricos
Ellul, Jacques, 279
empreendedorismo, 38
empresas: empresas privadas na China, 120; estatais na China, 122; mudanças na estrutura e na dimensão delas nos Estados Unidos, 38
energia e matérias-primas, falácia da escassez de, 268
Engels, Friedrich, 7, 9, 153, 295
ensino *ver* educação
Erros e Omissões do balanço de pagamentos, 217
Escandinávia, 209
Escaping Poverty (Vries), 153
escolaridade *ver* educação
escravidão, 8, 102, 109, 153, 261, 326n
Escritório Nacional de Estatísticas (China), 122, 138
esfera privada: comoditização da, 237, 241, 262; interação com a esfera pública, 253
Espanha, 44, 97, 115-6, 185
Espírito das leis, O (Montesquieu), 330n
esportes: comercializados, 244; de elite, 56, 225
esquerda, 97, 108, 112, 130, 270, 272-3, 294; posição antiglobalização de partidos de, 211
estabilidade social, imigrantes e, 197
Estado: participação das estatais na produção industrial, 119-20; participação das estatais no emprego urbano total (China), 122
Estado de bem-estar social, 60, 71-4, 77, 161, 175, 178, 273; cidadania e, 208-11; globalização e, 71-7; homogeneidade e, 71, 209, 211; migração e, 73-7; renda básica universal (RBU) e, 273-4
Estados Unidos, 22, 44, 76; capitalismo clássico nos, 22; acasalamento preferencial e aumento da desigualdade nos, 56, 313n; afro-americanos, 73; alavancagem da riqueza da classe média nos, 46; Associação Americana de Economia, 67; bolha imobiliária no, 47; capitalismo social-democrático nos, 22; Censo americano, 53; coeficiente de Gini, 316n; concentração da propriedade do capital nos, 39-45; concentração da riqueza e da propriedade direta de ações nos,

51; Constituição dos, 150; controle do capital financeiro pela classe dominante nos, 91; de mudança nas estruturas e nas dimensões das empresas nos, 38; decil mais alto de capitalistas no decil mais alto de trabalhadores, 50; Declaração de Independência dos, 239; declínio da mobilidade absoluta nos, 59, 315n; desafiando as leis de sigilo bancário da Suíça, 233; desigualdade de renda do trabalho e do capital nos, 39-40, 42; desigualdade de renda nos, 137; desigualdade e mobilidade nos, 88, 90; dinheiro como equalizador nos, 238; direitos dos imigrantes nos, 195; divisão tripartite do poder, 150; empregos sob ameaça da automação nos, 266; "exportação" do capitalismo liberal, 150; fluxo interno de pessoas, 185; *green card*, 181, 196-7; imigração e os, 73, 75, 195; imigrantes sem documentos nos, 195; "imperialismo ético", 169; limites da redistribuição via impostos e transferências nos, 62-4; participação agregada crescente do capital na renda nacional nos, 36-9; participação da renda do capital na renda total nos, 24; participação no PIB global, 17; percepção de maior igualdade de oportunidades nos, 314n; PIB per capita, 117-8; redistribuição de renda nos, 64; Reforma Fiscal (1986), 313n; relação capital-trabalho (K/L) nos, 200; renda básica universal em Oakland (Califórnia), 271; sistema educacional bifurcado nos, 85; Sonho Americano, 57-8; taxa de crescimento dos, 308; transmissão intergeracional da desigualdade nos, 31; Tratado de Detroit (1949), 38; tributação da heranças nos, 69; universidades dos, 83, 318n
Estados-nações, 169, 195, 203, 213; *ver também* países
estruturalismo, 105-7, 174, 229, 230
ética, 247; da classe dominante, 92; ético *versus*legal, 245

Ética protestante e o "espírito" do capitalismo, A (Weber), 123
Etiópia, 12, 112, 131, 201
Eurásia, 13, 168, 285
Europa, 7, 8, 12, 17, 276, 284; Central, 113; diferença de desempenho entre economias socialistas e capitalistas na, 115; Leste Europeu, 80, 96, 114, 116, 217-8; Norte da, 160; Ocidental, 13, 22, 31, 33, 112, 116, 150, 153-4, 217-8, 253, 282; União Europeia, 185, 233, 284, 327n
evasão fiscal, 219, 233, 245
evolução social, 94
êxito econômico, capitalismo político e, 162
exportações, subfaturamento de, 217
extrativistas, instituições, 101

F

falácia: da escassez de trabalho, 265; da "massa fixa de matérias-primas e energia", 268; de que as necessidades humanas são limitadas, 266
família, diminuição da utilidade da, 251-4
fascismo, 97-9
Feldstein, Martin, 48
felicidade, 263, 299, 300; busca da, 239
Fengyang Xiaogang (China), 324n
Ferguson, Niall, 99
Ferry, Jules, 320n
feudalismo, 102, 104-5, 107-8, 112-3, 117, 292
filhos, a elite e o investimento nos, 56
Fim da história e o último homem, O (Fukuyama), 97
Finança Domiciliar da China (levantamento), 134
financiamento, 289; de partidos políticos e campanhas eleitorais (controle dos processos políticos pelos ricos), 79; financiamento público de campanhas políticas, 289
financistas, 28
Finlândia, 44, 115, 205; renda básica universal na, 271
Fischer, Fritz, 99, 114

Fisher, Irving, 67
força de trabalho *ver* migração de mão de obra; trabalho
Ford, 267
França, 24, 44, 69, 80, 86, 106, 110, 115, 121, 154, 157, 211, 214, 241, 318*n*, 320*n*; apoio minoritário à globalização na, 17; percentual da participação do capital na renda nacional, 24; riqueza herdada na, 86
Frank, André Günder, 199
Fraser, Nancy, 261
Freeman, Richard, 193, 265
Freund, Caroline, 70, 88, 217-8
fronteira tecnológica, convergência de renda e, 308
Fu, Zhe, 138
Fukuyama, Francis, 94, 97, 100, 154, 161
Fundo Monetário Internacional (FMI), 144, 170, 199, 217
fundos de hedge, 245-6
futuro, incapacidade de visualizarmos o, 264-9

G

galerias de arte, lavagem "moral" de dinheiro e, 228-9
ganância, 240-2, 331*n*; como "hedonismo abstrato" para Marx, 240
gênero, classe dominante e, 92
gentileza: comoditização e, 260; sociedade comerciais e, 237-8
geopolíticas, desigualdade global e mudanças, 282-6
Gernet, Jacques, 142-3, 154
gig economy, 255, 260
Gilens, Martin, 78
Gini, coeficiente de, 14, 41-3, 63, 74, 136, 284, 303, 315*n*, 335*n*
Gini, pontos, 15, 40, 137, 313-4*n*
Gintis, Herbert, 280, 281
Giving Pledge [Promessa de doação], 316*n*
globalização; apoio à globalização na Ásia, 16-7; apoio minoritário à globalização na França, 17; arrecadação fiscal e, 62; Ásia e, 8, 12, 14-6, 18-9, 206; capitalismo e, 9; capitalismo mundial e, 205-8; cenários para a evolução da, 280-1; comércio global, 72; como desmembramento da produção, 202; corrupção mundial e, 214-35; desigualdade no capitalismo meritocrático liberal e, 34; e expansão mundial da corrupção, 175; efeito exposição da, 219, 229-30, 234; eras da, 201-8; Estado de bem-estar social e, 71-7, 208-14; facilitação da corrupção mundial, 144; globalização; dificuldades no Ocidente com a, 18; hiperglobalização, 219; interação entre capitalismo e, 173-235; mobilidade da força de trabalho, 173-4, 210; progresso tecnológico e, 204, 206; redução nos custos do transportes e, 201; segunda, 203-7; sucesso econômico da Ásia, 8, 12, 14-6, 18-9, 206; *ver também* capitalismo e globalização
GM, 267
godos, 189
Goldin, Claudia, 33, 36
Goldman Sachs (banco), Hillary Clinton e, 81
Graham, Billy, 242
Grande Depressão, 14-5, 109
Grande Recessão, 48
Grande Salto Adiante (China), 164
Great Convergence, The (Baldwin), 201
Grécia, 44, 115, 159, 181
green card: na Alemanha, 317*n*; nos Estados Unidos, 181, 196-7;
Grundrisse (Marx), 240
guerras: capitalismo global e, 274-7; convergência de renda e risco decrescente de guerra global, 286; possibilidade de guerra nuclear global, 274
Guerra civil chinesa, 109
Guerra do Iraque, 152-3
Guerra Fria, 7, 61
"guerras extrassistêmicas", 334*n*
Guerras napoleônicas, 9
guetos, imigrantes e, 197

H

Habsburgo, dinastia dos, 241
Harrington, Brooke, 227
Harvard, 225
Hayek, Friedrich, 237, 314*n*
He Qinglian, 144
He, Hui, 138
"hedonismo abstrato", ganância como, 240
Hegel, Georg W. F, 94
Henry, Thierry, 244
herança: riqueza herada, 86-7; tributação de, 23, 57; tributação de herança como forma de desconcentração da propriedade do capital, 68-70
Hidden Wealth of Nations, The (Zucman), 227
hierarquias: na China, 165; nas sociedades comerciais, 238; no hinduísmo, 238
hipercomercialização, 260; e a "mão invisível" de Adam Smith, 299-302
hiperglobalização, 219, 296
hipocrisia, capitalismo e, 240, 264
Hirschman, Albert, 315*n*
história: lugar do comunismo na história, 93-107; visão liberal do mundo, 103; visão marxista da, 100, 295; visão teleológica da, 94; visão whig da, 94, 98, 103
historicismo, 319*n*
Hobsbawm, Eric, 295
Hobson, John, 275, 334*n*
Holanda, 205
homogamia *ver* acasalamento preferencial
homogeneidade, Estado de bem-estar social e, 71, 209, 211
homoplutia, 49, 51, 91
Hong Kong, 105, 321*n*
House, Edward, 109
Hsieh, Chang-Tai, 120, 160
Hu Jintao, 128
Hume, David, 299
Hungria, 98, 115, 157
hunos, 189

I

Ideologia alemã, A (Marx), 173
igualdade: de oportunidades, 57, 69-70, 214, 288-9; liberal, 21, 70; meritocrática, 21; tributação da herança e, 68
Ilhas Cayman, 233
Ilhas do Canal, 245
Ilhas Maurício, 227
Ilhas Virgens britânicas, 233
imigrantes: como subclasse, 76, 196; estabilidade social, 197; guetos de, 197; migração e disrupção cultural, 187-90; políticas anti-imigração, 186-7, 210; seleção adversa de, 75, 77; sem documentos nos Estados Unidos, 195; sistemas de valores dos, 188; *ver também* migração de mão de obra
imóveis: bolha imobiliária, 47; flutuações do preço da moradia, 46; na China, 139; renda atribuída a, 307; renda de, 307; riqueza em, 307
Imperialism: Pioneer of Capitalism (Warren), 105
imperialismo, 275, 320*n*; "ético", 169; Primeira Guerra Mundial e, 276, 334*n*
Império Otomano, 241
Império Romano, 8, 189, 208, 326*n*
importações, 187; etapa de desenvolvimento da substituição de, 205; superfaturamento das, 217
"inclusivas", instituições, 101
Índia, 12, 15-6, 18, 41, 45, 69, 109, 201, 206, 218, 222, 224, 227, 229, 243, 282-3, 286, 293-4, 304, 320*n*; coeficiente de Gini, 316*n*; corrupção em dinheiro na política, 80; hierarquias no hinduísmo, 238; investimentos externos na, 227; Marx sobre o domínio britânico na, 293, 320*n*; mudança na diferença de renda e, 15; participação no PIB global, 17; PIB per capita, 282; revolução na, 112
Indicadores de Governança Mundial (Banco Mundial), 215
Índice de Percepção da Corrupção (Transparência Internacional), 131-2, 215

indígenas, 189-91
indivíduos como centros de produção capitalista, 260-2
Indonésia, 45, 201, 206, 293, 320*n*; aumento do crescimento econômico na, 12, 16; PIB per capita, 282
indústria: participação do Estado na produção industrial, 119-20
inovação: convergência de renda e, 308; ganhos com, 204
instituições: extrativistas, 101; globalização e a importância crescente das, 203; "inclusivas", 101
internacionalismo, 111, 211-2
Intrusão legal na vida familiar, 253
invenções, convergência de renda e, 308
investimentos: "externos" na Índia, 227; fixos na China, 121-2
Irã, renda básica universal no, 271
Iraque, Guerra do, 152-3
Irlanda, 115, 233
Israel: kibutzim, 250; subcidadania em, 182
Itália, 8, 44, 97, 115, 178, 205, 250; acasalamento preferencial na, 314*n*; corrupção, 161; deslocamento da população nativa por ricos de outros países, 250
Iugoslávia, 115, 223
Ivy League, 51-2

J

Jacques, Martin, 163, 169, 171
Japão, 15, 17, 44-5, 69, 97, 174-5, 205, 284, 309, 321*n*; empregos ameaçados pela automação no, 266; taxa de crescimento no, 308
Jefferson, Thomas, 239
Jevons, Stanley, 268-9, 333*n*
Jianhua, Xiao, 126
"jogos repetidos", comoditização e, 258
juros, 48, 140, 305, 312-3*n*

K

Karabarbounis, Loukas, 25, 37
Katz, Lawrence, 33, 36

Keynes, John Maynard, 35, 241, 249, 267, 269
Khashoggi, Jamal, 242
Khodorkovski, Mikhail, 126, 228
kibutzim, 250
Kohl, Helmut, 80
Kuhn, Moritz, 46, 307
Kuomintang (partido nacionalista chinês), 110-1
Kuznets, ondas de, 135, 137

L

laissez-faire, capitalismo do, 97
Landes, David, 263
Laos, 131
lavagem "moral" de dinheiro, 228-9, 233
Law of Peoples, The (Rawls), 212
lazer, 248-9, 251, 255, 273-4, 332*n*
legal *versus* ético, 245
Lei de Bowley, 24, 36
leis: e a terceirização da moral, 244; Leis "Athenas" *versus* Leis "Jerusalém", 94; leis suntuárias, 241, 243; predomínio da lei, 124, 129, 308
Lênin, Vladimir, 295, 320*n*, 334*n*
Li, Chunling, 140, 146
liberalismo, 97, 104; *ver também* capitalismo meritocrático liberal
liberdade natural, 21, 68-9
liberdade política, 68, 291
liberdades básicas, 278
libertarianismo, 288
Lichtenstein, 233
Lin, Justin, 169
lobby, 235, 246
Londres, 216, 220, 227
Luxembourg Income Study (LIS), 43-4, 63, 134
Luxemburgo (Grão-Ducado), 227, 233
Luxemburgo, Rosa, 292, 334*n*
Lyft (empresa), 255

M

Ma, Debin, 154
Macau, 321*n*
Maddison Database Project, 305
Maddison, Angus, 304

máfias, capitalismo político e, 127
Major, John, 79
Malásia, 123, 131, 322*n*
Mandeville, Bernard, 239-40, 248, 300
Manifesto comunista (Marx & Engels), 7, 153
mão de obra *ver* migração de mão de obra; trabalho
"mão invisível", 294; hipercomercialização e a, 299-302
Mao Tsé-tung, 108, 320*n*
Maquiavel, Nicolau, 229-300, 328*n*
Markovits, Daniel, 85, 259
Marx, Karl, 7, 9, 90, 102, 103, 118, 152-3, 157, 240-1, 287, 293, 295-6, 325*n*; *A ideologia alemã*, 173; *Crítica da economia política*, 295; defesa do imperialismo, 105; definição de capitalismo, 21; *Grundrisse*, 240; *Manifesto comunista* (Marx & Engels), 7, 153; materialismo histórico de, 295; *O Capital*, 102; sobre a função dos capitalistas, 35; sobre a ganância como "hedonismo abstrato", 240; sobre a Rússia, 319*n*; sobre as etapas do desenvolvimento econômico, 295; sobre o domínio britânico na Índia, 293, 320*n*; sobre o papel da classe dominante, 90; sobre o socialismo na Rússia, 102; Terceiro Mundo e, 101
marxismo, 95-6, 99, 102, 104, 106-7, 111, 116, 163, 294-5; e a incapacidade para explicar o lugar do comunismo na história, 101-7; visão marxista da história, 100, 291, 295
Mason, Paul, 261, 332*n*
materialismo histórico, 295
matérias-primas e energia, falácia da escassez de, 268
Mazumder, Bhashkar, 58
Meade, James, 68
mecanismos internos de restrição, 243-6
medição: da desigualdade global, 303, 305; da participação do capital na renda líquida total, 305, 307
mercado de trabalho, 29-30, 32, 56, 207, 257, 260
mercadorias, 8, 9, 21, 119, 123, 187, 194, 201-3, 255, 256, 267; globalização e redução nos custos do transporte de, 201
mercados, 48, 95, 116, 252, 256-7
mercantilismo, 202
Merette, Sarah, 321*n*
meritocracia *ver* capitalismo meritocrático liberal
Mesopotâmia, 8
migração de mão de obra, 176-98; argumentos contra a, 185-9; cidadania e, 209; cidadania como ativo econômico, 179-82; conciliando preocupações dos nativos e anseios dos imigrantes, 190-8; definição de, 184; Estado de bem-estar social e, 73-7; liberdade de movimentação dos fatores de produção e, 182-90; nas condições da globalização, 184-6; por que o trabalho é diferente do capital, 186-88; prêmio ou renda por cidadania, 176-9; renda global e, 326*n*; sistemas de valores dos imigrantes, 188; *ver também* imigrantes
migração econômica, 73; estado bem-estar social e globalização, 208-14
Milanović, Branko, 14, 32, 44, 74, 76, 121, 135, 137, 141-2, 283, 304
milionários, 88, 225
Mill, John Stuart, 80
Ming, dinastia, 163
mobilidade da força de trabalho, globalização e, 173-4, 210
mobilidade intergeracional: desigualdade e, 88, 90; diminuição da, 58, 59; evolução do capitalismo e, 288; na China, 141; no capitalismo meritocrático liberal, 287; no capitalismo social-democrático, 287
mobilidade relativa, 59, 314*n*
mobilidade, direito à, 326*n*
"modo de produção asiático", 102-3, 319-20*n*
"modo de produção doméstico", 253
Mongólia, renda básica universal na, 271
Montagu, Edwin, 103
Montesquieu, 11, 237, 260, 315*n*, 319*n*, 330*n*

moradia, flutuações do preço da, 46
moral, terceirização da, 242-7
Morrisson, Christian, 14, 304-5
Mugabe, Robert, 168
Muro de Berlim, queda do (1989), 99
Myanmar, 201

N

"nacionalismo metodológico", 214
nacional-socialismo, 71
nações *ver* Estados-nações; países
Napoleão Bonaparte, 150
necessidades humanas, falácia de que são limitadas, 266
Neiman, Brent, 25, 37
neo-hobbesiano, capitalismo, 280
neoliberalismo, 156, 280; *ver também* capitalismo meritocrático liberal
neomarxistas, 18, 105, 174
Nigéria, 220, 227, 234, 320*n*
Nobel Factor, The (Offer & Söderberg), 71
Noruega, 40, 115, 251, 304; desigualdade de renda do capital e do trabalho na, 42-4
Nova York, 186, 216, 227, 258
Nova Zelândia, 217-8, 293
Novokmet, Filip, 141-2, 226

O

Oakland (Califórnia), renda básica universal em, 271
Obama, Barack, 79, 249
OCDE (Organização para a Cooperação e Desenvolvimento Econômico), 56, 266
Ocidente: ascensão da Ásia e o fim da superioridade militar, política e econômica do, 13; caminho ocidental de desenvolvimento (COD), 102, 105, 108, 112, 116, 292, 294; conquista ocidental da Ásia, 104; mal-estar em relação à globalização no, 18
ócio: "classe ociosa", 27; vida ociosa, 248-9
Offer, Avner, 71, 272, 326*n*
oligarquia, 93, 95, 145, 229; passagem da democracia para a, 78

On New Democracy (Mao Tsé-tung), 320*n*
"On Representative Government" (Mill), 80
ONGs (Organizações não governamentais), lavagem "moral" de dinheiro e, 228, 233
oportunidades, igualdade de, 57, 69-70, 214, 288-9
Oriente Médio, 147, 218
Origins of Political Order, The (Fukuyama), 154
ostentação, 241, 331*n*
Overbeek, Hans, 155

P

Page, Benjamin, 78
países: capitalistas, 12, 23, 44, 98, 113-6, 222, 224; desenvolvidos, 25, 107; em desenvolvimento, 18, 25, 37, 199, 204, 206, 222; fracasso do comunismo nos países desenvolvidos, 113; guerras entre, 334*n*; nórdicos, 31, 161, 331-2*n*; pobres, 183, 185, 188, 198, 200-1, 204-5, 210-1, 213, 219, 230-1, 233, 235, 303, 326*n*; ricos, 15, 19, 37, 41, 44, 60, 62, 75, 107, 116-7, 134, 182-5, 188, 190, 198, 204-5, 210, 211, 213, 219, 233-5, 272, 286, 303, 313*n*, 315*n*, 326*n*; socialistas, 114-6, 222; sucesso do comunismo nos países menos desenvolvidos, 113; transmissão intergeracional da riqueza adquirida coletivamente, 213
Países Baixos, 8, 44, 115, 143; PIB per capita dos, 282
Panama Papers, 227
Paradise Papers, 227
paraísos fiscais, 216-7, 233, 327*n*; combate aos, 233; corrupção e, 227; corrupção mundial e quantia depositada em, 216
Pareto, Vilfredo, 90-1
Paridade do Poder de Compra (PPC), 14, 18, 115, 118, 130, 303, 305
parlamentarismo, 124, 150
Parlamento britânico, 233
Partido Comunista Chinês (PCC), 108, 110, 124, 143, 145, 154-5, 164-5, 323*n*

Partido Nacionalista Chinês
   (Kuomintang), 110, 111
partidos comunistas, economias
   controladas, 95, 130
Passions and the Interests, The
   (Hirschman), 315*n*
patrimonialismo, 161
Paulo (apóstolo), 209
paz liberal, hipótese da, 276, 319*n*, 330*n*
Pei, Minxin, 123, 147-9, 220
pesquisas domiciliares *ver* censos
   domiciliares
"pessimismo da exportação", 200
Piatti, Marco, 327*n*
PIB global, 18, 216; participação da
   Alemanha, 17-8; participação da
   China, 17; participação da Índia, 17;
   participação dos Estados Unidos, 17
PIB per capita: da China e da Índia, 15,
   282-3; economias socialistas *versus*
   economias capitalistas na Europa
   (1950), 115; em países de capitalismo
   político, 130; queda da desigualdade
   global e o, 284; renda básica
   universal (RBU) e, 272; riqueza
   líquida das famílias e o, 40; taxa
   de crescimento da China, Vietnã e
   Estados Unidos, 118
Piketty, Thomas: fatores estruturais e
   fatores pontuais que aumentam a
   desigualdade, 35; *O capital no século
   xxi*, 28, 41, 86; razão riqueza/renda
   (ß), 41; sobre a riqueza herdada, 86;
   sobre a riqueza privada na China,
   139; sobre as frações do capital e
   do trabalho na renda, 24; sobre
   fuga de capital da Rússia, 226;
   sobre o crescimento da ração da
   renda do trabalho no 1% do topo
   da pirâmide, 28
Piñera, José, 225
Pinochet, Augusto, 225
planejamento centralizado, 116
planos de saúde privados, 72, 287
Platão, 11, 21, 94-5
plutocracia, 17, 175
pobreza, 109, 194, 200-1, 206, 210, 220,
   248, 270, 273, 283, 315*n*, 316*n*, 320*n*

poder econômico, 25, 78, 90-1, 93, 100,
   157, 170, 290; reequilíbrio entre Ásia,
   Europa e América do Norte, 8
poder político: da classe alta, 78-81
Polanyi, Karl, 261
poliarquia, 159
políticas econômicas, 82, 128, 164-5, 199,
   206
políticas fiscais, 62, 66, 81
políticas sociais, 60, 63; capitalismo
   meritocrático liberal e novas políticas
   sociais, 60-77; *ver também* Estado de
   bem-estar social
Polônia, 115, 201
Popper, Karl, 319*n*
população mundial, 101, 130-1, 285, 310*n*
populações nativas, conciliando suas
   preocupações com os anseios dos
   imigrantes, 190-8
Portugal, 97, 115
pós-Guerra Fria: ascensão da Ásia e novo
   equilíbrio do mundo, 8; ascensão da
   Ásia e novo equilíbrio do mundo, 12-
   20; capitalismo como único sistema
   socioeconômico, 7-12; contornos do
   mundo pós-Guerra Fria, 7-20
"Possibilidades econômicas para nossos
   netos" (Keynes), 249
Postcapitalism (Mason), 261, 332*n*
poupança, 41, 48, 141, 229, 275, 313*n*
Poverty of Historicism, The (Popper),
   319*n*
precificação, 268; decisões sobre
   precificação e produção na China, 123
Primeira Guerra Mundial, 9, 15, 98, 100,
   109, 150, 275-6, 282, 291, 334*n*
Primeiro Congresso dos Povos do Leste,
   294
privatização, 122, 139, 165, 223, 229
produção: cadeias globais de valores
   e a organização da, 198; decisões
   sobre precificação e produção na
   China, 123; "fragmentação global"
   da, 327*n*; incorporando a família ao
   modo capitalista de, 253; liberdade
   de movimento dos fatores de, 182-
   90; mão de-obra assalariada fora
   de casa, 253;

produção (*continuação*); "modo asiático" de, 102-3, 319-20*n*; modo de produção burguês, 7; "modo de produção doméstico", 253; mundial, 13, 17, 130-1, 322*n*; pessoas como centros capitalistas de, 260-2; realizada dentro da família, 253; terceirização da, 34, 182, 205, 211

Programa de Renda Domiciliar da China (PRDC), 134, 323*n*

progresso tecnológico: ameaça de guerra mundial e, 276; aumento da produtividade do trabalho e, 36; globalização e, 204, 206; temor do, 264-9; *ver também* tecnologia da informação e comunicação

proletariado, 102, 111, 294-5

propriedade privada, 21, 106, 118, 139-40, 155, 281, 296

proprietários, divisão do produto líquido entre trabalhadores e, 23

prosperidade, 98, 117, 189, 214, 291, 300, 316*n*

protestantismo, capitalismo e, 123, 241, 331*n*

Putin, Vladimir, 126, 228

Q

Qing, dinastia, 153, 320*n*

qualificação profissional, 74, 194; bonificação por, 55

R

Race between Education and Technology, The (Goldin & Katz), 36

Rawls, John, 68-70, 212, 239; *A Theory of Justice*, 212; sobre a igualdade meritocrática, 21; sobre abrir mão de direitos políticos em troca de ganhos econômicos, 335*n*; sobre as condições necessárias à estabilidade de qualquer sistema, 11; sobre as restrições da religião e o contrato social tácito, 241; sobre bens primários, 278; sobre desigualdade, 212; sobre o comportamento não ostentatório de riqueza, 331*n*; sobre o lado positivo do capitalismo, 237; sobre tributação da herança, 69; *The Law of Peoples*, 212

Ray, Debraj, 35

razão riqueza/renda (ß), 41, 45

recursos naturais, 177, 217-8, 269, 271, 285

redistribuição, 64-5, 273, 287-8; direta, 288; via gastos públicos, 62; via impostos e transferências, 287

reforma agrária, 110-1, 164-5

regras de conduta, ausência de internalização de, 243-6

Reino Unido, 24, 40-2, 44, 69, 79, 103, 115-6, 168, 181, 194, 205, 314*n*, 318*n*, 322*n*, 329*n*, 332*n*, 334*n*; capitalismo clássico no, 22; combate aos paraísos fiscais, 233; Commonwealth, 326*n*; compra de vistos de residência no, 180; desigualdade de renda e de capital no, 40-2; fração percentual do capital na renda nacional no, 24; Inglaterra, 157, 205, 220, 293-4; livre movimentação de pessoas e o, 326*n*; relação capital-trabalho (K/L) no, 200; visão whig da história, 94, 98, 103

relativa, mobilidade, 59, 314*n*

Relatório de Desenvolvimento Mundial (Banco Mundial), 270

religião: ganhar dinheiro como valor supremo e, 242; restrições sobre o comportamento capitalista, 242, 331*n*

remessas, 178, 183

renda: convergência de, 94, 114, 185, 283-6, 303-7; convergência de renda e fronteira tecnológica, 308; das pessoas ricas em capital e ricas em trabalho, 26; de autônomo, 40, 63; de imóveis, 307; definição de, 325*n*; divisão da renda líquida entre proprietários e trabalhadores, 23; ganhos com inovação, 204; imobiliária, 307; medição da participação do capital na renda líquida total, 305, 307; mobilidade de, 58, 76, 288; nível de, 113, 116, 282, 287, 307-8; participação crescente da renda do capital privado na China, 139; por cidadania, 208-9, 212; por cidadania, 176-9; proveniente da terra, 177; razão riqueza/renda (ß), 41, 45; recebida pelos maiores executivos/ CEOs, 306; relação entre a taxa de crescimento e o nível de, 308; relação entre liberdades básicas e, 278; renda global e migração de mão de obra, 326*n*; tributação sobre a, 62

renda básica universal (RBU): PIB per capita e, 272; problemas com a, 269-74

renda do capital, 23, 25-6, 32, 36, 40-2, 44, 49-50, 91, 134, 139-40, 288, 305, 307; fração na renda total, 24; parcela crescente na China, 139; reunião de capital elevado e renda do trabalho elevada numa mesma pessoa, 49-51

renda do trabalho, 23, 26-8, 36-7, 41-2, 44, 49, 70, 91, 287, 307; capitalismo meritocrático liberal e desigualdade da, 41-3; reunião de capital elevado e renda do trabalho elevada numa mesma, 49-51

renda nacional: capitalismo meritocrático liberal e a participação agregada crescente do capital na, 36-9

rentistas, 28, 86; sociedade de, 281

República Democrática Alemã (Alemanha Oriental), 113, 115

"responsabilidade", sistema chinês de, 119, 122, 164, 324*n*

Revolução Cultural Chinesa, 133, 141

Revolução Industrial, 8, 13-4, 16, 202, 256, 265, 282-3

Revolução Russa, 8

revolução tecnológica, 16, 114

revoluções comunistas, 93, 104, 107

revoluções nacionais e sociais no Terceiro Mundo, 108-12

Ricardo, David, 267, 287

Rich People Poor Countries: The Rise of Emerging Market Tycoons and Their Mega Firms (Freund), 217

ricos, 46-8, 79; abundância de capital e os, 26; aplicação inicial e, 48; capitalismo meritocrático liberal e a taxa de retorno maior para os ativos dos, 46-8; controle do processo político na democracia, 78; criando sistemas privados, 72; e o financiamento dos processos políticos, 79; rendas das pessoas ricas em capital, 26; taxa de retorno mais alta para os ativos dos, 46-8; *ver também* classe alta; elite

riqueza: acumulação de, 39, 241; capitalismo meritocrático liberal e concentração de, 39-45; crescimento da riqueza privada na China, 139; da classe média, 46; desigualdade e concentração de, 44; em imóveis, 307; grandes fortunas, 47, 88-9; herdada, 86-7; hierarquia e, 238; razão riqueza/renda (ß), 41, 45; redução da concentração de, 69, 288; transmissão intergeracional de, 57-9; transmissão intergeracional da riqueza adquirida coletivamente, 213

Riqueza das nações, A (Smith), 7, 151, 152, 198, 240, 315*n*, 330*n*, 335*n*

Robertson, Pat, 242

Robinson, James, 100-1

robôs, ameaça do advento dos, 200, 264-5, 269

Roma, 189, 202, 208; Republicana, 328*n*

Romênia, 115, 201

Rosenvallon, Pierre, 243

Ruanda, 12, 112, 131

Rússia, 12, 69, 98, 116, 145, 215, 217-8, 220, 225, 227-9, 241, 276, 284, 292, 322*n*, 334*n*; capitalismo na, 102; desenvolvimento do socialismo na, 102; domínio de oligarquias na, 145; fuga de capital da, 226; Marx sobre a, 319*n*; Marx sobre o socialismo na, 102; Revolução Russa, 8; *ver também* União Soviética

S

Saint-Simon, Henri de, 280

Salanié, Bernard, 55

salários, 28, 37, 39-40, 51, 62-3, 67, 194, 205, 208, 210, 219, 221, 232, 234, 256, 266, 279, 306

Samuelson, Paul, 24

Sapio, Flora, 126

Sarkozy, Nicolas, 80
saúde, serviços de, 63, 71-2, 166, 193-4
Say, Jean-Baptiste, 267
Schularick, Moritz, 46, 307
Schumpeter, Joseph, 330n; definição de capitalismo, 21; definições de democracia e poliarquia, 159; sobre a função do capitalista, 35; sobre desigualdade de renda, 57; sobre o "imperialismo ético", 169; sobre o lado positivo do capitalismo, 237; sobre os motivos da eclosão da guerra, 99
Seabright, Paul, 116
Segunda Guerra Mundial, 15, 22, 24, 29, 46, 60, 96, 105, 150, 170, 182, 275
seguridade social, 62, 71, 178, 193, 272-3, 288
seleção adversa de imigrantes, 75, 77
"sem peso", economia, 261
separatismo social, sistema de, 72, 287
Shaffer, Mark, 116
sindicatos, 38, 60; diminuição da filiação de trabalhadores aos, 60
Singapura, 11, 105, 130-2, 194, 227, 293, 309, 322n; capitalismo político em, 123
"sistema de responsabilidade" na China, 119, 122, 164, 324n
sistemas socioeconômicos, leis determinantes de ascensão e queda, 94
Skin in the Game (Taleb), 245
Smith, Adam, 7, 17, 125, 151, 238-9, 243, 299; *A riqueza das nações*, 7, 151-2, 198, 240, 315n, 330n, 335n; caminho "natural" smithiano de desenvolvimento do capitalismo, 151; classificação tripartite de classe e, 27; e a "mão invisível", 294, 299-302; sobre a função do capitalista, 35; sobre a mobilidade de pessoas e do capital, 315n; sobre cidadania, 214; sobre coordenar os interesses dos capitalistas, 281; sobre igualdade de riqueza e poder e a preservação da paz, 286; sobre manter próximo o investimento de capital, 198; sobre o Ato de Navegação, 152; sobre o lado escuro do capitalismo, 239; sobre o lado positivo do capitalismo, 237, 239; sobre reequilíbrio do poder econômico, 7; *Teoria dos sentimentos morais*, 214, 239, 300-1, 330n
social-democracia, 22, 25, 31-2, 71, 272, 287
socialismo, 96, 99, 102-3, 105, 107-8, 114, 116, 125, 138, 211, 224, 288, 291, 319n; desempenho das economias socialistas *versus* capitalistas, 115; economias socialistas, 115-6; esclarecimento sobre o termo, 96; Marx sobre o socialismo na Rússia, 102; países socialistas, 114-6, 222; "socialismo real", 96
socialização no capitalismo, 261
sociedades comerciais, 237-8; hipercomercializadas, 247, 302
Söderberg, Daniel, 71, 272
Solow, Robert, 38
Song, dinastia, 142, 153-4
Song, Zheng (Michael), 120, 160
Sonho Americano, 57-8
Stálin, Ióssif, 111
Stamp, Josiah, 213
Stantcheva, Stefanie, 75
Starbucks, 245
Steins, Ulrike, 46, 307
"subcidadania", 181-2
subclasse, imigrantes como, 76, 196
subdesenvolvimento, 106, 108; "desenvolvimento do subdesenvolvimento", 199
sucesso, dinheiro como único critério de, 247
Suécia, 75-6, 115, 211, 251, 313-4n; coeficiente de Gini, 316n; Estado de bem-estar social na, 71
Suíça, 41, 44-5, 115, 327n; contas bancárias na, 227, 233

T

Tailândia, 201
Tailândia, crescimento econômico na, 16, 206, 282

Taiwan, 41, 44, 175; capitalismo igualitário e, 41; desigualdades de renda e de capital em, 65
Taleb, Nassim, 245, 314n, 333n
Tanzânia, 222
Tanzi, Vito, 144
Taylor, A. J. P, 99
Tchecoslováquia, 113, 115-6
tecnologia da informação e comunicação: mudança na desigualdade de renda global, 16; segunda globalização, 201-2, 204
teleológicas, leis históricas, 94
Teoria da Dependência, 105-6, 199, 204, 206, 229
Teoria dos sentimentos morais (Smith), 214, 239, 300-1, 330n
terceirização, 34, 182, 205, 211; da moral, 242-7; de atividades/serviços familiares, 255; dos códigos legais internos da família, 253
Terceiro Mundo, 18, 104-8, 110, 234, 292, 294; caminho ocidental de desenvolvimento (COD) e, 292-5; explicando o comunismo no, 101-7; Marx e, 101; papel da revolução comunista no, 93; papel da revolução comunista no, 107-23; revoluções nacionais e sociais no, 108-12
Terra, capacidade de carga da, 268
"território sem lei", 126
teto educacional, 62
Thatcher, Margaret, 67, 79
Theory of Justice, A (Rawls), 21, 212
timocracia, 95
Tinbergen, Jan, 36, 61
tirania, 95
Tonkin, 321n
Torgler, Benno, 327n
Toyota, 267
trabalho: assalariado, 106, 120, 253, 256, 281; bonificação pelo trabalho qualificado, 33; desigualdade salarial, 70; divisão do, 151, 256; elasticidade unitária de substituição entre capital e trabalho, 36; falácia da escassez de, 265; força de trabalho organizada, 38; *gig economy* e, 255, 260; globalização e mobilidade do, 173; mão de-obra assalariada fora de casa, 253; mercado de, 29-30, 32, 56, 207, 257, 260; mobilidade da força de trabalho, 173-4, 210; organização do, 60; por que o trabalho é diferente do capital, 186-8; relação capital-trabalho (K/L), 200-1; trabalhador médio, 86-7; Weber sobre o trabalho irregular, 257
transações diárias na sociedade capitalista, motivos para, 237
transferências sociais, 32, 63, 209
transmissão intergeracional da riqueza: capitalismo meritocrático liberal e, 57-9
Transparência Internacional: Índice de Percepção da Corrupção, 131-2, 215
transportes, globalização e redução nos custos dos, 201
Tratado de Detroit (1949), 38
três poderes, divisão do poder em, 124, 150
tributação: classe média e, 289; de herança, 23, 57; de renda, 62; de rendimentos de ativos, 47; progressiva, 47, 64; tributação da riqueza para desconcentrar a propriedade do capital, 66
Trump, Donald, 152
Tunísia, 199
Turquia, 205, 224

U

Uber, 255, 267
Ucrânia, 227, 234
União Europeia, 185, 233, 284, 327n
União Soviética, 12, 96, 115, 119, 164, 218, 222, 227; censos domiciliares na, 304; colapso do comunismo na, 114; "exportação" do sistema político e econômico, 151; *ver também* Rússia
Universidade Normal de Pequim, 133
universidades, 70, 82-3, 225, 228-9, 232, 249; "lavagem moral" de dinheiro em, 233; admissões sucessórias" em, 83
Uruguai, 293
Uzbequistão, 322n

V

Vanishing American Corporation, The (Davis), 38
vantagem intergeracional, educação e, 85
Veblen, Thorstein, 27, 229
Vecchi, Michela, 205
Venezuela, 199
Venturini, Francesco, 205
vícios individuais e virtudes sociais, 299
vida privada, capitalismo e, 254-63
Vietnã, 11, 96, 110, 112-3, 117-8, 123, 131, 201, 222, 282, 293, 295, 308-9, 321*n*; apoio à globalização no, 17; aumento do crescimento econômico no, 101; capitalismo político no, 130-1; PIB per capita, 117, 118; revolução social e nacional no, 109; taxa de crescimento do, 308
visão liberal do mundo: incapacidade de explicar o lugar do comunismo na história e a, 93-101
visão marxista da história, 100, 291, 295; incapacidade para explicar o lugar do comunismo na história e a, 101-7
vistos: de residência, 180, 195; temporários, 196
Voltaire, 300
Vonyó, Tamas, 114-5
Vries, Peer, 153

W

Wallerstein, Immanuel, 155
Wang Fan-hsi, 111
Wang Hui, 155
Wang Ming, 111
Warren, Bill, 105, 107, 294

Wealth and Poverty of Nations, The (Landes), 263
Weber, Max, 118, 123, 237, 239, 241, 257, 296; capitalismo para, 237-41; definição de capitalismo, 21; *Economia e sociedade*, 123; sobre a diferença entre as esferas da produção e a da família, 254; sobre o capitalismo político, 123, 127; sobre o protestantismo, 123, 241, 331*n*; sobre o trabalho irregular, 257
Weiss, Yoram, 55
When China Rules the World (Jacques), 163
whig, visão histórica, 94, 98, 103
Wilson, Woodrow, 109, 150
Wolff, Edward, 39-40, 46-7, 51, 307
Wootton, David, 299, 330*n*

X

Xi Jinping, 126, 129
Xia, Ming, 125
Xie, Yu, 138, 146
Xu Caihou, 146
Xu Chenggang, 164

Y

Yale, 83, 85, 259, 333*n*
Yang, Li, 139, 141-2
Yitzhaki, Shlomo, 48

Z

Zasulich, Vera, 102
Zhao Ziyang, 124, 323*n*
Zheng He, 163
Zhou, Xiang, 138
Zimbábue, 168
Zucman, Gabriel, 139, 216, 226-7

Capitalism, Alone: The Future of the System That Rules the World
© President and Fellows of Harvard College, 2019.
Publicado mediante acordo com Harvard University Press.

Todos os direitos desta edição reservados à Todavia.

Grafia atualizada segundo o Acordo Ortográfico da Língua Portuguesa de 1990, que entrou em vigor no Brasil em 2009.

capa
Daniel Trench
composição
Manu Vasconcelos
preparação
Jane Pessoa
índice remissivo
Luciano Marchiori
revisão
Huendel Viana
Valquíria Della Pozza

3ª reimpressão, 2023

Dados Internacionais de Catalogação na Publicação (CIP)

Milanović, Branko (1953-)
 Capitalismo sem rivais : o futuro do sistema que domina o mundo / Branko Milanović ; tradução Bernardo Ajzenberg. — 1. ed. — São Paulo : Todavia, 2020.

 Título original: Capitalism, Alone: The Future of the System That Rules the World
 ISBN 978-65-5114-024-2

 1. Capitalismo. 2. Economia - história. 3. Sistemas econômicos. 4. Sociologia. I. Ajzenberg, Bernardo. II. Título.

CDD 330.9

Índice para catálogo sistemático:
1. Política econômica 330.9

Bruna Heller — Bibliotecária — CRB 10/2348

todavia
Rua Luís Anhaia, 44
05433.020 São Paulo SP
T. 55 11. 3094 0500
www.todavialivros.com.br

fonte
Register*
papel
Pólen natural 80 g/m²
impressão
Geográfica